Essad Bey:
Mohammed

Mit 12 Schwarzweißabbildungen

Deutscher
Taschenbuch
Verlag

dtv

Die Taschenbuchausgabe folgt der 1991 beim Kiepenheuer Verlag Leipzig erschienenen 2. Auflage. Gegenüber der Erstausgabe von 1932 beim Kiepenheuer Verlag Berlin wurde von Steffen Kling die Umschrift der arabischen Begriffe und Eigennamen revidiert, ein erläuterndes Personenverzeichnis sowie der Beitrag »Zur Biographie des Autors« erarbeitet.

Ungekürzte Ausgabe
August 1993
Deutscher Taschenbuch Verlag GmbH & Co. KG, München

ISBN 3-378-00450-9
Umschlaggestaltung: Dieter Brumshagen
Satz: INTERDRUCK Leipzig GmbH
Druck und Bindung: C. H. Beck'sche Buchdruckerei, Nördlingen
Printed in Germany · ISBN 3-423-30369-7

Das Buch

Die Gestalt, das Leben und Wirken Mohammeds (570–632), des Stifters der islamischen Religion und Begründers der islamischen Gesellschaft, beschäftigt Wissenschaftler und Literaten stets aufs neue. Unverkennbar ist die Faszination eines Mannes, der wie nur wenige Menschen die Weltgeschichte veränderte. Auch die vorliegende, leidenschaftlich erzählte Biographie aus dem Jahr 1932, die selbst schon zur Historie geworden ist, kann sich diesem Faszinosum nicht entziehen. »Mohammed« ist die Geschichte eines Mannes, der, von einer Idee getrieben, in knapp zwanzig Jahren seine uneinigen, in zahllose Stämme, Sippen und Familien zersplitterten Landsleute zu sammeln versteht und der auf der Basis einer religiös motivierten Gesetzlichkeit ein Weltreich schmiedet. Essad Bey verfolgt das Schicksal der islamischen Bewegung weiter bis in die neuere Zeit. Einfühlsam und suggestiv, auf der Grundlage historisch gesicherter Fakten und dennoch voller Phantasie, erzählt er ein wichtiges Kapitel der Menschheitsgeschichte, aus dem sich manche Erklärungen der bis in die heutigen Tage so angespannten politischen Lage im Nahen Osten herauslesen lassen.

Der Autor

Essad Bey ist das Pseudonym des jüdischen Schriftstellers Leo Noussimbaum, 1905 in Aserbaidshan geboren. Vermutlich Ende der zwanziger Jahre ließ er sich in Berlin nieder. Bis 1936 erschienen mehrere Bücher von ihm auf deutsch, so auch 1932 die Mohammed-Biographie. Nach 1936 verliert sich seine Spur im Ungewissen. Manches deutet darauf hin, daß Essad Bey nach Süditalien auswanderte, wo er 1943 gestorben sein soll. Anderen Informationen zufolge soll er aufgrund antisemitischer Verfolgung Selbstmord begangen haben.

ERSTER TEIL

DIE WELT VOR DEM PROPHETEN

DIE WÜSTE DES PROPHETEN

> Komm, daß ich Dir sage, wie er durch die Wüste geht. Sein Brot und sein Wasser trägt er auf der Schulter, wie der Esel seine Last. Die Wirbel seines Rückens sind gebogen. Sein Getränk ist stinkendes Wasser.
>
> Papyrus Anastasi IV, 9ff

Im Nordosten Afrikas liegt Ägypten, das Land des blauen Flusses, der grünen Ebene und der gelben Wüste, die Fluß und Ebene umschließt. Eine dünne Landzunge verbindet Ägypten mit der Welt Asiens, und eine große Wüste trennt es von dem Gebiete der zwei Ströme – Euphrat und Tigris.

In Ägypten herrschte der Pharao; am Euphrat und Tigris standen zwei mächtige Reiche, Assyrien und Babylon. Was dazwischen lag, war Wüste, Wildnis, Barbarei. Die Machthaber dieser Welt, die sich an den großen Flüssen ausbreitete, gingen achtlos an dieser Wildnis vorüber. Sie errichteten Pufferstaaten am Rande der Wüste, entsandten von Zeit zu Zeit Strafexpeditionen und erzählten sich Schauergeschichten von dem trostlosen Dasein des räuberischen Wüstenvolkes. ›Geh nicht in die Wüste, mein Sohn‹, lehrte ein alter erfahrener Ägypter, ›in der Wüste hat noch keiner sein Glück gefunden. Wenn du in die Wüste gehst, wirst du bald wie ein Stamm sein, der die Rinde verlor und vom Wurm angefressen wird.‹

Später verschwanden die Pharaonen, und auch die Reiche des Zweistromlandes zerfielen. Neue Könige kamen und taten das gleiche wie ihre Vorgänger: Sie bauten Paläste, entsandten Strafexpeditionen und errichteten Pufferstaaten gegen die Wüste. Die Wildnis und Barbarei aber, die zwischen Nil und Euphrat lag, blieb auch weiterhin, trotz allem, was um sie geschah, unverändert. ›Für uns waren sie immer Bettler und Landstreicher‹, sagte über das Volk der Wildnis ein später Herrscher am Euphrat.

Am Nil, am Tigris und Euphrat entstanden und vergingen Weltimperien. In der Wüste, die zwischen den Strömen lag, entstand und verging scheinbar nichts. Sie war einfach da und störte die kulturbeflissenen Menschen des Nil und Euphrat. Doch war dieses Hindernis nicht allzu groß. Die Wüste war nichts als ein gefährlicher Karawanenweg für den Handel, ein Dämonenland für Märchenerzähler und ein unwichtiges Nebengebiet für Eroberer und Staatsmänner.

Der Name der Wüste: Ǧazīra al-ʿArab – bedeutet: Die Insel der Araber. Dieses Land ist aber keine Insel, sondern eine Welt zwischen Afrika und Asien, beiden Kontinenten verwandt und doch innerlich fremd. Eine Welt für sich.

Arabien ist eine Halbinsel. Sechsmal so groß wie Deutschland. Die Küsten der Halbinsel am Roten Meer, am Mittelmeer und am Persischen Golf sind felsig und unzugänglich. Nur wenige Häfen können von Schiffen angelaufen werden. Das Meer, das andere Länder verbindet, trennt Arabien von der übrigen Welt. Noch mehr aber isoliert es die Wüste; im Norden am Irak die Wüste Nafūd, das ›al-baḥr bilā māʾ‹, ›das Meer ohne Wasser‹, im Süden die Rubʿ al-ḫālī, die rote Sandwüste, das Schreckensland Ḥaḍramaut. Unzugänglich, wild, finster und arm liegt Arabien seit Jahrtausenden zwischen den größten Kulturländern des alten Orients.

Was ist das für ein Land? Alte Sagen berichten: ›Als der Herr aller Welten die Erde schuf, verteilte er gerecht unter alle Länder Stein, Wasser, Wiese und Tal. Jedes Land bekam etwas von diesen Schätzen des Allmächtigen, und auch Arabien erhielt seinen Anteil. Dann beschloß der Herr der Welten, jedem Lande auch ein wenig Sand zu geben; denn ein wenig Sand kann der Mensch gebrauchen. Er nahm den Sand, packte ihn in einen Sack und schickte den Erzengel Gabriel aus, den Sand gerecht zu verteilen. Satan aber, der Böse, beneidete die Menschen. Als Gabriel über Arabien schwebte, schlich sich der Satan heimlich heran, schnitt den Sack auf, und der ganze Sand ergoß sich über Arabien, trocknete seine Seen aus und vertrieb das Wasser aus seinen Flüssen.‹ So entstand die Wüste.

Da ergrimmte der Herrscher der Welten und sprach: ›Arm ist mein Arabien geworden, ich aber will es mit Gold überdecken.‹ Und er schuf in seiner Gnade eine Riesenkuppel aus leuchtendem Gold. Diese sollte in der Nacht die Wüste erleuchten. Aber auch das wollte der Böse den Menschen der Wüste nicht gönnen. Er schickte seine Dschinnen, und sie bedeckten das leuchtende Himmelsgold mit dicken schwarzen Schleiern. Der Herr der Welten wollte jedoch nicht unterliegen. Er schickte seine Engel, die stießen mit ihren Lanzen kleine Löcher in die dichten schwarzen Satansschleier. So entstanden die arabischen Sterne, das göttliche Gold, das dem Menschen zulächelt, wenn er schlaflos am Eingang seines Zeltes liegt. Am Tag aber ist das Land dem Bösen rettungslos preisgegeben.

Der Himmel steht monatelang stahlblau über der Erde, in den Zeiten der großen Hitze aber wird er glanzlos und aschgrau. Der Himmel erstickt das Land, er entsendet unaufhörlich Glut auf den ausgedörrten Boden. Glühendheiß liegt das Land unter der Sonne, gelb, eintönig, unveränderlich. Bergwände und Felsblöcke zerplatzen krachend in ewiger Glut. Sie werden langsam zu Staub zermahlen, wie alles, was unter arabischer Sonne lebt. Zwischen Himmel und Erde ist nichts als Staub; in großen Wolken, vom Wind getragen, bedeckt er die Horizonte, verdunkelt die Sonne, sammelt ihre Glut und überfällt mit sengenden Körnern die Menschen. Sonne und Öde beherrschen Arabien.

In Ḥaḍramaut, Nafūd, Dahnā und Rubʿ al-ḫālī wird die graue, fruchtlose Ebene zum fürchterlichen rötlichen Sandmeer. Zwei Drittel des arabischen Landes beherrscht der Tod. Zwischen den rötlichen Hügeln liegen die Sandsümpfe. Sie saugen Menschen und Tiere in sich ein. Langsam versinkt man in den Tiefen des weichen Sandes. So manche Streitmacht mächtiger Nachbarn endete, von listigen Beduinen mißleitet, im Schreckenslande Rubʿ al-ḫālī.

Neun Zehntel Arabiens sind fruchtlose Wüste. Und wo

die gelbe Wüste endet, erheben sich die steilen Felsen der arabischen Berge. In diesen Bergen nisten Dämonen. Des Nachts erklingt aus ihren Höhlen, die angefüllt sind mit kühler Luft, ein Heulen und Wimmern. Das ist die Stimme der Hölle, die dort aus dem Berge Ǧabal Salab hervordringt.

Kein einziger größerer Fluß fließt durch dieses Land. Nur an wenigen Stellen, in Naǧd, in dem abseits gelegenen Jemen, in dem Knotenpunkt des Handels, in Ḥiǧāz, und am Rande der Berge können menschliche Siedlungen entstehen und zur Blüte gelangen. Dort erwachsen Städte und Dörfer, dort beackert der Bauer sein kärgliches Feld. Am breiten Tale entlang – oder ist es ein Flußbett? – ziehen sich menschliche Behausungen. Dort wohnt ein arbeitsames, ärmliches Volk, das sich vor der Wüste fürchtet. Denn all diese Städte, Dörfer und Felder sind für das Land nur Glückszufälle, feierliche Zwischenstationen im grauen Einerlei des Wüstenalltags. In ihnen entstanden die wenigen staatsähnlichen Bildungen, zu ihnen sickerte der bescheidene Einfluß der Nachbarkulturen durch. Doch waren das Zufallskulturen, Zufallsbildungen. Ein Dammbruch genügte, um eine Kultur zu vernichten, ein nächtlicher Überfall, um einen Staat zu zerstören.

Dann kommt wieder der Sand. Kanäle trocknen aus, Gebäude zerfallen. Die Wüste breitet sich aus; entscheidend, wichtig für dieses Land ist nur die Wüste. Sie gibt dem Land das Gepräge. Ihr ist der beste Teil des Volkes untertan. Sie ist bestimmend für das Schicksal des Landes. Am Anfang und Ende der arabischen Welt steht die Wüste. Sie war da, bevor die Städte Arabiens errichtet wurden, sie wird da sein, wenn das letzte arabische Feld vom Sand begraben ist. Die Wüste ist Wiege und Grab alles Arabischen.

Zwei Elemente ringen in Arabien miteinander, und mit beiden ringt der arabische Mensch. Erbittert kämpfen die Macht des Sandes und die Macht des Wassers. Was Sand ist, weiß jeder, selbst wer nie eine Wüste gesehen hat. Wer jedoch weiß in der Welt des Westens, was Wasser bedeutet?

Im Westen ist das Wasser einfach da wie die Luft, wie die Erde. Es fließt in den Flußbetten, es füllt die Seen, es befruchtet die Erde. Im Orient gibt es Luft und Land. Wasser gibt es auch. Aber nicht in den Flußbetten, denn die Flüsse sind ausgetrocknet, und nicht in den Seen, denn Seen gab es nie. Das Wasser wird sorgsam in kleinen Ledersäcken gehütet oder im Bauche des Kamels aufbewahrt. Um einen winzigen Brunnen entstehen lange Kämpfe. Ein Bach begründet Gedeihen und Reichtum ganzer Stämme.

Im Sommer zieht der Nomade hundert Kilometer durch Sand und Staub, um eine Wasserquelle zu erreichen. Wasser ist die Kostbarkeit der Wüste; denn Wasser speien die Engel auf die Erde, wenn sie den Menschen ihre Gunst erweisen wollen. Darum schmeckt auch jedes Wasser anders, stets nach dem Engel, dessen Mund es entstammt. Wer das Glück hat, eine Wasserquelle zu entdecken, verschweigt diesen Fund; ängstlich hütet er sein Geheimnis für seinen Stamm. Arabien ist die Welt ohne Wasser.

Monatelang ist der Himmel aschgrau, wie mit einer Sandkruste überzogen. Samūms durchziehen das Land, heißer Wind durchweht die Wüste. Der Wüstenmensch hockt dann beim Zelt und blickt müde zum Horizont, wo aus dem Sande traumhafte Visionen entstehen – immer dieselben: Wasser, Wasser, Wasser. Sehr selten, einmal in vielen Monaten, zeigt sich am Horizont eine Wolke. Der Himmel bezieht sich, und der arabische Wolkenbruch beginnt. Sand und Wasser vereinigen sich zu einer Naturgewalt. Das Wasser kommt vom Himmel, fällt auf den heißen Sand, vermischt sich mit ihm und wird zum Verhängnis.

Die Wüstentäler, in denen der Beduine haust, füllen sich mit Wasser. Sie werden plötzlich zu Flüssen. Alte, tote Flußbetten bekommen Leben. Die Zelte werden zerstört, Kamele vom Strom davongerissen. Der Wüstenstamm rettet sich auf die Sandhügel, die plötzlich zu Stromufern werden. Dann hört der Regen auf, die Wüste wird ein einziger Schlammteich. Niemand kann sie betreten, nicht Mensch, nicht Tier. Zwei, drei Stunden vergehen, und auf dem schlammigen

Sand zeigt sich das Wüstenmoos. Und wieder brennt die Sonne hernieder und saugt unbarmherzig das vom Himmel gespendete Wasser auf.

Rasch hat die Wüste ihr altes Gesicht wieder, ist öde, trokken, kahl und leblos. Langsam sammelt der Beduine sein gerettetes Gut, langsam zieht der Stamm weiter durch Stille, Wildnis und Barbarei. Wieder wirbelt der Wind den Wüstensand auf; einsam, endlos und dürr liegt die Sandsteppe da. Tagelang zieht der Nomade durch den Sand. Zehn bis fünfzehn Kilometer pro Stunde legt sein Kamel zurück. Langsam stumpfen die Sinne ab. Man sieht nichts als die blaue Welt von Sand und Himmel, bald weiß man nicht mehr, wo der Himmel endet, wo der Sand beginnt. Man zieht durch die Wüste, halb schlafend, halb wachend, und an der Grenze von Traum und Wirklichkeit steht immer dasselbe: die graue, endlose, eintönige Wüste – der Sand.

Nichts regt in der Wüste die Phantasie an. Nichts zwingt sich dem Menschen auf. Die Trägheit des Ostens ist in der Wüste entstanden, auf den unendlichen Karawanenritten durch Öde und Einsamkeit. Aber auch die Wutausbrüche, die plötzlichen Wolkenbrüche der Beduinenenergie, stammen aus dem weichen Sand der großen Ebene. Das Hirn des Wüstenmenschen wird durch wenige Erscheinungen gereizt, es hat Zeit zum Ruhen, Grübeln und Denken. Das Gehirn des Wüstenmenschen ist trocken und klar wie die Wüstenluft, wie der Wüstensand. Nur wenige Gedanken finden in ihm Platz. Diese Gedanken aber sind fest und tief in seiner einfachen Seele verankert.

Ein Gedanke aber ist von Anbeginn aller Zeiten im Wüstenmenschen verwurzelt: der Gedanke von der Unberechenbarkeit. Die Wüste ist unberechenbar. Heute schenkt sie dem Menschen einen Feigenbaum und etwas Wasser. Morgen kommt der Samūm und tötet das letzte Kamel.

Niemand weiß, was die Wüste bringen wird. Denn die Wüste ist das Nichts, und das Nichts ist sehr mächtig, mächtiger als der Nomade. Gehorsam unterwirft sich der Mensch der Unberechenbarkeit der Wüste. Hilflos erträgt er ihre Gewalt. Ihre Schrecken halten ihn fest in Bann, sie ist für ihn ein unbezwingbares Rätsel, ein übermächtiges Schicksal. Er fügt sich willenlos in die Ereignisse, die über ihn verhängt sind.

Neun Zehntel Arabiens sind Wüste. Das restliche Zehntel kann jeden Tag Wüste werden. Der Mensch Arabiens muß wüstenfromm sein – er ist Fatalist.

Was ist das für ein Mensch? Er lebt im Sand und ist selbst wie der Sand, unwichtig für die große Welt, unwandelbar, unvergänglich durch Jahrtausende. Seit Anbeginn der Zeiten hat sich das Volk der Araber nicht verändert. Es blieb starr in seiner Art, wie die Wüste, der es entstammt, in der es lebt, von der es sich nicht trennen kann.

Was ist das aber für ein Volk?

DAS VOLK DER WÜSTE

> Wir kannten die Araber nur als Bettler und Landstreicher.
>
> Jesdegerd Wadbacht

Abraham verstieß seine Sklavin Hagar und ihren Sohn Ismael aus seinem Zelt, als Isaak zur Welt kam. Beide gingen in die Wüste. Die Bibel weiß nicht, was aus ihnen wurde. Die Weisen berichten aber, daß Ismael in der Wüste die Töchter der Lilith traf. Von diesen Töchtern und dem Sohne Abrahams stammt das Volk der Araber. Dieses Volk vermehrte sich gewaltig; die Wüste aber, die es bewohnte, war unfruchtbar und öde. Sie bestimmte das Dasein des Volkes. Es wanderte von einer Oase zur andern, weidete sein Vieh, bis die kärglichen Weideplätze kahl waren, und benötigte zur Existenz einer kleinen Sippe ein Gebiet von der Größe einer mittleren europäischen Provinz. Wenn aber das Volk übermäßig anwuchs, wenn die Weidegründe nicht mehr ausreichten, um das Vieh zu ernähren, wanderte ein Teil des Volkes aus. Am Nil und am Euphrat wurden diese Auswanderer zu gefürchteten Eroberern fremder Länder oder zu Söldnern im Dienste fremder Fürsten.

Alle zwölf- bis fünfzehnhundert Jahre wiederholte sich die Auswanderung aus der übervölkerten Wüste. Seit Anbeginn der Zeiten kannten die Auswanderer nur einen Weg. Es ist der Weg nach Mesopotamien, in das fruchtbare Land Syrien und Palästina. In diesen von Wasser gesegneten Ländern wird das Wüstenvolk seßhaft. Es gründet Staaten, baut Häuser und bekämpft nunmehr seinerseits die zurückgebliebenen, wilden Brüder in Arabien. So entstanden durch die semitische Invasion aus Arabien die Weltreiche Assyrien und Babylon, die Kulturzentren der alten Welt.

Den Chaldäern, die diese Imperien gründeten, folgten aus der Tiefe Arabiens die zahlreichen Völker der Bibel. Dann kamen in den Zeiten Roms die Aramäer. Immer wieder sandte die Urheimat der Semiten ihre kriegerischen Sippen in die Welt der Städte und Ackerfelder. Den kleinen, gelegentlichen Auswanderungen, die nie aufhörten, folgten in langen Abständen große Expansionen – bis zu Beginn des sechsten Jahrhunderts am Horizont der alten Welt ein neues Wüstenvolk auftauchte: die Araber.

Das Volk der Araber zerfällt in zwei große Teile: in diejenigen, die in der Wüste leben, wie es die Wüste gebietet, und in diejenigen, die in der Wüste zu leben versuchen, wie man in Mesopotamien lebt oder in Syrien und in Ägypten, in die Nomaden und in die Seßhaften. Beide Teile hassen einander tief und unversöhnlich. Für den Beduinen ist der Seßhafte nur eine Abart des Sklaven, ein Mann, der weniger auf sein siegreiches Schwert angewiesen ist als auf den Pflug. Und der Seßhafte seinerseits haßt den Beduinen, den wilden Räuber der Wüste, mit aller Kraft des Renegaten, der noch gestern selbst ein freier Beduine war.

›Als der Allmächtige die Welt schuf‹, so erzählt der Beduine, ›nahm er den Wind und sagte: ‚Werde Mensch' – und aus dem Wind schuf Gott den Beduinen. Dann nahm Gott einen Pfeil, und aus dem Pfeil wurde das Wüstenroß. Dann aber nahm der Allmächtige einen Haufen Schmutz, und aus dem Schmutz entstand der Esel. Und nur aus dem ersten Eseldreck schuf der Herr der Welten in seiner großen Gnade den Seßhaften, den Städter und Bauer.‹

Doch der Seßhafte bleibt die Antwort nicht schuldig. Verächtlich nennt er den Beduinen einer gewissen Wüstensitte wegen: ›Der Mann, der eine Frau von einer Jungfrau nicht unterscheiden kann‹, womit für ihn der Unterschied zwischen Stadt und Wüste zur Genüge gekennzeichnet ist.

Wie dem auch sei – der beste und wertvollste Teil der Araber lebt in der Wüste. Das Wüstenleben ist hart und voller Gefahren. Der Mensch der Wüste muß sich eisernen Regeln unterwerfen. Er muß Schutzmaßnahmen treffen, die in der Welt der Städte unbekannt sind. Der einzelne vermag da nicht viel. Man muß sich in Bünde zusammenschließen, in Vereine zur Bekämpfung der Naturgewalten. Die ersten und die meisten Menschen, die der Araber um sich sieht, gehören seiner Familie an. Mit ihnen schließt er ein lebenslängliches Bündnis. Dieses Bündnis ist die Sippe. Der Mensch des Westens weiß heute nicht, was Sippe bedeutet. Er kennt Familien, Verbände und den Staat. Für die Familie muß man sorgen, dem Staat muß man dienen, dem Verband muß man angehören. Doch nichts davon fordert und erfüllt den Menschen vollkommen. Dies vermag nur die Sippe. Die den Araber beherrschende Sippe ist für den freien Wüstensohn ein erbarmungsloser Zwang, dem er höriger ist als der Europäer der Familie, dem Staat und der Partei. Denn für ihn ist die Sippe Familie, Staat und Partei zugleich.

Die Sippe stellt eine erweiterte Familie dar, deren Mitglieder sich voneinander nicht trennen können. Die Sippe hat ihre Gesetze, die sklavisch befolgt werden müssen. Sie bestimmt die Rolle jedes einzelnen in der Gemeinschaft. Sie befiehlt ihren Mitgliedern, ins Feld zu ziehen oder zu hungern. Ihr gehören sämtliche Kamele, Schafe, Kinder und Frauen eines jeden Mitgliedes. Sie übt durch tausenderlei Gebote und Traditionen einen fürchterlichen Zwang aus. Sie ist alles in allem ein Urbild des primitiven, kommunistischen Staates. Dabei ist der arabische Mensch außerhalb seiner Sippe undenkbar. Nur die Zugehörigkeit zu einer bestimmten Sippe verleiht ihm persönliche Bedeutung und menschliche Würde. Tausende von Menschen gehören zu einer Sippe. Alle sind miteinander verbunden, und jeder kennt ganz genau den Grad seiner Verwandtschaft mit allen andern.

Wenn die Sippe durch die Wüste zieht, reitet der Sippenführer, der Scheich, an ihrer Spitze. Die Aufgabe des Scheiches besteht in allererster Linie in der Aufrechterhaltung der Gesetze der Sippe. Versagt er hierin, wird er abgesetzt. Verstößt jemand gegen die Gesetze der Sippe, so wird er aus dem Bunde ausgestoßen. Das aber ist das Schlimmste, was einem Menschen in Arabien zustoßen kann. Ein Ausgestoßener ist vogelfrei. Jeder darf ihn berauben und töten. Er ist ein Mensch ohne Sippe, ihm hilft niemand, ihn schützt keiner. Geschützt wird der Araber, wenn seine Kraft nicht ausreicht, nicht vom Staat, weil es den gar nicht gibt, sondern nur durch das Ansehen seiner Sippe. Wer zu einer großen Sippe gehört, kann, theoretisch gesprochen, gefahrlos durch die Wüste reisen, keiner wird ihn anrühren, denn hinter ihm steht die achtunggebietende Macht seiner Sippe. Auch Schulden darf er machen, wenn seine Sippe reich ist. Zahlt er sie nicht zurück, so haftet die Sippe dafür. Bei Heiratsabsichten eines jungen, armen Mannes sammelt die Sippe das Brautgeld. Wird jemand gefangengenommen, löst ihn die Sippe aus. Es ist sehr vorteilhaft, in Arabien einer mächtigen Sippe anzugehören. Alles, was der moderne Staat seinen Bürgern an Bequemlichkeit und Sicherheit bieten kann, und noch vieles mehr besitzt der Araber als Angehöriger einer großen Sippe. Und alles, auch den letzten Schutz, verliert er, wenn seine Sippe ihn ausstößt. Je mächtiger die Sippe, desto sicherer sind Leben und Reichtum der ihr angehörenden Araber.

Wie erhält man aber seine Sippe mächtig? Dies geschieht einfach und primitiv durch das älteste und jedermann zugängliche Mittel: Man erhöht die Zahl ihrer Mitglieder, sosehr man kann. Je mehr Kinder im Zelte eines Arabers umherlaufen, desto größer ist die Gewähr, daß seine Sippe auch weiterhin geachtet und mächtig bleiben wird.

Wer viele Kinder zeugt, wird besonders hoch geachtet. Nirgends wird die männliche Kraft so hoch geschätzt und öffentlich gepriesen wie im Wüstenlager der Nomaden. ›Ich bin arm und einfach‹, sagt der Beduine zu dem verweichlichten Städter. ›Dafür habe ich aber zwanzig Kinder gezeugt und werde noch zwanzig zeugen.‹ Von weisen und geachteten Männern sagt der Beduine: ›Er kann Kinder zeugen, soviel er will. Gott ist ihm gnädig.‹ Und will jemand den Beduinen imponieren, so dient als schlagender Beweis seine männliche Zeugungskraft. Zehn bis zwanzig Kinder sind im Beduinenzelt keine Seltenheit; doch ist die Kindersterblichkeit hoch, und das einzig wirksame Mittel dagegen ist der rasche Ersatz des Ausfalls.

Natürlich kann der große Kinderreichtum, den der Beduine braucht, um seine Sippe mächtig zu erhalten, nicht von einer einzigen Frau kommen. Das Wüsten- und Sippenleben verlangt Vielweiberei. Der Beduine findet seine Frau auf unkomplizierte Weise – er raubt sie beim Nachbarstamm. Frauen aus dem eigenen Stamm nimmt er ungern; denn er fürchtet die Inzucht.

Im Frühjahr, wenn mehrere Sippen in einer Oase lagern, knüpft der Beduine seine Liebesbeziehungen an. Beim Weiden der Kamele, am Wasserbrunnen und nachts beim Lagerfeuer trifft er seine Auserwählte. Während der langen Winterwanderungen ist der Beduine liebebedürftig geworden. Da macht die Annäherung rasche Fortschritte. Wenn dann die Stämme aufbrechen, muß sich der Beduine entschließen. Entweder kauft er seine Auserwählte bei ihrem Volk, oder er raubt sie einfach. Will er beides vermeiden, so dichtet er eine Qaṣīda, ein trauriges Liebesgedicht, und zieht allein mit seinem Stamme weiter. Es kommt aber auch vor, daß ein energisches Beduinenmädchen sich selbst mit Gewalt den Geliebten holt und ihn ihrem eigenen Stamme zuführt. Das geschieht bei Stämmen, die arm an Männern sind.

Auch die Ehe der Beduinen ist zahllosen Gesetzen unterworfen. Außer der normalen Ehe kennt er noch die Ehe auf Zeit, die sogenannte Kebin-Ehe. Man heiratet für ein Jahr oder für einige Monate. Dies gilt für die Frau keineswegs als entehrend. Jeder Vater gestattet seiner Tochter gern, für einige Monate in das Zelt ihres Nachbarn zu ziehen. Ehe auf Zeit verschönt das Leben.

Die Scheidung ist bei den Beduinen durch keinerlei komplizierte Gesetze erschwert. Ist der Mann seiner Frau überdrüssig geworden, so schickt er sie einfach in allen Ehren ihrem ursprünglichen Besitzer, dem Vater, zurück. Ihre weibliche Ehre wird dadurch in keinerlei Weise verletzt. Bei Menschen, denen das Kinderzeugen als wesentlichster Inhalt des Lebens gilt, wird das Erotische nicht allzu tragisch genommen. In alten Zeiten kannten die Nomaden sogar die Vielmännerei. Zehn, zwölf heiratslustige Männer bildeten einen Bund, um gemeinsam eine landbekannte Schönheit, deren Vater ein zu hohes Kaufgeld verlangte, zu erwerben. Die Ehe kam zustande, worauf jeder der zehn Ehemänner einen Stab erhielt. Er durfte jederzeit das Zelt seiner Ein-Zehntel-Frau betreten und dort so lange verbleiben, wie es ihm beliebte. Vor dem Eingang ließ er seinen Stab liegen, damit die übrigen Ehemänner ihn nicht störten.

Der höchst reale Sinn des Beduinen hat es ergründet: lieber mit einem Zehntel in einem guten Geschäft als mit zehn Zehnteln in einem schlechten. – Um die Vaterschaftsfragen in dieser Art von Ehen zu klären, wurden Fachleute hinzugezogen. Denn die Feststellung der Vaterschaft ist in der Wüste, wo jeder gern Vater sein möchte, eine hochentwickelte Wissenschaft. So sehr der Araber zu romantischer Liebe neigt, der Sinn und Zweck seiner Ehe bleibt ausschließlich die Kinderzeugung.

Im Hinblick hierauf hat sich unter anderem folgender Brauch herausgebildet, der gleichfalls als völlig anständig galt: Ist einem Beduinen der Segen des Kinderreichtums nicht beschert, so sieht er sich in seinem Stamme um und sucht einen offensichtlich kräftigen Mann, von dem man einen gesunden Nachwuchs erwarten kann. Mit diesem schließt er einen Vertrag ab. Der Auserwählte erhält beispielsweise zwei Kamele und fünf Schafe, dafür verpflichtet er sich, der Frau des Unfruchtbaren zu einem Kinde zu verhelfen. Gleichzeitig wird vereinbart, daß der gemietete Erzeuger keinerlei Vaterschaftsrechte an dem Kind besitzt. Das Kind gehört dem Ehemann.

Kinder bedeuten Reichtum und Macht des Stammes, doch müssen diese Kinder Knaben sein. Knaben sind künftige Kämpfer und Weise, Mädchen braucht der Stamm nicht, sie sind eine Last. Sie können keine Kriege führen, nicht die Schafe des Volkes verteidigen und neue Weideplätze erobern. Wenn im Zelte des Nomaden ein Mädchen geboren wird, betrachtet man es als Strafe Gottes. Wenn zuviel Mädchen geboren werden, schafft der Beduine dagegen ebenso einfach wie brutal Abhilfe. Es besteht eine grausame Wüstensitte, die es erlaubt, überflüssige Mädchen lebendig zu begraben, damit sie dem Stamme nicht zur Last fallen und nicht die Muttermilch wegtrinken, die für die Knaben bestimmt ist. Das ist die naive Eugenik der Wüste.

Knaben und Männer sind der Reichtum der Wüste. Stirbt ein Mann, so wird die Sippe ärmer. Wird ein Mann getötet, so muß der Mörder, wenn er einer anderen Sippe angehört, ebenfalls sterben, damit das natürliche Gleichgewicht zwischen den Sippen gewahrt bleibt. Daraus ergibt sich das komplizierte Gesetz der arabischen Blutrache, das oberste Gesetz der Wüste.

Jeder Nichtorientale hält die Blutrache für ein tierisches Gesetz brutaler Rachsucht, für einen primitiven Trieb des Wilden. Der Nichtorientale irrt. Das Gesetz der Blutrache ist komplizierter und vielseitiger als die meisten Gesetze Europas. Nicht in plötzlicher Erregung wird Blutrache verübt, sie ist zahlreichen Regeln und Bedingungen unterworfen, die jeder Nomade von klein auf in seinem simplen Gehirn konservieren muß. Die berüchtigte Blutrache der Araber ist, bei Licht besehen, eigentlich der einzige Schutzwall gegen die Anarchie, den Krieg aller gegen alle. Nur weil die Blutrache drohend über den Sippen schwebt, gibt es zuweilen Frieden in der Wüste. Es ist lediglich die Furcht vor der Rache, die den Frieden gedeihen läßt. Der Verlust eines Familienmitgliedes, eines Kämpfers, schwächt die Sippen, hinterläßt eine Lücke und stärkt die Sippe des Gegners. Ob der Mörder tatsächlich einen Mord begehen wollte oder ob der Mord zufällig verübt wurde, ist gleichgültig.

Der Begriff der Sünde, des Verbrechens, war den alten Beduinen unbekannt. Man kannte nur den Schaden, der wiedergutgemacht werden mußte; Blutrache ist eigentlich nichts weiter als Schadenersatz auf orientalisch. Deshalb ist es zum Beispiel streng logisch, daß sich die Blutrache nur auf die Angehörigen fremder Sippen erstreckt. Strafbar ist nicht der Mord selbst, sondern der angerichtete Schaden. Deshalb ist auch bei einem Mord innerhalb einer Sippe der Mörder selbst mitgeschädigt; denn er ist ja um einen Blutsverwandten ärmer geworden. Falls man nun den Mörder auch noch bestrafen wollte, so würde man damit die Kraft der Sippe durch den Verlust eines weiteren Mitgliedes schwächen. Blutrache innerhalb einer Sippe ist also ein Widerspruch in sich selbst.

Der Anlaß zur Blutrache braucht nicht immer Mord zu sein. Es genügt ein Diebstahl, ja sogar eine Beleidigung, das heißt jeder materielle oder moralische Schaden, um die Blutrache herbeizuführen. Sie vollzieht sich nach alten Bräuchen und besteht hauptsächlich in Feldzügen, gegenseitigen Plünderungen und Metzeleien der Sippen. Diese Kämpfe dauern offiziell bis zur Wiederherstellung des ursprünglichen Gleichgewichts, das heißt bis in die Unendlichkeit. Die Gründe aber, die zu einer Blutfehde führen können, sind im Vergleich zu ihren Folgen erschreckend nichtig.

Folgende Ursache entflammte zum Beispiel einen jahrzehntelangen Krieg zwischen zwei mächtigen Sippen. Ein würdiger Scheich namens Kulaib erging sich eines Tages auf der Weide, auf der sein Stamm lagerte. Plötzlich sah er eine Lerche, die eben Eier gelegt hatte und diese ängstlich hütete. Kulaib hatte ein mildes Herz und sagte: »Sei ruhig, o Lerche, ich, der Scheich Kulaib, verspreche, daß dir nichts geschieht.« Sprach's und ging weiter.

Eine Stunde später ritt an derselben Stelle Ǧaisās, der ebenso würdige Scheich eines Nachbarstammes, vorbei. Er bemerkte die Lerche nicht, und die Füße seines Kamels zertraten die Eier. Tags darauf ging Kulaib durch die Wiese und sah plötzlich die zerstörten Eier vor sich. Voll Wut lief er nun durch die Lagerstätten und stellte zu seiner Empörung fest, daß die Füße des Kamels von Ǧaisās mit Eigelb befleckt waren. Jetzt wußte er, wer der Übeltäter war. Er suchte Ǧaisās auf, und es traf sich, daß dieser Kulaib gerade den Rücken kehrte. Kulaib war zu vornehm, um vor Ǧaisās Augen zu treten. Ǧaisās war zu vornehm, um sich nach jemandem umzuwenden. »Kehre dich um, oder ich töte dich«, rief Kulaib. »Tritt her!« schrie Ǧaisās. Die Folge der beiderseitigen Vornehmheit war die Ermordung beider Scheichs, worauf, wie gesagt, eine jahrzehntelange Fehde begann.

Fast jeder arabische Stamm hat Blutfeinde, die er bekämpfen muß. Fast jeder Araber ist ständig auf der Suche nach einem Blutfeind. Das Leben des Beduinen müßte demnach ein dauernder Kampf sein, nicht nur gegen die Natur, sondern auch gegen die Menschen. Doch hat die Wüste auch ihre eigenen Gesetze des Friedens. Jeder muß sie bedingungslos erfüllen. Uralt sind diese Gesetze, niemand kennt ihren Ursprung, aber jeder befolgt sie als Gebote Gottes. Denn ein Verstoß gegen diese für die Allgemeinheit geschaffenen, also übersippischen Gesetze führt zu den schrecklichsten Folgen – zum Wüstenbann. Mit Schaudern und Ekel erzählt der Beduine von einem solchen Verstoß. Niemand will mit dem Verbrecher oder auch nur mit seiner Sippe zu tun haben, man meidet ihren Umgang und weicht ihnen aus, wo man kann.

Was sind das für Gesetze? Sie sind wie die Reste einer uralten, vergessenen, allgemeinen Verfassung der Wüste. Sie verkünden nicht viel, aber das, was sie gebieten, ist für das Dasein in der Wüste unumgänglich. Im heißesten Gefecht, im Krieg, im Rausch der Blutrache sogar ist es zum Beispiel verboten, die Palmen des Gegners zu zerstören oder seine Wasserquellen zu vernichten. Palmen und Wasserquellen sind sozusagen Heiligtümer. Sie dienen der Allgemeinheit, heute dem einen Stamm, morgen dem andern. Verflucht ist derjenige, der sie beschädigt. Wer diese Tat begeht, hört auf ein Mensch zu sein. Er wird zur wilden Bestie, die man töten soll, wo man sie trifft.

Auch die Gastfreundschaft gehört zu diesen Gesetzen. Tötet etwa ein Blutfeind den Erstgeborenen eines Nomaden und erscheint mit dessen abgeschnittenem Kopf im Zelte des Vaters, so muß der Vater auch dann dem Gast Schafsfett und -milch anbieten, ihn demütig bedienen und inbrünstig für die Ehre seines Besuches danken. So lautet das Gesetz der Wüste.

Diese Gesetze allein würden jedoch nicht genügen, um das Leben der Beduinen erträglich zu machen. Raub und Viehzucht stillen nicht alle Bedürfnisse des Nomaden. Er muß hin und wieder auch weite Reisen zu den Jahrmärkten antreten, wo sich alle Stämme versammeln, um bei den Händlern Leder, Kamele und Schafe in Waffen, Tücher und sonstige Bedarfsartikel einzutauschen. Wie können aber viele Stämme in einem Ort zusammentreffen, wenn sie alle in Blutfehden verstrickt sind? Hier hilft ein Wüstengesetz. Vier Monate des Jahres haben die Araber für heilig erklärt. In diesen vier Monaten dürfen keine Kriege geführt werden, und auch die Blutfeinde dürfen einander nicht überfallen. Friede herrscht dann in den Wüsten. Das Volk zieht furchtlos zum Jahrmarkt. Alles singt und tanzt, Blutfeinde sitzen nebeneinander und loben die Götter, die ein Drittel des Jahres in Frieden vergehen lassen.

Doch werden die Götter nicht allzu inbrünstig gepriesen. Es gibt wenig Dinge, die dem Beduinen so gleichgültig sind wie die Fragen des Glaubens. Der Gang seines Kamels zum Beispiel ist viel wichtiger als alle Probleme der Religion. Der Araber, der Beduine des sechsten Jahrhunderts, glaubt eigentlich an alles, was ihm als Glaube vorgesetzt wird. Ernstlich glaubt er aber an nichts. Er sieht die Sterne und hält sie für Götter. Er sieht das unendliche, flache Wüstenland vor sich und verbeugt sich ehrfurchtsvoll, denn dic Wüste ist mächtig. Er sieht das Feuer und betet es gleichfalls an, denn das tun auch die Perser, und diese sind ein großes Volk.

Eine Religion im Sinne Europas kannte der Araber des sechsten Jahrhunderts nicht.

Die großartige Vision der Wüste vermittelte ihm zwar eine leise Ahnung von einer mächtigen Gottheit, die über allem herrscht. Aber auch der Glaube der Nachbarn, der Christen und Juden, lehrt dasselbe. Manche Stämme traten sogar zum Juden- oder Christentum über. Nur selten gedachte der Beduine der großen Gottheit. Viel näher war ihm das Stück Stein oder auch die grobbehauene Statue, die sein Stamm mit sich führte. Dieser Stein ist die Gottheit für den Hausgebrauch, ohne große Ansprüche und ohne Gebote. Jeder Stamm hat seinen Stammesgott, seinen Stammesstein. Der Stein begleitet die Sippe und reicht für die primitiven, religiösen Bedürfnisse der Wüste aus. Wenn er versagt, müssen die Wahrsager, Heiligen und Magier helfen. Dann wird die ganze dämonische Unterwelt der Wüste herangezogen. Der einfache Sohn der Wüste ist mit seiner Religion äußerst zufrieden, sie hilft, ohne große Gegenleistungen zu verlangen.

Die Araber zerfallen in Stämme. Diese Stämme betrachten sich als Völker, als Staaten, die jedem andern Stamm, Volk oder Staat von Beginn an feindlich gesinnt sind. Jeder Stamm hat seinen Gott, seine Vergangenheit, seine Sitten. Einigkeit ist den Sippen Arabiens völlig unbekannt, für sie gibt es einfach kein Volk der Araber.

Und doch war es nicht immer so. Vielleicht, man weiß es nicht genau, waren die Sitten, das Leben und die Gesetze der Araber des sechsten Jahrhunderts nur armselige Reste einer vormals blühenden Kultur. Vielleicht waren die Araber einst reich und mächtig, hatten eigene Staaten, glänzende Städte, geschriebene Gesetze und feststehende Religionen. Vielleicht war das alles nur verfallen, von der Wüste verweht, und lebte jetzt als überkommene Sitte und unverständlicher Brauch im Bewußtsein des Volkes weiter. Vielleicht, genau weiß man es nicht.

Man weiß aber, daß dieses Volk einst große Taten vollbracht hat. Als die großen Handelswege des Ostens noch über Arabien führten, als König Hiram und König Salomo noch ihre Karawanen in das Märchenland Ophir schickten, war das Volk der Araber reich und mächtig. Im Süden herrschte damals die Königin von Saba, die berühmte Bilqīs-Mākedā, die dem Herrscher der Juden hundertfünfzig

Zentner Gold zum Geschenk brachte. Im Norden blühte das Reich der Nabatäer. Auch das Goldland Midian ist bekannt. Doch ist nicht viel von all diesen Ländern überliefert. Sie waren da, blühten und verschwanden, verschüttet vom Sand der Wüste. Noch in den Zeiten Roms war Arabien einer gemeinsamen großen Erhebung fähig. Das Reich von Palmyra vereinte fast ganz Arabien zum Kampf gegen Rom. Die Heere Arabiens führte damals eine Frau – die Wunderkönigin Zenobia, die später den Einzug des Triumphators in Ketten zierte.

Das alles ist aber Vergangenheit.

Jetzt, im sechsten Jahrhundert, liegt das Vergangene tief unter dem Wüstensand begraben. Es gibt keine Einheit mehr unter den Völkern Arabiens, auch selbständige Staaten findet man nirgends, weder im Süden, im einst ›glücklichen Arabien‹, noch an der Goldküste des Nordens, in Midian. Nur hoch im Norden, wo die großen Wüsten an Byzanz und Persien grenzen, errichteten die Großmächte der damaligen Welt, gleich ihren Vorgängern, Pufferstaaten. Die einzigen Staatsgebilde der Araber waren nun das Land der Ghassaniden in Transjordanien, ein Tributland von Byzanz, und das Land der Lachmeniden im Irak, ein Tributland Persiens.

In den Wüsten aber, in der Wildnis und Barbarei, lebte das freie Volk der Araber. Sippen überfielen einander, Blutfehden erschütterten das Land. Eine Sippe haßte die andere, bekriegte sie, schonte jedoch ihre Palmen und Brunnen und pries das freie Leben des Beduinen, des Wüstenmenschen, der keinen Zwang kennt, keinen Staat braucht, nur seiner Sippe angehört, für die er in den Kampf zieht, Kinder zeugt und ein steinernes Idol anbetet.

So lebten die jüngsten unter den Semiten, die Araber. Moses und Christus wurden den Semiten geboren. Jetzt sollte, in der großen Wüste zwischen Irak und Ägypten, dem jüngsten Volk der Semiten, den Arabern, ein Prophet geboren werden – Mohammed, der Gesandte Gottes.

DIE SINGENDE WÜSTE

Mein Zelt, durch das der Wind weht, ist lieblicher als ein prächtiges Schloß.
UmmYazīd, Die Mutter des sechsten Kalifen

Waren nun diese Beduinen, die keinen Staat und keinen Zwang kannten, überhaupt noch ein einheitliches Volk? Was band sie zusammen? Was veranlaßte diese unzähligen, einander bekämpfenden Sippen, sich zuweilen als ein einheitliches Volk zu betrachten?

Ein altes arabisches Gedicht gibt darauf folgende Antwort: ›Vier Gnadengeschenke gab Gott dem Araber. Zuerst den einfachen Wüstenturban, der ihm besser steht als eine Krone, dann das Zelt, das bequemer ist als ein Palast, dann das Schwert, das ihm mehr Schutz verleiht als die höchste Mauer. Das vierte und beste Geschenk des Himmels aber ist die schöne Kunst des freien Gesanges. Dies ist das köstlichste Gut des Arabers.‹ Diese Antwort mag vielleicht merkwürdig erscheinen. Sie ist aber richtig. Die Einheit der rohen arabischen Sippen beruht nur auf der Kraft des arabischen Wortes, des arabischen Liedes.

Das Lied beherrscht die Wüste. Es gibt wohl auch heute kein zweites Volk, das gleich inbrünstig der Schönheit des Wortes, der lyrischen Impression ergeben wäre wie der Araber. Dieses einfache Wüstenvolk verfügt über eine Sprache von unerhörtem Reichtum. Was für andere Völker Architektur, Malerei und Musik waren, bedeutete für die Araber ihre Sprache.

Der Araber beherrscht seine Sprache meisterhaft. Er kennt alle hundert Synonyme des Kamels oder des Schwertes, gebraucht freudig die schwierigsten Redewendungen und verachtet aufrichtig die armseligen Völker, die nicht über eine ebenso reiche Sprache verfügen. Der Araber ist peinlich genau darauf bedacht, die Reinheit seiner Sprache zu wahren. Von klein auf werden die Araberkinder in die Kunst des schönen Wortes eingeweiht. Ein einfaches Beduinenweib verprügelt ihre Kinder einer falschen grammatikalischen Wendung wegen. Denn das Wort ist heilig, es verbindet alle Araber und macht sie zu *einem* Volk.

Wer über die Araber herrschen will, muß zuerst das Wort meistern. Zwar hat jede arabische Sippe ihren Dialekt, der für die Nachbarsippen schwer verständlich ist, doch über allen Dialekten thront die Sprache der Wüstendichtung, die literarische Sprache der Araber, die der Angehörige jeder Sippe beherrschen muß, sofern er für einen Araber gelten will. Diese Sprache ist die Sprache der arabischen Dichtung, und seine Dichtung liebt der Araber mehr als Turban, Schwert und Zelt. Jeder Araber, ohne Ausnahme, kann dichten, und alle haben das größte Interesse an den Fragen der Literatur. Was für den heutigen Menschen Sport, Politik und Zeitung ist, war für den Araber die Poesie. Sie war Ausdruck des Schönheitssinns, der öffentlichen Meinung, der politischen Nachrichten und beschäftigte sich inhaltlich mit allem, was den Araber interessierte.

Jeder Araber dichtet. In der Wüste, auf den Höckern des Kamels während des einsamen Ritts durch die flache Landschaft, vergehen die Stunden eintönig und grau. Der Araber hockt auf dem Kamel. In rhythmischem Schritt bewegt sich das Tier durch die Wüste. Und um nicht einsam zu sein, um nicht einzuschlafen, um dem Wüstengrauen zu entgehen, beginnt der Araber die Wüste, die vor ihm liegt, das Kamel, auf dem er reitet, den Himmel, der sich endlos über ihm dehnt, und seine eigene Kraft zu beschreiben. Er spricht langsam und monoton zuerst – frei und ungebunden. Später bekommt seine Rede feste Form, wird gebunden und wiederholt den gleichmäßigen Rhythmus des Kamelschrittes. Im Takt des Kamelschrittes entwickelt sich die Beduinenlyrik, und all die komplizierten Versmaße der Araber sollen im Grunde genommen nichts weiter sein als Varianten des einsamen Kamelschrittes in der weiten Wüste.

Der Dichtung und Schönheit des Wortes mißt der Araber ungeheure Bedeutung bei. Das Wort ist Magie, es ist mächtig; wer es beherrscht, ist stärker als der Krieger. Der wahre Dichter kann mit dem Worte zaubern, vermag Krankheiten zu heilen oder heraufzubeschwören. Selbst wenn ihm dies nicht gelingt, bleibt seine Macht groß genug. Der gelungene Scherz eines Dichters genügt manchmal, um das Ansehen eines Arabers bei allen Wüstenstämmen zu untergraben. Der Spott des Dichters ist gefürchteter als das Schwert des Helden.

Jeder Stamm hat seinen eigenen Dichter, der für ihn ins Feld zieht. Vor dem Kampf zwischen zwei Stämmen treten die Dichter hervor, preisen in Liedern ihren eigenen Stamm und verspotten die Gegner. Andächtig lauschen die Araber. Es kam vor, daß der Stamm, dessen Dichter unterlag, stumm von dannen zog, ohne den Kampf mit der Waffe überhaupt aufzunehmen. Denn was nützt das Schwert, wenn das Lied nichts taugt?

Die Dichterturniere waren das größte Ereignis der Wüste. Unerhörte Ehren wurden dem preisgekrönten Dichter zuteil. Mit großen goldenen Buchstaben wurde sein Lied auf schwarze Tücher gestickt und am Eingang des Göttertempels aufgehängt.

Selten kann ein arabischer Dichter lesen und schreiben. Seine Gedichte muß er improvisieren. Sind sie gut, so behält sie der Zuhörer von selbst. Je schneller man die Gedichte behält, um so höher steigt der Ruhm des Dichters. Der Dichter bestimmt über vieles in der Wüste, und wem die Gabe der schönen Rede nicht verliehen ist, der kann nie in der Wüste regieren. Nur wer das Volk durch die Kraft des magischen Ausdrucks hinreißt, wer seinen Gegner durch Spott vernichtet, wer durch ein gelungenes Wort seinen Stamm preist, kann zum Führer eines Volkes werden, in dem die Dichtung Zeitung, Film und Buch der Neuzeit ersetzt. Das

1. Ansicht von Mekka. Nach einem Stich von d'Ohsson, Paris 1790.

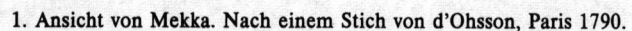

Ohr der Wüste gehört dem Sänger, der, ganz nebenbei, auch ein tüchtiger Krieger sein muß.

Liebe, Bluthaß, romantische Kämpfe, Stammesstolz und zahlreiche Schilderungen des Wüstenlebens, des Kamels, des Pferdes füllen die Beduinenlyrik. Doch wichtiger als diese wunderbaren, wenn auch nur dem Araber vollständig begreiflichen Lieder sind die Dichter selbst, mit ihren romantischen Schicksalen und Abenteuern, die am besten das Ideal des Beduinen verkörpern.

Einer der berühmtesten alten Araberdichter war ʿAmr ibn ʿAbd al-Bakrī, genannt Ṭarafa. Er lebte im Reiche der Ghassaniden, am Hofe des Königs von Ḥīra. In Ḥīra sang er fröhliche Lieder von Wein und Frauengunst, insbesondere aber von seinem Kamel, das ihm wichtiger war als alles andere. Ṭarafa war ein Freund des Spottes; er scherzte über Wein, Frauen und Gott. Der König aber lächelte huldvoll. Eines Tages verfaßte nun Ṭarafa ein Spottlied über den König selbst. Da hörte der König auf zu lächeln. Sein Gesicht wurde finster, und er begann über die angemessene Strafe für Majestätsbeleidigungen nachzugrübeln. Endlich beschloß er, den frechen Dichter mit dem Tode zu bestrafen. Man darf aber einen gottbegnadeten Dichter nicht hinrichten. Des Dichters Blut ist zu teuer, um von dem Scharfrichter vergossen zu werden. Selbst der König konnte es nicht wagen, öffentlich einen Dichter mit dem Tode zu bestrafen. Er berief deshalb Ṭarafa, gab ihm einen Brief und sagte: »Bringe diesen Brief zu meinem Statthalter in Bachrain. Viel Lohn und Ehre sollen dir dort zuteil werden.«

Ṭarafa war ein Dichter, er konnte nicht lesen. Er nahm den Brief und ging damit in die Wüste. Unterwegs traf er einen sehr weisen Mann, dessen Weisheit sogar ausreichte, um das geschriebene Wort zu entziffern. Der weise Mann las den Brief, denn Briefgeheimnisse gab es damals noch nicht, und sagte: »Oh, Ṭarafa, geh nicht nach Bachrain, in dem Briefe steht, daß der Statthalter dich dort wegen eines Spottgedichtes lebendig begraben soll. Zerreiße deshalb den Brief und wirf ihn in den Fluß.« Da antwortete der Dichter Ṭarafa:

»Lesen ist eine große Kunst, eine große das Schreiben.
Nicht die Wogen des Stromes herab soll Geschriebenes treiben.
Künftig Ṭarafas Lieder auch soll man lesen und schreiben. –

Ich will nicht, daß etwas Geschriebenes durch meine Schuld vernichtet wird. Lieber sterbe ich, als etwas Geschriebenes zu zerstören.« Er setzte seinen Weg fort und starb eines qualvollen Todes zu Ehren der Schreibkunst.

Noch romantischer ist das Leben des Dichters ʿAntar ibn Šaddād, aus dem Stamme ʿAbs, dessen Mutter eine Negerin war, und der nur infolge seiner großen Heldentaten vom Vater die Gleichberechtigung mit seinen weißen Brüdern erwerben konnte. Trotzdem spotteten die weißen Sippen der Araber über den schwarzen Sohn einer Sklavin. ʿAntar aber pflegte zu sagen: »Meine Seele gleicht den Körpern meiner weißen Mitmenschen, mein Körper aber gleicht ihrer Seele.« Wer aber diesen Spott nicht verstand, dem sagte ʿAntar: »Zu einer Hälfte bin ich edel von Geburt, die andere Hälfte deckt mein Schwert.« Das ganze Leben lang kämpfte ʿAntar gegen seine Widersacher, beschenkte Freund und Feind und reimte seine Verse im Takt des Schrittes seines weißen Kamels. Um seiner Verse willen verehrten die Araber ʿAntar. Ihre Freundschaft und Liebe aber verweigerten sie dem schwarzen Sohn einer Sklavin.

ʿAntars Brauch war es, jedem, sogar einem Unbekannten, alles zu schenken, was ihm gefiel, und nur das als sein Eigentum zu betrachten, was er mit dem Schwert erobert hatte. Und obgleich die Araber ʿAntar nicht liebten, beschlossen sie, ihn für seine Tapferkeit, Weisheit und Fröhlichkeit ʿAntar al-Hākī zu nennen, was ʿAntar der Glückliche bedeutet. Doch ʿAntar widersetzte sich. »Ich habe einen Feind«, sprach er, »und ich kann mich nicht glücklich nennen, bevor ich ihn gefunden und vernichtet habe.« – »So vernichte ihn doch schneller«, sprachen die Leute, »denn wir sind ungeduldig, dich den glücklichen ʿAntar zu nennen.« Lange Zeit suchte ʿAntar den Feind. Tage und Nächte ritt er durch die Wüste, fragte alle aus, die ihm begegneten, und flehte die Götter um Rache an. Doch der feige Feind verstand sich zu verbergen. Deshalb benannte ihn ʿAntar: ›Das fliehende Glück‹. Schließlich erbarmten sich die Götter ʿAntars und zeigten ihm am Horizont der Wüste den Feind. Da erbebte ʿAntar freudevoll: Endlich erfüllt sich meine Sehnsucht, dachte er und begann sich zum Zweikampf zu rüsten. Auch der Feind hatte ʿAntar erkannt und suchte sein Heil in der einzigen Gegenwehr der Feigen, in der Flucht. Doch kräftig war das Kamel ʿAntars. Schon holte es den Fliehenden ein, schon schwang ʿAntar seinen Speer über dem Haupt des Feindes. Da wandte sich der Feind um und rief: »Oh, ʿAntar, schenke mir doch deine Waffen.« Und ʿAntar konnte der Bitte nicht widerstehen, warf dem Feind die Waffen vor die Füße und suchte das Weite, damit das ›fliehende Glück‹ ihn nicht mit den eigenen Waffen ermorde.

Als die Beduinen von diesem Ereignis hörten, lobten einige den Feind für den Edelmut, mit dem er ʿAntar hatte entweichen lassen, die meisten aber lachten über den schwarzen Mann mit der weißen Seele. Als aber der Monat des Festes gekommen war, webten die Frauen Arabiens eine große schwarze Decke, und die Weisen Arabiens zeichneten darauf mit goldenen Buchstaben den Namen des fröhlichen Dichters ʿAntar. Und sie befahlen den Kriegern, die Decke am Eingang des Göttertempels, vor der heiligen Kaʿba, aufzuhängen. ʿAntar selbst hieß aber seitdem ʿAntar der Narr, was in der Sprache der alten Völker gleichbedeutend ist mit ʿAntar der Dichter.

Solche und ähnliche Geschichten wurden in der Wüste vielfach erzählt. Sie handeln alle von heldenmütigen Dichtern, die mit der Welt kämpfen und sie durch die Kraft ihrer Lieder bezwingen. Sie waren das Sinnbild der arabischen Tugend.

Der bedeutendste, der genialste unter diesen Dichtern war aber der Königssohn Imruʾ al-Qais ibn Ḥuǧr. Imruʾ al-Qais führte ein abenteuerliches Leben. Dichterischer Frivolität wegen wurde er von seinem Vater verstoßen und zog mit seinen Freunden in die Wüste. Dort sang er Lieder und eroberte die Gunst der Frauen. Als aber sein Vater von der Sippe Banū Asad ermordet wurde und keiner der Brüder Imru' al-Qais den Mord rächen wollte, beschloß dieser verstoßene Sohn, sein Leben der Rache für den Vater zu widmen. Jahrzehntelang durchmaß er ruhelos die Wüste, bekämpfte die Banū Asad, verbarg sich zuletzt in der romantischen Burg des Juden Samuel und kam endlich an den Hof des Kaisers von Byzanz. Dort gelangte er zu großen Ehren und wurde zum Philarches von Palästina ernannt. Er starb schließlich in Ankyra, vom Kaiser vergiftet, dessen Nichte er verführt hatte. Sein Leben liefert den Stoff für zahlreiche, romantische Legenden, in deren Mittelpunkt er und sein treuer Freund Samuel stehen. In der Burg Ablaq, die Samuel gehörte, so erzählt eine Legende, verbarg Imru' al-Qais sein köstlichstes Gut, fünf Panzerhemden, die ihn unbesiegbar machten. Als Imru' al-Qais nach Byzanz ging, verlangte der König von Ḥīra, der Jude Samuel möge ihm die Panzerhemden Imru' al-Qais ausliefern. Doch Samuel al-Wafi, der Treue, verweigerte die Preisgabe und starb nach romantischen Kämpfen eines qualvollen Todes. Die Beduinen haben Samuel und Imru' al-Qais auch heute noch nicht vergessen.

Imru' al-Qais, 'Antar, Ṭarafa und viele andere ritterliche Dichter erfüllen die Geschichte der Araber. Sie waren das Sinnbild des alten, romantischen Arabiens, der Beduinen, der Zelte, der steinernen Idole und der Blutrache. Arm war Arabien und von der Menschheit mißachtet. Wüste, Wildnis, Barbarei war Arabien. Niemand wollte sich seiner erbarmen, niemand beachtete es. Nur der Beduine liebte sein Land wie das Kind die Mutter, liebte das ritterliche Spiel der Wüstenkämpfe, liebte die Dichterturniere und die zahllosen Lieder der fahrenden Dichter. Kein Wunder, daß, als dem Lande der Gesandte Gottes gegeben wurde, ihn manche nur für einen Dichter hielten.

DIE WELT UM ARABIEN

> Eraclius vor do mit groteme here im Persyam he stret mit deme jungen koninge Cosdra unde sloch ludes vele he veng oc viftich dusend unde makede ledich manegen cristenen man.
>
> Sachsenchronik

Zwei Staaten bestimmten die Geschichte der Welt um das Jahr 600 – Persien und Byzanz. Beide waren groß, reich und mächtig. Beide konnten auf eine uralte Vergangenheit zurückblicken, und beide hörten nie auf, einander zu bekämpfen. Byzanz war das oströmische Reich, der Erbe des Imperiums und der Pax Romana, Persien der Erbe jener Achmeniden, die einst ganz Asien beherrschten, dann vom Schwerte des großen Mazedoniers besiegt wurden und später, nach dem Zerfall Roms, als neue Großmacht in die Welt traten. Byzanz und Iran, Morgenland und Abendland, Christentum und der Feuerglaube – zwei Welten, zwei Kulturen, zwei Großmächte, die einander stets wesensfremd waren. Hier standen sie einander gegenüber. Es konnte kein Friede zwischen ihnen sein.

Byzanz. Am Bosporus erhoben sich seine Mauern und hinter ihnen die Paläste und Kirchen. Doch seine Macht erstreckte sich über ganz Kleinasien, über Syrien, Palästina, Ägypten, Iberien, Nordafrika, über die griechischen Inseln und den Balkan. Mächtig war Byzanz, reich und stolz. Es war der Erbe Roms. Aber ein später Erbe. Noch lebten in ihm die Völker, die einst besiegt wurden, noch galt im Reich das Gesetz Roms, noch zitterte man vor den Worten des Kaisers. Der Kaiser selbst war aber kein Römer, kein Imperator mehr. An den Ufern des Bosporus, hinter den dicken Mauern der Marmorpaläste änderte sich das Gesicht Roms. Langsam, aber unabwendbar. Mit dem neuen Glauben brach eine neue Welt herein, und diese Welt hatte nichts mehr mit Rom gemein. ›Ich bin römischer Kaiser, Herrscher der Römer‹, sprach der Gebieter von Byzanz. Er war aber kein antiker Kaiser, und es war auch kein antikes Land, das ihm gehorchte. Das antike Gesicht Roms bekam in Byzanz orientalisches Gepräge, und unter den östlichen Gewändern verschwand bald die römische Form.

Auf dem Boden vieler Kulturen errichtet Byzanz seine Herrschaft. Kleinasien, Ägypten und Rom, alles kniete vor dem Thron von Byzanz. Der Thron selbst stand fest, nur wenige vermochten aber fest auf ihm zu sitzen. Porphyrogennetos nannten die Byzantiner die wenigen Kaiser, die rechtmäßig den Thron von Byzanz bestiegen. Alle Rassen und Völker gelangten auf diesen Thron, und allen jubelten Garde und Pöbel von Byzanz zu. Denn die fremdländische Garde und der schaulustige Pöbel waren es, die den Herrscher der oströmischen Welt, den Herren des östlichen Christentums stellten.

Die Macht dieses Kaisers war groß. Von Rom erbte er die hohe Kunst des Heerführens. Von der Welt des Ostens, die er beherrschte, die noch größere Kunst des Giftmischens, der List, des Betruges und des Verrats – diese Erbschaft führte in Byzanz den Namen: Politik. Mit Gift, Betrug und Verrat wurde Byzanz regiert, mit der rauhen Kraft der Söldnertruppen wurde es verteidigt. Denn vieles hatte Byzanz zu verteidigen, und groß war die Kraft seiner Feinde.

Byzanz war der Mittelpunkt des östlichen Christentums. Der Kaiser war der Beschützer des Christentums, des Heiligen Grabes und des reinen Glaubens. Was dieser reine, christliche Glaube war, wußte in Byzanz jeder, nur bedeutete er für jeden etwas anderes. Unzählige Sekten, ihre Kämpfe und ihr gegenseitiger Haß erschütterten Byzanz. Auf den Basaren, in den Versammlungen und auf den Märkten wurde über die Sekten diskutiert, wie heute über politische Parteien. Die feinste Dialektik wurde vom einfachsten Markthändler angewandt, um den Gegner zu vernichten. Es ging um abstrakte Dinge, und abstrakte Diskussionen sind im Orient sehr beliebt. Wenn aber die Diskussionen beendet waren, äußerten sich die Meinungen sehr konkret, die Gegner überfielen einander, töteten und plünderten. Denn mehr noch als abstrakte Diskussionen liebt der Orient das freie Spiel des Kampfes.

Der Geist von Byzanz verflachte mehr und mehr. Wem er ganz unerträglich wurde, der verließ die stolze Stadt am Bosporus mit ihren Palästen, Giftmischern und listigen Höflingen und begab sich in die Wüste, um seinen Leib zu kasteien und der Seele Heil zu erringen. Die Welt von Byzanz war voller Asketen. So stand zum Beispiel der heilige Simon sieben Jahre lang betend und unbeweglich auf einer Säule, um seine Hingebung an Gott zu verkünden, andere zogen es vor, in einem Grabe, halbverschüttet, ihr Dasein zu verbringen, wieder andere legten sich selbst in Ketten. Auch gab es Männer, die in der Wüste Schüler um sich sammelten und neue Sekten entstehen ließen.

Durch die Vielheit der Sekten verarbeitete der Orient das Christentum. Sektenwirrnisse erfüllten das geistige Leben von Byzanz. Doch bedeuteten die Wirrnisse keine Gefahr. – Die Gefahr drohte von außen. Nach dem goldenen Thron und der Krone des Kaisers, nach den Schätzen der Paläste, nach den reichen Städten und Feldern streckten sich viele begierige Hände aus. Große, wilde Augen blickten lüstern auf Byzanz.

Die alte Welt war in Unordnung geraten. Völker gerieten in Bewegung. Im Balkan, hinter der großen Mauer des Kaukasus, an allen Grenzen des Reiches erschienen wilde Nomaden. Es klopfte mächtig an den Toren von Byzanz. Unaufhörlich, jahraus, jahrein mußte der Kaiser das östlich-christliche Reich vor Barbareninvasionen schützen. Die Hauptgefahr aber, die Byzanz drohte, waren nicht die wilden Nomaden, nicht die Alanen, Hunnen und Slawen des Nordens. Die Hauptgefahr, der Hauptfeind war der Iran, war Persien, das Land des Schahinschahs, des Großschahs, der frommen persischen Sassanidendynastie.

Der heilige Iran, das Land des ewigen Feuers, des guten

Ahura Mazda und des bösen Aḥra Mainyu, war der Welt Europas bis zuletzt nur wenig bekannt. Man wußte nur, daß der Iran der mächtige östliche Nachbar des römischen und byzantinischen Reiches war, daß er jahrzehntelange, blutige Kämpfe mit Rom führte, häufig unterlag, oft als Sieger hervorging und keinerlei christlichen Einflüssen zugänglich war. Was aber im Innern des großen östlichen Landes vorging, war unbekannt.

Es war ein großes, schönes und stilles Land. Es erstreckte sich von den byzantinischen Grenzen bis tief nach Zentralasien, von der Küste des Persischen Golfs zu den Gipfeln des Kaukasus. Dieses grüne, stille Land gehörte dem heiligen Feuer, dem Propheten Zarathustra, den Priestern von Atropatena und dem Großschah.

Vor vielen Jahrhunderten gründete Zarathustra die Religion des heiligen Feuers. Von seinen Schülern umgeben, durchwanderte er das fruchtbare Land Iran. Wo er erschien, entstanden Tempel, ewiges, heiliges Feuer schlug aus der Erde, das Volk kniete nieder, und die Priester sangen Hymnen zu Ehren des Feuergottes. Am Ufer des trüben Kaspischen Meeres lag das Land Atropatena, eine Provinz Irans. Dieses Land erwählte Zarathustra. Zahlreiche Flammen heiligen Feuers stiegen aus diesem Lande zum Himmel empor. Dieses Land wurde das heilige Land Persiens. Priester regierten das Land, beteten zum heiligen Feuer und bestimmten von der Küste des Kaspischen Meeres, wer in dem großen Gebiet zwischen China und Byzanz Kaiser sein durfte. Mächtig waren die Priester, und viel Weisheit war ihnen gegeben.

Man berichtet von einem Geschenk der Priester an den Kaiser Šapūr, der im Kindesalter den Thron von Iran bestieg. Dieses Geschenk war ein Polospiel. Auf einem eisernen Tisch war ein künstlicher Rasen angelegt, kleine eiserne Pferdchen jagten auf dem Tisch umher. Ein kompliziert angelegter Mechanismus bewegte den Ball, indes ein anderer Mechanismus es den künstlichen Pferdchen auf dem künstlichen Rasen ermöglichte, während der Jagd nach dem Ball ihre künstliche Notdurft zu verrichten. – Dieses Geschenk brachten die Priester dem kleinen Kaiser dar, damit er Freude am Spiel und Achtung vor den Priestern haben sollte. Als der Kaiser groß wurde und keines Spielzeugs mehr bedurfte, bauten ihm die Priester zwei Stahlmenschen, zwei Robots, die ihn überall begleiteten.

Einst versuchte Kaiser Kubād die Macht der Priester zu brechen. Ein Ketzer namens Mazdaq erschien vor dem Kaiser, betörte seinen Sinn und sprach: »Keiner soll reicher sein als der andere. Gleichheit muß im Lande Iran herrschen, und kein Priester soll über das Volk bestimmen.« Der Kaiser schenkte den verführerischen Worten Mazdaqs Gehör. Die Frauen seines Harems verteilte er unter das Volk, nahm den Reichen ihren Reichtum und beließ den Armen ihre Armut, denn so hatte es Mazdaq gelehrt. Da erhoben sich die Priester, um das Land Iran zu erretten. Prinz Khosrau Anūširwān mit der unsterblichen Seele stürzte den Ketzer Mazdaq, der bei der Verteilung der Haremsfrauen die Mutter des Prinzen erhalten hatte. Von da ab hat es kein Großschah mehr versucht, die Worte der Priester zu mißachten.

In Ktesiphon, am Ufer des Euphrat, saß der Kaiser von Iran. Um ihn lag das heilige Land des ewigen Feuers und lastete schwer auf dem Kaiser. Von Ktesiphon aus führte Khosrau der Gerechte, der Erbe Kubāds, seine großen Kriege. Er vernichtete halb Byzanz, zerstörte Antiochia und schlug das Heer des Kaisers Justinian. Jahrzehntelang tobte der Krieg zwischen Persien und Byzanz. Es war nicht der Krieg zweier Staaten, sondern der Kampf zwischen dem jungen Christentum und dem alten Glauben an den großen Gott des Feuers. Als zum Beispiel der Negus Negesti, der Herrscher von Äthiopien, Jemen besetzte, überfiel ihn der Großschah nur, derweil Negus ein Christ war und der Schah keine christlichen Sieger in der Welt dulden wollte.

In unaufhörlichen Feldzügen, Kämpfen und Plünderungen verbluteten die beiden Staaten Byzanz und Persien. Menschenleer wurden die Städte, verödet lagen die Felder, und der große Khosrau II., der Siegreiche, mußte zuletzt aus Mangel an Männern Frauen in sein Heer einstellen. Man brauchte Menschen, um Kriege zu führen und Land zu besiedeln. Die tristen, menschenleeren Felder, die spärlich besetzten Höfe, die verödeten Landstriche, die Heere beider Staaten verlangten nach Männern, die kämpfen konnten.

Die Männer kamen; es waren Araber. Aus den wilden Wüsten kamen arabische Sippen, siedelten sich in den verlassenen Dörfern an und füllten die Heere. Lange vor Mohammed, lange vor den Feldzügen des Islam hatte die Welt von Byzanz und Persien das Volk der Araber in ihre Bezirke gerufen.

Die größten Siege errang Persien über Byzanz, als Khosrau II. Damaskus und Jerusalem eroberte und zuletzt sogar Byzanz selbst belagerte. Das römische Reich des Ostens schien unterzugehen. Herakleius saß damals auf dem Thron von Byzanz. Er verließ seinen Thron, die Hauptstadt und das Land. Er zog mit einem Häuflein Krieger durch die wilden Berge in das heilige Land Atropatena. Dort überfiel er die Priester und zerstörte die Tempel. Erschrocken riefen die Priester ihren Kaiser zurück. Der Kaiser gehorchte. Er gab die Tore von Byzanz frei, räumte Jerusalem, kehrte zurück und rettete das ewige, heilige Feuer von Iran.

Dies geschah im Jahre 628, als die beiden Herrscher Persiens und Byzanz', Herakleius und Khosrau II., als ihre beiden verbluteten Länder Frieden miteinander schließen mußten.

Herakleius zog in das befreite Jerusalem ein, Khosrau II. begab sich nach Ktesiphon. Die Welt schien wieder Frieden zu haben. Während Herakleius die Befreiung des Christentums in Jerusalem feierte, baute sich Khosrau in Ktesiphon einen Thron, wie ihn die Welt noch nicht gesehen hatte. Aus Gold, Silber und Edelsteinen wurde ein Abbild des Himmels geschaffen, in dessen Mitte sich Sonne, Mond und Sterne befanden. Auf Wunsch konnte dieser Himmel Regen und Donner erzeugen. Der Thron wurde oberhalb dieses

Himmels errichtet, und der ganze komplizierte Mechanismus wurde von Pferden getrieben.

Diese Himmelsnachbildung war das letzte Geschenk der Priester des heiligen Feuers an ihren Kaiser. Kurz nachdem der Großschah zum erstenmal seinen neuen Thron bestiegen hatte und während Herakleius noch immer seine Triumphe in Jerusalem feierte, trat ein Ereignis ein, das nur von wenigen bemerkt und von einigen, die Zeit dazu hatten, belächelt wurde.

In Ktesiphon und in Jerusalem trafen gleichzeitig zwei wildaussehende Araber ein und verlangten zur allgemeinen Heiterkeit, dem Kaiser vorgeführt zu werden. Man weiß nicht, ob ihrem Verlangen stattgegeben wurde, man weiß nur, daß es ihren Bemühungen zu guter Letzt gelang, zwei Schreiben, die sie aus der Wüste mitbrachten, dem Kaiser vor Augen zu bringen.

Die beiden Briefe waren gleichlautend. In schlichten und höflichen Sätzen wurden die beiden Herrscher der damaligen Welt aufgefordert, ihren Glauben zu verlassen und eine dunkle, arabische Gottheit sowie ihren neugegründeten Kultus, genannt ›Hingebung‹, anzuerkennen. Der Verfasser dieser beiden Briefe war den Herrschern natürlich gänzlich unbekannt. Er selbst nannte sich schlicht: ›Mohammed, der Gesandte Gottes‹. Im Rausche seines Triumphzuges fand Herakleius keine Zeit, den Brief zu beantworten. Auch hätte der Kaiser von Byzanz, dem halbgöttliche Ehren dargebracht wurden, nicht mit irgendeinem Araber in Briefwechsel treten können. Khosrau II. aber, den das Geschenk der Priester keineswegs für den Verlust Jerusalems entschädigt hatte, war übelgelaunt, als er den Brief erhielt. Er zerriß das Schreiben, zerstampfte es mit den Füßen und befahl seinem Statthalter in Südarabien, den ›Gesandten Gottes‹ zu köpfen. Dieser Befehl konnte nicht erfüllt werden, denn bevor er in Arabien eintraf, wurde der mächtige Großschah selber entthront und geköpft.

Keiner der beiden Kaiser hatte bis dahin den Namen Mohammeds gehört. Zehn Jahre später eroberte das Heer dieses

Mohammed ganz Persien, die Hälfte von Byzanz und erstickte für immer die heiligen Feuer von Iran. Und schließlich hißte er die grüne Fahne des Gesandten Gottes – auf dem Grabe Christi.

Dieses Heer, dieser Glaube, dieser Prophet entstanden aus dem Nichts, aus der Wüste Arabiens, aus dem Lande der Bettler und Landstreicher. Zehn Jahre genügten, um aus dem Nichts eine Welt zu erschaffen.

Das Schreiben, das den Namen Mohammeds trug, stammte aus einer kleinen Stadt mitten in der arabischen Wüste. Nur ganz nebenbei hatten die beiden Kaiser vielleicht den Namen dieser Stadt einmal gehört. Die Stadt hieß Mekka. Als das Heer Khosrau II. nach Arabien zog, war ihm Mekka zu klein gewesen, um es eines Nebenfeldzuges zu würdigen. In zehn Jahren wurde es der Mittelpunkt einer Welt, die sich von den Ufern Gibraltars bis zu den Gipfeln des Himalaja erstreckte.

DIE STADT DER KA'BA

Alle Araber sind Kaufleute.
Strabo

Durch die Wüste Arabiens, durch die steinernen Täler Ḥigāz wanderte einst der Erzvater Abraham. Berge, nackte Felsen, Schluchten und Abgründe sperrten seinen Weg. Hinter jedem Felsen saß ein Dämon und versuchte weinend und heulend den Erzvater in seinen Bann zu ziehen. Mutig schritt Abraham durch die unfruchtbare Steinwüste, und wenn die Dämonen zu übermütig wurden, nahm er einen Stein und warf ihn nach den Bösen. Jahrtausende sind seitdem vergangen. Millionen und aber Millionen Menschen wiederholten seitdem die Geste Abrahams und warfen in der Wüste Ḥigāz kleine Steine auf die drei ›Teufelssäulen‹, die Felsen, hinter denen sich die Dämonen verbergen.

Lange wanderte der Erzvater durch Ḥigāz. Endlich kam er in eine tiefe Talsohle, die von wilden und kahlen Felsen umgeben war. Hier, inmitten des wilden Landes, erwies der Herr der Welten dem Erzvater seine Gnade. Er sandte vom Himmel einen weißen Stein, so weiß wie die Flügel eines Erzengels. Und zu Ehren des Herrn erbaute Abraham im wilden Tal von Ḥigāz ein Heiligtum – ein viereckiges Gebäude. So entstand die Ka'ba, das Heiligtum Arabiens. In ihrer Wand ruhte, von der Hand Abrahams eingelassen, der leuchtende helle al-Hağar al-Aswad, der Stein Gottes. Abraham zog weiter, den Herrn preisend, das Heiligtum aber blieb inmitten des Tales der Einsamkeit und Wildnis zurück.

Die Beduinen des Landes erfuhren von dem Heiligtum,

der Wind und der Sand brachten die Kunde in die Wüste. Bald wußte ein jeder: Wer den leuchtenden Stein der Ka'ba küßt, kann unerschrocken vor das Antlitz des Allmächtigen treten. Alle Sünden übernimmt der Stein. – In großen Karawanen kamen die Beduinen des Landes. Jeder küßte den weißen Stein, und jeder übergab ihm seine Sünden. Viele Sünden trug der Stein. Es waren große und schwere Sünden. Je höher ihre Zahl stieg, desto dunkler wurde der Stein. Und so groß und zahlreich sind die Sünden der Menschheit, daß der leuchtende, helle Stein des Allmächtigen zuletzt ganz schwarz wurde, schwarz wie die Nacht, wie die Sünde. Wenn aber einst der Tag des Gerichtes anbricht und der Allmächtige alle Gerechten und Ungerechten vor seinen Thron ruft, dann bekommt der Stein zwei große Augen. Er wird wieder weiß und leuchtend werden, in der Hand des Allmächtigen wird er ruhen und für jeden zeugen, der einst, im Vertrauen auf die Allmacht Gottes, ihm seine Sünden anvertraute. Dies wenigstens berichten über die Ka'ba, den schwarzen Stein, alte Legenden.

Um die Ka'ba herum zieht sich das Land Ḥigāz, was Grenzmark bedeutet. An das rauhe Land grenzen die unendlichen Wüsten Zentralarabiens und das Gebiet des alten, glänzenden Reiches der Sabäer. Durch die kahlen, phantastisch geformten Gebirge hat die Natur zwei tiefe Talmulden gezogen. Durch die Talmulden ziehen die Karawanen. Südlich durch das Küstengebiet Tihāma nach Jemen und nordwestlich nach Syrien. Beide Wege kreuzen sich an der Ka'ba, an der Macoraba, ›dem Heiligtum‹ des Landes. Um diese Macoraba entstand nun die Stadt Mekka. Munauwara – die Leuchtende, Umm al-qura – Mutter der Städte, al-Mukarrama – die Edle, so nannte das Volk der Wüste die Stadt der Ka'ba. Der stolze Kaiser von Iran wollte diese Stadt nicht einmal eines Sonderfeldzuges würdigen, so unbedeutend erschien sie ihm. In den Zeltlagern der Beduinen aber wurden zahllose Lieder über die Macht und Schönheit, über den Reichtum der Stadt Mekka gesungen. Denn es gab in der Wüste keine Stadt gleich ihr.

Karawanen aus fernen Ländern kreuzen sich in Mekka. Wo sich die Karawanen treffen, entstehen feste Bauten, dort wohnt und wächst das Volk der Kaufleute, dort bildet sich Reichtum und Macht. Auch in Mekka begannen sich die Kaufleute anzusiedeln, schickten Karawanen durch die Wüste, bauten feste Burgen und sammelten Reichtümer. Mekka, die Hauptstadt Arabiens, war gleichzeitig die Handelsmetropole des Landes. Doch waren die Kaufleute, die Mekka bewohnten, Araber, beinahe noch Beduinen, und so unterschied sich diese Stadt wesentlich von allen Handelsstädten der Welt.

Viele Stämme wetteiferten seinerzeit um die Herrschaft in Mekka. Blutige Kämpfe fanden statt, denn wer über Mekka herrschte, konnte seines Reichtums sicher sein. Um das fünfte Jahrhundert nach Christi kam die Stadt Mekka in die Hände der Sippe Banū Quraiš. Alte romantische Sagen berichten über die List und den Mut, über die Weisheit und Kraft des großen Helden Quṣai, der die Macht der Quraiš in Mekka begründete. Jetzt, im sechsten Jahrhundert, war aber die große Sippe Quraiš schon längst in eine Reihe kleinerer Sippen und Familien zergliedert, die nur noch lose miteinander verbunden waren und die Macht über Mekka untereinander teilten. Die mächtigste, reichste und edelste dieser Familien war die Sippe Umaiya.

Eine merkwürdige Stadt war Mekka! Um die Kaʿba erhoben sich dicht nebeneinander die Häuser und Burgen der einzelnen Familien. Je reicher, größer und mächtiger die Familie war, desto näher lagen ihre Häuser und Burgen am Heiligtum der Kaʿba. Jede Familie lebte nach dem Brauch der Wüste gemeinsam in einer Burg. Jede Familie gehorchte im wesentlichen nur ihrem Familienoberhaupt und betrachtete sich bereits als ein Muster der Tugend, wenn sie nichts Böses gegen die Nachbarn aus anderen Familien unternahm. Jede Familie betrieb ihre Handelsgeschäfte selbständig, und nur in den Fällen, wo große Gewinnchancen zu hohen Kapitaleinlagen zwangen, verbündeten sich mehrere Familien für die Dauer eines Geschäftes.

Natürlich war auch jeder Kaufherr zugleich Ritter und Kämpfer. Der Kaufmann war um jene Zeit in Mekka nur eine gehobene Art des Wüstenritters. Wer seinen Reichtum nicht mit dem Schwert in der Hand verteidigen konnte, war sehr bald ein armer Mann. Denn Gesetze, Regierungen und Zentralgewalt besaß diese merkwürdige Republik der Wüstenkaufleute nicht. Jeder lebte in seiner Burg, gehorchte den Befehlen des Familienältesten und wurde dafür von der Familie, wie der Beduine der Wüste, gedeckt und verteidigt. Deshalb gab es auch in Mekka keine Gerichtsbarkeit, keine Gefängnisse und keine Strafen. Wertvolle Familienmitglieder wurden von der Familie geschützt. Ließ ein Mekkaner sich jedoch allzuviel zuschulden kommen, so wurde er aus der Familie ausgestoßen, für vogelfrei erklärt. Die Einwohner Mekkas waren nichts als plötzlich reichgewordene Beduinen, die durch diesen Umstand nicht das mindeste von ihrer ursprünglichen Art eingebüßt hatten.

Und doch war Mekka eine blühende Stadt, eine reiche Stadt, eine handeltreibende Stadt, die natürlich nichts dringender wünschte als den Frieden. Der Frieden aber konnte nur durch irgendwelche Formen des Solidaritätsgefühls gesichert werden. Für Angelegenheiten, die die ganze Stadt, ihr Wohl und ihren Reichtum angingen, gab es einen Rat, Mala' genannt. Unweit der Ka'ba, in einem Regierungsgebäude, im ›Dār an-nadwa‹, versammelten sich hin und wieder die älteren Mekkaner, um unverbindlich über allgemeine Fragen zu verhandeln. Jeder Mekkaner über vierzig Jahre hatte Zutritt zu diesen Versammlungen. Die Einrichtung dieses Rates bedeutete aber keinesfalls, daß in Mekka eine Art Demokratie herrschte. Die Entscheidungen über die wichtigsten Dinge lagen stets in den Händen der wenigen Baṭḥā'-Familien, das heißt der Familien, die im Stadtteil al-Baṭḥā', nahe der Ka'ba, ansässig waren. Diese Familien waren die Bankiers und Kaufherren von Mekka. Sie verborgten Geld, sandten Karawanen aus und führten ein fast zivilisiertes Leben im Stil der großen Herren der damaligen Kulturwelt.

Diese Familien waren die Umaiya, die Maḫzūm, die Naufal, die Asad, die Zuhra und die Zahm. Diese Familien und ihre Repräsentanten Abū Sufyān, Abū Ǧahl, ʿUtba und andere hatten erblich die leitenden Stellen der Stadt inne. Seit alten Zeiten gehörten die wenigen öffentlichen Ämter der Stadt, wie zum Beispiel der Posten des Heeresleiters, des Karawanenführers und so weiter, immer diesen vornehmen Quraiš-Familien.

Mekka war eine Kaufmannsrepublik, gegründet zur Mehrung des Wohlstandes der Quraiš-Familien. Es glich einer großen Bank oder einem Konsortium, in dem verschiedene Aktionäre zwar miteinander verzankt sein können, in dem aber alle das gemeinsame Interesse an hoher Dividende haben. Außer den kleineren Karawanen, die jeder Kaufmann auf eigenes Risiko in die Welt sandte, wurden zweimal im Jahr, unter Beteiligung fast aller Mekkaner, große Handelskarawanen ausgerüstet. Zwei-, dreitausend Kamele bildeten die Karawane, und die kriegerische Wache bestand aus zwei- bis dreihundert Mann. Sechs Monate waren die Karawanen unterwegs. Der Gewinn aber, den die handelstüchtigen Mekkaner einheimsten, belief sich in der Regel auf fünfzig bis hundert Prozent. Edelmetalle, Perlen, Gewürze, Schminken, Parfümerien, Waffen, Sklaven, kurz alles, was die alte Welt zu verkaufen hatte, kam nach Mekka, speicherte sich dort in Lagern auf und wurde in Leder, Frauen, Datteln und andere Wüstenerzeugnisse eingetauscht.

Mekka, die Königin der Wüste, barg viele Reize für den Fremden. Endlose Karawanen zogen jahraus, jahrein durch Mekkas Straßen und Gassen. Mit weichem, bedächtigem Gang schritten die Kamele, in ihrem Fell der Staub der Wüste, in ihren Augen die Sehnsucht der Steppen. Kleine Glöckchen hingen an ihrem Halse, und ihr schimmernder Klang war wie ein Ruf der Wüste. Bedächtig schreitet der Kamelführer daneben. Auch er ist ruhig, stolz und wortkarg wie sein Kamel. Seine großen Augen blicken verwundert: ›Mekka, Königin der Wüste‹, spricht es aus ihnen. Am großen Platz der Kaʿba stehen die Kamele in Mengen. Schaulustige umgeben sie, Gassenjungen von Mekka kriechen unter ihren Bauch und durch das schlanke Labyrinth der Füße. Allerlei ausländisches Volk umgibt sie: Neger, Christen, Juden, Sklavenhändler, Dirnen und Magier.

Alle Sprachen und alle Götter waren in Mekka vertreten. Wein und Frauenliebe entschädigte den Karawanenführer nach der langen Reise. Ein vornehmer Kaufherr, in Seide gehüllt, mit Ambra in den Haaren, tritt aus der Kaʿba. Er blickt mit klugen Augen auf die farbige Menge, auf die Kamele und den Staub der Wüste. Ganz langsam sinken die Kamele in die Knie, auf ihren Höckern liegen schwere Lasten. Der Kaufherr Umaiya oder Asad streicht mit den feinen, zarten Händen seinen parfümierten Bart. Er gibt dem Karawanenführer neue Aufträge. Dann schreiten wiederum endlose Karawanen durch die Gassen Mekkas. Der Kaufmann geht in die Kaʿba zurück. Er muß zum Wechsler, der den Kurs für persisches und byzantinisches Geld bestimmt. Er muß mit der Bank der Umaiya über Zinsen verhandeln, vielleicht will er noch eine Dame besuchen, auf einem weichen Teppich ausgestreckt, Wein trinken, über neue Beduinenkämpfe plaudern und über die Hitze klagen. Ist der Kaufherr sehr reich, so hat er in der Oase Ṭā'if bei Mekka eine Villa mit Dattelpalmen. Dorthin zieht er für die Sommermonate. Doch muß auch die Villa ein Einkommen bringen. Darum läßt der Kaufmann die Datteln seines Gartens in Basaren verkaufen.

Mit Staunen und Erschütterung, ja beinahe mit mystischer Angst wurde in Mekka die Geschichte eines erschrekkend reichen Quraiš erzählt, der in Ṭā'if einen großen Garten besaß, nur zu seiner persönlichen Freude, ohne je daraus ein Geschäft zu machen. Das erschütterte die parfümierten Kaufleute mehr als die blutigsten Kämpfe unter dem Wüstenvolk.

Unter dem Segen der großen Karawanen blühte ganz Mekka. Und doch war die Stadt von öder, felsiger Wüste umgeben. Kein Gras, keine Blume wuchs um Mekka. Kahle, rauhe Felsen umschlossen die Stadt. Am Tage speicherten sie die Sonnenglut auf und sandten in der Nacht glühende Luft in die Stadt hinab. Verwitterte, rauhe Felsen, dämonische Landschaften wie auf dem Mond blickten auf die Kaʿba hernieder. ›Wenn es keinen Handel gäbe, würde kein Mensch in Mekka leben‹, sagte ein kluger Araber. Der dichtende Ḥimyar, der Neger al-Haiġaṯān, sang einst über Mekka: ›Wenn Mekka irgendwelche Reize zu bieten hätte, würden schon längst Prinzen der Ḥimyar an der Spitze ihres Heeres zu der Stadt geeilt sein. Doch sind dort Winter und Sommer gleich öde. Kein Vogel fliegt über Mekka, kein Gras blüht. Es gibt kein Wild, das man erjagen könnte. Nur der elendeste unter den Berufen, der Handel, blüht dort.‹

Dieser Handel blühte aber mächtig, und mit ihm blühten die vornehmen Quraiš. Denn trotz aller Öde, trotz aller Härte ihres Landes besaßen sie genügend Mittel und Reize, um jeden Beduinen während der Zeit des großen Marktes in die Mauern ihrer Stadt zu locken. Natürlich brauchte der Nomade Waffen, Sklaven und Ambra; doch konnte er sie vielleicht auch anderswo bekommen. Vielleicht sogar billiger und besser.

Aber nicht der Handel allein zog die Beduinen nach Mekka. Etwas anderes, etwas Stärkeres trieb ihn zu dieser Stadt. In Mekka stand die Kaʿba, das mystische Heiligtum mit dem schwarzen Stein. Dieses Heiligtum verstanden die Quraiš meisterhaft für ihre Zwecke auszunutzen.

In jedem Frühling, in der Zeit des großen Marktes, begannen in Mekka die zahlreichen Festlichkeiten zu Ehren der Kaʿba. Jeder Araber mußte irgendwann einmal in Mekka gewesen sein, denn die Festlichkeiten an der Kaʿba waren Jahr für Jahr das größte Ereignis der Wüste. Für diese Feierlichkeiten an der Kaʿba hatte Mekka keinerlei Konkurrenz zu fürchten.

Welchem Gott war die Kaʿba gewidmet? Der Gott der Kaʿba, der Gott des schwarzen Steines, war den Arabern des sechsten Jahrhunderts kaum mehr gegenwärtig. Es war der oberste Gott der Araber ›al-Ilāh‹ oder Allāh, der Vater aller Götter und Menschen, eigentlich der einzig wahre Gott.

Doch war der Glaube an ihn bei den Arabern schon längst verblaßt. Nur dunkel konnte man sich seiner erinnern. Jeder Stamm hatte seinen eigenen Gott und daher wenig Grund, sich um den großen Gott der Kaʿba, um Allāh, zu kümmern. Der Name des listigen Mekkaners, dem es trotzdem gelang, die Kaʿba zum religiösen Mittelpunkt Arabiens zu machen, ist ʿAmr ibn Luḥai.

Es war seine Idee, in dem großen Hofe der Kaʿba die Symbole sämtlicher arabischer Gottheiten aufzustellen. Somit war der Gott eines jeden Stammes in der Kaʿba vertreten, und jeder Stamm konnte in der Kaʿba zu Mekka seine Gottheit anbeten. Dreihundertsechzig Götzen umgaben die Kaʿba. Das machte die Stadt berühmt und hob sie über alle andern Städte hinaus. Jeder Stamm war stolz darauf, daß auch seine Gottheit in der Kaʿba vertreten war, und zog, wenn die Zeit des Friedens anbrach, nach Mekka, zur Kaʿba, zum großen Jahrmarkt, zu der Ansammlung von Idolen und Völkern. Die Hauptmesse zu Mekka begann nach der Rückkehr der großen Karawanen. Gleichzeitig damit setzten dann auch die großen Feierlichkeiten zu Ehren der dreihundertsechzig Götter ein, zu denen alle Stämme der Wüste herbeiströmten.

In religiösen Fragen waren die Mekkaner tolerant. Jedes Idol sicherte ihnen neuen Zustrom, neue Einnahmen für die Bewohner Mekkas. Neben den barbarischen Göttern und Göttinnen der Araber, wie Hubal, ʾUmma, al-Lāt, al-ʿUzzāʾ und so weiter, errichteten sie Statuen von Christus, der heiligen Maria und Moses, denn es gab Stämme in der Wüste, die zum Juden- oder Christentum übergetreten waren. Den Mekkanern selbst galten sämtliche Götter ziemlich gleich. Man war gern bereit, alles mitanzubeten, was der Messe von Nutzen sein konnte.

In alten Zeiten wurden im Hofe der Kaʿba auch Menschenopfer dargebracht; später ersetzte man das Menschenblut durch das Blut von hundert Kamelen.

Die Konstruktion Mekkas war demnach folgende: In der Mitte stand die Kaʿba, um die Kaʿba herum sämtliche Götter, die irgendwo, irgendwie aufzutreiben waren, und um die Götter saßen die Kaufleute, die die Götter schützten. Jeder Kaufmann hatte eine Burg, und alle Burgen zusammen stellten die Stadt dar. Die Umgebung von Mekka war eine riesige Wüste, aus der in den heiligen Monaten das Volk zusammenströmte, um die Götter anzubeten, die reichen Kaufleute zu beneiden, Ware einzukaufen und ihr Geld zu verjubeln. Die einzigen, die daran verdienten, und das nicht zu knapp, waren die Kaufleute. Deshalb lag ihnen sehr viel an der Vermeidung von Kriegen und Blutfehden und an der Aufrechterhaltung des frommen, überaus toleranten Glaubens an dreihundertsechzig Götter und, wenn möglich, an noch einige mehr.

In der Zeit der heiligen Monate erwachte in den engen Gassen der Wüstenstadt Mekka der alte semitische Geist Babylons. Im Umkreis der Ka'ba wurden Prozessionen veranstaltet. Siebenmal umkreisten die frommen Beduinen das heilige Gebäude, und jeder einzelne von ihnen küßte den schwarzen Stein. Ein alter Brauch war auch das Wettrennen zwischen zwei uralten Säulen, die als Marksteine zwei halbvergessene, semitische Symbole der Männlichkeit und der Weiblichkeit darstellten. Jetzt wußten die Mekkaner nur, daß diese zwei Säulen einst ein Liebespaar waren, das sich im Hofe der Ka'ba sinnlichen Genüssen hingab und zur Strafe dafür von den Göttern in Säulen verwandelt wurde.

Zahllosen Götzenbildern wurden blutige Opfer dargebracht. Die alten semitischen Götter, der grausame Moloch, die lüsterne Astarte und der berüchtigte Baal, erwachten hier in ihrer Urheimat zu neuem Leben.

Persische und griechische Mädchen durchwanderten die Straße. Das waren die Priesterinnen der Liebe, die der Ruf Mekkas herbeilockte. In den Burgen der Kaufherren wurden Gelage veranstaltet, Frauen, einheimische und fremde, erschienen unverschleiert, tranken zusammen mit den Männern und schenkten ihre zivilisierte, persisch-byzantinische Gunst der glühenden Leidenschaft liebeshungriger Wüstensöhne.

Mekka taumelte im Trubel des Jahrmarktes. Um die grausamen, barbarischen Götter tobte ein brutales, lustiges Leben. Ritterkämpfe wurden veranstaltet, Waren verkauft und die Käufer übers Ohr gehauen. In der Ka'ba tagte ununterbrochen ein primitives Gerichtstribunal. Wer eine alte Blutfehde oder einen neuentbrannten Streit schlichten wollte, ging zu den vornehmen Kaufleuten, die dieses Tribunal bildeten. Wer nichts vom Frieden hielt, konnte auf dem großen Hof der Ka'ba verkünden, daß seine Sippe nach Ablauf der heiligen Monate eine andere Sippe zu überfallen und zu vernichten gedenke.

Zahllose Wahrsager, Propheten, Magier und Ärzte promenierten auf dem Hofe der Ka'ba. Sie waren bereit, für billiges Geld den Ausgang des angesagten Kampfes vorauszusagen oder durch eine umständliche Beschwörung den Zorn der Götter auf den Gegner zu lenken.

Sklaven, Frauen, Kamele wurden gekauft und verkauft, Liebesbande angeknüpft und zerrissen. Es wurde gewürfelt, gespielt, gesungen. Große Scheiterhaufen wurden entzündet und nächtelang an ihnen gezecht. Wer alles bis auf seine Freiheit verlor (auch die Freiheit konnte man beim Würfeln loswerden), wurde von den Herren der Stadt umsonst verpflegt, damit er nicht verzweifle und keine Unruhe anstifte.

Alle Dichter Arabiens versammelten sich in den heiligen Monaten zu den Dichterturnieren in der Ka'ba. Tagelang wurde in wohlgeformten Versen der eigene Stamm, die geliebte Frau und das freie Wüstenleben besungen. Scharfe Epigramme wurden blitzschnell improvisiert und gaben Stoff zu neuen Fehden. Der Sieger im Turnier wurde fürstlich gefeiert. Mit großen goldenen Buchstaben wurden seine Gedichte auf schwarze Seide gestickt und für ein Jahr am Eingang der Ka'ba aufgehängt. Hin und wieder wurde auch die Dichtung zu rein merkantilen Zwecken verwandt. Ein armer Vater vieler häßlicher Töchter konnte zum Beispiel einen Dichter beauftragen, in allen Basaren der Stadt die Schönheit seiner Töchter zu lobpreisen. Wenn der Dichter begabt war, konnte der Vater noch während des Jahrmarktes seine Töchter an den Mann bringen.

Tag und Nacht herrschte lebhaftes Treiben. Doch mußte man sich hüten, unbewaffnet daran teilzunehmen. In den engen, stillen und dunklen Gassen wurde der Fremde überfallen und ausgeplündert. Niemand achtete darauf, denn jeder war mit sich und seinem Vergnügen ausreichend beschäftigt. Nur wenn der Ausgeplünderte zufällig ein berühmter Dichter war, konnte man den Vorfall in einem Schmähgedicht in der ›arabischen Presse‹ verbreitet finden.

Freudig, brutal, lebensfrisch, barbarisch und reich war die Stadt Mekka. In dieser Wüstenstadt ward Mohammed geboren – Mohammed, der Gesandte Gottes.

Dies geschah am 29. August des Jahres 570 nach Christi, im vierzigsten Regierungsjahr des großen Kaisers Khosrau Anūširwān, im Jahre 880 der Seleukidenära.

ZWEITER TEIL

DIE SENDUNG

Ein Nichts war Arabien – als Land – als Staat – als Kultur.

Aus diesem Nichts entstand über Nacht eine Welt.
Sie erstreckte sich von Marokko bis Indien und ist bis heute nicht untergegangen.

Die Welt aus dem Nichts wurde durch den Geist erzeugt.

Der Geist war Mohammed.

DIE GEBURT DES PROPHETEN

> Ich stelle ihn unter den Schutz des Einzigen, daß er ihn vor der Bosheit aller Neider bewahre, und nenne ihn Mohammed.
>
> Āmina, die Mutter des Propheten

Im Süden Arabiens, im Lande Jemen, herrschte der Tyrann Abraha, der Statthalter des Negus Negesti, des christlichen Kaisers von Abessinien. Schwarz wie der Körper Abrahas war auch seine Seele. Großer Neid lebte in ihm.

Weit von Jemen lag Mekka, und Mekka war reich. Zu den Göttern der Kaʿba pilgerten die Völker, und niemand achtete auf die glänzende Stadt Ṣanʿā', den Sitz Abrahas. Da erbaute Abraha in seinem Neid inmitten der Stadt Ṣanʿā' eine große, prachtvolle Kirche. Marmorn waren ihre Mauern und golden die Kuppeln. Niemals hatte man in Arabien ähnliche Pracht gesehen. Hierher, statt zur Kaʿba, sollten von nun ab die Araber pilgern. Das Volk der Wüste lachte aber über den neidischen Abraha, denn das Volk wollte der Kaʿba treu bleiben. Man beschloß, Abraha den Hohn Arabiens zu zeigen. Ein junger Mekkaner kam nach Ṣanʿā' und tat, als wäre er von der Pracht der Kirche erschüttert. »Laß mich in die Kirche, Abraha«, sprach er, »die ganze Nacht will ich dort in Andacht verbringen.« Als die Nacht anbrach, verrichtete der Mekkaner in der Kirche seine Notdurft, besudelte die Mauer mit Kot und floh. Außer sich vor Zorn war Abraha. Er sammelte ein mächtiges Heer, bestieg einen großen weißen Elefanten und ritt gen Mekka, um die Stadt zu zerstören. Das Heer von Mekka hatte noch nie einen Elefanten gesehen und floh voll Schrecken. Das Volk von Mekka aber sagte: »Die Kaʿba gehört nicht uns, sondern Gott. Uns gehören die Kamele, die Schafe und das Gold. Wir müssen unser Gut retten, denn Gott wird das seinige allein verteidigen können.« Und sie zogen mit ihrem Gut in die Berge bei Mekka. Nur wenige Krieger blieben in der Stadt. Auf seinem großen weißen Elefanten reitend, erschien Abraha vor den Mauern Mekkas und begann es zu belagern. Mekka schien dem Untergang geweiht. Da geschah ein Wunder. Aus der Richtung des Meeres kamen tausend Schwalben und bedeckten den Himmel. Jede Schwalbe hielt drei Steine, einen im Schnabel und zwei in den Krallen. Tausende von Steinen fielen auf das Heer Abrahas, und im Heer brach eine Panik aus. Krieger flohen, Zelte wurden zerstört, und der große weiße Elefant kniete vor der Ka'ba nieder. Ein todbringender Wüstenwind vernichtete das Heer. Mit dem Rest seiner Streitmacht floh Abraha nach Ṣan'ā', wo er ein elendes und ruhmloses Ende fand. So schützte Gott sein Haus, die Ka'ba.

Das Jahr des Wunders nannten die Mekkaner das Jahr des Weißen Elefanten.

In diesem Jahre wurde zu Mekka der Prophet Mohammed geboren. Sein voller Name war Mohammed ibn 'Abdallāh ibn 'Abd al-Muṭṭalib, ibn Hāšim, der Quraiš. Als Quṣai, der sagenhafte Gründer des Reichtums der Quraiš, starb, hinterließ er einen Sohn, 'Abd al-Manāf. Dieser herrschte in Mekka. Unter seinen Söhnen war einer namens Hāšim, der eine Frau aus Yaṯrib heiratete und der Gründer der Sippe der Hāšim wurde. Dieser Sippe entstammt der Prophet. Einst soll diese Sippe reich und mächtig gewesen sein. Sie verwaltete erblich den heiligen Bach Zamzam bei Mekka, den einst Gott der durstenden Hagar und ihrem Sohn Ismael erschlossen hatte. Die Sippe soll durch ihre Freigebigkeit in Almosen berühmt gewesen sein. Doch weiß man hierüber nichts Genaues. Man weiß nur, daß, als die Zeit des Propheten anbrach, die Sippe weder reich noch sonderlich angesehen war. Der Großvater Mohammeds, 'Abd al-Muṭṭalib, soll der letzte große Mann der Sippe gewesen sein. Durch große Almosen soll er sich ruiniert haben, was für sein Ansehen zuerst ohne Folgen blieb. Wichtiger war in den Augen der Araber, daß er keine Söhne hatte. Das zeigte, daß Gott ihm ungnädig war. Da schwor ʿAbd al-Muṭṭalib, wenn ihm zwölf Söhne geboren würden, einen davon der Kaʿba zu opfern. Daraufhin wurden ihm hintereinander zwölf Söhne geboren. Einen davon, ʿAbdallāh brachte er zur Kaʿba. Als er jedoch das Messer erhob, ertönte vom Himmel eine Stimme, die ihm befahl, ʿAbdallāh leben zu lassen und statt seiner hundert Kamele zu opfern. So geschah es, daß ʿAbdallāh am Leben blieb und eine Frau namens Āmina heiratete, die ihm im Jahre des Elefanten einen Sohn namens Mohammed, was der Gepriesene bedeutet, gebar.

Soweit die fromme Legende. Was an ihr wahr ist, weiß man nicht. Man weiß, daß das Heer Abrahas tatsächlich gegen Mekka zog und von Pocken vernichtet wurde. Man weiß fernerhin, daß in der ärmlichen Sippe Hāšim um die gleiche Zeit bei einem Manne namens ʿAbdallāh, was nichts weiter bedeutet als Sklave Gottes, ein Sohn Mohammed geboren wurde.

Viele fromme Legenden umgeben die Geburt des Propheten. In der Nacht seiner Geburt herrschte unter den himmlischen Engeln ein großer Jubel. An den göttlichen Gestaden feierte man die Geburt des Propheten. Die Geister der Finsternis, die Dämonen und Dschinnen, merkten, daß im Himmel ein Fest stattfand. Die Ursache des Festes konnte sich aber niemand erklären. Da schlichen sich die bösen Geister zur Pforte des Himmels, um das Geheimnis der göttlichen Mächte zu ergründen. Sie sollten aber den Grund der Freude nicht erfahren. Die Erzengel erschienen an den Himmelstoren und warfen große, brennende Fackeln nach den Geistern. Die Menschen sahen es und nannten es Sternschnuppen. Die Weisen wußten aber, daß immer, wenn eine Sternschnuppe vom Himmel fällt, die Engel, mit der Fackel in der Hand, böse Geister von der Himmelspforte vertreiben. In der Geburtsnacht Mohammeds erlosch in Persien das ewige Feuer, das seit Jahrhunderten brannte. Ein Erdbeben suchte das Land heim. In Ktesiphon stürzte der Palast des Khosrau I. ein. Nur vierzehn Säulen blieben stehen. Das war die Zahl der Heidenherrscher, die bis zum Sieg des wahren

Glaubens den Iran noch beherrschen durften. Unzählig waren die Wunder, die in der Nacht der Geburt geschahen.

Und doch war es nur ein armes Kind, das in einem ärmlichen Haus zu Mekka geboren wurde. Zwei Monate vor der Geburtsnacht wurde das Haus von einem Unglück heimgesucht. ʿAbdallāh, der Vater Mohammeds, starb in der Wüste auf einer Reise nach Yaṯrib. Die Erbschaft, die er seinem Sohn hinterließ, war nicht besonders groß. Sie bestand aus dem kleinen Haus, fünf hungrigen Kamelen und einer alten Sklavin.

Von glühenden Felsen umgeben, lag in dem unfruchtbaren Tal die Stadt Mekka. Enge Gassen durchzogen die Stadt, und der Schmutz war groß auf diesen Straßen. Schwer war die Luft in Mekka. Krank, blaß und schwach mußten die Kinder heranwachsen. Rund um Mekka zog sich die Wüste. Die Luft der Wüste war klar, und das Volk war edel, ritterlich und gesund. Wer sich Araber nennen wollte, mußte die Luft der Wüste geatmet haben. Deshalb war es Sitte in Mekka, die Säuglinge einem Beduinenstamm zur Erziehung anzuvertrauen. Mit der Milch einer Beduinenfrau sog man die Gesetze der Wüste, das freie, ritterliche Denken der Beduinen ein. In der Wüste wurde man zum Araber.

Zweimal im Jahr kamen nach Mekka Sippen, die Säuglinge zur Erziehung suchten. Denn Säuglinge aus Mekka waren in der Wüste begehrt. Die Eltern beschenkten die Amme und ihre Familie, außerdem konnten die Bande der Milchverwandtschaft mit einem edlen Stamm der Quraiš jedem Beduinen einmal von Nutzen sein.

Auch im Jahre der Geburt Mohammeds kamen nach Mekka Leute aus der Sippe Banū Saʿd, um Säuglinge zu suchen. Mohammed wollte aber niemand nehmen. Zu arm erschien seine Familie, als daß es sich gelohnt hätte, den Waisenknaben aufzunehmen. Erst als alle Banu Saʿd Säuglinge erhalten hatten und in die Heimat ziehen wollten, beschloß eine arme Frau namens Ḥalīma, die bei der Säuglingsverteilung leer ausgegangen war, den Knaben zu nehmen.

So kam Mohammed in die Wüste, zum Stamme Banū

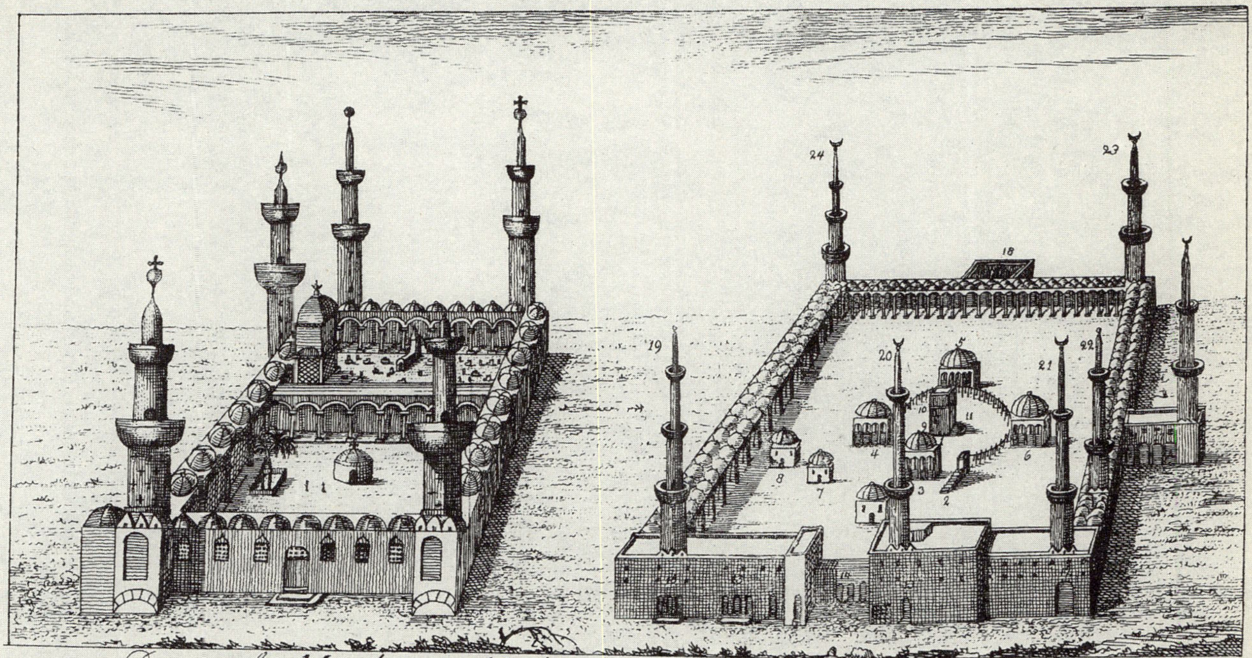

Die grosse Mosche zu Medina. Die grosse Mosche zu Mekka.

2. Die große Moschee zu Medina (links) und die große Moschee zu Mekka. Kupferstich, 1799.

Sa'd, wo er nach dem Brauch der Beduinen bis zum zweiten Lebensjahr Muttermilch bekommen sollte.

Gelber Sand, unfruchtbare Steppen, das trockene Gebiet der ärmsten unter den Stämmen, der Banū Sa'd. Kleine, schwarze Zelte, Kamelmilch, Beduinen und die Vision der Unendlichkeit, die an der Schwelle des Zeltes beginnt. Diese Vision, diese Zelte, dieses arme, trockene Land waren das erste, was Mohammeds Augen halb bewußt aufnahmen.

Die Banū Sa'd waren reine Beduinen, und so war auch das erste, was die Ohren des Propheten hörten, lange, weise Gespräche über die Kraft des Wortes und über feine Sprachwendungen der edelsten aller Sprachen.

Schwer, brutal und voller Gefahren ist das Leben eines kleinen Stammes. Auch ein Kind wird in die Gefahren hineingezogen. Doch gehörte Mohammed nicht zu den Banū Sa'd, er war ein edler Quraiš. Hinter ihm stand schützend die große Stadt Mekka, die er selbst nur aus Erzählungen kannte. Das erste Gefühl war: Die Wüste, die Unendlichkeit, die Gefahren, die sie in sich barg, und das feste Bewußtsein, im schlimmsten Fall, irgendwo ganz weit, jenseits der großen Steppe, eines festen, unerschütterlichen Schutzes sicher zu sein. Auch für die Banū Sa'd war er ein Auserwählter, einer, der kraft seiner Geburt zu der Königin der Städte, zu den mächtigen Quraiš gehörte. So erlebte das Kind Mohammed nur halb bewußt die Unendlichkeit, die Furcht vor Gefahren, den Schutz der unbekannten Hand und das Gefühl, turmhoch über den anderen wehrlosen und schutzlosen Banū Sa'd zu stehen.

Nach dem zweiten Lebensjahr kehrten gewöhnlich die Säuglinge zu ihren Familien zurück. Die Banū Sa'd baten aber, Mohammed noch für ein Jahr behalten zu dürfen. Er sollte ihnen Glück gebracht haben. Auch bei den Nomaden ist das Leben des Propheten von Legenden umgeben. Schafe neigten sich vor ihm, wenn er vorüberging, der Mond kam zu ihm herab, Gras sproß an den Stellen, die er betrat. Eine schöne Legende, die mit dem Aufenthalt des Propheten in der Wüste verbunden ist, soll hier erzählt werden. Einst, als der Prophet vier Jahre alt war, spielte er mit seinem Milchbruder Masrūt am Rande der Wüste. Da erschienen plötzlich in weißen, schimmernden Gewändern zwei Engel, Gabriel und Michael, legten den Knaben sanft auf den Boden und öffneten ihm die Brust. Sie nahmen sein Herz heraus, reinigten es von allen Seiten und preßten den Tropfen der Erbsünde heraus, den jeder Mensch seit Adam in sich trägt. So bereiteten sie ihn für die künftige Sendung vor.

Vier Jahre alt war Mohammed, als er aus der Wüste seiner Mutter zurückgebracht wurde, und sechs Jahre zählte er, als seine Mutter Āmina das Zeitliche segnete.

Arm und verwaist blieb Mohammed zurück. In der Wüste bei Yaṯrib starb die Mutter, und es gab in der Wüste niemanden, der sich seiner angenommen hätte. Die alte Sklavin Baraka brachte ihn schließlich zum Großvater ʿAbd al-Muṭṭalib in die prächtige Stadt Mekka. Dort lebte Mohammed als jüngster und ärmster unter den Hāšims. Alt und gebrechlich war ʿAbd al-Muṭṭalib, er wußte nicht, daß ein Prophet in seiner Sippe heranwuchs. Vor dem Tode entsann er sich aber Mohammeds und befahl seinem Sohne Abū Ṭālib, der jetzt bei den Hāšims herrschen sollte, sich des Knaben anzunehmen.

Arm war auch Abū Ṭālib und mit vielen Kindern gesegnet. Er nahm den Neffen zu sich ins Haus und gab ihm Essen und Trinken, mehr aber konnte er für ihn nicht tun. Als Herr der Hāšims trieb Abū Ṭālib Handel. Er reiste mit seinen Karawanen nach Syrien und Jemen. Allein blieb dann Mohammed in der großen Stadt Mekka. Einst, als Abū Ṭālib wieder einmal seine Karawane rüstete, kam Mohammed zu ihm, schmiegte sich an ihn und sagte: »Nimm mich mit, o Abū Ṭālib, denn niemand ist in Mekka, der für mich sorgen wird.« Und Abū Ṭālib nahm Mohammed den Propheten als Kameltreiber mit sich in die Wüste Syriens, in der Öde von Irak. In endlosen Ritten zog die Karawane durch Wüsten und Steppen. Man sah das große Land, das Volk des Kaisers von Byzanz und fromme Mönche, die einsam in der Wüste um ihr Seelenheil beteten.

Mehrmals durchzog Mohammed mit seinem Onkel die Welt zwischen Syrien und Jemen. Dann kehrte die Karawane nach Mekka zurück. Mohammed wuchs heran und verblieb auch weiterhin bei seinem Onkel als ärmster der Hāšims. Dann kam ein Krieg, ein typischer Krieg der Beduinen. Verwandte der Koreischiten, der Stamm Banū Kināna, wurden angegriffen. Die reichen Kaufleute zögerten keinen Augenblick, ins Feld zu ziehen und ihre Blutsbrüder zu verteidigen. Auch Mohammed ging ins Feld, als sechzehnjähriger Pfeilträger der Hāšims. Doch war sein Herz offenbar kriegerischen Taten abhold. Aus dem Feldzug zurückgekehrt, trat er einem mekkanischen Verband bei, dessen Aufgabe es war, die Redlichkeit unter den mekkanischen Kaufleuten aufrechtzuerhalten.

Die kaufmännischen Erfolge Mohammeds waren keinesfalls überragend. Im Gegenteil, die Geschäfte gingen schlecht, und eines Tages mußte Abū Ṭālib seinen Neffen als Schafhirten bei den reichen Mekkanern unterbringen. Vor den Toren Mekkas weidete Mohammed das Vieh und erhielt dafür kargen Lohn. Später wurde er dann ein kleiner Händler, der die Basare um Mekka mit seinen Waren aufsuchte. Auch das brachte ihm keinen Reichtum. Dafür gewann er allmählich unter den Mekkanern den Ruf eines äußerst anständigen und korrekten Menschen, eines Kaufmannes, auf dessen Wort man sich unter allen Umständen verlassen konnte. Das brachte ihm auch den Beinamen al-Amīn ein, was der Zuverlässige heißt.

In der Kaufmannsstadt Mekka galt Zuverlässigkeit als die größte Tugend des Mannes. Wer sie besaß, brauchte nicht zu verhungern. Einflußreiche nahmen sich daher des ehrlichen Jünglings an. Als in seinem fünfundzwanzigsten Jahr eine Hungerszeit anbrach, wurde ihm der Posten eines Geschäftsführers bei der reichen Witwe Ḫadīǧa angeboten. Auf Anraten seines Onkels nahm er diesen Posten an.

So wurde der Prophet Gottes Geschäftsreisender, der fremde Karawanen durch die Welt führte, Ware einkaufte und verkaufte und Reichtümer erwarb, die anderen zugute kamen.

ḪADĪĞA

Nie gab mir Gott eine bessere Frau.
Mohammed

Durch das flache Land zieht die Karawane. Zwanzig, dreißig Kamele schreiten majestätisch hintereinander. Ihre Augen sind trauriger Stolz, ihr Gang ist rhythmische Ruhe. Gemessen und gleichmütig schreitet das Kamel, wenn aber der Führer unvorsichtig dem Leitkamel zu nahe kommt, streckt es seinen Hals vor und beißt kräftig zu. Gefährlich ist das Kamel, listig und brutal. Es ist wie die Wüste, wie die Welt, durch die es schreitet. Auf den Höckern des ersten Kamels sitzt ein junger Mann. Er trägt einen seidenen Turban und ist sorgsam gekleidet. Seine Augen sind mit duftendem Öl bestrichen, damit sie durch die Glut der Wüste keinen Schaden nehmen. Der junge Mann ist fünfundzwanzig Jahre, sein Bart, die Zierde des Arabers, ist noch ganz kurz. Sein Gesicht ist ernst. Schwere Lasten tragen die Kamele, und diese Lasten sollen noch schwerer werden, dafür sorgt der junge Mann. Die Augen des jungen Mannes sind dunkel und schwer. Sie blicken ruhig in die Ferne. Seine Hände sind weich wie die Hände eines Gelehrten, und sein Mund ist wie ein roter Blutstreifen inmitten des Gesichts.

Stunden vergehen. Der junge Mann blickt in die Ferne. Wieder ist er hier der erste unter allen, und wieder schützt ihn aus der Ferne die unsichtbare Stadt Mekka. Wer schützt aber den Menschen in Mekka? Das weiß der junge Mann nicht. Er blickt in die große Welt, die vor ihm liegt. Sicher führt er die Karawane. Verkauft Ware, streitet sich mit den listigen Händlern, kauft geschickt ein und vermehrt so den Reichtum seiner Herrin.

Dann kommen wieder die Wüste, die Kamele, die einsamen Stunden und die einsamen Gedanken. Woran denkt der Mensch in der Wüste? An die Ewigkeit des Sandes, an die Unendlichkeit des Himmels und an die unsichtbaren Gewalten, die beides beherrschen. Er denkt an Gott. Gedanken an Gott und die religiösen Probleme waren in der Welt, die sich vor Mohammed ausbreitete, sehr populär. Wie heute die Politik, stand damals Gott im Mittelpunkt des Weltgeschehens. Jeder Mensch machte sich Gedanken über die göttliche Macht, und jeder bekämpfte die Gedanken des anderen. Durch Syrien und Jemen zog die Karawane Mohammeds. In beiden Ländern war Gott das aktuellste Problem. Auf den Basaren, in den Regierungsämtern, in den Kirchen, Bädern und Gärten wurde ausschließlich über Gott diskutiert. Auf den Plätzen predigten die Sektierer, jeder pries die Wahrheit seines Glaubens, jeder verdammte die Irrlehren der andern. Monophysiten, Monophiliten, Gregorianer, koptische Christen, Nestorianer und Juden aller Richtungen stritten mit- und durcheinander; sie alle beriefen sich auf ein und dasselbe, auf die göttliche Offenbarung, auf die Bibel, die für alle gleichlautend, aber für jeden anders verständlich war. Auch wer friedlich mit seiner Karawane durch die Städte und Wüsten zog, wurde in die Glaubenskämpfe hineingerissen. Auf den Basaren umgaben ihn fanatische Prediger. In den Wüsten kamen ihm alte Asketen entgegen, fragten ihn über seine religiösen Gedanken aus, schworen auf den Weltuntergang und beriefen sich gleichfalls auf die heilige Offenbarung. Kurzum, die Religion stand im Mittelpunkt aller Interessen.

Auch der Fremdling aus Mekka wußte, daß Religion der Brennpunkt mannigfaltiger Interessen sein kann. Die große Stadt der Wüste war um ein Heiligtum erbaut. Der Reichtum der Stadt stieg mit der Zahl ihrer Götter. Auch auf dem großen Platz der Kaʿba wurde über Götter diskutiert, auch dort stritten sich die Stämme über die Macht des Hubal, der al-Lāt und al-ʿUzzā'. Auch Christen und Juden kamen, prahlten mit den Offenbarungen, die sie von Gott erhalten hatten, und predigten ihren Sekten. Den Kaufherren von Mekka waren diese Streitigkeiten sehr genehm, sie machten Mekka noch berühmter, als es ohnedies schon war.

Doch glaubten die Kaufleute selbst nur wenig an die Reklame-Idole ihrer Götter. Die alte Religion war tot. Was übrigblieb, war Reklame, inhaltlose Zeremonie, überholter Kultus, Unfug und Barbarei. Viele in Mekka fühlten es, viele wußten es. In der reichen Stadt herrschten tote Götter. Aber da diese Götter den Reichtum der Stadt bedeuteten, durfte man nicht gegen sie verstoßen. Das verbaten sich die Kaufleute energisch und entschieden. Wer vom Drang zum wahren Glauben beseelt war, wer die göttliche Wahrheit suchte, verließ Mekka. Diese Gottsucher waren zahlreich, doch kümmerte es die Mekkaner nicht. Jeder konnte sein Heil suchen, wo er wollte, nur an den Säulen des mekkanischen Reichtums durfte nicht gerüttelt werden. Man überging die Gottsucher, Ḥanīfen genannt, mit achtungsvoller Ironie.

Aber auch außerhalb Mekkas war die Wahrheit nicht zu finden. In Syrien, Palästina, Ägypten, in den meisten Nachbarländern Arabiens lagen Christen in erbittertem Streit miteinander. Der einfache, gottsuchende Mekkaner konnte sich darin nicht zurechtfinden. Juden, Christen und Sektierer, den meisten arabischen Gottsuchern konnten sie keinen Seelenfrieden geben. Die Ḥanīfen irrten in der Wüste umher, lasen die göttlichen Schriften und wurden von Zweifeln geplagt. Fast alle verdammten die toten Götter Mekkas. Fast alle entsannen sich einer großen, mächtigen Gottheit, Allāh genannt, die einst über das Volk der Araber geherrscht hatte. Den Weg zu dieser Gottheit kannte aber niemand, denn tot, in jahrtausendealten Sagen begraben, nur unbewußt zu erkennen, war der alte Monotheismus der Araber. Dem alten, großen Gott Allāh galt der inbrünstige Glaube der Ḥanīfen. Diesen Gott zu neuem Leben zu erwecken, wagte aber keiner unter ihnen. Sie irrten nur ruhelos durch die Wüste, Greise, gebrechliche Gottessucher – von dem Volk der Wüste halb als Irre, halb als Heilige betrachtet.

Das alles sah und erlebte auf den langen Ritten Mohammed, der Hāšim. Auch er wußte, daß die Götter der Ka'ba tot waren, auch er wußte, welchem Umstand sie ihren Kultus verdankten. Auch er wußte, daß es Offenbarungen gibt, um die sich die Welt streitet, und die von einem mächtigen, heiligen Gott stammen mußten. Alles sogen die großen Augen des Hāšim in sich ein: Wüste, Unendlichkeit und Menschen, die sich um die Wahrheit streiten. Doch jung war Mohammed, und groß waren die Lasten, die seine Kamele trugen. Die Lasten mußte er stets vermehren, um den Reichtum seiner Herrin zu vergrößern. Zwei junge Kühe erhielt er von Ḫadīǧa als Gehalt, das galt als guter Lohn.

Im praktischen Leben war Mohammed geschickt und erfahren. Tagaus, tagein handelte er mit Kaufleuten, vermehrte seine Gewinne, und das schärfte seinen Verstand. Drei Jahre reiste er mit den Kamelen Ḫadīǧas, und es gab wenig Geschäftsführer, die in gleicher Weise Ehrlichkeit mit Erfolg vereinten. Der Reichtum Ḫadīǧas wuchs und mit ihm das Ansehen des nunmehr achtundzwanzigjährigen Geschäftsführers. Mohammeds Vermögen aber mehrte sich nicht. Immer noch war er unverheiratet und kinderlos, das heißt nach dem Ausdruck der Araber: ›Ein Mensch ohne Schwanz‹.

Da geschah Mohammed ein unerwartetes Glück. –

Den Geschichtsforschern ist nur wenig über die Vergangenheit der Witwe Ḫadīǧa, der Tochter Ḫuwailids aus dem Hause Quraiš bekannt. Offenbar gab es wenig von ihr zu erzählen. Sie war nach zweimaliger Ehe verwitwet, war reich, nicht mehr jung und gehörte zu der edelsten Sippe, den Quraiš. Wie alle in Mekka trieb auch sie Handel, lebte zurückgezogen, sammelte Reichtümer und sehnte sich nach Glück. Aus dem Eckfenster ihres Hauses sah sie hin und wieder, wie ihr junger Geschäfts- und Kamelführer mit den Waren ins Haus einritt. Jung und schön war Mohammed. Er gewann ihr Herz. Viele Männer warben um Ḫadīǧa, es gab aber in Mekka wohl wenige, die an innerer Tugend und äußerem Reiz Mohammed gleichkamen.

Einst erschien bei Mohammed ein Sklave Ḫadīǧas namens Maisara. »Warum heiratest du nicht«, fragte er, »in deinem Alter haben alle Männer mindestens eine Frau und einige Kinder.« Und Mohammed antwortete, wie die meisten Männer in seiner Lage geantwortet hätten: »Ich verdiene genug Geld, um mich zu erhalten. Für Frau und Kind reicht aber mein Einkommen nicht aus.« – »Wenn sich jedoch eine Frau findet, die selbst reich ist und schön und edel dazu?« fragte der Sklave. »Solche Frauen wird es kaum noch geben«, antwortete Mohammed vorsichtig.

Tags darauf erschien bei Mohammed Ḫadīǧa selbst und erklärte: »Mohammed, ich liebe dich wegen deiner Treue, wegen deiner Wahrhaftigkeit und wegen deiner guten Sitten. Du bist im Volke angesehen und stammst wie ich aus dem edlen Geschlecht Quraiš. Ich trage mich dir als Frau an.« Da willigte Mohammed in den Vorschlag Ḫadīǧas.

Daraufhin begann eine Groteske im altarabischen Stil. Die Ehe mit ihrem armen Geschäftsführer war für Ḫadīǧa eine offensichtliche Mesalliance. Es war kaum anzunehmen, daß ihr Vater dazu seine Einwilligung geben würde.

Ḫadīǧa veranstaltete ein Festessen, zu dem auch Mohammed und die Führer der Hāšims eingeladen waren. Auf dem Ehrenplatz saß Ḫuwailid, der Vater Ḫadīǧas. Er war alt und dem Trunk ergeben. Ein Glas nach dem andern goß Ḫadīǧa ihrem Vater ein, und er leerte eins nach dem andern mit Freude und Dankbarkeit. Später erschienen dann schöne Sklavinnen, tanzten vor dem Alten und spielten Zimbeln, worauf dem Greis sehr wohl zumute wurde. Als aber der Kopf des Alten auf die Brust sank, als seine Hände zu zittern begannen, ließ Ḫadīǧa ein Hochzeitsgewand bringen, worauf Abū Ṭālib, der Älteste unter den Hāšims, in festlicher Rede die Vorzüge seines Neffen rühmte und für den ärmlichen Preis von einigen Kamelen um die Hand der Ḫadīǧa bat.

Der Alte verstand nicht viel von der Rede. Als sie zu Ende

war, richtete Ḫadīǧa den Vater auf, streckte seine Hände vor und ließ ihn den väterlichen Segen erteilen. Sofort wurde der Sitte gemäß ein Kamel für die Armen geschlachtet, und irgendein angeheiterter Onkel sprach schnell die Hochzeitsformel herunter. Als am nächsten Tag der Vater die peinliche Wahrheit erfuhr, wollte er zuerst seinem Schwiegersohn und der ganzen Sippe Hāšim für ewig Blutrache erklären. Nur mit Mühe gelang es, seinen Zorn zu beschwichtigen.

So heiratet Mohammed die Ḫadīǧa.

Diese Ehe dauerte viele Jahre, und bis zu ihrem Tode mußte Ḫadīǧa kein einziges Mal bereuen, daß sie den armen Kameltreiber aus dem Stamme Hāšim zum Manne auserwählt hatte.

MOHAMMEDS GLÜCK

Ich bin nur ein Mensch wie ihr.
Mohammed (Koran, Sure 41/5)

Durch die Ehe mit Ḫadīǧa wurde Mohammed Mitglied der obersten Schicht von Mekka. Sein Ansehen wuchs. Er war glücklich. Ruhig betrieb er seine Geschäfte, besuchte hin und wieder den großen Hof der Kaʿba und führte das Leben eines gutsituierten, glücklich verheirateten Kaufmannes. Ḫadīǧa hatte, wie schon gesagt, ihre Wahl nicht zu bereuen. Mohammed war, während der vierundzwanzig Jahre ihrer Ehe, das Muster eines guten Mannes. Ruhig und ereignislos verstrich die Zeit. Man rühmte in der Stadt das gepflegte Aussehen, das heitere Wesen, die biedere Gerechtigkeit und die fromme Gottesfurcht Mohammeds. »Wohlgerüche, Frauen und vor allem Gebete sind mir die schönsten Dinge auf Erden«, sagte er einst.

Unbezähmbare Manneskraft war damals wie später der Stolz Mohammeds. Diese Manneskraft machte ihn dereinst beliebt bei den Sippen des Landes. ›Gott gab ihm den Samen von dreißig Männern‹, berichten mit Ehrfurcht die frommen arabischen Weisen. Für die Völker des Orients ist das der stärkste Beweis der Gnade des Allmächtigen. Später hatte Mohammed oft Gelegenheit, seine Manneskraft zu beweisen. Um so bemerkenswerter ist es, daß dieser männlichste unter den Arabern seiner um vieles älteren Frau bis zu ihrem Tode unerschütterliche Treue bewahrte.

Rein, unbefleckt und gerade war der Weg Mohammeds, niemand konnte ihm auch nur das geringste nachsagen, und gerade aus seinem engsten Freundeskreis, aus den Menschen, die um sein intimstes Leben wissen mußten, stammen die glühendsten, treuesten Anhänger seiner späteren Sendung.

Wohlgerüche waren die Lust Mohammeds. Alle Düfte des Orients, Ambra, Moschus, Pomaden, Salben und Haarpflegemittel waren in seinem ständigen Gebrauch. Nachts bestrich Mohammed seine Augen mit einer Salbe zur Erhaltung der Sehkraft und zur Erhöhung ihres Glanzes. Sein schwarzes, pomadisiertes Haar hing bis über seine Schultern herab und war in zwei Flechten gebunden. Auf dem Kopf trug er, elegant eingeknickt, einen seidenen Turban. Er wusch sich mehrmals täglich, kaute ständig eine Masse, um die Zähne schneeweiß zu erhalten, trug einen Vollbart, hatte scharfe Gesichtszüge, einen gelblich-braunen Teint und war sehr empfindlich gegen Gerüche aller Art. Es genügte, Knoblauch oder Zwiebel in seiner Gegenwart zu essen, um seine Mißgunst zu erregen. So war Mohammed vor seiner Sendung, und darin blieb er sich gleich bis an sein Lebensende. Die Freude am eigenen Körper, an der eigenen Kraft und Schönheit wurde auch ein wesentlicher Zug des Islam. Tief verhaßt, unverständlich, wie Gestalten aus einer anderen Welt, waren für Mohammed die Asketen und Büßer der Christen, die das Fleisch und die Freude des Fleisches verdammten.

Und doch war dieser elegante, gepflegte, wohlduftende reiche Herr, der sich augenscheinlich so gern den Freuden des Daseins hingab, ein ernster, strenger Mann. Kein Zufall, daß er neben Wohlgerüchen und Frauen das Gebet als seine größte Freude bezeichnet.

Mit vierzig Jahren begann Mohammed das Parlament von Mekka, die Versammlungen in der Kaʿba zu besuchen. Dort galt er als ein zuverlässiger, gerechter, wenn auch ein wenig wortkarger Mann. Die Gabe der freien Rede, des geschliffenen Ausdrucks, der bei den Arabern so geschätzten Kunst des Dichtens, war diesem ernsten Menschen anscheinend nicht gegeben. Dafür konnte man sich ruhig auf seine Gerechtigkeit verlassen. Wenn unter den Kaufleuten ein Streit ausbrach, wenn sich jemand betrogen oder benachteiligt fühlte, so ging er zu Mohammed. Ernst und sachlich entschied dieser die Frage und fällte sein Urteil.

Ein frommer Anbeter der Götter der Ka'ba war Mohammed nicht, doch wurde das von einem mekkanischen Kaufmann auch nicht erwartet. Er tat, was alle taten, erschien bei den üblichen Zeremonien und sprach die üblichen Gebete. Doch zog er es vor, hin und wieder durch die kahlen Gefilde um Mekka zu wandern, einsam, in Gedanken versunken, vielleicht betend. Das kam vor. Niemand konnte dem angesehenen Mann daraus einen Vorwurf machen. In diesen Fragen war Mekka äußerst tolerant.

Eine Antipathie hatte Mohammed aber schon um diese Zeit. Er haßte die Wahrsager, die Magier und Zauberer, die ständig im Hofe der Ka'ba umherstolzierten. Doch war auch das schließlich seine Privatsache, denn niemand ist verpflichtet, an käufliche Zauberei zu glauben. Das tat auch im aufgeklärten Mekka höchstens der abergläubische, wilde Beduine.

Zu seinen Mitmenschen war Mohammed stets freundlich und wohlgesinnt. Wer ihm je einen Dienst erwies, konnte immer mit seiner Dankbarkeit rechnen. Als sein Onkel Abū Ṭālib zeitweilig Not litt, adoptierte Mohammed seinen Sohn 'Alī, der für immer in seinem Hause blieb. 'Alī war ein schöner Junge, etwas einfältig, aber mutig, edel und enthusiastisch. Ihm stand eine große Zukunft bevor, er wurde der vierte Kalif des Islam.

Im Sommer, wenn die Hitze in Mekka unerträglich wurde, zog Mohammed gleich andern vornehmen Mekkanern nach Ṭā'if, oder er schlug sein Zelt in der Nähe des Berges Hirā' auf, in dessen Schluchten immer Kühle herrschte. Mohammed liebte diesen kahlen Berg in der Nähe Mekkas, von dessen Gipfel man die wilde, rauhe Landschaft und ganz in der Ferne die Gärten von Ṭā'if sehen konnte. Auch wenn seine Familie nach Mekka zurückkehrte, pflegte er hin und wieder die Höhlen Hirā's zu besuchen.

So lebte Mohammed bis zur Sendung. Friedlich, unauffällig, ruhig verlief sein Leben, bieder, redlich, unauffällig waren seine Taten. Er war ein Mensch wie die andern. Bis zu seinem Tode hörte er nicht auf, das hervorzuheben.

Den Gedanken der Unsterblichkeit kannte der Araber nicht. Er ersetzte die Unsterblichkeit durch die irdische Fortpflanzung, durch die Schaffung eines neuen Zweiges am Baume seines Stammes. Auch Mohammed wünschte sich Kinder, und Ḫadīǧa gebar sie ihm. Drei Söhne und drei Töchter brachte Ḫadīǧa zur Welt. Der letzte Tropfen Glück war somit Mohammed gegeben. Große Gaben brachte Mohammed den Göttern dar. Al-Qāsim, ʿAbd Manāf und Attahīr waren die Namen der Söhne. Das zeigt am besten, wie fern Mohammed damals jeder Religionsgrübelei stand. Denn ʿAbd Manāf bedeutet der Sklave des Manāf, und Manāf war ein großes angesehenes Idol der Kaʿba. Sich selbst nannte er aber nach der arabischen Sitte Abū Qāsim, was der Vater des Qāsim bedeutet.

Schmutz liegt auf den Straßen Mekkas. Böse Geister umgeben dort den Menschen. In den engen dunklen Gassen nisten Krankheit und Tod. Viele Kinder starben in Mekka jahraus, jahrein, und unter den Toten befanden sich eines Tages alle drei Söhne des Propheten. Wieder wurde Mohammed ›ein Mensch ohne Schwanz‹, ein Mensch ohne Unsterblichkeit, ohne Anspruch auf das Weiterleben im andern. Standhaft ertrug er seinen Verlust. Doch war das vielleicht der größte Schmerz seines Lebens, vielleicht auch der erste Anstoß zu seiner tiefen inneren Wandlung.

Allmählich, zuerst fast unmerklich, veränderte sich das Leben Mohammeds. Seine ständige Heiterkeit hatte ihn verlassen. Immer seltener erschien er auf dem großen Hof der Kaʿba, immer seltener brachte er den Göttern die üblichen Opfer dar. Doch war all dies noch keineswegs auffällig. Für das Auge eines fremden Beschauers war Abū Qāsim, Mohammed al-Amīn, der Hāšim, immer noch ein glücklicher Bürger. Zwar waren ihm seine Söhne gestorben, doch hatte er den Sohn seines Onkels adoptiert. Seine älteste Tochter war bereits mit einem tüchtigen Mann verheiratet, die zweite verlobt. Auch der Reichtum wuchs ständig. Es lag also für den fremden Beschauer kein Grund vor anzunehmen, daß Mohammed dem Trübsinn verfallen könnte.

Und doch ging in Mohammed eine sichtbare Veränderung vor. Dieser ruhige, tüchtige Kaufmann tat plötzlich etwas, was nie, weder vor noch nach ihm, ein Mekkaner getan hat: er begann sein Geschäft zu vernachlässigen. Er hörte auf zu verdienen. Anstatt auf den Basaren zu erscheinen, über die Preise zu verhandeln, Karawanen auszurüsten, irrte er in der Umgebung von Mekka herum, vernachlässigte seine Standesgenossen und schien einer inneren Unrast verfallen zu sein. Oft sah man ihn mit eingefallenen Wangen und fiebernden Augen ziellos im Lande umherirren. In seinem palastartigen Haus, am nördlichen Ende der Ka'ba, war er nunmehr ein seltener Gast. Es ging etwas in ihm vor, doch konnte er niemandem den Grund seiner Wandlung mitteilen. Vielleicht wußte er ihn selbst nicht. Eins wußte er aber: das inhaltslose Leben in Mekka, die Geldgier und der Glaube seiner Mitmenschen befriedigten ihn nicht mehr. Er suchte ein höheres Lebensziel, den seelischen Frieden. Das wurde von den Mekkanern respektiert. Auch Ḫadīǧa, für die die Wandlung Mohammeds völlig unerwartet kam, hielt sich nicht für berechtigt, nach so viel Jahren des Glücks ihrem Mann im Weg zu stehen. Sie ließ ihm sein Treiben, vielleicht in der Hoffnung, daß er eines Tages von selbst zurückfinden würde. Denn der Drang zur Einsamkeit, zur religiösen Einkehr war für Mekka nichts Neues. Man kannte dieses Gefühl der inneren Leere, der Unruhe, der religiösen Unrast, dieses Gefühl, das hin und wieder die besten Köpfe der Stadt befiel. Man nannte die Zeit, die der Mensch dann in Einsamkeit verbrachte, ›Monate der Buße‹ und machte sich keine weiteren Gedanken über das Phänomen der Seele. Auch Ḫadīǧa sah darin vorerst keinen Grund zur Sorge.

Am häufigsten traf man Mohammed auf dem Berg Hirā' im Osten der Stadt. Von dort hatte man einen freien Ausblick auf Mekka, die steinige Wüste und die unendliche Steppe. Tiefe Höhlen bildete der Berg, und am Eingang dieser Höhlen saß regungslos, in sich versunken, tage- und nächtelang, der einsame Grübler Mohammed. Seine Töchter brachten ihm das Essen, er beachtete sie kaum. Er blickte in dic Ferne, auf die steinige Steppe, in den großen stahlblauen Himmel. Der Schatten des Berges Hirā' deckte ihn.

Hin und wieder gingen am Berge die Kaufherren Mekkas vorbei. Sie blickten gleichgültig auf die hockende, verschleierte Gestalt und machten die indifferente Feststellung: »Unser Mohammed ging unter die Ḥanīfen.«

IQRA'

Steh auf, Prophet – und sieh und höre – verkünde mich von Ort zu Ort. Und wandernd über Land und Meere, die Herzen brenne mit dem Wort.
Puschkin

Was sah Mohammed in der Wüste? Die Wüste war nicht menschenleer. Mohammed war nicht der einzige, der zwischen den kahlen Felsen, in dem ewigen, grauen Lande bei Mekka, die Erlösung vom irdischen Jammer suchte. Gleich ihm durchwanderten zahlreiche Ḥanīfen die Gegend. Sie saßen, in weite Gewänder gehüllt, im Schatten der Felsen. Sie grübelten über die ewige Wahrheit, lasen alte, fremde Bücher und beteten zum unbekannten Gott. Mohammed traf sie, sprach mit ihnen, hörte ihre Zweifel und las mit ihnen die alte Schrift. Die Wahrheit aber fand er nicht, denn den Ḥanīfen selbst blieb sie gleich ihm verschlossen.

»Wüßte ich, o Herr der Welt, wie man dich anbeten soll, wahrlich mit Freude wäre ich zu jeder Anbetung bereit«, sagte Zaid ibn ʿAmr, der Verzweifeltste unter den Ḥanīfen. ʿUbaidallāh, ʿUmar, Umaiya und wie sie alle hießen, konnten Mohammed nur ihre Verzweiflung eröffnen. In Qual und Sünde lag vor ihnen die Welt – von zahlreichen Göttern beherrscht. In Elend und Schmutz, in tödlichem Krampf, ohne Glauben und ohne Wahrheit wanderten die Menschen den kurzen Pfad von der Geburt zum Tod. Wenn das Herz des Ḥanīfen verzweifelte, so suchte er Frieden in der alten Lust des Menschen, im Lied. Doch waren es irdische Alltagslieder, denn die Wahrheit kannten die Ḥanīfen nicht. ›Sie blieben an der Erde kleben‹, sagte von ihnen der Koran.

Der bedeutendste unter den Ḥanīfen war der blinde

Greis Waraqa ibn Naufal, ein Vetter der Ḫadīğa, der von seiner Jugend an Gott suchte und ihn bis zum Tode nicht finden konnte. Alle Glaubensbekenntnisse hatte Waraqa abgelegt, alle Schriften gelesen, alle Götter angebetet. Die Wahrheit aber hatte er nicht gefunden. Er war zuerst Heide, dann Jude, dann Christ; er übersetzte als erster Stücke der Heiligen Schrift in die Sprache der Araber. Das einzige, was er aber an seinem Lebensende erkannte, war die feste Zuversicht, daß einst ein Mensch bestimmt die Wahrheit ergründen würde. Wer dieser Mensch sein würde und wann er kommen würde, das freilich wußte Waraqa nicht. Durch ihn lernte aber Mohammed die Schrift der Juden und der Christen kennen, den Glauben an die Propheten und die Verzweiflung an den Rätseln der Menschheit.

Immer finsterer wurde es im Herzen Mohammeds. Grau lag vor ihm die Welt, stahlblau der Himmel. Es gab keine Wahrheit zwischen den beiden. Ruhelos irrte Mohammed durch das Land, bergauf, bergab. Seine Kleider waren zerrissen. Nichts erinnerte mehr an den eleganten Kaufmann von Mekka. Seine Haare waren ungepflegt, sein Gang stolprig, er blickte mit großen, irren Augen um sich und berührte tagelang keine Speisen. Wer ihn sah, mußte denken: es steht schlimm um den Mann der Ḫadīğa. Niemand wußte aber, was ihn befallen hatte, auch er selbst nicht. Er war nur ein simpler, ungelehrter Kaufmann, die Kraft des Wortes war ihm nicht gegeben. Er konnte nicht sagen, welche Qual ihn aufpeitschend durch die Wüste trieb und welche Wunder sein irrender Blick suchte. Er verbarg sich Tag und Nacht in der dunklen Höhle des Berges Hirā'.

Um ihn erhob sich die unwahrscheinliche Landschaft des Ḥiğāz. Zackige Felsen glühten in ewiger Sonne, beim Sonnenuntergang schimmerten sie in allen Farben des Regenbogens. Die trockene, klare Luft öffnete weite, unendliche Horizonte. Von den Gipfeln eines Berges sah Mohammed den großen Sand der Welt, sah die Schafhirten ihr Vieh treiben, sah, wie auf majestätischen Kamelen die Sippen in die Ferne zogen und wie in jähem Wechsel, fast ohne Zwielicht, die Nacht hereinbrach. Monatelang sprach Mohammed nicht. Kein Mensch, kein lebendes Wesen kreuzte seinen Weg. Er sah nur Steine, Felsen, Sand und die ewigen, durch die trockene Wüstenluft ganz nah gerückten Sterne.

Diese Sterne, diese Felsen, Steine und Schluchten begannen langsam zu eigenem Leben zu erwachen. In den stillen Nächten, in den endlosen glühenden Tagen gewannen die Steine eine Sprache. Mohammed floh vor ihnen; doch sie folgten ihm. Er hörte ein Heulen und Rufen, die Steine und Felsen wurden zu Stimmen, und die Stimmen bedrängten ihn. Er verhüllte sein Gesicht und warf sich zu Boden. Der Körper zuckte. Schaum trat auf die bebenden Lippen, denn er hörte Stimmen, die keine Menschenstimmen waren. Dann erwachte er. Schweiß bedeckte seine Stirn, der Körper war wie gelähmt. Er saß hockend, zusammengekauert in der Höhle. Seine Augen blickten in die Ferne und sahen weder Felsen, noch Himmel, noch Sand. Vielleicht sahen sie ferne Symbole, deren sich die Völker der Schrift bedienten, vielleicht eine Flamme, die bei den Juden alle Sinnbilder Gottes ersetzte. Alte Bilder, halb unbewußte Erinnerungen an weise Mönche, an Karawanenreisen, an Reden unzähliger Sektierer tauchten auf und verschwanden. Und wieder kam der Tag, wieder leuchteten in Sonnenglut die Steine, wieder ertönten die Stimmen und klangen wild, erschreckend und fremd ins Ohr Mohammeds. Und wieder lief er durch die Wüste, verhüllte das Gesicht, stolperte über die Steine. Immer wieder erscholl der ferne, donnernde Ruf, immer wieder tauchten im Bewußtsein halb gehört, halb gedacht, unverständliche Sätze, Stimmen und Visionen auf. Und wieder sank Mohammed erschöpft zu Boden, blickte auf die Felsen, zuckte zusammen und hörte – von der trocknen Luft getragen – dieselben Töne und Sätze: »Ich bin es, der da ist, höre mich an.«

In der heißen Wüstenluft verwirren sich Bild und Gedanken. Himmel und Erde erfüllen sich mit Visionen, und wie ein ferner Wellenschlag, wie das Sausen des Windes streichelte Mohammed die ferne Stimme: »Du bist jener

Mensch, rufe den Namen des Herrn aus!« Zahlreich sind aber die Stimmen der Wüste, zahlreich sind die Augen der Wüste, die sich in den Menschen einbohren. Dämonen, Dschinnen, böse Geister verfolgen den Menschen in der Wüste, und niemand weiß, welcher Ton, welche Stimme und welches Antlitz der Böse zur Verführung aussucht. Ein einfacher Mensch war Mohammed, ein ungelehrter Kaufmann aus Mekka. Er vermochte die Stimmen nicht zu unterscheiden. Er wußte nur, daß viele Dämonen den Menschen umgeben und in ihren Bann ziehen wollen. So glaubte er ein Besessener zu sein, einer von denen, die durch Basare wandern, mit schäumendem Mund, die wirre, dämonische Wahrheiten verkünden und nicht los können von den Dingen der Erde.

Wahrsagern, Besessenen und Magiern galt aber der Haß Mohammeds. Jetzt fürchtete er selber, dem Zauber der Dämonen zu verfallen. »Mein Leben lang verachtete ich die Magier und Zauberer, jetzt fürchte ich, selber einer zu werden«, sagte er zu Ḫadīǧa. Doch wußte er nicht, welcher Dämon ihn verfolgte.

Er fürchtete sich vor der Besessenheit, fürchtete sich vor dem schrecklichen Wüstenwahn. Deshalb floh er durch die Wüste, taumelte wie ein Trunkener, blickte mit irrem, verständnislosem Blick um sich, suchte die Rettung und fand sie nicht. Er sank zu Boden, und sein schweißbedeckter Körper bebte und zitterte. So vergingen in Qual und irrem Taumel Tage, Wochen, Monate.

Dann kam die Nacht Qadr – plötzlich, unerwartet, sinnverwirrend.

Was ist die Nacht Qadr?

Wenn der Orientale von frommen Wundern spricht, von besonderer Gnade des Allmächtigen, von dem Begnadeten, der durch die Finger Gottes in die Welt blicken darf, so sagt er: solches ist nur in der Nacht Qadr möglich, in der großen Nacht der Wunder. – Die Nacht Qadr fällt in den Monat Ramaḍān, in den Monat des Fastens und der Buße. Dreißig Nächte hat der Monat Ramaḍān, doch keiner weiß, welche die Nacht Qadr ist. In der Nacht Qadr schläft die Natur ein. Die Flüsse hören auf zu fließen, der Wind bleibt still, die bösen Geister vergessen die Wunder der Welt zu bewachen. In der Nacht Qadr kann man Gras wachsen und Bäume sprechen hören. Nymphen erheben sich aus den schlafenden Flüssen, in tiefem Schlummer liegt der Sand der Wüste. Die Menschen, die die Nacht Qadr erleben, werden zu Weisen oder Heiligen, denn in dieser Nacht blickt der Mensch durch die Finger Gottes.

In der Nacht Qadr, im Monat Ramaḍān kam über Mohammed das Wort Gottes.

Von unsichtbaren Stimmen, von dämonischem Spuk, von Kampf, Qual und Verzweiflung erschöpft, lag Mohammed in dieser Nacht am Eingang zu der großen, vom Satansschwert geschlagenen Höhle im Berge Hirā'. Er schlief oder war nur in Gedanken versunken. Plötzlich sah er eine Gestalt auf sich zukommen. Die Formen der Gestalt waren verschwommen. Ein Mensch? Ein Dämon? Ein Wesen. Es schien ihm, daß zwei Augen von der Größe des Himmels sich in ihn hineinbohrten, und plötzlich hörte er eine Stimme, so deutlich und klar wie noch nie: »Iqra'«, sagte die Stimme, »verkünde.« Und da es eine klare Stimme war, die man verstehen konnte, die keinen Schrecken in sich barg, antwortete Mohammed wahrheitsgemäß: »Ich kann nicht verkünden.« Da faßten ihn unsichtbare Hände, drückten ihn zu Boden, würgten ihn, daß er glaubte, ersticken zu müssen, und wieder befahl die Stimme: »Verkünde.« In Todesangst antwortete nun Mohammed: »Was soll ich verkünden?« Da breitete die Gestalt vor den Augen des Propheten ein großes seidenes Tuch aus, und Mohammed las in der feurigen Schrift die ersten Sätze des Korans: »Verkünde im Namen deines Herrn, der den Menschen aus einem Blutklumpen erschuf. Verkünde, der Herr ist der Allergnädigste, er hat mit der Feder den Menschen gelehrt, was der Mensch nicht wußte.« – Plötzlich verschwand die Gestalt, es wurde still um Mohammed, Nacht lag über ihm, und die Wüste schlief, wie die Welt in der Nacht Qadr.

Mohammed erhob sich, trat aus der Höhle und bestieg den Gipfel des Berges. Er sah die Sterne Arabiens, die phantastischen Zacken der Felsen und die Stadt Mekka mit dem Gotteshaus, der Kaʿba. Und wieder kam, gleich dem leisesten Hauch des Wüstenwindes, eine Stimme an sein Ohr und sprach: »Du bist der Gesandte Gottes, o Mohammed, und ich bin Gabriel, sein Erzengel.« Dann erlosch die Stimme. Zwei große Augen blickten Mohammed an. Er sah nach rechts und nach links, nach oben und nach unten, überall um ihn war der strenge Blick des Erzengels. Taumelnd lief Mohammed den Berg hinab, scharfe Felsen zerkratzten ihm die Beine, trockene Wüstenstoppeln zerstachen ihm die Füße. Er merkte es nicht. Er lief durch das steinige Tal wie ein Wahnsinniger, wie ein Gehetzter. Bis zum Mittag des nächsten Tages irrte er durch das Tal, und die Augen Gabriels verfolgten ihn.

Erschöpft kam er schließlich heim, rief Ḫadīǧa und erzählte ihr das Vorgefallene. »Ich weiß nicht«, sagte er, »ist es ein guter Geist oder ein Dämon, der mich verfolgt.« Ḫadīǧa war eine kluge Frau. Sie wollte ihrem Manne helfen und wußte, was sie tun sollte. »Setze dich auf mein linkes Knie«, sagte sie, »siehst du dann noch den Geist?« – »Ja«, antwortete Mohammed. »Setze dich auf mein rechtes Knie«, befahl sie. »Ich sehe ihn immer noch«, sprach Mohammed. Da seufzte Ḫadīǧa tief auf, entblößte ihren Körper und legte sich liebend zu Mohammed. »Siehst du ihn noch?« fragte sie dann. »Ich sehe ihn nicht«, antwortete Mohammed. »Dann, o Mohammed, ist es wahrlich ein guter Geist, denn ein böser Geist würde sich der Schande freuen, ein guter aber verzieht sich voll Scham.«

Und da Mohammed ein Mann war, beruhigten ihn die Worte der Ḫadīǧa, und er schlief ein. Ḫadīǧa aber war eine Frau. Sie fand keine Ruhe und wollte wissen, was ihren Mann befallen habe.

Viele kluge Männer gab es in Mekka, sie wußten Bescheid über alle Formen des Handels, über Preise und Ware. Von den Dingen des Himmels, von guten und bösen Geistern wußten aber nur wenige. Leise erhob sich Ḫadīğa vom Lager, schlich aus dem Hause und ging zum weisen Vetter, zu dem blinden Ḥanīfen Waraqa ibn Naufal, der alle Götter kannte, alle Bekenntnisse ablegte und trotzdem die Wahrheit nicht erforschen konnte. Diesem weisen Vetter erzählte Ḫadīğa von den Gespenstern, die ihren Mann umgaben. Als Waraqa alles gehört hatte, hob er die Hände zum Himmel empor und rief voll innerer Erregung: »Bei dem, in dessen Gewalt meine Seele ist, wenn es sich so zugetragen hat, wie du mir berichtest, so war es der große Erzengel, der Mohammed erschien, wie er einstmals Moses erschien und allen Propheten dieses Volkes. Sage deinem Mann, er soll standhaft sein.«

Beruhigt kehrte Ḫadīğa in ihr Haus zurück. Waraqa war ein weiser Mann, er konnte nicht irren. Tags darauf ging Mohammed immer noch zweifelnd und ungläubig in die Kaʿba. Nach altem Brauch umkreiste er siebenmal das heilige Haus, und beim siebentenmal stieß er auf den blinden Waraqa. »Erzähle mir, was du gesehen und gehört hast«, bat Waraqa, und als ihm Mohammed dasselbe berichtete, was er schon von Ḫadīğa gehört hatte, sagte er mit bebender Stimme: »Wahrlich, du bist der Prophet dieses Volkes, der größte aller Erzengel ist zu dir gekommen. Die Menschen werden dir keinen Glauben schenken wollen. Sie werden dich einen Lügner nennen, dich mißhandeln, verdammen und bekämpfen. Bleibe aber standhaft, denn du bist zum Propheten des Volkes berufen.« Und der Greis beugte sich zu Mohammed und küßte und segnete ihn.

»Ich bin der Gesandte Gottes«, sagte Mohammed.

Er stand jetzt allein im Hofe der Kaʿba. Unzählige Idole blickten ihn an, stumme Götzen, mit Schmuck behangen, standen um ihn. Priester, Kaufleute, Kameltreiber, die ganze Stadt Mekka, das ganze, große, nüchterne, ungläubige Land stand gegen ihn. Er war allein, er war der Gesandte des unbekannten Gottes, den er verkünden mußte. Seine Waffe gegen die dreihundertsechzig Götzen, gegen die Macht und Stärke des Gegners, gegen Spott und Schande, die über ihn hereinbrechen mußten, war nur eine Vision, die Erinnerung an strenge, unauslöschbare Augen und einen kurzen, unvergeßlichen Vers, der die Welt erschüttern sollte:

Sprich, Gott ist einer, ein ewig reiner,
Hat nicht gezeugt, und ihn gezeugt hat keiner.

DIE TAT BEGINNT

> O Du Eingewickelter, steh auf, verkünde und preise Deinen Herrn.
>
> Koran, Sure 24

Mohammed glaubte an seine Sendung. Zu klar war die Vision, zu unvergeßlich die Worte, die er vernommen hatte. Sie waren der Schlüssel zur Wahrheit. Die Wahrheit selbst war aber noch verborgen. Ihr fehlte der feste Umriß, sie war nur angedeutet. Der Geist, der sie verkündete, hatte sein Wort noch nicht vollendet.

Mohammed wartete. Tagaus, tagein wanderte er durch die kahle Umgebung Mekkas, suchte die Stelle auf, wo ihm zuerst der Geist erschien, wiederholte die unvergeßlichen Verse und wartete auf ein Wunder. Er hatte durch einen winzigen Spalt, der sich für einen Augenblick öffnete, einen Blick ins Jenseits geworfen. Wem solches vergönnt ist, der hört für immer auf, ein Mensch zu sein wie die andern. Längst hatte sich der Spalt vor Mohammed wieder geschlossen, die Wunder verschwanden. Inbrünstig wartete der Prophet auf ihre Wiederkehr. Doch die Wunder kamen nicht, und wieder begann der Prophet zu zweifeln, wieder suchte er einen Ausweg und fand ihn nicht. Er erinnerte sich an den Blick, den er ins Jenseits warf, doch wußte er nicht mehr, welche Mächte ihn beherrschten. Dschinnen, böse Geister, Dämonen schienen sich seiner Sinne bemächtigt zu haben.

Und um der Qual, der Verzweiflung, den seelischen Schmerzen, die ihn befielen, ein Ende zu machen, beschloß der Prophet, einen Felsen bei Mekka zu besteigen und seinen von Dämonen befallenen Körper in den Abgrund zu stürzen. »Ich wollte für immer Ruhe haben und mich von aller Seelenpein befreien«, erzählte er später. Und um Ruhe zu haben, trat der Prophet an den Rand des Abgrundes, blickte in die Leere, die ihm zu Füßen lag, beugte sich vorwärts und sah, wie unter seinen Füßen kleine Steinchen, schon abbröckelnd, in die Tiefe rollten. Nur ein Schritt trennte ihn von der ewigen Ruhe. Da plötzlich ertönte in seinem Ohr, ganz leise, aber klar vernehmlich, eine Stimme. Wie angewachsen blieb Mohammed auf dem Felsrand stehen. Sein Blick durchsuchte den Horizont und entdeckte ganz hoch über seinem Kopf Ihn, den Unbeschreiblichen.

Der Unbeschreibliche näherte sich. Auf dem Gipfel des Felsens, am Abgrund stehend, empfing Mohammed die zweite Offenbarung seines Lebens, die berühmte Sure aḍ-ḍuḥā – die Klarheit. Unübertrefflich schön sind die arabischen Verse dieser Sure. Erst sie brachten dem Propheten für immer Klarheit über sein Prophetentum. »Bei der Klarheit des Tages und bei der sinkenden Nacht«, hörte Mohammed, »fand ich dich nicht als Weisen und erwählte dich? Als Irrenden und führte dich? Als Dürftigen und nährte dich? Nimmer wird dich der Herr verlassen, denn verkünden sollst du die Wahrheit seines Wortes« (93,6–11). Da kniete am Rande des Abgrundes der Prophet, betete zu seinem Herrn und stieg den Felsen wieder hinab.

Er hatte für immer die Ruhe gefunden. Er wußte um sein Prophetentum.

So begannen die Offenbarungen des Korans, die dreiundzwanzig Jahre dauerten – bis zu ihrem Abschluß, dem Tode des Propheten. Ruhe kam jetzt über Mohammed, er war seiner Mission sicher, ein gerader Weg lag vor ihm.

War aber dieser Weg frei? Götzen und Idole standen auf dieser Bahn, Königreiche und wilde Sippen. Weltimperien versperrten den Weg. Kaufleute, Priester, Zauberer, Gelehrte und Krieger, die ganze mächtige Welt verrammelte den Weg zur Wahrheit. Und einem einzigen, unübertrefflich schönen Vers gehorchend, einem Wort des Unbeschreiblichen folgend, erhob sich gegen diese Welt ein einfacher, ungelehrter Kaufmann aus der wilden arabischen Wüstenstadt Mekka.

Mohammed war ein Kaufmann, sein Leben lang kaufte und verkaufte er Ware, mehrte den Reichtum, reiste mit den Karawanen und stritt sich mit fremden Händlern. Das war ein seltsames Vorleben für den Propheten eines neuen Glaubens. Und doch war es gerade dieses Vorleben, das dem Propheten die Fähigkeit logischer Überlegung und kühler Berechnung verlieh. Viele Propheten gab es vor Mohammed, wie er waren sie von der Kraft des Glaubens besessen. Wie er wanderten sie unerschrocken den Weg des Leids, gingen zugrunde oder siegten. Keiner aber hat ein Weltreich, einen Staat gründen können. Dazu brauchte es einen besessenen Kaufmann, einen Menschen, der die reichen Erfahrungen des praktischen Kaufmannslebens in das visionäre Dasein eines Propheten, des Führers einer neuen Welt, übernahm.

Nachdem Mohammed so seine innere Ruhe wiedergefunden hatte, seitdem er seiner Mission sicher war, nahm er sein altes Dasein wieder auf. Er wohnte wieder in seinem Hause, besuchte die Kaʿba, kleidete sich elegant und zeigte dieselbe Heiterkeit und Menschenfreundlichkeit wie ehedem. Er führte von neuem nach außen hin das Leben eines wohlhabenden Kaufmanns von Mekka. Die Mekkaner begrüßten die Rückkehr Mohammeds in das bürgerliche Dasein. Offenbar waren die Monate der Buße bei ihm vorüber. Man nahm das gelassen zur Kenntnis, denn man war in Mekka an Anfälle religiöser Inbrunst, die hin und wieder auch angesehene Kaufleute befielen, gewöhnt. Das ging vorbei wie Krankheit und Fieber. Mohammed war genesen. So dachte man in Mekka. Niemand wußte aber, welche Erkenntnis Mohammed aus der Steinwüste mitbrachte. Niemand wußte, daß in stillen, arabischen Nächten im Hause Mohammeds Gabriel der Erzengel erschien, daß dann der stille, heitere Kaufmann mit schaumbedeckten Lippen zu Boden fiel, Offenbarungen eines neuen Glaubens empfing und sich immer mehr in den strengen Propheten dieses Glaubens verwandelte.

Seine Offenbarungen, seinen Glauben, die ganze innere Welt, die sich in Mohammed entwickelte, verheimlichte der

Prophet vor seinen Mitbürgern. Er hielt sich nur für einen Nabī, für einen inspirierten Propheten, nicht aber für Rasūl, den Stellvertreter Gottes, den Verkünder des neuen Glaubens. Sehr vorsichtig betrat der Prophet seinen Weg: die Verkündung des neuen Glaubens.

Der Besessene verstand es, die Situation zu übersehen. Er wollte nicht allein, ohne Anhänger, ohne Begleitung den Hof der Ka'ba betreten, um der erstaunten und skeptischen Menge die neue Lehre zu verkünden. Ehe er mit der Lehre in die Öffentlichkeit trat, sollte ein fester Grundstein gelegt werden, ein Kreis von Anhängern sollte entstehen, die mit Wort und Tat den künftigen Kampf des Propheten unterstützen konnten und wollten, die blindlings dem Worte des Propheten folgen würden.

Mohammed begann sich nach den geeigneten künftigen Mitkämpfern umzusehen. Da er aber vorsichtig, kühl, umsichtig und berechnend war, suchte er zuerst seine Anhänger in dem engsten Kreis seiner Familie.

Ḫadīǧa, seine Frau, wurde die erste Gläubige des Islam. Ohne Bedenken, ohne Überlegung trat sie zum Glauben ihres Mannes über. Sie glaubte an das Wort des weisen Onkels Waraqa, sie glaubte an die Offenbarungen ihres Mannes. Mohammed lehrte sie das Gebet, und durch das Gebet gewann er den zweiten Gläubigen. Einst, als er gemeinsam mit Ḫadīǧa in seinem Zimmer betete, trat ins Zimmer der zehnjährige 'Alī, der Sohn Abū Ṭālibs, den Mohammed adoptiert hatte. Dem Kinde gefiel die feierliche Zeremonie des Gebetes, gefiel die melodische Stimme des Vetters, deshalb beugte er sich über den Teppich, wiederholte die Verse des Koran und betrat also den Weg, der ihn zum Throne des Kalifen führte, zum Beherrscher von Ägypten, Syrien, Palästina, Persien, Mesopotamien und Nordafrika. Auch ein drittes Familienmitglied trat bald zur neuen Lehre des Hausherrn über. Es war der Sklave Zaid, der ihm einst von Ḫadīǧa geschenkt wurde, von ihm die Freiheit erhielt und gleich 'Alī adoptiert wurde. Als später der richtige Vater Zaids, ein vornehmer und reicher Araber, sich meldete, weigerte sich Zaid, das Haus seines Pflegevaters zu verlassen. Er war der erste erwachsene Mann des Islam, und obwohl er der Diener des Propheten war und niemand ein Held vor seinem Diener ist, wurde er ein treuer, unerschütterlicher Anhänger der neuen Lehre.

Drei Anhänger hatte jetzt Mohammed. Sie alle drei stammten aus seinem Hause, waren engste Mitglieder seiner Familie. Damit konnte man den Leuten von Mekka schwerlich imponieren. Langsam erweiterte Mohammed den Kreis seiner Betätigung. Schritt für Schritt suchte er sich neue Anhänger unter den führenden Geschlechtern Mekkas, besuchte Leute, bei denen er religiöses Interesse voraussetzte, sprach mit ihnen lange und vorsichtig, zerstreute nach und nach ihre zahlreichen Bedenken, Einwände und Zweifel, verhandelte mit ihnen, wie der Kaufmann um die Ware verhandelt, und eröffnete sich ihnen erst, wenn er des Erfolges gewiß war. Nachdem er den Proselyten auf dem Wege der Logik von der Notwendigkeit eines neuen Glaubens überzeugt hatte, griff er zu dem übersinnlichen Beweis, zum Worte Gottes, zum Koran.

Mohammed war ein tüchtiger Propagandist, das war er schon als Reisender der Ḫadīǧa. Jetzt kam ihm diese Eigenschaft zustatten. Nach und nach sammelte sich um ihn eine kleine Gemeinschaft der Gläubigen. Dort befanden sich nicht nur Sklaven, Bettler und Diener, die zu Mohammed liefen, weil er als erster in Arabien die Gleichheit der Menschen vor Gott aussprach, weil er seine Leute auch mit Rat und Geld unterstützte, sondern auch Angehörige vornehmer mekkanischer Familien, die, gleich Mohammed von religiösen Zweifeln gepackt, dem reichen Vegetieren entrinnen wollten. Auch waren darunter junge, reiche, unternehmungslustige Leute, denen der Weg Mohammeds der Weg ins Freie schien.

Der größte Gewinn Mohammeds war aber durch keinerlei Überredungskünste und logische Ausführungen bedingt. »Ich habe«, sagte der Prophet, »niemanden zum Islam aufgerufen, der nicht zuerst Bedenken, Überlegungen und Widerreden hatte, außer Abū Bakr, dem Wahrhaftigen. Der hatte keine Einwände, keine Bedenken.«

ʿAbdallāh ibn Abī Quḥāf, genannt Abū Bakr, war bestimmt kein Mann, der sich kritiklos einer Sache widmen würde. Abū Bakr war bescheidener Herkunft und stammte aus armen Verhältnissen. Durch eigene Arbeit gelangte er zu großem Reichtum und zu noch größerem Ansehen. Er war ein geborener Gesellschaftsmensch, kannte sich gut aus in den komplizierten verwandtschaftlichen Beziehungen Mekkas und war als Witzbold, gewandter Erzähler von allerlei zotigen Geschichten, als lustiger, fröhlicher Mensch überall beliebt und gern gesehen. Sein Charakter war hart wie Granit, im Innern war er aber, gleich zahlreichen andern, von Zweifeln geplagt, neigte, wie viele Witzbolde, zum nachdenklichen Trübsinn, zum Grübeln und Meditieren. Dieser reiche Bankier, dem niemand etwas an irdischen Gütern zu geben hatte, trat zum Islam über und beschritt den langen Weg zur Wahrheit, unbedenklich, wie das Kind den Weg zur Mutter geht. Unter allen Anhängern Mohammeds war dieser Erzähler obszöner Witze, dieser gerissene Kaufmann der Hingebungsvollste und Opferbereiteste. Denn der Prophet war der einzige, den Abū Bakr in seinem Leben ernst nahm. Es war ihm auch vergönnt, das Erbe des Propheten anzutreten, der erste Statthalter des Propheten Gottes, der erste Kalif des Islam zu werden.

Die Vorsicht, mit der Mohammed ans Werk ging, hatte eine Kehrseite. Das erste Jahr der Sendung brachte Mohammed nur acht Anhänger. Sie versammelten sich im Hause des Propheten und beteten fromm. Doch waren sie noch nicht die Welt, die Mohammed bezwingen wollte. Darum beschloß Mohammed, sich weiter vorzuwagen und sein Betätigungsfeld auszudehnen. Natürlich konnten die Versammlungen beim Propheten, die Gebete der acht Anhänger, die Versuche des Propheten, neue Gläubige zu gewinnen, trotz aller Mühe vor der Welt nicht verheimlicht werden. Langsam sprach es sich in der Stadt herum, daß bei Mohammed irgendwelche Versammlungen stattfanden, daß er irgendeine neue Lehre vertrete und Anhänger sammele.

Man ging über diese Gerüchte achtlos hinweg. Vielleicht war Mohammed ein jüdischer oder christlicher Sektierer geworden, man war tolerant und an viele Götter gewöhnt.

Eines Tages bat Mohammed alle Mitglieder der Sippen Hāšim und Muṭṭalib in sein Haus. Die Verwandten kamen, vielleicht, weil sie annahmen, daß Mohammed ihnen irgendein Geschäft vorschlagen wollte, vielleicht auch in der Hoffnung, Näheres über seine geheimnisvollen Versammlungen zu erfahren. Sie wurden mit Hammelfleisch und Kamelmilch bewirtet. Nach beendigtem Mahl erhob sich Mohammed, setzte die Grundzüge seines neuen Glaubens auseinander und forderte seine Verwandten auf, dem Islam beizutreten. »Wer von euch will die Last meines Anerbietens teilen?« rief er. Ein peinliches Schweigen war die Antwort.

Die Verwandten blickten einander erstaunt an. Was sollten sie von dem Vorfall denken? War es Scherz oder Ernst? Nur der junge 'Alī, der erste Muslim, sprang auf und bekannte sich öffentlich unter allgemeiner Heiterkeit zum Islam. Mohammed aber streichelte den Knaben und sprach: »Seht meinen Bruder, meinen Wesir, meinen Statthalter.« Weder er noch 'Alī ahnten, daß diese wenigen, freundlichen Worte einst den Wendepunkt im Islam darstellen würden, daß sie wenige Jahre nach dem Tode Mohammeds die Welt der Gläubigen in zwei Parteien zersplittern sollten. In die zwei Parteien, die bis heute noch nicht aufgehört haben, einander zu bekämpfen, in die Sunniten und Schiiten.

Mohammed wartete in diesem Augenblick gespannt auf Antwort. Aus der Schar der Verwandten sprang endlich sein Onkel, 'Abd al-'Uzzā', auf, dessen Sohn 'Utba mit der Tochter Mohammeds verheiratet war. 'Abd al-'Uzzā' war sehr vornehm, seine Frau stammte aus dem edlen Hause Umaiya, und das bestimmte seine Denkungsart. »Zum Teufel mit dir!« rief er zornig. »Was soll dieser Unsinn?« Und er hob einen Stein, um seinen Neffen zu züchtigen. Darauf begann solch ein Tumult und Lärm unter den Verwandten, daß Mohammed nicht weitersprechen konnte.

Die Versammlung war gesprengt. Onkel 'Abd al-'Uzzā' erhielt dafür von Mohammed den Beinamen Abū Lahab, Vater des Höllenfeuers, und wurde zusammen mit seiner Frau zum erbittertsten Feind des Islam. Noch am selben Tage zwang er seinen Sohn, die Tochter Mohammeds, Ruqaiya, mit Schande zu ihrem Vater zurückzusenden. Diese Beleidigung besiegelte den Bruch zwischen den Verwandten. Für Mohammed wie auch für Ruqaiya war ihre Heimsendung ein Glück, denn als der Skandal der Familie Hāšim bekannt wurde, meldete sich bei Mohammed der schönste Jüngling Mekkas, 'Uṯmān ibn 'Affān, aus dem Hause Umaiya. Seit langem sehnte er sich nach der Liebe Ruqaiyas. Jetzt nutzte er die Gelegenheit. Er trat zum Islam über und erhielt die Hand der Angebeteten. Natürlich konnte er nicht ahnen, daß dieser äußerst leichtsinnige Schritt ihn einst zum Herrscher eines Weltreiches, zum dritten Kalifen des Islam machen würde.

Drei Jahre war Mohammed an-Nabī, stiller Prediger. Seine Gemeinde zählte kaum zwanzig Mitglieder. Da erschien dem Propheten wie schon oft der Erzengel Gabriel und befahl ihm: »Tritt hervor und verkünde den neuen Glauben der Welt.« Es war eine gewöhnliche, stille Nacht, friedlich saß Mohammed in seinem Hause und sprach mit dem Erzengel Gabriel. Niemand in der Welt wußte, daß sich in dieser Nacht das Rad der Weltgeschichte drehte, daß die Achse der Welt zu schwanken begann, daß eine neue Weltepoche anbrach.

Man erzählt, daß in dieser Nacht in der Stadt Byzanz ein Knabe mit dem Kopf eines Schweines geboren wurde, die Kreuze auf allen Kirchen zu schwanken begannen, aus dem breiten Nil zwei gräßliche Gestalten hervorstiegen und schreckenerregend um sich blickten. Daß die Sonne am nächsten Tag nur zu einem Drittel ihrer Größe sichtbar war. Daß blutige Lanzen vom mondlosen Himmel herabstrahlten, die Erde bebte und der Kaiser von Byzanz einen bösen Traum hatte.

In dieser Nacht beschloß Mohammed, sich den Völkern der Welt zu zeigen. Es war zu Beginn des vierten Jahres der Sendung.

DIE TROCKENE TRUNKENHEIT

> Es gibt in der Welt einen einzigen Weg, welchen niemand gehen kann außer Dir; wohin er führt frage nicht, gehe ihn.
>
> Nietzsche

Der Glaube, den Mohammed in traumhaften Visionen empfing, der Glaube, den er der Menschheit predigte und mit der er die Menschheit bezwang, heißt Islam. Viele haben versucht, das Wort Islam zu übersetzen. Keinem ist es gelungen. Man sagt: ›Islam heißt: Hingebung an Gott‹, und man verkennt damit philologisch und inhaltlich das Wesen des Wortes. Islam kommt von dem Verbum salm oder salama, was Ruhe, Entspannung nach erfüllter Pflicht, friedliches Dasein bedeutet. Das Verbalsubstantivum Islam bedeutet Friede, Schutz, Rettung. Im Munde Mohammeds hatte es die Bedeutung des Strebens zum höheren Frieden, zur göttlichen Frömmigkeit. Soweit die Philologie.

Was ist aber der Islam?

Der Glaube, den Mohammed verkündete, ist trocken und überwältigend wie der Sand der Wüste. Es gibt keinen klareren Glauben auf Erden, es gibt aber auch keinen, der in gleicher Weise Religion, Weltanschauung und Recht in sich vereint. Denn der Islam ist allumfassend.

In zahllosen traumhaften Meditationen am Berge Hirā' fand Mohammed ein einziges Dogma, und das erschütterte ihn. Er entdeckte, daß alle Völker der Welt seit Anbeginn aller Zeiten nur eine Wahrheit besaßen, stets ein und dieselbe Wahrheit von Gott empfingen, sie jedoch im armseligen, irdischen Dasein vergaßen, vernachlässigten und mit Unwahrheiten vermischten. Die Erforschung der ursprünglichen, reinen und einzigen Wahrheit heißt Islam. Mohammed war kein Religionsstifter, er wollte keine neue Wahrheit entdecken, er wollte nur die alte in neuem Glanz auferstehen lassen. Er war Reformator, und der Islam, den er predigte, war für ihn nur die Auferstehung des Urglaubens der Welt.

Durch Jahrtausende, durch Jahrmillionen gibt es in der Welt nur eine Wahrheit. Gott der Unfaßbare, der Unerkennbare, sandte sie der Menschheit. Durch das ganze Dasein der Welt, durch alle Völker und Kulturen, durch alle Zeiten und Reiche zieht sich die unendliche Reihe der Propheten, der Frommen, denen Gott befahl, der Menschheit die Urwahrheit zu verkünden. Der Prophet ist kein Heiliger, kein Wundertäter, kein Besessener, er ist nur ein Mensch, durch dessen Mund Gott zur Menschheit spricht.

Unendlich ist die Reihenfolge der Propheten, sie verkündeten in allen Sprachen und bei allen Völkern. Ihre Botschaft war aber stets, zu allen Zeiten, die gleiche, es war das einzige, unveränderliche Wort Gottes. Nicht um ein Haar unterschieden sich die Offenbarungen der Propheten voneinander. Nur selten wollte aber die Menschheit den Worten des Propheten Folge leisten. Die meisten Propheten wurden verkannt, bekämpft, verleumdet und verbannt. Nur selten beugte sich die Menschheit vor dem Wort des Propheten, nur selten empfing sie gläubig durch seinen Mund die Worte Gottes. Wenn aber der Prophet starb, so vergaß die Menschheit das Entscheidende seiner Lehre, vergaß das Wort Gottes. Es blieb ein Glaube bestehen, doch nur wie kleine Goldsplitter in einem Heuhaufen lagen in dem Glauben die Splitter der ursprünglichen, inzwischen vergessenen und verwischten Lehre verstreut. So waren die Unterschiede der Religionen entstanden. Denn jede Religion geht zwar auf die Worte ihres eigenen Propheten zurück, doch verkündeten alle dasselbe: Gottes Wort.

Der Glaube an die Propheten ist der Grundstein des Islam, das Grunddogma, aus dem sich das ganze Gebäude der Lehre entwickelt.

Unter den Propheten, die der Welt erschienen, sind die

bedeutendsten Abraham, Moses und Jesus. Ihre Worte behielten die Völker.

Die Völker der Welt zerfallen für Mohammed in zwei Teile, in die Völker der Schrift und in die Völker, die keine Schrift empfingen. Die Völker der Schrift sind die Juden und Christen. Durch das Wort Mosis und Christi empfingen sie die Wahrheit, die ihnen Gott in seiner Gnade sandte. Da aber die Worte der Propheten nicht sofort fixiert wurden, entstanden aus der ursprünglichen Einheit Sekten und Richtungen, von denen jede einen Teil der Wahrheit besitzt, die ganze Wahrheit aber verleugnet. An und für sich sind aber für Mohammed Judentum, Christentum und Islam identisch.

Da alle Worte vergessen und falsch gedeutet wurden, sandte Gott zum letztenmal der Menschheit einen Propheten, der nun noch einmal alles wiederholen sollte, was die Propheten des Altertums verkündet hatten, der alle Religionen zu ihrer ursprünglichen Einheit und Reinheit zurückführen würde, um damit das einheitliche Reich Gottes auf Erden zu hinterlassen. Dieser Letzte in der langen Reihe der Propheten, dieses Schlußsiegel des Prophetentums ist Mohammed, der Gesandte Gottes. Deshalb enthält seine Lehre auch nichts, was der alten Welt, den alten Religionen unbekannt ist. Deshalb unterstreicht der Islam alles, was in seinem Dogma sich mit der Welt des Christen- und Judentums deckt. Predigten doch Moses und Christus nichts anderes als den reinen Glauben.

Wie Kolumbus nicht wußte, daß er einen neuen Erdteil entdeckt hatte, wußte auch Mohammed nicht, daß er eine neue Religion ins Leben rief. Bis zu seinem Tode wiederholte er, daß der Islam der Menschheit nichts Neues bringen wolle.

Wie entstand nun das wunderbare, nüchterne, positivistische Gebäude des Islam? Am Berge Hirā' empfing der Prophet den Befehl Gottes, die Wahrheit zu verkünden. Dreiundzwanzig Jahre lang erschien ihm regelmäßig der Erzengel Gabriel, der ihm nach und nach die ganze himmlische Wahrheit, den ganzen Koran beibrachte. Dieser Koran ist also das endgültige Wort Gottes, das, da es sofort fixiert wurde, nicht vergessen und nicht mißdeutet werden kann.

Das Wunder des Korans wird der Welt des skeptischen Denkens immer ein Rätsel bleiben. Ein einfacher, ungelehrter Mann, der nie einen Vers gedichtet hatte, der nie die Gabe der freien Rede besaß, verkündete hier, ganz abgesehen von dem Inhalt, ein sprachliches, ein ästhetisches Wunderwerk. Der Koran ist bis zum heutigen Tag der, rein äußerlich, unübertroffene Höhepunkt der arabischen Sprache. Die berauschende Schönheit seiner Verse ist für alle Araber und war auch für Mohammed der einleuchtende Beweis seines göttlichen Ursprungs.

Die Araber waren ein Volk der Dichter, der literarischen Sachverständigen. Sie lebten in der Welt der Verse, und alle Freunde und Feinde mußten die sinnesberauschende Schönheit der Koranverse anerkennen. Das ganze Buch, das auch architektonisch ein Wunderwerk des logischen Aufbaus ist, enthält hundertvierzehn Kapitel, Suren genannt. Die Verse dieser Kapitel sind die Welt, in der sich noch heute das Leben von dreihundert Millionen Menschen abspielt.

Zahlreich waren schon zu Mohammeds Zeiten die Versuche, den Koran nachzuahmen. Doch alle mußten erbärmlich scheitern. Dichterisch hat der Koran keine Vorläufer und keine Nachkommen. Es ist auch für die arabische Welt charakteristisch, daß der Islam zuerst zum ästhetischen Beweis seines göttlichen Ursprungs greifen mußte. Nur wer das rhythmische Wort meistert, kann in den Wüsten herrschen, und die Kraft und Ausbreitung des neuen Glaubens ist nicht zuletzt auf die sinnverwirrende Schönheit des Korans zurückzuführen. Die Kraft des Ausdruckes, die Magie des Wortes, der stählerne Rhythmus dieser Verse kann in keiner anderen Sprache wiedergegeben werden. Wenn aber der Prophet inmitten des dichtenden arabischen Volkes die Verse rezitierte, ging von ihm ein magischer Zauber aus, denn die Magie des Wortes war im Volke der Araber lebendig.

3. Blick auf die Pilgerstätte Medina. Lithographie von Hanhart nach einer Zeichnung von R. Bruton, der eine Vorlage eines einheimischen Künstlers benutzte, 1855.

Mohammed war sich der magischen Kraft, die der Koran enthält, voll bewußt. Doch wußte er auch, daß dieser Koran kein Werk seiner Kunst war. Nicht Mohammed spricht im Koran zur Menschheit, sondern Gott. ›Ich‹ ist im Koran stets Gott und ›Du‹ Mohammed. Nach und nach, im Laufe von dreiundzwanzig Jahren, wurde der Koran dem Propheten offenbar. Jede Sure wurde aber anläßlich eines bestimmten Ereignisses, einer bestimmten Frage mitgeteilt und enthält Antworten auf Fragen, die den Propheten peinigten.

Wie geschah aber die Offenbarung des Korans? Der Vermittler zwischen Gott und seinem Propheten war der Erzengel Gabriel. Plötzlich, ohne Ankündigungen, erschien er dem Propheten. Manchmal als fremder Wanderer, manchmal als Jüngling, manchmal nur als Stimme, die einzig dem Propheten verständlich war. Wenn der Engel dem Propheten als Stimme erschien, wenn Mohammed als erster den berauschenden Versen lauschte, war die Erregung, die von dem Propheten Besitz ergriff, erschütternd. Sein Gesicht wurde blaß, seine Stirn bedeckte sich mit Schweißtropfen. Wilde, unzusammenhängende Laute kamen von seinen Lippen. Sein Gesicht war dann wie der Himmelsblitz, niemand wagte ihn anzusehen. Manchmal sank er zu Boden, sein Körper zitterte, Schaum trat vor seine Lippen, manchmal schrie er auf wie ein junges Kamel. Dann beruhigte er sich langsam, schlief manchmal ein, erwachte und verkündete der Welt einen neuen hinreißenden Vers. Nie erschien aber Gabriel dem Propheten in seiner wahren Gestalt. Denn Mohammed war nur ein Mensch, und er konnte den Anblick eines Engels nicht ertragen. Nur einmal bat der Prophet, der Erzengel möge ihm seine wahre Gestalt zeigen. Gabriel erfüllte die Bitte, und wie vom Blitz getroffen sank Mohammed in tiefe Ohnmacht. Schrecklich und unerträglich ist für einen Sterblichen der Anblick eines Engels.

Dreiundzwanzig Jahre lebte Mohammed in trunkener Ekstase; von Visionen umgeben, verkündete er Verse und berauschte sich selbst an ihrer überirdischen Schönheit. Man sollte denken, daß seine Lehre phantastisch und exaltiert wäre wie die Visionen, die ihn umgaben. Der arabische Prophet verkörperte aber den Urzustand des Landes, dem er entstammte. Die phantastische Fata Morgana der Wüste war hier mit der klaren, trockenen Luft gepaart. Phantastische Visionen schufen ein trockenes, klares, nüchternes Gebilde, das Islam heißt.

Der Islam kennt keine Phantastik, ist logisch aufgebaut und übersichtlich wie das Kontobuch eines Kaufmanns. Er kennt nur wenige Grundsätze, doch diese regeln alle Beziehungen zwischen Mensch und Gott und den Menschen untereinander, denn Islam ist nicht nur Religion, sondern auch soziale Lehre. In phantastischen, traumhaften Visionen empfing Mohammed eine nüchterne, rationelle und dennoch in ihrer exakten, rationalistischen Einfachheit überwältigende Lehre. ›Man muß an den einzigen Gott glauben, gut zu den Menschen sein, seine Leidenschaften beherrschen, die Feinde des Glaubens bekämpfen und an die Vergeltung seiner Taten nach dem Tode glauben.‹ In diesem einzigen Satz ist die ganze Lehre enthalten.

Gott, der alleinige, allgegenwärtige Allāh, ist für Mohammed ein Wesen, das nicht beschrieben und nicht geschildert werden kann. Es ist schon eine Sünde, Gott beschreiben oder erklären zu wollen. Ewig verdammt sind aber diejenigen, die sich anmaßen, Gott darzustellen in Bild, in Stein oder im Wort. Gott ist wie das Licht, wie die Flamme, wie das Meer, ewig veränderlich, nie faßbar; wer Gott erfassen, Gott darstellen will, zeigt damit seinen Mangel an Glauben. Auch der leiseste Versuch, Gott in irgendeiner Form zu zeigen, muß bekämpft werden. Alle Propheten verboten die Darstellung Gottes, doch stark ist der Trieb im Menschen, Gott zu erfassen. Der Mensch zeichnet einen Menschen oder ein Tier, andere Menschen beten diese Zeichnung an und denken, es sei Gott. Deshalb verbietet der Islam für ewige Zeiten die Darstellung lebender Wesen in Bild und Stein, damit der Mensch nicht der Versuchung verfällt, Bilder und Idole zu vergöttern. ›Gott ist unfaßbar, er gleicht nicht den Menschen, verdammt seien diejenigen, die ihm

Menschliches zuschreiben, denn das Hauptmerkmal Gottes ist übermenschlich: sprich: Gott ist einer, ein ewig reiner, hat nie gezeugt, und ihn gezeugt hat keiner‹ (112,1–4). Dieses Merkmal ist auch die große Scheidewand, mit der sich der Prophet bewußt von dem damaligen Christentum trennte. Jesus ist ein gottbegnadeter Prophet, vielleicht sogar ein sündloser Prophet, verdammt seien aber diejenigen, die ihn als den Sohn Gottes ansprechen, die dem Alleinigen einen Sohn beigeben wollen. Jesus ist ein Prophet, und die islamische Legende erzählt sogar, daß dieser Prophet, der sündloser war als Mohammed, nicht gekreuzigt wurde, sondern, vom Kreuz errettet, in den Himmel emporstieg. Gekreuzigt wurde ein Phantom. Doch war Jesus ein Mensch wie die andern, wie Mohammed, wie Moses, ein Mensch, der Göttliches verkündete, dessen Worte aber von den hilflosen Menschen verdorben, mißverstanden, vergessen wurden. Mohammed wollte sie der Menschheit in Erinnerung bringen.

Mohammeds Lehre hat wenig rituelle Bestimmungen, und auch sie dienen lediglich zur Aufrechterhaltung der Disziplin unter den Gläubigen. Auch kennt der Islam keine Hierarchie, kein Mönchstum, keine Priesterschaft. Der Mensch braucht keinen Vermittler, wenn er zu Gott spricht. Tempel und Gebetsversammlungen sind überflüssig. Überall, zu Haus, auf Reisen, allein oder in Gesellschaft anderer kann der Mensch zu seinem Gott beten. Jeder kann auch, wenn viele beten, der Vorbeter, der Imam sein. So gibt es im Islam auch keine Weihe, keine Scheidung der Menschen in Priester und Laien. Jeder ist sein eigener Priester. Nur das Gebet ist vorgeschrieben als Zeichen der Einheit, der Gemeinschaft der Gläubigen. Die Gemeinschaft der Muslims ist aber keine religiöse Gemeinde schlechthin. Sie ist, und das unterscheidet den Islam von anderen Weltreligionen, vor allem der Kern eines Staates. Die Zugehörigkeit zur Gemeinde ist in erster Linie soziale Pflicht. ›Bete zu Gott, sei gut zu den Sklaven, Waisen und Armen und verteile Almosen‹, heißt die sechsundsiebzigste Sure des Korans. ›Willst du den steilen Pfad des Glaubens besteigen?‹ heißt es an einer andern berühmten Stelle, ›so erlöse die Gefangenen, ernähre die Hungrigen, sei mitleidig und hilfsbereit. Verdammt seien die Frommen, die keine Almosen geben, die Wohltäter, die die Empfänger ihrer Gaben heimlich beschimpfen, oder die, welche Geld ausgeben und auch Almosen verteilen, damit andere sie beneiden sollen. Sie sind wie harte Felsen, auf denen nichts wachsen kann.‹ (Vgl. 90, 11–20)

Der Islam erhob die Wohltätigkeit zu einer klar festgesetzten, genau umgrenzten religiösen Pflicht. Jeder Muslim, der mehr als zwanzig Kamele besitzt, muß alljährlich zweieinhalb Prozent seines Einkommens zur Verteilung bringen oder bei einer Stelle einzahlen, die das Geld von sich aus verteilt. Die Empfänger dieser Steuer wurden genau bezeichnet. Es waren die Armen, die Notleidenden, die Sklaven, die sich loskaufen wollten, die Schuldner, die ihre Schulden nicht bezahlen konnten, sowie Reisende und Ausländer, die in der Stadt fremd waren. Die Bedeutung dieses religiös fundierten, sozialen Gebotes für die Welt des Ostens kann heute rückwirkend kaum mehr erfaßt werden. Es war im Grunde genommen der erste Versuch einer Sozialversorgung der gesamten religiös und weltanschaulich geeinten Welt.

Überhaupt sind die sozialen Gebote im Islam überwiegend. Denn Prophet sein war in alten Zeiten mit den Aufgaben des sozialen Reformators und des zielbewußten Parteiführers identisch. Auch heute noch ist der Islam vor allem ein soziales System, das notwendigerweise auf dem göttlichen Gebote fußt. Die soziale Umwälzung, die der Islam verkündete, war für Arabien ungeheuer. Der Islam wollte die jahrtausendealte Gemeinschaft des Sippendaseins sprengen. ›O Gläubige‹, heißt es in Sure 4, Vers 134, ›haltet euch an die Wahrheit und an die Gerechtigkeit, selbst wenn die Wahrheit gegen eure Verwandten ausfällt. Gott ist euch näher als alle Menschen.‹

Wenn aber der Koran die Blutsbande der Verwandtschaft

löst, so errichtet er eine neue Verwandtschaft des Menschen mit der Natur. Im Gegensatz zu vielen anderen religiösen Systemen erkennt der Koran die Seele des Tieres an und erhebt die Milde zu allem Lebenden zu einem religiösen Gebot. ›Ihr werdet belohnt, wenn ihr Tiere gut behandelt, füttert und ihren Durst stillt, denn es gibt kein Tier auf Erden und in der Luft, das nicht zu Gott zurückkehren würde.‹

Der hohe Idealismus ist im Islam mit überaus praktischem Sinn gepaart. Mohammed war ein exaltierter Praktiker, eine seltene, aber stets fruchtbare Erscheinung. Er wollte die Menschheit ethisch heben und wußte sich hierzu äußerst praktischer Wege zu bedienen. Denn, das muß immer wieder betont werden, der Islam, die jüngste Weltreligion, wurde von einem Kaufmann gegründet und noch dazu von einem arabischen Kaufmann. Die angeborene Nüchternheit der arabischen Rasse, gepaart mit dem praktischen Sinn eines Kaufmanns, mit der Fähigkeit, die realen Möglichkeiten zu sehen und auszunutzen, schuf hier eine Religion, die in ihrer sachlichen Klarheit, in ihrer Verleugnung jeglicher Mystik alles andere weit übertrifft.

Und doch war gerade die ethische Bedeutung des Islam für die arabische Welt unabschätzbar. Erst Mohammed schuf in Arabien den Begriff der Sünde, den Arabien vor ihm nicht gekannt hatte. Der arabische Mensch wußte, was Schaden ist, und verstand es meisterhaft, Schadenersatz zu verlangen. Daß es darüber hinaus noch eine Sünde gab, erfuhr er erst durch Mohammed. Die Forderungen, mit denen Mohammed auftrat, waren gering. Gebet, Fasten und Almosen waren die drei äußeren Merkmale des Islam. Das Gebet war in erster Linie eine Form und Übung der Disziplin.

In dieser ersten Periode des Islam fühlte sich Mohammed noch einig mit dem Juden- und Christentum. Deshalb mußte sich der Gläubige beim Gebet mit dem Gesicht zur heiligen Stadt Jerusalem, zur Heimat zweier großer Religionen wenden.

Das Fasten im Monat Ramaḍān war ein weiteres Mittel zur Disziplin. Einen Monat lang darf der Mensch vom Morgengrauen bis zur Abenddämmerung keine Speise berühren. Denn der Drang zum Essen, zum maßlosen Vertilgen großer Speisemengen, ist nach dem Geschlechtstrieb die größte Lust des primitiven Menschen. Diese Lust mußte der Mensch zum Zeichen der inneren Disziplin einmal im Jahr Gott opfern.

Auch die Erfüllung aller sonstigen Riten des Islam ist im Grunde genommen unwesentlich, religiös nebensächlich. ›Gott vergibt alles, nur nicht, daß man ein anderes Wesen neben ihn stellt‹ (4,51), heißt es im Koran. Unerbittlich verlangt der Islam nur den Glauben an den einzigen Gott, an seine Propheten, die das Wort Gottes verkünden, und an das Leben nach dem Tode, an die Vergeltung der irdischen Taten. Aus diesen wenigen Dogmen schuf Mohammed eine Welt, eine ethische Weltanschauung, die, wie die Geschichte des Islam gezeigt hat, gleichermaßen geeignet ist, einen primitiven Neger und einen sensiblen Philosophen zu befriedigen.

Die ganze islamische Lehre ist in einer einzigen großartigen Vision am Berge Hirā' verkörpert. Was hinzukam, war Weiterentwicklung des ursprünglichen Grundgedankens. Dies ist aber auch das größte Wunderwerk Mohammeds. Mit den einfachsten, primitivsten Mitteln wurde hier aus einem religiösen Nichts eine in sich geschlossene, ethische und soziale Lehre geschaffen, die sich als fähig erwies, Jahrhunderte hindurch das Leben eines großen Teils der Menschheit positiv zu gestalten. Der ursprüngliche Islam war, und das ist das wichtigste an ihm, nicht nur Religion, sondern soziale Lebensform. Er schuf neue, nie dagewesene soziale Formen, bildete Rechts- und Staatstheorien, die bis heute ihre Anziehungskraft nicht verloren haben, und setzte an Stelle des sozialen, religiösen und politischen Wirrwarrs, der um das Jahr 600 im Orient herrschte, ein Weltreich, das zum Kulturzentrum der damaligen Welt wurde.

»Suchet die Weisheit, auch wenn ihr bis nach China vordringen müßtet«, sagte einst Mohammed, denn in ihm lebte die weltmännische Toleranz des Kaufmanns. Aber auch die

Strenge des vornehmen Kaufherrn lag ihm nicht fern. Er wußte, daß ihm ein steiler Weg bevorstand, und er wollte alles von diesem Weg entfernen, ›womit der Mensch an der Erde klebt‹. Luxus und Rauschmittel verbot er, aber gleichzeitig auch Tanz und Musik, denn er, der vom Worte berauscht war, kannte die magische Kraft des Tanzes, des Tons, der Bewegung, kannte die heidnische Macht, die dämonische Ekstase, in die der Mensch durch sie versetzt wird. Er, Mohammed, brauchte keinen künstlichen Rausch, keine künstliche Ekstase, er kannte den steilen Weg. Seine Lehre war klar und überwältigend, nüchtern und gleichsam berauschend wie der Sand, wie die Luft der Wüste.

Im Jahre 4 der Sendung trat er, der ungelehrte Kaufmann, vor das Volk zu Mekka. Er verkündete nüchtern und doch vor innerer Ekstase fiebernd, kühl, berechnend und dennoch von seinen eigenen Worten hingerissen den einzigen, weltumstürzenden Satz:

»Es gibt keinen Gott außer Allāh, und Mohammed ist sein Prophet!«

DER PROPHET TRITT AUF

Schaut, wie arm und elend er ist. Der Narr wollte uns einreden, daß Gott durch seinen Mund verkünde.

Lermontow

Was geschieht, wenn ein angesehener Kaufmann, der ein gutgehendes Geschäft betreibt und bei den Mitmenschen als ruhiger, zuverlässiger Mensch bekannt ist, plötzlich der merkwürdigen Idee verfällt, er sei der Gesandte Gottes, in den Versammlungen gottesfürchtige Predigten hält und darüber seine Geschäfte vernachlässigt? In jeder normalen Kaufmannsgesellschaft wird dieser Mann zuerst verspottet, dann bemitleidet und zur Vernunft gerufen und zuletzt für wahnsinnig erklärt. Nicht viel anders war es in Mekka. Lange zögerte der Prophet, ehe er sich dazu entschloß, die neue Lehre öffentlich zu verkünden.

Ein Monat verstrich zwischen der Offenbarung, die ihm das öffentliche Auftreten befahl, und der ersten öffentlichen Rede, die er hielt. Eines Tages aber liefen junge Ausrufer durch die Stadt Mekka und schrien: »Mohammed, der Sohn ʿAbdallāhs, der Hāšim, bittet jeden Mekkaner, sich zum Berge Abū Qubais zu begeben, denn er hat dem Volke Wichtiges mitzuteilen.« Natürlich hatte es sich in der Stadt schon vorher herumgesprochen, daß der brave Mann der Ḫadīǧa auf merkwürdige Irrwege geraten sei. Es machte sich ein gewisses Interesse für seine bis jetzt geheimgehaltenen Ideen bemerkbar. Ehemalige Geschäftspartner, alte Freunde und Bekannte, die mit dem Propheten viele Jahre lang auf dem Hofe der Kaʿba friedlich zusammengekommen waren, strömten zum Berge Abū Qubais bei Mekka, um teilnahmsvoll der Rede Mohammeds zu lauschen.

Es kostete den Propheten eine nicht geringe Überwindung, vor einer Menge kaufmännischer Geschäftspartner plötzlich mit einer neuen Heilslehre aufzutreten. Mohammed scheute die Öffentlichkeit. In den letzten Jahren hatte er sich nur noch selten in der Ka'ba gezeigt. Die Gabe der freien Rede war ihm bekanntlich nicht gegeben. Nur durch langjährige Arbeit war es ihm gelungen, sie zu entwickeln.

Als die Quraiš versammelt waren, erklärte ihnen Mohammed schlicht und einfach, Gott habe ihm befohlen, die wahre alte Lehre Abrahams und aller Propheten dem Volke von neuem zu verkünden. Er rezitierte den Koran. Allmählich bemächtigte sich seiner große Begeisterung. In grellen Farben schilderte er den Untergang großer alter Völker, die den wahren Glauben verleugnet hatten. Schilderte die Pracht des Paradieses und erklärte die Gebote Gottes: Nicht töten, nicht stehlen, nicht lügen! Mitleidsvoll hörten ihm die Quraiš zu. Um dieser Märchen willen vernachlässigte also Mohammed seine Geschäfte, berief ehrsame Kaufleute zu einer Versammlung und irrte einsam in der Wüste umher. Die wenigen Gläubigen, besonders der begeisterte junge 'Alī, erschienen nur lächerlich. Diese Menschen waren Kinder und offenbar nicht ernst zu nehmen. Kopfschüttelnd gingen die Quraiš auseinander. Kein einziger von ihnen hatte sich zum neuen Glauben bekehrt.

Der Mißerfolg enttäuschte Mohammed nicht. Auch andere Propheten waren zuerst auf Mißtrauen gestoßen. Allzu stark, allzu tief war die Sünde in den Seelen seiner Mitbürger verankert. Täglich erschien nun Mohammed in der Ka'ba zwischen den Händlern und Wahrsagern, lehnte sich an eine Säule und begann mit weicher, wohlklingender Stimme die Verse des Koran zu rezitieren. Diese Verse fanden Beifall, und für die Kenner wurde es alsbald klar, daß Mohammed ein bedeutender Dichter geworden war.

Dichtende Kaufleute waren in Mekka keine Seltenheit. Niemals aber hatte ein Dichter verlangt, daß man seine Gedichte für bare Münze nehmen sollte. Wenn man Mohammed sagte: »Deine Gedichte sind wunderbar schön«, oder wenn ein Fachmann äußerte: »Deine Reimtechnik schafft eine neue Epoche in unserer Literatur«, so verfinsterte sich das Gesicht des soeben Gelobten, und er entgegnete scharf: »Ich bin kein Dichter, und es sind nicht meine Gedichte. Es sind die Worte Gottes, die aus meinem Mund erklingen.« Da hörte natürlich jegliche Logik auf. Man zuckte die Achseln und ließ Mohammed stehen. Nicht jeder hatte aber in Mekka genug Achtung vor der Dichtkunst, um auch die Launen des Dichters zu respektieren. Das ewige Auftreten in der Ka'ba, die Predigten vor einem leeren Auditorium machten Mohammed auf die Dauer bei den Mekkanern lächerlich. Hin und wieder zeigte man bereits auf ihn mit dem Finger und sprach laut genug, so daß er es hören konnte: »Schaut, das ist der Enkel 'Abd al-Muṭṭalibs, der zu wissen angibt, was im Himmel vor sich geht.« Wenn sich Mohammed daraufhin umdrehte und sagte: »Ihr seid wie diejenigen, die aus Angst vor Blitz und Donner die Augen schließen und die Ohren zustopfen«, so lobte man den Vers und antwortete mit Rezitationen obszöner Gedichte oder mit laut einsetzender Musik, bis die Stimme des Propheten übertönt war. Dann malte der Prophet die fürchterlichen Strafen aus, mit denen Gott die Sünder treffen würde. Der Erfolg war, daß am nächsten Tag irgendein dichtender Jüngling mit einer Parodie auf die Verse Mohammeds die ganze Stadt zum Lachen brachte. Das Schicksal wollte es, daß der gewandteste unter den Parodisten, der Hetärensohn 'Amr ibn al-'Āṣ, später der Eroberer Ägyptens und einer der größten Feldherren des Islam wurde.

Unbekümmert ging Mohammed seinen Weg. Wenn man ihn auslachte, wenn junge Mekkaner seine Kleidung mit Kot beschmutzten, erzählte Mohammed von den Völkern 'Ād und Ṯamūd, die ähnliches taten und doch zugrunde gingen. Es fehlte indessen nicht an Stimmen, die die Mißhandlungen des Propheten für unfair hielten. Ein mächtiger Häuptling aus Yaṯrib erklärte zum Beispiel: »Ein würdiger Mensch nahm eine neue Religion an, warum verfolgt ihr ihn eigentlich?« Auch den besseren unter den Mekkanern war es im Grunde genommen peinlich, daß einer der ihren zum Gespött des Pöbels auf den Straßen umherirrte. Seine Reden waren zwar wohlgeformt, es ging aber nicht an, daß Mohammed – neben unschuldigen Schilderungen der Hölle und des Paradieses (die man ihm gern gewähren wollte) – öffentlich, auf dem Hofe der Ka'ba, einen unbekannten, angeblich sehr alten Gott anbetete und alle anderen gut bewährten Götter Mekkas schmähte.

Um diesen lächerlichen Reden ein Ende zu bereiten, beschlossen die Herren der Ka'ba nach einem altbewährten Rezept zu verfahren. Sie suchten Mohammed auf und erklärten: »Du glaubst an einen anderen Gott als wir. Gut! Wir wollen tolerant sein. Stell in der Ka'ba die Statue deines Gottes auf, wie es alle Sippen taten, und bete ihn an, soviel du willst. Wir werden dich nicht stören, du sollst aber auch unsere Götter in Ruhe lassen.« Dieser Vorschlag erschien den Quraiš als absolut loyal und annehmbar. Als Mohammed auch dieses gutgemeinte Anerbieten ganz energisch ablehnte, begannen die Quraiš sich zu beunruhigen. Denn entweder handelte es sich um einen Wahnsinnigen oder um einen Menschen, der etwas ganz Gefährliches im Schilde führt.

Alte Freunde, vornehme Quraiš, die ihm an und für sich wohlgesinnt waren, kamen deshalb eines Tages zu Mohammed und sagten besorgt: »Mohammed, du bist uns als ein zuverlässiger, ehrlicher Mensch bekannt. Wir sind deshalb über deinen jetzigen Zustand besorgt. Wir glauben, daß du vielleicht krank bist, erlaube uns doch, die besten Ärzte zu rufen, damit sie dich von deiner Krankheit heilen.« – »Ich bin gesund«, antwortete Mohammed. »Dann hoffst du vielleicht, durch dein Verhalten Gelder und neue Reichtümer zu erwerben? Auch das ließe sich machen. Wenn du willst, geben wir dir einen Posten in der Stadtverwaltung, der dich und deine Anhänger reichlich belohnen wird.« Als aber die Quraiš erleben mußten, daß Mohammed auch dies ablehnte, war es mit ihrem Verständnis zu Ende. Daß ein Mensch gesund sein sollte und trotzdem Geld ablehnte, das konnten die nüchternen Kaufleute nicht begreifen. Offenbar ging es hier um dunkle Dinge. Sie beschlossen, sich ernsthaft mit dem Unruhestifter zu befassen.

An und für sich glaubten die Mekkaner gern an Propheten, Engel und Götter jeder Art. Doch waren alle bekannten Propheten längst tot, und Engel gab es zwar, doch bestimmt in ganz anderen Gegenden der Welt. Unmöglich konnten sie aber annehmen, daß einer von ihnen, ein Kaufmann aus Mekka, irgend etwas mit diesen höheren Dingen zu tun hatte. Dazu kannten sie ihn zu gut. Er war doch genau wie sie, ging durch die Basare, kaufte und verkaufte, verwaltete und vermehrte sein Vermögen. Und plötzlich sollte er Prophet sein? Das war ja zum Lachen! Um aber über Mohammed ganz ins klare zu gelangen, beschlossen sie, von ihm die einfachsten Beweise der göttlichen Sendung zu verlangen – irgendein Wunder sollte er vollbringen. »O Mohammed«, sagten die Quraiš, »unser Tal ist eng und öde, verbreitere es und laß einen Fluß hindurchziehen. Oder laß dir von deinem Gott unermeßliche Reichtümer geben, oder zeige uns sonst irgendein Wunder.«

Wunder waren jedoch dem Propheten verhaßt. Die Welt um ihn war voller Wunder. Man wußte nicht, welche von Gott und welche von der schwarzen Magie stammten. Nie hatte Mohammed behauptet, Wunder vollbringen zu können. »Gott sandte mich nicht, um Wunder zu tun«, antwortete er den Quraiš, »ich bin nur da, um euch die Wahrheit zu verkünden. Ich sagte nie, daß die Schätze Allāhs in meinen Händen liegen, oder daß ich geheime Künste beherrsche oder ein Engel bin, ich, der ich mir selbst nicht helfen kann und nicht glauben kann, wenn Gott es nicht will. Ich bin nur ein Mensch wie die andern.« – »Wenn du keine Wunder vollbringst, so können wir deinen Worten nicht glauben.« – »Jesus tat Wunder, und auch ihm wollte man keinen Glauben schenken«, antwortete Mohammed.

Für die Quraiš war Mohammed um jene Zeit eine umstrittene Persönlichkeit. Man war noch zu gut mit seinem früheren Wesen vertraut, um ihm ernsthaft böse Absichten zuzutrauen. Sein Aussehen und Gehaben legten die Vermutung nahe, er sei einfach ein Irrer. Seine Worte waren aber, wenn man genauer zuhörte, gar nicht irr. Er sprach von Dingen, die die Quraiš selbst wußten, aber nur ungern hörten. Er verdammte die Ausschweifungen der reichen Kaufleute, er verlangte gleiches Recht für alle. Er verbot Luxus, Betrug, Zinsen und viele andere Dinge, die den Quraiš sehr angenehm waren. Er bekämpfte schließlich die alten Götter der Ka'ba und rüttelte somit an dem Fundament des Reichtums der Quraiš, ja selbst am Bestande Mekkas. Das war nicht nur bitter, sondern gefährlich.

Die Quraiš beschlossen, den plötzlich erstandenen Propheten zu bekämpfen. Aber auch Mohammed war entschlossen, energisch die Ausbreitung des neuen Glaubens zu betreiben. Da er bei den Quraiš keinen Anklang fand, wandte er sich an andere Völker Arabiens. Während der Monate des Festes besuchte er die Lager der unzähligen nach Mekka herbeigeströmten Beduinensippen. Hier lehrte er den wahren Glauben, las den Koran und fand hin und wieder Leute, die sich zu dem neuen Glauben bekannten. Am liebsten sprach er aber mit den Juden und Christen, die oft und zahlreich die Messe der Ka'ba besuchten. Ein Unterschied zwischen seinem und ihrem Glauben war Mohammed zu dieser Zeit noch nicht bewußt. »Mein Gott ist auch der Gott der Juden und Christen, der Völker der Schrift«, sagte er oft.

Die Juden und Christen, die Mekka besuchten, waren religiösen Gesprächen nicht abgeneigt. Auch hielten sie diesen merkwürdigen Mann anfänglich für einen der ihren. Glaubte er doch gleich ihnen an einen Gott. Das bedeutete für das heidnische Arabien bereits einen Fortschritt. Auch die armen Beduinen schenkten dem Propheten Gehör. Mit Entzücken lauschten sie den wunderbaren Strophen des Korans, und ihr naives Herz erzitterte, als sie von den Strafen hörten, die Gott verhängen kann. Mehr war aber auch von den einfachen Wüstenkindern nicht zu erwarten. Es kam vielleicht vor, daß sich ganze Sippen in Mekka zum Islam bekehrten, wenn sie aber in ihre Steppen zurückgezogen waren, tauchten bei ihnen die alten Götter wie Korken auf der Wasserfläche wieder auf.

Größeren Anklang fand die Lehre Mohammeds bei den Stiefkindern des Landes, bei den Sklaven und besitzlosen Städtern. »Man darf keine Sklaven töten, man muß Almosen verteilen, man darf keine Zinsen nehmen«, predigte Mohammed. Für die Parias der plutokratischen mekkanischen Republik klangen diese Worte wie Geschenke des Himmels, insbesondere, da sie von einem Quraiš, einem Mitgliede der regierenden Schicht, kamen.

Den Männern der Quraiš war dies alles sehr wenig angenehm. Langsam schien ihnen die Gefahr, die dieser irre Phantast mit seinen schönen Liedern für sie bedeutete, aufzugehen. Zwar schickten sie bald an alle Sippen die Nachricht, daß in ihrer Stadt ein Irrer, ein Phantast aufgestanden sei, dessen Worten man keinerlei Bedeutung beimessen solle. Doch führte das nur zu dem Ergebnis, daß selbst Sippen, die bis dahin nichts von Mohammed gehört hatten, nun seinen Namen mit gewissem Interesse wiederholten.

Dann begann die offensichtliche Verfolgung. Kinder liefen hinter dem Propheten her und warfen mit Steinen nach ihm. Ǧumail bint Ḥarb, eine vornehme Dame, die Frau von Abū Lahab, dem Onkel Mohammeds, die von altersher Mohammed haßte, streute Stacheln auf die Stellen, wo er zu beten pflegte. Wenn er in der Kaʿba erschien, begegnete man ihm mit Schmähungen. Die Quraiš hatten erkannt, daß einer der ihren seiner Kaste untreu wurde.

Mehr konnten aber die Mekkaner gegen Mohammed nicht unternehmen. Ein öffentliches Gefängnis gab es in Mekka nicht. Allgemeine Gesetze und Richter auch nicht. Man konnte Mohammed nicht einsperren. Sein Leben, sein Wohlergehen und sein Vermögen standen unter dem starken Schutz der zahlreichen Mitglieder der Sippen Hāšim und Muṭṭalib. Der Führer dieser Sippe war Abū Ṭālib, der Onkel Mohammeds. In seiner Hand lag es, den Propheten den Quraiš preiszugeben.

Abū Ṭālib war ein alter Mann, ein arabischer Mann. Er

glaubte nicht an die Sendung seines Neffen. Als er Mohammed einmal mit der Stirn auf dem Boden im Gebet vorfand und dieser ihn zum Islam bekehren wollte, sagte er spöttisch: »Ich glaube nicht, daß man die Ehrfurcht vor Gott dadurch bezeugen muß, daß man den Hintern hebt und den Kopf beugt. Wenn du aber unbedingt den Kopf niedriger beugen willst als den Hintern, so will ich dich dabei nicht stören.«

Abū Ṭālib war alt. Seine Sippe war nicht die stärkste in Mekka. Er war aber ein Araber, und die Blutsbande waren ihm heilig. »Ich und meine Sippe werden Mohammed schützen bis zum letzten Mann«, erklärte er den Quraiš, die von ihm die Auslieferung Mohammeds verlangten. Als sie ihn aber unter Drohungen verließen, versank der Alte in tiefes Nachdenken. Er hatte im Kampfe viel zu verlieren. Die Quraiš waren mächtig, und auf ihm lastete die Verantwortung für das Wohl der Hāšim. Er ließ Mohammed rufen und sprach: »Sohn meines Bruders, sollen wir mehr auf uns laden, als wir tragen können? Bedenke, was du tust!« Da sprach Mohammed: »Wenn man mir die Sonne in die rechte und den Mond in die linke Hand geben würde, so würde ich auch dann von der Wahrheit nicht ablassen. Gott soll mich eines Besseren belehren oder in den Tod schicken.« Und da Abū Ṭālib nichts antwortete, dachte Mohammed, daß sein Onkel ihn nicht mehr schützen wolle, daß er ihn aus der Sippe der Hāšims auszustoßen beabsichtige. Das ist aber das furchtbarste, was einem Araber geschehen kann. Tränen stiegen in den Augen des Propheten auf. Weinend erhob er sich und wollte das Zimmer verlassen.

Doch Abū Ṭālib war ein Araber, und das Blut der Hāšim sprach aus ihm. Er konnte die Trauer des Neffen nicht mit ansehen. Ehe Mohammed die Türschwelle erreichte, rief Abū Ṭālib: »O Sohn meines Bruders, geh, wohin du willst, und sprich, was du willst. Nie und nimmer werde ich dich deinen Feinden preisgeben!« So blieb der Prophet im Schutze der Hāšims.

Der Haß der Quraiš steigerte sich aber immer mehr.

DER PROPHET IN DER KA'BA

Bis jetzt läßt sich dem Mohammed noch nicht ein ähnlicher Mann gegenüberstellen.

Ölsner

Täglich besuchte der Prophet die heilige Ka'ba. Er lehnte sich an eine der heiligen Säulen oder stand im Schatten des heiligen Hauses und rezitierte mit hocherhobener Stimme die Verse des Korans. Um ihn sammelten sich seine wenigen Getreuen und einige Neugierige und Fremde, für die der Prophet eine Art ständige Sehenswürdigkeit geworden war. Wenn der Prophet in seidenen Gewändern mit seiner melodischen Stimme das Wort zur Predigt erhob, ging von ihm ein merkwürdiger Reiz aus. Seine Anhänger, die doch genau wußten, wie sehr der Prophet zu kämpfen hatte, wie armselig seine Erfolge waren, schworen auf seinen Namen. Aber auch die Fremden konnten sich dem Zauber seines Wesens nicht entziehen. Das war bekannt. Man erklärte es mit dem Zauber seiner Verse.

Es sind viele Beschreibungen der Persönlichkeit des Propheten aus jener Zeit erhalten geblieben. Er sah elend aus, war abgemagert, das Kämpfen fiel ihm schwer. Sein liebenswürdiges Wesen verließ ihn aber auch jetzt nicht. Sein Sklave Anas, der ihm zehn Jahre lang diente, erzählte später, daß er keine einzige Rüge von ihm erhalten habe und niemals ein Zeichen der Ungeduld bei ihm bemerkte. Nur selten sprach der Prophet abfällig von jemandem, und der härteste Fluch, den er gebrauchte, war: »Möge sich seine Stirn mit Schmutz bedecken.« Wenn jemand den Propheten bat, seinen Feind zu verfluchen, so antwortete er: »Ich bin nicht in die Welt gesandt, um zu verfluchen, sondern um den Menschen Frieden und Sanftmut zu verkünden.« Er besuchte Kranke und Sklaven, war schweigsam und bescheiden. Das ganze Wesen des Propheten hatte etwas Weiblich-Zartes an sich, das merkwürdig mit seinen heroischen Zügen verbunden war. Voll Selbstbewußtsein und dennoch bescheiden zurückhaltend, war er ein Enthusiast, der es gelernt hatte, sein inneres Feuer anderen Menschen zu vermitteln. Sein Äußeres war einfach, und nur der Wissende konnte Spuren des Feuers entdecken, das in ihm glühte. ›Er war weder zu lang noch zu kurz, von mittlerer Statur, seine Haare waren nicht zu kraus und nicht zu wallend, sein Gesicht war nicht zu voll und nicht zu fleischig, es war weiß, mit Röte gemischt, er hatte schwarze Augen, lange Wimpern, einen starken Kopf und feste Schulterknochen, wenige feine Haare auf der Brust und fleischige Hände und Füße. Er ging so leicht, als schwebte er auf dem Wasser, und wenn er nach einer Seite blickte, drehte er sich um. Zwischen seinen Schultern war das Siegel des Prophetentums, seine Hände waren die freigebigsten aller Menschen, seine Brust war die mutigste, seine Zunge die wahrhaftigste. Er war der Treueste gegen seine Schützlinge, der Sanfteste und Angenehmste im Umgang; wer ihn zum erstenmal sah, ward von Ehrfurcht erfüllt, wer ihn näher kannte, liebte ihn, wer ihn beschrieb, mußte sagen: Ich habe vor und nach ihm nicht seinesgleichen gesehen.‹ So beschreibt den Propheten ein alter Araber.

Im großen Hof der Ka'ba saß der Prophet, umgeben von Gläubigen, Fremden und Quraiš. Melodisch klangen die Verse des Korans, und prüfend blickte der Prophet auf das Volk, bezwang es mit der Glut seiner Augen und der Schönheit seiner Lieder. Immer wieder sagte das Volk: »Wenn du ein Prophet bist, so zeige uns doch ein Wunder, damit wir an dich glauben können.« Und stets entgegnete der Gesandte Gottes: »Ist es denn kein genügendes, kein überwältigendes Wunder, daß deine gewöhnliche Sprache, o arabisches Volk, zu der Sprache des Buches erwählt wurde, in dem jeder einzelne Vers all deine Lieder und Verse vergessen läßt.« Man erzählte, daß darauf die Ungläubigen beschlossen, sämtliche Dichter Arabiens zu rufen, damit sie wenigstens einen Vers, einen Tonfall schaffen sollten, der an Schönheit den Versen des Korans gleich wäre. Die Dichter kamen, begaben sich zur Ka'ba und begannen in der Sonnenglut zu schwitzen. Sie dichteten schwer und gaben sich die größte Mühe. Als sie aber zu rezitieren begannen, mußten selbst die größten Feinde des Propheten feststellen, daß kein einziges ihrer Gedichte den Versen des Korans gleichkäme. Und da die Araber ein Volk von Dichtern sind, knieten viele in der Ka'ba nieder und bekannten sich zum Islam. Die unübertreffliche Schönheit der Verse war für sie ein genügender Beweis ihres göttlichen Ursprungs.

Wenn aber die Schönheit der Verse nicht genügte, so erklärte der Prophet lange und ausführlich die Grundsätze seines Glaubens. Und da die innere Glut des Propheten sich mit der äußeren Kühle der Berechnung verband, scheute er keine Mühe, um einen einflußreichen Mekkaner zum wahren Glauben zu bekehren. Eines Tages stand nun der Prophet an der Ka'ba und unterhielt sich mit einem angesehenen Mekkaner, den er für den wahren Glauben zu gewinnen hoffte. Der Mekkaner war religiös wenig interessiert, eben das war aber ein besonderer Ansporn für Mohammed. Da zeigte sich im Hofe der Ka'ba ein alter, blinder Beduine, der in der Wüste die Kunde von der Lehre des neuen Propheten erhalten hatte und gekommen war, um bei ihm das Seelenheil zu suchen. Er näherte sich dem Propheten und stellte ihm eine Frage. Der Prophet beschäftigte sich gerade intensiv mit dem vornehmen Mekkaner und wollte nicht abgelenkt werden. »Störe mich nicht«, sagte er ärgerlich zu dem Blinden, »denn ich bin mit wichtigeren Dingen beschäftigt« (80,1–4). In derselben Nacht aber hatte der Prophet eine Vision. Gabriel erschien ihm und tadelte ihn hart für sein Verhalten. Früh erhob sich der Prophet am nächsten Tage, irrte durch die Stadt und suchte nach dem Blinden. Endlich fand er ihn, fiel ihm um den Hals und weinte bitterlich. »Ich bin ein Mensch wie die andern« (41,5), sagte er, »die Freiheit von der Sünde ist mir nicht gegeben, doch will ich meine Sünden gutmachen.« Hoch ehrte der Prophet den blinden Bettler, er ernannte ihn später zum Statthalter seiner Stadt Medina, und jedesmal, wenn von ihm die Rede war, sprach er: »Dreimal so lieb wie die andern ist mir derjenige, um dessentwillen mir Gott eine Rüge erteilte.« Nur dieses eine Mal ließ sich der Prophet zur Ungerechtigkeit hinreißen. Arabische Weise erzählen, daß diese und andere seiner Vergehen nur deshalb geschahen, weil Gott wollte, daß der Prophet von jeder Sünde der Menschen eine beginge, weil er ein Mensch sein sollte wie die andern.

Eine ähnliche Geschichte von dem Mitgefühl des Propheten wird aus späteren Jahren berichtet. Als der Prophet bereits auf dem Gipfel des Ruhmes stand, erschien bei ihm täglich ein altes, häßliches Weib und bat flehentlich, er solle bei Gott dafür beten, daß auch ihr im Paradies ein Platz eingeräumt werde. Eines Tages, als das Weib wiederum erschien, sagte ihr Mohammed, mit dessen Geduld es zu Ende war: »Alte, häßliche Weiber wie du kommen überhaupt nicht ins Paradies.« Die Greisin brach daraufhin in Tränen aus, worauf der Prophet rasch fortfuhr: »Denn an der Schwelle des Paradieses werden alle häßlichen, alten Frauen in blühende, hübsche Jungfrauen verwandelt.« Diese Geschichte wurde vom großen persischen Dichter Saʿdi in einem berühmten Gedicht geschildert.

Mitleidig, höflich, zuvorkommend war der Prophet. Seine größte Liebe galt aber den Kindern. Er, der Jahre hindurch standhaft den Haß der Stadt Mekka ertrug, konnte kein Kind vorbeigehen lassen, ohne es zu streicheln, ohne es mit dem wunderbaren Blick seiner Augen zu begleiten. ›Alle Kinder werden im Islam geboren‹, lautet ein islamischer Spruch.

Eines Tages saß Mohammed wie gewöhnlich in der Kaʿba, und ein kleines Mädchen ging an ihm vorbei. Er rief es und begann ihm zart das Haar zu streicheln und sanfte Worte zu ihm zu sagen. Ringsherum saßen die Quraiš, blickten auf das Mädchen und den Propheten und schüttelten den

Kopf – Mädchen waren doch niedere Wesen. Wie konnte ein ernster Mann, der noch dazu Anspruch darauf erhob, ein besonderer Liebling Gottes zu sein, öffentlich ein Mädchen streicheln. Ein alter Quraiš, der den Anblick dieser Schande nicht länger ertragen konnte, stand auf, näherte sich Mohammed und sprach: »Was streichelst du das Kind? Weißt du denn nicht, daß man überflüssige Mädchen ungestraft töten darf?« Da richtete sich der Prophet auf, seine Augen wurden ernst und groß, seine Hände streckten sich empor, und er verkündete mit fester Stimme einen neuen Vers des Korans: »Mordet nicht aus Furcht vor Not eure Kinder, denn Gott wird euch und ihnen Unterhalt gewähren« (6,152). So entstand aus dem Gebot der Stunde ein wichtiges Gesetz des Islam, das einer alten, seit Jahrhunderten gepflegten Wüstentradition ein Ende machte.

Auch die meisten anderen wichtigen Gesetze des Islam entstanden aus ähnlichen, äußerlich nichtigen Gründen. Irgendein unwichtiges Ereignis lenkte die Aufmerksamkeit des Propheten auf sich, die Folge davon war ein Gesetz, das dann für Jahrhunderte das Dasein von Millionen bestimmte. Das Alkoholverbot zum Beispiel, das der ganzen östlichen Welt eine spezifische Note verlieh, wurde verkündet, als einst mehrere Gläubige im angeheiterten Zustand beim Gebet erschienen und durch ihr Verhalten unliebsames Aufsehen erregten.

Auch das Ehescheidungsrecht, das eine Umwälzung der damaligen Begriffe bedeutete, wurde anläßlich einer Klatschgeschichte im Harem des Propheten offenbart. Mohammed liebte das schrittweise Vorgehen und die Erläuterung an Beispielen; wenn eine Bestimmung vorlag, wartete er stets auf die passende Gelegenheit, sie zu verkünden.

In den Zeiten, als Mohammed im Hofe der Ka'ba predigte, verwandelte sich dieser göttliche Markt oft in ein theologisches Seminar. Die Priester der arabischen Götter, Juden, Christen, Sektierer aller Art erschienen in der Ka'ba und stellten dem Propheten unzählige Fragen über das Wesen des neuen Glaubens. Stundenlang las der Prophet mit Juden und Christen die Heilige Schrift. Die Quraiš verbreiteten daraufhin, der ganze neue Glaube sei lediglich von den Juden und Christen abgeschrieben worden. Viele Fragen mußte der Prophet beantworten, viele Diskussionen mußte er führen. Und erst aus diesen Fragen und Diskussionen, aus den vielfachen Streitigkeiten der simplen, theologischen Dialektik der Wüste entwickelte sich allmählich das festumrissene Gebäude des Islam.

Es fehlte dabei nicht an grotesken Zwischenfällen, an kasuistischen Gleichnissen, die der Orient sehr schätzt und in denen er seine Weisheit niederlegt. Eines Tages erschien zum Beispiel vor dem Propheten ein Skeptiker und stellte folgende Fragen: »Allāh soll allgegenwärtig sein? Ich sehe ihn aber nicht, wo ist er? Weshalb wird ein Mensch wegen seiner Sünden bestraft? Allāhs Wille erstreckt sich doch auch über diese Sünde. Wieso ist die Hölle eine Strafe für den Teufel? Feuer ist doch des Teufels Natur, wie kann Feuer dem Feuer schaden?« Mohammed schwieg eine Weile, anscheinend über soviel schwierige Fragen bestürzt, dann nahm er plötzlich einen Erdklumpen und warf ihn dem Fragesteller an den Schädel. Darob erboste sich der Wahrheitssucher, lief durch die Stadt, suchte seine Verwandten auf und beklagte sich bitterlich. »Ich wollte mit ihm ein weises Gespräch führen und stellte ihm ernste Fragen, statt zu antworten, bewarf er mich mit Erdklumpen.« Da versammelten sich die Verwandten und begleiteten den Fragesteller in die Kaʿba, um den Propheten zur Rede zu stellen. »Ich habe den Mann nicht beleidigt«, sagte der Prophet, »ich habe ihm seine Fragen beantwortet.« Und als er den verdutzten Blick des Gegners sah, erklärte er: »Du zweifelst an Gott, weil du ihn nicht siehst. Der Erdklumpen hat dir Schmerzen verursacht, doch sehe ich diese Schmerzen nicht. Du beklagst dich über meine Untat und sagtest doch selbst, daß alles, was der Mensch tut, von Gott kommen müsse. Wieso eigentlich konnte die Erde dir weh tun, da doch Erde deine Natur ist, denn von der Erde stammst du, und zur Erde wirst du.«

Mohammed liebte Späße dieser Art nicht. Wer sich mit solchen Späßen abgibt, kann leicht auch noch einen Schritt weitergehen und Taschenkünstler, Magier oder Zauberer werden. Dann war es allerdings nicht schwer, die Menschen in seinem Bann zu halten.

Seit Anbeginn aller Zeiten wimmelte der Orient von Propheten, die mit Hilfe kleiner Kunstgriffe, die jeder im Orient leicht erlernen konnte, in den Ruf großer Heiligkeit gelangten. Solch ein Heiliger wollte Mohammed nicht sein. Er wollte durch das Wunder des Wortes, durch die Kraft der Überzeugung herrschen. Seine Mittel waren: Beispiel, Bildung, Diskussion. Die Religion, die er den Völkern verkündete, war lediglich ein gesteigerter Positivismus. Alles Übersinnliche, alles, was verstandesmäßig unfaßbar schien, war ihm tief verhaßt. Auch die Auferstehung des Menschen, ein Dogma, an das die Araber lange nicht glauben wollten, erklärte er nicht wie andere Heilige des Orients durch billige Geisterbeschwörung und ähnliches, sondern immer wieder durch das Wunder der sterbenden und ständig neu erstehenden Natur.

Der positivistische Glauben des Propheten erforderte ein gutes Beispiel. Alle Quellen berichten einstimmig über den bescheidenen Lebenswandel des Gesandten Gottes. Er schlief und aß wenig, er erklärte sogar das unmäßige Essen für eine Sünde. Er achtete die Armen, denn sie waren von Gott gekennzeichnet. Wo er sie traf, lud er sie in sein Haus ein und teilte mit ihnen sein Mahl, das meistens nur aus Feigen und Wasser bestand. Jeder Sklave konnte vor ihm erscheinen und Gerechtigkeit verlangen. Es gab keine Angelegenheit, die zu kleinlich gewesen wäre, als daß sich der Prophet mit ihr beschäftigt hätte. Er tröstete jeden, der des Trostes bedurfte, und war sich stets und überall seiner eigenen Schwäche, aber auch der Stärke seiner Sendung bewußt. Nie hat er sich als etwas anderes betrachtet als einen Menschen, der die Worte Gottes zu verkünden hat. »Verlangt nichts Übermenschliches von mir«, sagte er zu seinen Anhängern, »übermenschlich sind die Engel. Wenn Gott will, sendet er einen herab, ich aber bin nur ein Mensch.«

So lebte und predigte in Mekka, in der Stadt der dreihundertsechzig Idole, Mohammed der Gesandte Gottes. Erst der Haß der Quraiš änderte seine Mission.

DIE ERSTE FLUCHT

Komme ich um, so komme ich um.
Luther

Als Beispiel des arabischen Stammespatriotismus, des Nationalbewußtseins und des Hochmutes wird folgender Ausspruch eines Arabers namens Rabīʿ aus dem Geschlecht der Ǧamiǧī erzählt: »Die besten unter den Menschen sind wir, die Araber«, sagte Rabīʿ. »Die besten unter den Arabern sind die Stämme Muḍār. Die besten unter den Stämmen Muḍār sind die Stämme der Ḥais. Die beste unter den Ḥais ist die Sippe Ǧazūr. Die beste unter den Ǧazūr ist die Familie Ǧamiǧī. Ich aber bin der beste unter den Ǧamiǧī. Folglich bin ich, Rabīʿ, der beste unter den Menschen.«

Die meisten Araber dachten und denken noch heute wie der alte Rabīʿ, nur daß an die Stelle der Ǧamiǧī und Muḍār ihre eigenen Sippen und Familien treten. Die Autorität einer anderen Familie anzuerkennen ist für einen Araber unmöglich. Einem Mann aus einem fremden Volke will er unter keinen Umständen gehorchen. Argwöhnt er auch nur den leisesten Versuch des Antastens seiner Freiheit, lehnt er sich automatisch dagegen auf. Auch die Mekkaner waren in dieser Hinsicht Vollblutaraber. Die Absichten Mohammeds lösten bei ihnen automatisch Widerspruch aus.

Abū al-Ḥakam ʿAmr ibn Hišām aus dem Hause Maḫzūm Muġīrī war der Konservativste unter den Mekkanern. Zusammen mit Abū Sufyan aus der Sippe Umaiya und Abū Lahab, der mit den Umaiya verschwägert war, bildete er die Front der altarabischen Gesinnung: »Wir, die Maḫzūm Muġīrī und Umaiya«, sagte er, »standen schon oft in Konkurrenz mit der Sippe Hāšim. Doch sind unsere Familien wie edle arabische Rassepferde, und wir gewannen immer das Rennen. Können wir denn zulassen, daß die Hāšim jetzt einen Propheten stellen, der mit dem Himmel in Verbindung steht?« Diese Worte fanden bei den vornehmen Familien großen Widerhall. Doch waren sie hauptsächlich für die breite Masse bestimmt. Im engen Kreise der Qurais führte Abū al-Ḥakam ganz andere Gedanken aus.

Abū al-Ḥakam war klug, konservativ und eigensinnig. Seine Augen blickten in die Vergangenheit, und alles Neue war ihm verhaßt. Er liebte die alten Götter, nicht weil sie Götter waren, sondern weil seine Väter diese Götter angebetet hatten. Er liebte die Stadt Mekka und das edle Geschlecht der Qurais. Er liebte die Vornehmheit um der Vornehmheit willen und haßte den Pöbel, der keine Traditionen hat. Er war der Klügste unter den Mekkanern und der erbittertste Gegner des Propheten. Mohammed nannte ihn ›Abū Ǧahl‹, ›Vater der Torheit‹, die Menge der Muslims aber, die in solchen Fällen weniger zu gewählten Ausdrücken neigte, nannte ihn aus verschiedenen Gründen: »Der Mann mit dem parfümierten Hintern.«

Abū Ǧahl war klein, rothaarig, kräftig, brutal, despotisch, raffiniert und sehr weitsichtig. Er erkannte die Bedeutung Mohammeds, noch bevor der Prophet selbst sie erkannt hatte. Wenn an Stelle der dreihundertsechzig Götter in der Kaʿba, so dachte sich Abū Ǧahl, ein einziger, allumfassender und allmächtiger Gott tritt, so ist es klar, daß der Mann, der mit diesem Gott in direkter Verbindung steht und von ihm Befehle erhält, der mächtigste Mensch auf Erden sein will und eine Macht beansprucht, die ihm kein Qurais jemals gewähren will. Wenn außerdem alle dreihundertsechzig Götter in den Ruhestand versetzt werden, wird kein Beduine mehr nach Mekka ziehen, andere Städte dagegen werden groß und reich werden, während Mekka verfällt. Was predigt dieser Prophet außerdem? Daß alle Menschen gleich sind, daß Gott allen Gerechtigkeit erweist und daß man im Jenseits für die bösen Taten bestraft wird. Das war aber doch nichts anderes als die Feststellung, daß die Quraiš zu Unrecht über Macht, Reichtum und Menschen geboten, daß sie dem letzten Sklaven gleich waren und daß sie ihre Vormachtstellung aufgeben mußten. Kein Wunder, daß diesem Propheten, so oft er predigte, immer mehr Sklaven, Bettler und Dienende zuliefen. Die Sache Mohammeds war demnach eine Bewegung des Pöbels gegen die altansässigen Herrscher von Mekka.

Als Abū Ǧahl das erkannt hatte, beschloß er, den Propheten bis aufs Blut, bis zur Ausrottung des letzten Restes seiner Irrlehre zu bekämpfen. Diesem Kampf, den er für das alte Arabien, für das edle Geschlecht der Quraiš, für die dreihundertsechzig Götter und für die glänzende Stadt Mekka führte, beschloß er, sein Leben zu widmen.

Einflußreich, mächtig und groß war die Partei Abū Ǧahls. Die Edelsten der Quraiš gehörten ihr an. Der Kampf zwischen dem revolutionären Propheten und den reichen Kaufherren nahm bald konkrete Formen an. Man beschloß, da der Prophet selbst unter dem Schutze der Hāšims stand, seine Anhänger zu verfolgen. Das fiel nicht schwer, waren doch die meisten der Anhänger des Propheten arme Sklaven, Bettler und Fremde, die bei der neuen Religion, bei dem reichen und vornehmen Propheten Schutz und Zuflucht suchten. Eigene Sklaven, Mitglieder eigener Familien durfte man in Mekka straflos verfolgen. Von diesem Recht machte man ausgiebigst Gebrauch. Die Keller der Quraiš-Burgen füllten sich bald mit Sträflingen, die dem Propheten treu blieben. Für die Trotzköpfe aber, bei denen häusliche Strafen wirkungslos blieben, waren regelrechte Foltern vorgesehen.

Ein glühender Anhänger des Propheten war zum Beispiel der Neger Bilāl, der erste Gebetsausrufer des Islam. Sein Besitzer, ein Umaiya, brachte ihn gefesselt und nackt in die Wüste, warf ihn auf den Sand mit dem Gesicht der glühenden Sonne zugekehrt und sagte: »Du wirst hier liegen, bis du stirbst oder den Propheten verläßt.« Der Neger blieb seinem Meister treu. Nach einigen Tagen entsetzlicher Qual wurde

er halb tot von seinem Besitzer an den frommen Abū Bakr verkauft. Die Schutzlosen waren in diesen Jahren den Quraiš bedingungslos ausgeliefert. Mohammed opferte den größten Teil seines Vermögens als Lösegeld für seine Anhänger, die sich in der Gewalt der Quraiš befanden. Die Verfolgungen nahmen immerfort zu. Die Hāšims schützten nur den Propheten. Das Schicksal der übrigen Gläubigen war ihnen gleichgültig. Kein Wunder, daß in diesen schweren Jahren des Kampfes mancher Gläubige den Propheten verließ. Zu schwer war der Leidensweg des Islam. Erstaunlich ist vielmehr, daß gerade in diesen Jahren der Prophet neben zahlreichen Enttäuschungen, die er erlebte, auch seine glühendsten Anhänger fand und daß in der materialistischen Stadt Mekka gerade diese Verfolgung eine Reaktion hervorrief, die dem Propheten manchen Gläubigen zuführte.
Der Prophet war schwach, und einem Heerlager glichen die Häuser seiner Feinde. Blut bespritzte die engen Gassen Mekkas, und Trauer beschlich das Herz des Propheten. Oft saß er stundenlang auf dem flachen Dach seines Hauses, blickte traurig in die Wüste, auf die glänzende Stadt Mekka und zu dem ewig blauen Himmel, der keine Hilfe sandte. Der Gott des Islam ist der Gott der Völker der Schrift, dachte Mohammed, und die Völker der Schrift müssen dem Gesandten ihres Gottes Hilfe leisten. Und da Mohammed schwach war und seine Anhänger nicht schützen konnte, beschloß er, daß die Verfolgten, die nicht wußten, wie sie sich verteidigen konnten, auswandern sollten zum Hofe des christlichen Herrschers, des weisen Negus Negesti, des Kaisers von Abessinien. Dieser sollte ihnen den Schutz und Frieden gewähren, der ihnen in der Heimat versagt war.

Große, kluge Elefanten durchwandern das Land des Negus, weise Schlangen liegen dort zwischen den Steinen und blicken mit grünen Augen auf die sündige Menschheit. Schwarze Priester beten dort den christlichen Gott von Byzanz an. Giraffen, Zwerge und Geister bewohnen das Land, und über dies alles, über die Priester, Schlangen, Sümpfe, Zwerge und Elefanten herrscht der König der Könige, Negus

Negesti, der vom weisen Salomo und der schönen Bilqīs-Mākedā, der Königin von Saba, abstammt.

Der Negus war klug, gerecht und mächtig. Er fürchtete sich nicht vor dem Volke der Quraiš. Als die Flüchtlinge aus Mekka in seine Königsstadt Axum kamen, empfing er sie freundlich und versprach ihnen Schutz. Denn der Negus liebte die Sippen der Quraiš nicht, sie waren reich und stolz, auch heidnisch waren sie. Er wußte, wie seinerzeit vor vielen Jahren Abraha, der Abessinier, mit Schande aus Mekka vertrieben worden war. Sein Herz dürstete danach, den Gott der Christen nach Mekka zu tragen und dafür die Reichtümer der Wüstenstadt an sich zu reißen. Deshalb empfing er die Flüchtlinge aus Mekka freundlich.

Über Sümpfe, Wüsten und Meere verbreitete sich die Kunde vom Empfang beim Negus. Bald erreichte sie Mekka, und die Mienen der Quraiš verfinsterten sich. Mohammed war eine Gefahr, eine viel größere Gefahr aber war der Negus. Wenn sich der Feind im Haus mit dem Feinde draußen verband, war es aus mit dem Glück der Stadt Mekka. Da rüsteten die Quraiš eine große Karawane mit Gold, Silber und kostbaren Stoffen. Als Führer entsandten sie den listigen Dichter ʿAmr, der den Propheten verspotten und mit Geschenk, List und Lüge den Negus überreden sollte, die Geflohenen auszuliefern.

Im großen Thronsaal zu Axum stapelten sich alsbald vor den Augen des Negus die herrlichsten und kostbarsten Gaben auf. ʿAmr trat hervor und sagte: »Herrscher, du beherbergst in deinen Mauern Leute, die deinen und unsern Glauben verspotten. Liefere sie unserer Gerechtigkeit aus.« Der Negus aber dachte an seinen Ahnherrn Salomo, an dessen Weisheit und Gerechtigkeit, und sprach: »Nicht eher werde ich die Fremden ausliefern, als bis ich mich selbst von ihrem Unglauben überzeugt habe.« Er rief den Vertreter der Gläubigen, den ʿUṯmān ibn ʿAffān, und befahl ihm, über seinen Glauben zu sprechen. »Wir waren unwissend«, begann ʿUṯmān seine Rede, »wir wußten nichts von Gott und begingen Schandtaten. Der Starke fraß bei uns den Schwachen,

4. Blick in das Tal Minā (auch Munā) auf dem Weg nach Mekka während der großen jährlichen Pilgerversammlung. Historisches Foto, 1889.

bis Gott uns einen Propheten sandte, der uns aufforderte, Gott allein anzubeten und das Böse zu verabscheuen. Er hielt uns an zum Gebet, zum Fasten, zum Almosen und zu frommen Taten, und er befreite uns von Lüge und Unzucht.« – »Was denkt ihr aber«, fragte der Negus, »über ʿĪsā (Jesus) und die Jungfrau Miryam?« – »ʿĪsā ist im Geiste und in Wahrheit der Gesandte Gottes, von der Jungfrau Miryam geboren.«

Da erhob sich der Negus, nahm vom Boden ein kleines Stück Holz, blickte mit weisen Augen auf die Gesandten der Quraiš und sprach: »Nicht um dieses Stückchen Holz unterscheidet sich der Glaube dieser Leute vom Glauben unserer Leute, und nicht um einen Berg von Gold werde ich die Gläubigen ausliefern.« Und ʿAmr ibn al-ʿĀṣ, der künftige Eroberer Ägyptens, mußte mit großer Schande das Land verlassen, denn es ist eine Schande für einen Gesandten, wenn man nicht einmal seine Geschenke entgegennehmen will.

Ganz finster wurden die Gesichter der Quraiš, als sie von der Antwort des Negus erfuhren. Bis jetzt hatten sie nur geglaubt, daß Mohammed für sie einmal eine Gefahr werden könnte. Jetzt wußten sie aber: Mohammed war bereits eine Gefahr geworden, hinter der eine noch größere, der Negus, stand. Der Negus war mächtig. Er konnte das Land überfallen, um den Propheten zu schützen, er konnte Mekkas Reichtümer an sich reißen, und das alles wegen des Wahnsinns, den Mohammed predigte. Die edelsten Familien der Stadt schlossen sich jetzt zusammen, um die Kaʿba zu verteidigen. An ihre Spitze trat der Edelste unter den Mekkanern, Abū Sufyān, der Führer des Hauses Umaiya. Niemand ahnte damals, daß gerade die Umaiyas den größten Nutzen aus der Tat Mohammeds ziehen, daß sie die erste Dynastie der Kalifen des Islam stellen sollten.

Jetzt, nach der Antwort des Negus, war Mohammed ein gefährlicher, sozialer Reformator, ja ein Revolutionär, der unter Umständen mit Hilfe einer auswärtigen, bewaffneten Macht die bestehende soziale und politische Ordnung stürzen und die Sklaven mit den Herren gleichstellen konnte.

Kein Wunder, daß seine Ideen bei den Qurais jetzt doppelte Angst und Schrecken hervorriefen.

Aus einer abstrakten Idee war so eine sehr konkrete Gefahr entstanden. Aus dem Nichts zeichneten sich die verschwommenen Konturen einer neuen Welt.

Der Prophet der neuen Welt zog aber nicht in das Land des Negus. Er blieb auf seinem Posten in der Stadt der Sendung.

Dies geschah im fünften Jahre der Sendung, und die arabischen Chronisten nennen diese Zeit die erste Hiğra, die erste Flucht der Gläubigen aus Mekka.

DER PROPHET IN SEINEM LANDE

Gott öffnet sein Herz demjenigen, dem er gnädig ist.

Koran 6, 125

Während die Schwächsten unter den Gläubigen am Hofe des Negus Schutz suchten, zog der Prophet sich vor dem Haß seiner Mitbürger in das gut geschützte Haus seines Schülers Arqam am Berge Ṣafā bei Mekka zurück. Vor vielen Jahrtausenden, als der Herr der Welten in seinem Zorn die Pforte des Paradieses vor Adam und Eva schloß, wanderten die ersten beiden Menschen ziellos durch die Welt. Die Strafe Gottes lastete schwer auf ihnen, und sie wagten es nicht, sich der sündhaften Freude hinzugeben. Deshalb trennten sich die beiden ersten Menschen an der Pforte des Paradieses und irrten einsam durch die Welt. Durch Berge und Täler führte ihr Weg, bis sie zu einem kahlen Hügel im Lande Ḥiǧāz kamen. Dort am Berge Ṣafā trafen sie sich wieder, eine große Freude überkam sie, und in dieser Freude zeugten sie die ersten Menschen auf Erden.

An diesem heiligen Orte erbaute der fromme Arqam sein Haus, und dorthin zog Mohammed, um sich hinter den dikken Mauern vor dem Haß der Quraiš zu verbergen. Da er aber ein Prophet war und seine Sendung nicht vernachlässigen durfte, ging er täglich in die Kaʿba, predigte den Islam und rezitierte Verse aus dem Koran. Abū Ǧahl, der den Propheten mehr haßte als alle Quraiš zusammen, beschloß aber, ihn so lange zu peinigen, bis er die Besuche in der Kaʿba einstellte. Abū Ǧahl haßte Mohammed aus Prinzip, um der Idee des freien altarabischen Lebens willen. Dies Motiv verlieh seinem Haß titanische Stärke. Er war tatsächlich bereit, den toten Göttern sein Leben zu opfern, und beschloß ganz insgeheim, Mohammed so lange zu verfolgen, bis ihn dieser in jähem Zorn erschlagen würde. Dann konnten seine Stammesbrüder, ohne eine Blutfehde befürchten zu müssen, den Propheten beseitigen, und der Friede in Mekka war wieder hergestellt.

Deshalb tat auch Abū Ǧahl Mohammed Dinge an, die einen Araber zur Raserei bringen mußten. Auf der Straße verprügelte er den Propheten, riß ihn am Bart (das ist die größte Beleidigung für einen Araber) und überschüttete ihn mit allen erdenklichen Flüchen. Als er sah, daß es nichts half, beschloß er, Mohammed die größte Schmach anzutun, die je ein Araberherz ertragen hatte. Er wartete, bis Mohammed wieder einmal in der Ka'ba zum Gebet niederkniete, schlich sich dann in seine Nähe und warf ihm den Mutterkuchen eines Schafes an den Kopf. Da erhob sich Mohammed, blickte ruhig auf den Rothaarigen und sprach: »Vergeben wiegt mehr als vergelten.« Dann begab er sich ruhig in sein Haus und befahl seiner Tochter, die befleckten Kleider zu reinigen.

Die Schande aber, die Abū Ǧahl dem Propheten angetan hatte, war zu groß, um ohne Folgen zu bleiben. Die Wirkung trat am gleichen Tage ein und hieß Ḥamza ibn 'Abd al-Muṭṭalib. Ḥamza war ein leiblicher Onkel des Propheten. Er galt für den tapfersten Krieger Mekkas, war hoch, breit und überall gefürchtet. Zu den merkwürdigen Lehren seines entarteten Neffen verhielt er sich völlig ablehnend. Er brauchte keine religiöse Erleuchtung, ihm genügte das ritterliche Spiel der Jagd. Als er aber eines Tages von der Jagd zurückkam, erfuhr er, daß der Maḫzūm Abū Ǧahl seinem leiblichen Neffen den Mutterkuchen eines Schafes an den Kopf geworfen hatte. Das empörte den Recken. Er lief zur Ka'ba, fand dort den rothaarigen Feind und versetzte ihm eine tüchtige Tracht Prügel. Dann richtete er sich auf und brüllte: »Der Glaube meines Neffen ist von heute ab mein Glaube, sein Gott ist mein Gott, wer wagt es, mir dafür einen Schlag zu versetzen?« Die Verwandten Abū Ǧahls eilten herbei, um den Riesen niederzuschlagen. Abū Ǧahl hatte den Geist eines Staatsmannes. Er wollte den Propheten vernichten, die Blutfehde wollte er aber unbedingt vermeiden. Blitzschnell sprang er vor seine Verwandten und rief: »Laßt Ḥamza gehen, denn er hat recht, ich habe seinen Neffen wirklich schwer mißhandelt.« Damit war die Blutfehde im Keim erstickt. Der Islam gewann jedoch einen neuen, mächtigen und gefürchteten Anhänger. Neben dem jungen ʿAlī war Ḥamza der einzige Hāšim, der sich in dieser schweren Zeit zum Prophetentum seines Stammesgenossen bekannte. Bis heute ist Ḥamza der Held unzähliger arabischer Abenteuerromane geblieben.

Die Gesinnung Ḥamzas war im Augenblick für Mohammed von großer Bedeutung. Die starken Muskeln des Onkels erweckten größere Achtung bei dem Feind als des Neffen Drohungen mit dem ewigen Feuer.

Niemand wußte aber, daß ein junger, kräftiger, aber armer Bursche namens ʿUmar, der sich plötzlich zum Islam bekannte, von noch viel größerer Bedeutung werden sollte. Bis zu seiner Bekehrung zum Islam hatte ʿUmar sämtliche Berufe, die einem Quraiš offenstanden, durchgemacht. Er war abwechselnd Handelsreisender, Kaufmann und Schmuggler. Ihm gebührte auch eine epochale Erfindung auf dem Gebiete des Schmuggels. An der Zollgrenze von Byzanz gab er seinen Kamelen die teuersten Waren zu schlucken, zum Beispiel Gold. So bereicherte er sich lange Zeit, bis die Zöllner schließlich hinter den Trick kamen. Das abenteuerliche Leben machte jedoch ʿUmar nicht reich. Er blieb ein armer, strebsamer Quraiš, dessen Lebenserfahrungen niemand ausnutzen wollte. Da er gehört hatte, daß die Verfolgung des Propheten neuerdings in Mekka Mode geworden war, schloß er sich der Aristokratenpartei an und beschimpfte den Propheten, wo immer er ihn traf. Da er aber auch hiermit nicht weiter kam, beschloß er, durch eine einmalige, große Tat, sich ewigen Ruhm und die Dankbarkeit Mekkas zu erwerben.

Er faßte den Plan, Mohammed zu ermorden. Man erzählt,

daß er mit einem gezückten Säbel zum Hause des Propheten ging und auf dem Wege einem alten Araber begegnete. »Du willst den Mohammed töten?« fragte der Araber, »sorge lieber dafür, daß in deiner Familie keine Muslims entstehen.« Und er erzählte ʿUmar, daß dessen eigene Schwester dem Islam verfallen sei. Von Wut ergriffen, eilte ʿUmar zum Hause seiner Schwester. Und fand sie tatsächlich beim Lesen des Korans. Er versetzte der Schwester eine Ohrfeige, da er aber gerecht war, wollte er erst dann zur Waffe greifen, wenn er sich von dem Inhalt der gefährlichen Schrift überzeugt hatte. Wie so viele Gegner hatte er scheinbar von dem Objekt seines Hasses keinen allzu deutlichen Begriff, deshalb setzte er sich nieder und begann die Schrift zu lesen. Und so groß, so gewaltig und begeisternd soll die Wirkung der Koranverse gewesen sein, daß ʿUmar spornstreichs mit gezücktem Säbel zum Hause des Propheten eilte, die über sein Auftreten zu Tode erschrockenen Gegner zur Seite schob und vor den Propheten trat, um sich zum wahren Glauben zu bekennen.

Ihm stand eine große Zukunft bevor, er wurde der Paulus des Islam, der zweite Kalif und Nachfolger des Propheten, der Herrscher über ein Riesenreich. Er erbaute die berühmte Moschee von Jerusalem, eroberte Persien und Ägypten, organisierte ein Weltreich und schlug mit seinem berühmten Stock, der gefürchteter war als der Säbel des bekanntesten Kriegers, auf alle ein, die ihm müßig in den Weg liefen, Frauen des Propheten nicht ausgenommen. Bis zu seinem Tode verachtete er die Schlösser, weiche Kissen und das zivilisierte Leben. Er wohnte im Zelt und schlief auf seinem Sattel. Sein Stock errichtete aber die Weltmacht des Islam.

Sofort nach seiner Bekehrung lief ʿUmar zum Hause Abū Ǧahls, dessen Verwandter er war, und erklärte zum Entsetzen des Rothaarigen: »Ich schließe mich von deiner Gemeinschaft aus, denn auch ich bin Muslim.« Im Gegensatz zu vielen Gläubigen machte er aus seinem Glauben kein Geheimnis. Jeder sollte es wissen, jeder sollte den Hieb seines Stockes spüren. Jetzt hatte ʿUmar ein reiches Betätigungsfeld. Zusammen mit dem vornehmen Abū Bakr und dem mächtigen Ḥamza wurde ʿUmar der Beschützer des Propheten in seinen schwersten Jahren.

Die Bekehrung Ḥamzas und ʿUmars erschütterte die Quraiš. Die Häresie schien tatsächlich weit um sich gegriffen zu haben. Auch aus der Wüste kamen unerfreuliche Nachrichten. Man hörte, daß einige Wüstenstämme sich für den Propheten interessierten, man vernahm, daß die Kunde von seinem Prophetentum, durch zahlreiche Wunder ausgeschmückt, bis weit in die Wüste vorgedrungen war, und man begann den Propheten als eine politische Größe zu werten. Eins stand für die Quraiš fest: hinter all den schönen Legenden und Sprüchen dieses Mohammed verbarg sich ein sozialer Reformator gefährlichster Natur. Die Familien der Quraiš schlossen sich nun noch fester zusammen, bildeten einen aristokratischen Bund und wählten den vornehmsten Mekkaner, den Chef des Hauses Umaiya, den überaus edlen Abū Sufyān Ṣaḫr ibn Ḥarb, zum offiziellen Führer der Bewegung. Von Tag zu Tag wurde die Lage ernster in Mekka. In dem Regierungsgebäude tagten ununterbrochen die Feinde Mohammeds. Niemand wußte, was sie vorbereiteten. Man wußte aber, daß ihr Haß groß war und daß mit der Größe ihres Hasses auch ihre Entschlossenheit wuchs. Etwas wurde in dem Regierungsgebäude geplant, und von Tag zu Tag stieg die Sorge der Hašim.

Wochenlang saß Mohammed hinter den Mauern des Hauses Arqams. Auch er wußte, daß etwas vorbereitet wurde. Schweigend, mit halb geschlossenen Augen saß er auf dem weichen Teppich im Hause seines Freundes. Stumm umgaben ihn die Gläubigen. Doch um das Haus, den Propheten und die weichen Verse des Koran tobte die aufgewühlte, haßerfüllte Stadt Mekka. Mohammed liebte die Stadt. Er liebte das graue Tal mit den kahlen Felsen, die viereckigen Burgen, die engen Gassen und den heiligen schwarzen Stein der Kaʿba.

Mekka, die Heilige! – Als der Prophet in der Wüste war,

als er durch fremde, feindliche Länder reiste, schützte ihn die Hand der Schönsten unter den Städten. Kamele horchten auf, wenn in der Wüste das Wort Mekka fiel. Räuberische Beduinen liefen auseinander, wenn sich in der Ferne ein Quraiš zeigte. Denn mächtig, reich und glücklich war Mekka, das Spielzeug Gottes, die Geburtsstadt des Propheten. Im Sande surrte die heilige Quelle Zamzam. Ihr Wasser war süß wie das Wasser des Paradieses, und sie selbst, die Stadt Mekka mit der Kaʿba, war wie ein Ebenbild der Schlösser des Allmächtigen. Mohammed liebte seine Stadt, liebte das Volk der Gassen, dem er zuerst die Schrift predigte. Jetzt lag die Stadt vor dem Propheten und haßte ihn. In den Gassen, auf den Plätzen, in den vornehmen Burgen und in der Kaʿba wurde der Name des Propheten mit Haß ausgesprochen. Mohammed wußte darum, und der Haß der Stadt bedrückte sein Herz. In den stillen Nächten, wenn die Quraiš beim Rat zusammen saßen, betete der Prophet um Frieden und sann nach, wie man das Herz der Quraiš dem Glauben öffnen könnte. Der Prophet wollte den Untergang der Stadt nicht, er litt unter den vorwurfsvollen Blicken der Hāšim, die er auf sich gerichtet fühlte.

Eines Tages nun ging der Gesandte Gottes wieder in die Kaʿba. Haßerfüllte Blicke begleiteten ihn. Ängstlich drängten sich seine Schüler um ihn. Keiner von ihnen war seines Lebens sicher. Im Hofe der Kaʿba standen drei weibliche Idole, al-Lāt, al-ʿUzzāʾ und Manāt, die Mondjungfrauen, die Töchter des Allmächtigen. Diese drei waren die Beschützerinnen der Stadt und die Lieblingsgötter der Quraiš. Der Prophet blieb neben ihnen stehen. Die Quraiš umringten ihn, blickten drohend auf ihn und griffen nach ihren Dolchen, die sie in den Falten ihrer Gewänder verborgen hielten. Sie warteten auf den neuen Fluch des Ketzers.

Und weil Mohammed nur ein Mensch war wie die andern, und weil Gott wollte, daß er von jeder Sünde eine begehen sollte, streckte der Gesandte Gottes seine Hand empor, deutete auf die Mondfrauen und sagte: »Was denkt ihr über al-Lāt, al-ʿUzzāʾ und Manāt? Es sind hohe Jungfrauen, und wir hoffen, daß sie uns vor dem Throne des Allmächtigen schützen werden.« Freude blitzte da in den Augen der Quraiš, und die Hāšim atmeten erleichtert auf. Wenn der Prophet drei Idole anerkannte, so brauchte man sich um das Schicksal der andern nicht zu sorgen. Mekka konnte in Frieden seine Schätze weitersammeln. Einer nach dem andern traten jetzt die Quraiš näher und beglückwünschten den Propheten. Eine so angenehme Offenbarung hatten sie selbst nicht erwartet.

Der Gesandte Gottes ging aber gesenkten Hauptes in sein Haus zurück, setzte sich wieder auf den Teppich seines Freundes und versank in Meditationen. Eine Stunde verging nach der andern, Mohammed regte sich nicht. Die Freunde umgaben ihn. Jeder erzählte von der Freude, die bei den Quraiš herrschte, und von dem Frieden, der jetzt in der Stadt Mekka beginnen würde. Mohammed antwortete nicht, seine Augen waren fest geschlossen, die Lippen psalmodierten leise die Verse des Korans. Er fühlte das Wort Gottes über sich, und das Wort Gottes handelte von der großen Sünde, die der Prophet begangen hatte. Die Nacht über betete der Prophet, und seine Blicke wurden hart.

In feierliche Gewänder gehüllt, ging der Prophet am nächsten Morgen zur Ka'ba, und wieder umgaben ihn die Quraiš. Doch jetzt waren ihre Blicke freundlich, die Hände streckten sich dem Propheten entgegen, und Grüße kamen von ihren Lippen. Und wieder schritt der Prophet zu den Idolen der Mondjungfrauen. Und wieder fragte er: »Was denkt ihr von al-Lāt, al-'Uzzā' und Manāt?« Doch dann fuhr er fort: »Es sind nichts weiter als leere Namen, die ihr und eure Väter erfunden habt.« (53,19–23). Da wurde es still im Hofe der Ka'ba, die Blicke der Quraiš verfinsterten sich, und zu Fäusten ballten sich ihre Hände. Sie hoben Steine und warfen damit nach dem Propheten. Flüche kamen von ihren Lippen. Doch stolz erhobenen Hauptes, von Schülern umringt, schritt durch ihre Mitte Mohammed al-Amīn, der Aufrichtige, der Gesandte Gottes.

So erkannte der Prophet seine Sünde, so verkündete er die

Wahrheit und säte wieder Krieg, Haß und Kampf in der reichen Stadt Mekka. Denn der Prophet war nur ein Mensch, nur ein Träumer mit zartem Gesicht und weichen Händen. Der Träumer aber fand in sich Kraft genug, seine Sünden zu bekennen, die Schwäche eines Augenblicks zu verdammen und der enttäuschten Stadt furchtlos die bitterste Wahrheit zu verkünden.

Denn so wollte es Gott, daß sein Gesandter von jeder Sünde eine begehe und von jeder Sünde eine bereue und seine Reue verkünde.

Die Enttäuschung der Quraiš war groß. Mohammed schien unverbesserlich, es mußten ernste Maßnahmen gegen ihn ergriffen werden. Zu scharfen Schritten entschlossen sich aber die Kaufleute ungern. Blut war ihnen verhaßt, denn sie wußten: Blut schädigt den Handel. Solange aber der Prophet unter dem Schutze der Hāšim stand, war seine Person leider unantastbar. Abū Sufyān, der Führer der Quraiš, war ein Kaufmann, und Blutfehden waren auch ihm verhaßt. Er beschloß daher, die Hāšim auf kaufmännische Art zu bekämpfen, vielleicht in der Hoffnung, daß sie dann den Propheten aus ihrer Gemeinschaft ausstoßen würden.

Eine Abordnung von Quraiš erschien bei Abū Ṭalīb und erklärte: »Wenn die Hāšim den Propheten nicht der Gerechtigkeit ausliefern, werden sie aus der freien Gemeinschaft der Stadt Mekka ausgeschlossen. Sie müssen die Gebiete der Stadt verlassen, sie dürfen auf dem Jahrmarkt ihre Waren nicht mehr verkaufen, kein Quraiš wird noch irgendwelche Handelsgeschäfte mit ihnen abschließen. Ehe und Freundschaft mit den Hāšim werden untersagt, und das alles für ewige Zeiten.« Das bedeutete den Ruin, den Untergang der Hāšim. Niemand wußte es besser als Abū Ṭālib, der Sippenführer. Er wollte nicht allein die Verantwortung für das Schicksal der Hāšim übernehmen.

In seiner Burg versammelte er alle Hāšim und Muṭṭalibs, alle, die von dem angedrohten Boykott der Quraiš betroffen wurden. Sie alle glaubten nicht an das Prophetentum Mohammeds, sie alle waren der vielen Verfolgungen müde geworden, sie alle fürchteten den angekündigten Boykott.

Es wird für den Europäer schwer verständlich sein, daß sich am Ende des Jahres 616 eine stattliche Anzahl normal veranlagter Kaufleute und Händler freiwillig dem schwersten Los unterwarfen, und zwar einer Lehre wegen, an die keiner von ihnen glaubte, und eines Menschen wegen, der ihnen allen reichlich unsympathisch sein mußte. Hier stand aber die uralte Stammesverfassung, die Stammesehre, das heiligste Gut der Araber, auf dem Spiel, und der alte Trieb der Blutsverwandtschaft erwies sich stärker als alle Drohungen der Quraiš. Sämtliche Hāšim und Muṭṭalib, mit Ausnahme eines einzigen, Abū Lahab, erklärten sich bereit, eher ihr Leben und Vermögen zu verlieren, als ihre Verwandten den Feinden auszuliefern.

Abū Ṭālib teilte diesen Entschluß den Quraiš mit. Schon am nächsten Tag wurde an der Tür der heiligen Kaʿba für ewige Zeiten eine Pergamentrolle aufgehängt, in der alle Verwandten und Anhänger des Propheten verdammt und aus der Gemeinschaft der Quraiš ausgestoßen wurden.

Noch am selben Tag verließen die Verdammten die Stadt Mekka und zogen mit Frauen, Kindern und Vieh in die Schlucht Šiʿb, östlich von Mekka, wo sich eine alte Burg Abū Ṭālibs befand. So begann die Verbannung des Propheten.

Die Quraiš atmeten jetzt erleichtert auf. Ihre Wache stand Tag und Nacht vor dem Eingang der Schlucht. Sie brauchten den falschen Propheten nicht mehr zu fürchten. Schwer hatte auf der Kaufmannsstadt die doppelte Gefahr gelastet: der Negus, der von draußen mit großen Elefanten und unzähligen Soldaten in das Land einbrechen konnte, und der Prophet, dessen Gott der Gott des Negus war und der mit den kriegstüchtigen Gesellen seiner Sippe die ständige innere Gefahr der Kaufmannsrepublik war. Jetzt, nach langem Zögern, war diese innere Gefahr endlich behoben, die Partei des Propheten, des radikalen Revolutionärs, war verboten und für immer in die feuchte Schlucht Šiʿb verbannt.

Der Negus konnte ruhig kommen.

Wochen und Monate vergingen. Von neuem blühte die Stadt Mekka, friedlich schritten die Karawanen durch die Gassen, zufrieden lächelten die Händler und Kaufleute einander zu, zählten ihr Geld, freuten sich ihres Reichtums und beteten die Götter der Kaʿba an.

In der feuchten Schlucht Šīʿb lebte unterdessen in Qual und Hunger das Volk der Hāšim, und mit ihm der Gesandte Gottes und seine kleine gläubige Gemeinschaft. Im Innern der Burg saß der Prophet. Um ihn hungerte in tatenlosem Einerlei der Verbannung sein Volk. Niemand aber, weder die Gläubigen noch die Hāšim, wagte dem Propheten einen Vorwurf zu machen. Denn eisern sind die Gesetze der Sippe. Doch auch die Quraiš wußten, was Wüstengesetze bedeuten, auch sie wagten nicht, dagegen zu verstoßen. Wenn die heiligen Monate kamen, öffnete sich die Sperre von Šīʿb, und der Prophet schritt an der Spitze seines Volkes zur Kaʿba, um siebenmal um das heilige Haus zu gehen und die fremden, aus der Wüste gekommenen Beduinen die heilige Wahrheit zu lehren. Niemand von den Quraiš wagte in den Monaten des Festes den Propheten anzurühren. Wenn aber das Fest vorbei war, schlossen sich von neuem die schweren Tore von Šīʿb, und finstere Wachen beobachteten die Schlucht, in der das Volk der Gläubigen hungerte.

Drei Jahre dauerte der Bann, drei Jahre lebte der Prophet in der Schlucht, drei Jahre ertrugen die Sippen und die Getreuen den Fluch der Stadt Mekka. Dann aber bemerkten die Quraiš, daß Mitleidige aus ihren eigenen Reihen des Nachts Nahrungsmittel nach Šīʿb brachten, und sie begriffen, daß die Stunde des Friedens gekommen war. Zur selben Zeit fiel der große Kaiser Khosrau II. in das Land des Negus ein und verwüstete es. Nun brauchte man sich nicht mehr vor den Elefanten des Negus zu fürchten. Ohne die Krieger des Negus war aber der Prophet nur halb so gefährlich.

Man machte den Verbannten den Friedensschluß nicht leicht. Mohammed sollte versprechen, nicht mehr in der Kaʿba zu predigen. Er tat es. Da er aber ein Prophet war und nicht umhin konnte, zu predigen, hielt er sein Wort nicht. Gott vergab ihm seinen Wortbruch. Wie schon gesagt, sollte der Prophet von jeder Sünde eine begehen.

Bevor die Sippe in die Stadt zurückkehren durfte, mußten die Quraiš ihr Gesicht wahren. Das Pergament mit dem Fluch sollte für ewige Zeiten an der Tür der Ka'ba hängen, keine menschliche Hand durfte es anrühren. Da geschah es, daß in der Nacht, als alles schlief und niemand die Ka'ba bewachte, das Pergament zur allgemeinen Freude plötzlich verschwand. Man machte die Götter dafür verantwortlich und war froh, feierlich Frieden zu schließen. Die Hāšim kehrten nach Mekka zurück, besetzten ihre Burgen und ihren Platz in der Ratsversammlung der Ka'ba.

Das geschah im Jahre 619. Für Mohammed begann mit diesem Jahr eine schwere Zeit. Das Unglück schlich um sein Haus, das Unglück stand an seiner Schwelle, das Unglück brach über ihn herein und drohte ihn zu überwältigen.

DIE HIMMLISCHE REISE

> Ehre sei demjenigen, der in einer Nacht seinen Sklaven aus dem heiligen Tempel in den fernen Tempel führte, dessen Umgebung wir gesegnet haben, um ihm unsere Wunder zu zeigen.
>
> Koran Sure 17, Vers 1

Nacht lag über Arabien. Still ruhte im Tal die heilige Stadt Mekka. Auf den Basaren waren die Ausrufer verstummt. Schwarzer, heißer Wind wehte aus der Wüste. Von den Felsen, die die Stadt umgaben, kam trockene, schwere Luft. In Schweigen versunken, erschöpft von der Nacht, dem Himmel und der Wüste, lagen die Mekkaner auf ihren Dächern. Sie berechneten ihren Gewinn und schimpften auf Mohammed. Am nächsten Tag sollte, wie am Tage vorher, der Kampf fortgesetzt werden.

Im großen Hofe der Kaʿba standen die Götzen, blickten mit leeren, toten Augen auf den Palast der Umaiya und schwiegen. In den Palästen aber schwieg man nicht. Im Kreise der vornehmsten Mekkaner entwarf Abū Ǧahl immer neue Pläne, um den Propheten zu vernichten. Geschwächt, verlassen und gedemütigt war jetzt Mohammed. Es war im zehnten Jahr der Sendung. Nacht lag über Arabien, schwarze, undurchsichtige Nacht.

In seinem Hause, im Norden der Kaʿba, lag Mohammed wach. Die Nacht umgab ihn. Er war allein. Er grübelte über die Propheten der Alten, über die Steine, die nach ihnen geworfen wurden, und über den Glanz ihrer Opfersendung. Einsam lag das Gemach Mohammeds, trübe Gedanken erfüllten sein Herz. Drei schwere Schläge mußte er nacheinander erleiden, und die Zukunft war schwarz und voller Gefahren. In seiner großen Burg, von allen Hāšim umgeben, starb Abū Ṭālib, der Onkel Mohammeds. Jahrelang hatte seine feste Hand den Propheten geschützt, jahrelang konnte Mohammed ruhig und sicher leben. Jetzt hatten die Qurais freie Hand. Drei Tage nach dem Tode Abū Ṭālibs starb Ḫadīğa, die erste, die die Sendung erkannte, die in fünfzehnjähriger treuer Liebe dem Propheten fest zur Seite stand. Dieser Schlag war der schwerste. Mohammed hatte keine Frau mehr, und auch Söhne waren ihm nicht gegeben. Das Leben in Mekka, wo die Qurais die Gläubigen und ihn jetzt ungestraft überfallen konnten, wurde für Mohammed zur Qual. So beschloß er, in der Stadt Ṭā'if Hilfe und Obdach zu suchen. Mit dem Sklaven Zaid ritt er durch die Wüste, kam nachts in Ṭā'if an und fand dort nichts als höhnisches Gelächter, Haß und Mißtrauen. Seine eigenen Verwandten in Ṭā'if wandten sich von ihm ab. Mit Schimpf und Schande wurde er aus der Stadt gejagt. Kinder und Sklaven bewarfen ihn mit Steinen. Nur dem Mut Zaids verdankte er seine Rettung. Die Qurais hatten gut vorgearbeitet. Mit blutbedecktem Gesicht kehrte der Prophet nach Mekka zurück. Aber auch die Tore seiner Heimatstadt wollten sich ihm nicht öffnen. Erst nach langem, demütigem Bitten durfte er die Stadt wieder betreten.

Nun lag er mit weitgeöffneten Augen auf seinem vereinsamten Lager, blickte in die Nacht, und sein Seelenschmerz steigerte sich ins Unermeßliche. Plötzlich sah er, wie ein Mann in goldbestickten Kleidern den Raum betrat. Mohammed erkannte ihn, weil er ihm in jeder Verkleidung kenntlich war. Es war Gabriel. Dieses Mal brachte er keine neue Offenbarung. Eine viel größere Ehre wurde dem Propheten zuteil. An der Hand führte Gabriel al-Burāq (den Blitz), das himmlische Roß. Dieses Roß hatte einen menschlichen Kopf, den Torso eines Pferdes, einen glänzenden Pfauenschwanz und weiße Flügel. »Fahre mit mir«, sagte Gabriel, »und Großes sollen deine Augen erblicken.«

Über Wüsten, Täler und Berge flog al-Burāq und landete, wie ihm Gott befahl, an der großen Mauer des Tempels von Jerusalem. In dieser Nacht vermochten die Diener des Tempels die Pforte nicht zu schließen. Sie mußte offenbleiben für den Gesandten Gottes. Sie wurde offengehalten von einer himmlischen Gewalt. Mohammed betrat den Tempel. Die Geister von Abraham, Moses und Christus begegneten ihm dort, und sie begrüßten ihn. Zusammen mit ihnen verrichtete Mohammed sein Gebet.

Plötzlich sah er einen Lichtstrahl, der vom Himmel kam und den Stein Jakobs, den Schakra des Tempels, beleuchtete. Mohammed näherte sich dem Lichtstrahl und entdeckte in seiner Mitte eine Treppe, die er mit Gabriel bestieg. Sie wanderten hinauf und klopften an die silbernen Türen des ersten Himmels. Adam öffnete ihnen und begrüßte den Größten unter den Propheten. Viele Wunder sah der Prophet im ersten Himmel, unter anderem einen Hahn, dessen Kamm bis zur Pforte des zweiten Himmels reichte. Die Entfernung von Himmel zu Himmel beträgt aber, wie jedermann weiß, fünfhundert Jahre.

Der Prophet betete und wanderte dann zum zweiten Himmel, der aus glänzendem Stahl bestand. Dort begrüßte ihn der heilige Noah. Im dritten Himmel, der aus Edelsteinen war, traf der Gesandte Gottes einen Engel, dessen Augen so weit voneinander entfernt waren, daß man siebzigtausend Tage benötigte, um von einem Auge zum andern zu gelangen. Im vierten Himmel bemerkte der Prophet einen Engel, dessen Größe einem Abstand von fünfhundert Tagen glich. Im goldenen, fünften Himmel begrüßte der Prophet den frommen Aaron, den Bruder des Moses. Im selben Himmel begegnete er dem Engel der Rache, dessen Gesicht aus rötlichem Messing war. Er trug in der Hand eine feurige Lanze, und aus seinen Augen schlugen Blitze. Er saß auf einem Thron, der von einem Feuerkranz umgeben war, und vor ihm lag ein Berg rotglühender Ketten.

Im sechsten Himmel, der aus leuchtenden Steinen bestand, wohnte ein Engel, dessen Körper Feuer war und Eis. Auch Moses wohnte in diesem Himmel, und sein Gesicht wurde traurig, als er den Propheten erblickte, denn er wußte, daß Mohammed mehr Menschen dem Paradies zuführen würde, als er selbst es je vermocht hatte.

Woraus der siebente Himmel bestand, weiß man nicht. An seiner Pforte traf aber der Prophet den Erzvater Abraham, den ersten unter den Gläubigen. In diesem Himmel sah der Prophet einen Engel mit siebzigtausend Köpfen. Jeder Kopf hatte siebzigtausend Münder, und in jedem Mund waren siebzigtausend Zungen. Jede Zunge aber sprach in siebzigtausend Sprachen. In all diesen Sprachen sang der Engel das Lob des Allmächtigen. Neben dem Engel stand der Baum Sidrath, dessen Zweige größer sind als die Entfernung zwischen Himmel und Erde. Jedes Blatt des Zweiges war von der Größe eines Elefantenohres. Unter dem Baum saßen Engel und glichen der Zahl der Sandkörner in der Wüste, Tausende von Vögeln saßen auf jedem Zweig, und jedes Samenkorn des Baumes umschloß eine Ḥūrī, eine himmlische Jungfrau. In der Mitte des siebenten Himmels stand ein Gebetshaus, ein Ebenbild der Ka'ba. Es stand direkt an der Stelle, die über der Ka'ba in Mekka lag. Siebzigtausend Engel besuchten täglich die Ka'ba, und auch Mohammed erfüllte den alten Brauch und umkreiste siebenmal das heilige Haus des Himmels.

Zu diesem siebenten Himmel hatte selbst Gabriel keinen Zutritt. Dorthin durfte Mohammed nur allein. Über dem siebenten Himmel war der Thron des Allmächtigen errichtet. Siebzig Schleier bedeckten sein Antlitz, damit ihn keiner sah, damit sich niemand ein Ebenbild von ihm machen konnte. Auch Mohammed durfte das Gesicht des Herrn nicht erschauen.

Seine rechte Hand legte der Herr der Welten auf die Schulter, seine linke auf die Brust des Propheten, und er sprach mit ihm lange und freundlich. Er belehrte ihn in den Fragen des Lebens, erklärte ihm den tieferen Sinn des Gebetes und erwies ihm alle Ehren. Im ganzen sagte der Herr der Welten seinem Propheten neunundneunzigtausend Worte, und jedes war von Wohlwollen erfüllt.

Auch wurden dem Gesandten Gottes, auf Befehl des Allmächtigen, die Strafen der Hölle offenbart. Er sah Malik, den Engel der Hölle. Er sah Männer, die verdammt waren,

Feuer zu schlucken, weil sie das Gut der Weisen veruntreut hatten. Dann sah er Menschen mit aufgetriebenen Leibern, von Krokodilen gepeinigt, denn sie waren zu Lebzeiten Wucherer und Halsabschneider. Dann gab es Leute, die gutes, fettes Fleisch vor sich hatten und daneben schlechtes, stinkendes, und die von dem schlechten Fleisch aßen. Das waren diejenigen, die selten bei den Frauen schliefen, die ihnen Gott gab, die den Reichtum ihres Samens an fremde Weiber vergeudeten. Daneben sah er aber Frauen, die an ihren Brüsten hingen, weil sie ihren Männern fremde Kinder untergeschoben hatten. Endlich ging der Gesandte Gottes zurück und bestieg wieder das Roß al-Burāq, das ihn zu der irdischen Stadt der Kaʿba brachte.

So endete die Himmelsreise des Propheten. Sie war wohl kosmographisch anfechtbar, aber zeugte von kühner Poesie. Wie lange hatte wohl diese Reise gedauert? Als Mohammed sein Bett verließ, warf er in der Eile einen Kelch mit Wasser um, als er zurückkehrte, hatte der Rand des Kelches den Boden noch nicht berührt.

Am nächsten Tage erzählte Mohammed den Vorfall seiner alten Tante Um Ḥāfiẓ, die zu den ältesten der Gläubigen gehörte. Sie lauschte schweigend und fragte, was er nun anfangen wolle. »Ich werde zur Kaʿba gehen und allen Gläubigen und Ungläubigen von dem Wunder erzählen«, sprach Mohammed. Da faßte ihn die Greisin an seinem Gewand und flehte: »Tu das nicht, o Gesandter Gottes, du wirst bei den Ungläubigen kein Vertrauen finden, und die Gläubigen werden an dir zu zweifeln beginnen.« Mohammed gehorchte aber diesem Rate nicht. Er trat auf den großen Platz der Kaʿba, versammelte um sich die Gläubigen und Ungläubigen, die ihm zuhören wollten, und erzählte von seiner nächtlichen Reise.

Mit Heulen, Lachen und Pfeifen beantwortete das Volk die Vision des Propheten. »Braucht man denn noch bessere Beweise für deinen Wahnsinn?« sagten die Mekkaner. Die Gläubigen aber standen gesenkten Hauptes, schämten sich und waren bereit, den Islam zu verlassen. Denn noch nie hatte man in Mekka ähnliches vernommen.

Abū Bakr, der Vornehmste unter den Gläubigen, war nicht auf dem Platze der Ka'ba, als Mohammed seine Vision erzählte. Da eilten die Qurais zu seinem Hause, um ihm von der Schande des Propheten zu berichten. »Was würdest du sagen«, begannen sie, »wenn ein Mensch dir erzählen würde, daß er in einer Nacht von Mekka nach Jerusalem gereist ist, von dort in den siebenten Himmel stieg, neunundneunzigtausend Worte mit Gott wechselte und in derselben Nacht nach Mekka zurückkehrte?«

»Ich würde den Mann für einen Lügner oder Wahnsinnigen halten«, antwortete Abū Bakr. »So wisse«, sprachen die Mekkaner, »daß der Mann, der solches behauptet, dein Freund Mohammed ist, der sich der Gesandte Gottes nennt.« – »Das kann nicht wahr sein«, rief Abū Bakr voll Zorn. »So geh auf den Platz und überzeuge dich selbst«, sagten die Mekkaner, und auch die Gläubigen bestätigten ihre Worte. »Dann«, sagte Abū Bakr feierlich, »ist jedes Wort von der Reise wahr, und ich glaube daran, wie ich an den Tag und die Nacht glaube.« Und da Abū Bakr reich, einflußvoll und mächtig war, wagte keiner ihn auszulachen. Die Gläubigen gewannen ihren Glauben an die Sendung wieder, die Ungläubigen hörten aber nicht auf, Mohammed zu verhöhnen. Sie brachten Leute, die in Jerusalem gewesen waren, und verlangten, der Prophet möge ihnen die Stadt genau beschreiben, sie sandten Boten in die Wüste, um den Propheten bei allen Stämmen lächerlich zu machen. Sie begleiteten ihn mit Lachen und Heulen, wenn er durch die Straßen ging, und peinigten seine Anhänger.

Als dann der Monat des Festes kam und die Stämme der Wüste in die Stadt strömten, sandten die Qurais an die Grenzen Mekkas und an die Tore der Stadt Boten, die jedem Stamm sagten: »In unserer Stadt wohnt ein gefährlicher Irrer, er nennt sich Prophet und behauptet, er sei in einem Tag von Mekka nach Jerusalem und zurück gereist, wo ihr doch wißt, daß die schnellste Karawane dazu mindestens zwei Monate braucht. Wenn dieser Irre euch anspricht, so schenkt seinen Worten keinen Glauben.«

Als dann der Prophet versuchte, den Beduinen, die zum Fest kamen, den wahren Glauben zu erläutern, wandten sie sich von ihm ab und sagten: »Deine eigenen Leute, die dich doch gut kennen müssen, sagten uns schon, daß du ein Lügner bist, folglich können auch wir deinen Worten nicht glauben.«

Tiefe Trauer befiel nun das Herz Mohammeds. Viele Leute wandten sich vom Islam ab, der Beschützer war tot, Ḫadīǧa ebenfalls. Lachend, spottend und drohend lag um die heilige Kaʿba die Stadt Mekka, die nichts von dem Propheten wissen wollte, die tote Götzen anbetete, Reichtümer sammelte und alle Stämme der Wüste warnte: »Hört nicht auf ihn, denn er ist ein Irrer.«

Da beschloß der Prophet, die Stadt seiner Sendung zu verlassen und bei den einfachen Sippen der wilden Beduinen Schutz und Glauben zu suchen, den er im Hofe der Kaʿba nicht gefunden hatte.

DIE HIĞRA

> Märtyrer ist derjenige, der sein Leben für andere Dinge hingibt als für irdische Güter.
>
> Mohammed

Wieder verließ Mohammed die Stadt, wieder irrte er in der Wüste umher. An den grauen Felsen um Mekka tauchte seine breitschultrige Gestalt auf. An ihm vorbei zogen die Beduinen, wanderten majestätisch die Kamele. Der Prophet grüßte sie, und das einfache Wüstenvolk erwiderte seinen Gruß. Bei den Nomadensippen, bei den wilden Wüstenvölkern war der Name des Propheten nicht mehr unbekannt. »Das ist Mohammed«, sagten sie mit gewisser Ehrfurcht, »er behauptet, daß Gott durch seinen Mund spricht.« Das Wüstenvolk liebt und verehrt alles Heilige, einen Teil dieser Verehrung konnte auch Mohammed genießen.

Wenn ein Mensch vornehmer Abstammung und mit Reichtum gesegnet durch die Wüste zieht, über göttliche Dinge spricht und aus der Königin der Städte, aus Mekka stammt, so muß an diesem Menschen etwas sein. Das dachten die Beduinen und hörten halb ehrfürchtig, halb interessiert den Worten Mohammeds zu.

Jeder Wüstenstamm Arabiens hegt den Wunsch, einen eigenen Heiligen zu besitzen, das hebt sein Ansehen, bringt manche Vorteile und kann in verschiedenen Fällen sehr nützlich sein. Der Stammesheilige wird gut behandelt, vor Feinden geschützt und in wichtigen Fällen um Rat gefragt Ist der Heilige klug, so kann er unter Umständen eine Art Regent des Stammes werden. Um das Recht zu erlangen, einen richtigen Heiligen zu besitzen, werden manchmal regelrechte Wettkämpfe ausgetragen, Heilige werden entführt und gefangen. Man hält sie fest wie einen Schatz. Das höchste Zeichen des Wohlwollens ist aber, wenn der Heilige einem Stamme verspricht, auf seinem Gebiete zu sterben. Das ist für den Stamm ein ganz großes Glück. Über dem Grab des Heiligen kann dann ein kleines Mausoleum errichtet werden, und neben dem Mausoleum kann man einen großen Jahrmarkt aufschlagen, der, falls der Heilige Anklang findet, von großem Nutzen sein wird. Auch Mohammed war für die Sippe der Wüste ein Heiliger, der sich mit seinem Stamm verzankt hatte und nun irgendwo Zuflucht suchte. Nicht alle Beduinen waren in Mekka gewesen, nicht alle wußten, was man in der Stadt gegen Mohammed sagte. Alle aber, die Mohammed sahen, sagten sich, daß solch ein Heiliger seinen Stamm ganz sicher dem Glück entgegenführen könnte.

In der Wüste wurde sich der Prophet seiner Bedeutung bewußt. Er war ein Mekkaner, ein Quraiš aus dem edelsten Stamme Arabiens. Er war weise und hatte einflußreiche Anhänger. Jeder Beduinenstamm mußte sich also glücklich schätzen, seine Freundschaft zu erwerben. Nach und nach kamen auch verschiedene Stämme, verbeugten sich vor dem Propheten, küßten den Saum seines Gewandes und boten sich ihm als Beschützer an. Es waren die Stämme der Danq, der Hamdān und andere. Doch lehnte der Prophet ihre Bitten ab. Er wußte, daß die Zeit des Friedens vorbei war. Jetzt mußte die Zeit der Kämpfe beginnen. Denn stolz und drohend lag vor dem Propheten die Stadt Mekka. Er besaß kein Mittel, sie in Frieden zu bezwingen. Deshalb suchte der Gesandte Gottes mächtige Kämpfer, kriegerische Sippen und mutige Glaubensbrüder, die ihm den Weg zur Wahrheit ebnen konnten.

Da geschah es eines Tages, daß der Prophet Gottes durch die Schlucht der ʿAqaba wanderte. Es war gegen Ende des Fastenmonats im Jahre 620. Plötzlich entdeckte Mohammed sechs oder acht buntbekleidete Beduinen, die am Feuer hockten. Der Prophet näherte sich den Leuten und fragte, aus welchem Stamme sie seien. »Wir sind Ḫazraǧ und kommen aus der Stadt Yaṯrib«, war die Antwort. Die Stadt Yaṯrib war dem Propheten bekannt. Er hatte dort Blutsverwandte. Er wußte auch, daß viele Einwohner von Yaṯrib Juden waren, die Schrift kannten und nur an einen Gott glaubten. »Lebt ihr zusammen mit den Juden?« fragte der Prophet. Und die Leute aus Yaṯrib bejahten die Frage. »Dann wisset, daß der Gott der Juden auch mein Gott ist. Ich aber bin sein Gesandter auf Erden.« Diese Worte beeindruckten die Fremden stark. Sie selbst waren Heiden, wenn sie sich aber mit den mächtigen Judenstämmen stritten, was oft genug vorkam, so sagten die Juden: »Nehmt euch in acht, ihr Heiden, wenn der Gesandte unseres Gottes kommt, so wird er euch alle zu Staub zermalmen.« Doch wußten auch die Klügsten unter den Juden nicht, wann der Messias kommen würde, so daß die Heiden vorläufig in Frieden leben konnten. Nun stand plötzlich der langverheißene Messias vor ihnen und fragte sie nach den Juden. Er schien gar nicht zornig zu sein.

Die Ḫazraǧ waren ein einfaches, wildes Volk. Der Messias war gekommen, die Juden in Yaṯrib wußten aber noch nichts davon. Es war also gut, schon jetzt die Freundschaft des neuen Propheten zu erwerben. Deshalb boten sie Mohammed Schutz und Hilfe an. Doch war Mohammed vorsichtig. Die Zeit des Kampfes war gekommen, und der Prophet mußte Staatsmann werden. Deshalb versprach er ihnen nichts und tat, als ob er ihre Hilfe gar nicht benötigte. Er erklärte ihnen den Islam und befahl, sie möchten im nächsten Jahr mit den Besten ihres Volkes wiederkommen. Die wilden Ḫazraǧ versprachen, dem Islam treu zu sein, und zogen von dannen.

Ein Jahr verging, und immer drückender wurde das Los des Propheten. Wenn Mohammed, nach Mekka zurückgekehrt, scheu durch die Straßen schlich, liefen die Straßenjungen von Mekka hinter ihm her, bewarfen ihn mit Steinen oder streuten Sand auf sein Haupt. Niemand von den Quraiš schloß mit den Gläubigen Geschäfte ab, man verweigerte ihnen auch den Zutritt zur Kaʿba. Seine Anhänger verarmten und gingen zugrunde. Manchmal fürchtete sogar Mohammed, daß nicht der Ruhm des Erlösers, sondern die Dornenkrone des Märtyrers seiner harre.

Als aber das Jahr um war und die Beduinen von neuem nach Mekka strömten, kamen zwölf Leute aus Yaṯrib und sagten, sie seien die Vertreter der Ḫazraǧ. Und sie trafen sich mit dem Propheten und boten ihm ihren Schutz an. Noch immer zögerte der Prophet. Lange lehrte er sie den Islam, bekehrte sie zum wahren Glauben und nahm ihnen den Schwur ab, keine Nebengötter zu verehren, nicht zu stehlen, keine Unzucht zu treiben, keine Kinder zu töten, nichts Falsches zu erdichten und dem Propheten in allen guten Dingen gehorsam zu sein (vgl. 60,12). Den wichtigsten Schwur aber, der sie verpflichtete, für den wahren Glauben zu kämpfen, ihr Blut und Gut zu opfern, nahm der Prophet ihnen nicht ab. Deshalb nennt man diesen Schwur den Schwur der Frauen; wenn eine Frau zum Islam übertritt, genügt dieser kleine Schwur.

Wiederum weigerte sich der Prophet, sich unter den Schutz der Leute von Yaṯrib zu stellen, zu unsicher war ihm die Stadt, zu wild und raublustig das Volk. Doch schickte er zu den Gläubigen von Yaṯrib, damit sie seiner Gnade sicher seien, zur Belehrung, zum Koranlesen und um Verhandlungen zu führen, seinen gläubigen Freund Muṣʿab ibn ʿUmair. – Den Leuten von Yaṯrib sagte er aber: »Kommet in einem Jahr.«

Muṣʿab ibn ʿUmair war klug. In seiner Jugend war er ein sehr beliebter Mann. Er verstand sich elegant zu kleiden, beherrschte vollendet die hohe Kunst des Müßigganges und wußte Geld auszugeben wie kein zweiter. Diese Betätigung machte ihn erfahren in vielen Dingen des Lebens. Sein Herz war aber leer geblieben, er sehnte sich nach großen Erlebnissen und war des faden, modischen Auftretens müde geworden. So bekannte er sich zum Islam und widmete sich ihm mit seiner ganzen Kraft. Er gehörte zu den nach Abessinien ausgewanderten Gläubigen und war als Bettler, in Lumpen gehüllt, zurückgekehrt. Er war nicht nur klug, sondern auch listig. Er glaubte an den Propheten und eignete sich gut für diplomatische Dienste. Da Mohammed jetzt die Zeit des offenen Kampfes nahen fühlte, wählte er zu seinem Vertreter in Yaṯrib keinen Prediger, sondern einen Diplomaten. Der wieder elegant gewordene Muṣʿab ibn ʿUmair erwies sich des Vertrauens würdig. Ein Jahr lang verbrachte er in Yaṯrib und rezitierte mit wohlklingender Stimme den Koran. Dazu erzählte er Wunderdinge von der Weisheit des Propheten. In einem Jahr erreichte er, daß alle Stämme von Yaṯrib auf den Propheten schworen. Die Juden, weil sie annahmen, Mohammed sei ein Jude gleich ihnen, die Heiden, weil sie hofften, Mohammed werde sie vor den Juden schützen.

Wieder war ein Jahr vergangen. Im Frühling 622, in der Zeit des Festes, kehrte Muṣʿab nach Mekka zurück, und mit ihm kam eine stattliche Delegation von siebzig Männern aus Yaṯrib. In der Nähe von Mekka schlugen sie ihre Zelte auf. Sie besuchten die Kaʿba, vollzogen, um nicht aufzufallen, alle magischen Zeremonien und schienen sich um den irren Hāšim gar nicht zu kümmern. Als aber die Nacht einbrach, schlichen sich dunkle, verhüllte Gestalten in das Lager der Yaṯribenser. Das war der Prophet und sein Onkel al-ʿAbbās, der an den Propheten nicht glaubte, ihm aber als vornehmer Hāšim seinen Schutz gewährte.

Die Yaṯribenser, von Muṣʿab geschickt vorbereitet, empfingen den Propheten mit aller Ehrfurcht, der diese einfachen Wüstenkinder fähig waren. Bevor man aber die Verhandlungen führen konnte, mußte noch eine merkwürdige Zeremonie vollzogen werden. Mohammed mußte offiziell aus der Gemeinschaft der Hāšim ausgeschlossen werden. Dies vermochte nur sein Beschützer bei den Hāšim, Onkel al-ʿAbbās, der innerlich wahrscheinlich jauchzte, den unruhigen Neffen endlich los zu werden. Doch war al-ʿAbbās klug, liebte es, sich gegen alle Seiten zu decken, und verstand den Schein zu wahren. Er hielt eine lange Rede, erklärte, wie er seinen Neffen liebe und wie ruhig und gesichert Mohammed, dessen Ansichten er übrigens gar nicht teile, unter seinem Schutz lebe. Da sich aber sein heißgeliebter Neffe aus unbegreiflichen Gründen der Gemeinschaft der Yaṯribenser anschließen wolle, könne er seinem Glück nicht im Wege stehen und gebe schweren Herzens seinem Verlangen nach. Allerdings nur dann, wenn die Leute aus Yaṯrib bei allem, was ihnen heilig sei, schwören würden, den Neffen mit aller Ehrfurcht zu behandeln. Die Yaṯribenser kamen seinem Wunsch nach, und al-ʿAbbās verließ befriedigt das Zelt. Er hatte an diesem Abend eine große Schlacht gewonnen, vielleicht eine größere, als er selbst wußte, denn seine Familie war es, die später die glänzendsten Kalifen des Islam stellte.

Nunmehr begannen die eigentlichen Verhandlungen. Die Leute von Yaṯrib erklärten sich bereit, Mohammed mit seinen Anhängern aufzunehmen und dem Propheten in allen guten Dingen zu gehorchen. Gleichzeitig fragten sie aber bescheiden an, was diese guten Dinge seien. Diesmal ging der Prophet einen Schritt weiter: »Ihr müßt«, sagte er, »mir unbedingt gehorchen und mich vor dem bewahren, wovor ihr eure Frauen und Kinder bewahrt. Ihr müßt wissen, daß mein Herz allen Völkern offensteht und nicht nur euch. Ihr müßt euer Blut und euer Gut für den wahren Glauben opfern, wenn ich es euch befehle« (61,11).

Das war nicht gerade wenig, und die Yaṯribenser erkundigten sich bescheiden, welchen Lohn sie im Falle des Opfers von Gut und Blut zu gewärtigen hätten. »Das Paradies«, antwortete der Prophet. Was das Paradies war, wußten die Leute aus den Erzählungen Muṣʿabs. Es war natürlich nicht schlecht, ins Paradies zu kommen, doch durfte man dabei auch die rein irdischen Fragen nicht vergessen. »Wenn wir aber siegen und für dich Ruhm und Reichtum erwerben, wirst du uns dann auch nicht verlassen und in deine Heimat zurückkehren?« fragte ein weiser Mann aus Yaṯrib, der wußte, wie wichtig es für eine Stadt ist, das Grabmal eines Heiligen zu beherbergen. Darauf schwor Mohammed, seine neue Heimat nicht zu verlassen, für ihr Wohl zu sorgen, sie zu lieben und das Blut Yaṯribs als sein Blut anzusehen. Damit waren die Verhandlungen beendet. Aus einem höchst fragwürdigen Propheten wurde ein sehr realer Staatsmann und Politiker.

Sofort wurden von Mohammed seine Stellvertreter für Medina ernannt. Dann reichte er jedem der Siebzig die Hand und verließ das Lager. Es wurde beschlossen, daß alle Gläubigen nacheinander Mekka verlassen sollten, um nach Yaṯrib auszuwandern. Der Prophet selbst wollte als Letzter die Stadt verlassen, damit keiner der Gläubigen mehr für ihn leiden müßte. Die Auswanderung sollte unbemerkt vor sich gehen. Niemand durfte erfahren, daß der Prophet in der Stadt Yaṯrib gar bald zu großen Taten berufen sein würde.

Wenn aber nächtliche Verhandlungen geführt wurden, wenn eine große Gruppe auswandern wollte, wenn der Keim eines neuen Staatswesens gelegt werden sollte, so kann das alles nicht gänzlich unbemerkt vor sich gehen. Eines Tages erfuhren die Quraiš, was der gefährliche Irre beabsichtigte, und die Empörung unter den Bankiers von Mekka war groß. Nicht nur, daß der Hāšim die ganze Stadt in Unordnung brachte, nicht genug, daß er den Handel vernichten und die Götter vertreiben wollte, jetzt beabsichtigte er noch mit all seiner Anhängerschaft in eine fremde Stadt auszuwandern, um dort, von der Aufsicht vernünftiger Leute befreit, sein wahres Wesen zu zeigen und zuletzt gegen seine eigene Heimat in den Kampf zu ziehen. Das grenzte bereits an übelsten Verrat.

Die reichen ›mekkanischen Geldbäuche‹ schlugen sofort vor, nunmehr die ernstesten Maßnahmen gegen die Auswanderer zu ergreifen. Die Mehrzahl der Quraiš wollte aber davon nichts wissen. Im Gegenteil, die Auswanderung schien ihnen sehr recht zu sein. Denn die Auswanderer verließen Mekka heimlich. Ihr Hab und Gut blieb also in der Stadt. Man konnte diesen nun herrenlos gewordenen Besitz für wenig Geld käuflich erwerben oder auch ganz einfach an sich nehmen. Sofortige Maßnahmen gegen den Propheten hätten die weiteren Auswanderungen gehemmt und damit auch die Verdienste der Quraiš geschmälert. Da man wußte, daß Mo-

hammed gelobt hatte, Mekka nicht eher zu verlassen, als bis der letzte Gläubige in Sicherheit war, entschloß man sich zu warten und den Verräter im Auge zu behalten.
Es muß in Mekka eine merkwürdige Stimmung geherrscht haben. Täglich verschwand irgendeiner der Gläubigen, täglich wurde irgendein Haus von Quraiš besetzt, täglich gingen vor dem Hause des Verräters junge Mekkaner auf und ab, sangen Schmählieder und versprachen mit Mohammed abzurechnen, wenn der letzte Muslim die Stadt und seinen Besitz verlassen hätte.

Endlich war die Zeit gekommen. Nur Mohammed, Abū Bakr und ʿAlī weilten noch in der Stadt. Im großen Rathaus bei der Kaʿba versammelten sich die Edelsten unter den Quraiš, um wichtige Entschlüsse zu fassen. Alle wußten, daß jetzt der richtige Augenblick gekommen war, um mit dem Unruhestifter abzurechnen. Keiner traute sich aber das Allheilmittel vorzuschlagen, das die Bewegung für immer ersticken mußte.

Die Quaraiš waren mutige Leute. Sie waren aber Kaufleute, und Blut war ihnen verhaßt. Blut erzeugt Blut, und wo Blut fließt, endet der friedliche Handel, stocken die Geschäfte und verringert sich der Reichtum. Das wußten die Quraiš aus vielen Beispielen. Keine der Familien wollte den Fluch der Blutfehde auf sich nehmen. Denn jetzt stand Mohammed unter dem Schutze der wilden Ḫazraǧ, die gewiß nicht mit sich spaßen ließen. Eins war allen klar: Mohammed durfte die Stadt Mekka nicht verlassen. »Wir wollen ihn in den Kerker werfen und in Ketten legen«, sprachen die Quraiš und verstummten sofort, denn offensichtlich war es, daß man den Propheten trotz aller Bewachung befreien würde.

Da erhob sich der Vater der Hölle, Abū Ǧahl, der Klügste unter den Quraiš. »Mohammed muß sterben«, sagte Abū Ǧahl, »um keine Blutfehde zu entfachen, soll jede Familie einen Vertreter schicken, der sich am Morde beteiligt. Dann trifft die Schuld uns alle gemeinsam, und gegen alle Sippen der Quraiš wird sich in Arabien keine Hand erheben.« Abū

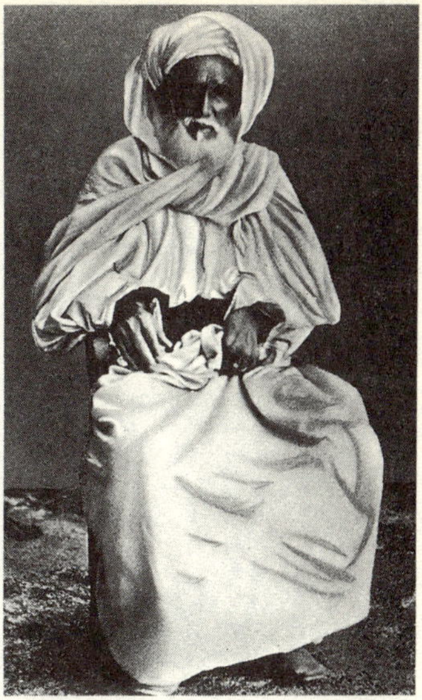

5. Mekka-Pilger: bettelnde Pilger aus dem Jemen (links oben), Pilger aus Marokko (rechts oben), indischer Pilger (links unten), Derwische aus Buchara (rechts unten). Historisches Foto von C. Snouck-Hurgronje, 1889.

Ǧahl war ein weiser Mann. Er wußte, was er sprach. Gegen alle Familien der Quraiš waren die Yaṯribenser machtlos.

Jede Familie stellte nun einen Jüngling, um die Stadt der Quraiš für immer von dem Propheten zu befreien. Wenn aber die ganze Stadt eine Maßnahme beschließt, so kann sie vor dem einzelnen nicht verheimlicht werden. Bald erfuhr der Prophet, was gegen ihn geplant wurde und wann er den Dolchen der Quraiš zum Opfer fallen sollte. Er beschloß zu fliehen.

Nicht nur Prophet, sondern auch ein Mensch war Mohammed und hatte Geschäfte in der Stadt wie alle andern. Er hatte auch Schulden und wollte nicht fliehen, bevor alles bezahlt war, damit niemand sagen konnte, der Prophet sei mit fremdem Geld geflohen.

Zwei Gläubige weilten mit dem Propheten in Mekka: Abū Bakr und ʿAlī. ʿAlī war der Jüngere, und ihn beschloß der Prophet zurückzulassen. In der Nacht, als die Jünglinge der Quraiš das Haus umstellen sollten, floh Mohammed über die Mauer und rettete sich in das Haus Abū Bakrs. Auf der Terrasse des Hauses des Propheten blieb ʿAlī, in den Mantel des Propheten gehüllt, mit dem grünen Turban auf dem Kopf. Die Quraiš kamen, umzingelten das Haus, sahen den grünen Turban und sagten sich: »Jetzt kann uns der Prophet nicht mehr entrinnen.« Bis zum Morgengrauen warteten sie auf der Straße, drangen dann in das Haus ein, erblickten den friedlich schlafenden ʿAlī, weckten ihn und fragten: »Wo ist Mohammed?« – »Ja, wenn ich das wüßte«, antwortete verschlafen ʿAlī.

Sofort begann eine wilde Jagd nach dem Propheten. Mohammed mußte eingeholt werden. Die Quraiš nahmen ihre besten Pferde und ritten mit gezücktem Säbel und scharfen Lanzen in die Wüste, um den Gesandten Gottes zu töten.

Der Gesandte Gottes durchschritt währenddessen die endlose, gelbe Wüste. Nur sein Freund Abū Bakr begleitete ihn. »Die Quraiš werden uns verfolgen«, sagte Abū Bakr, »sie werden uns mit scharfen Säbeln erschlagen, sie werden unsere Körper zerstückeln. Wilde Tiere werden über unserm Grabe heulen. Mächtig und zornig ist dieses Volk.«

Mohammed schwieg. Er blickte in die Unendlichkeit, in die große Welt, die vor ihm lag, und dachte an die ferne Stadt Mekka und das Schwert, das er von nun ab den Völkern bringen würde.

Es war im Jahre 622, als Herakleios den Khosrau II. schlug, als im Osten und Westen die Völker unter dem Bann des Christentums standen, als das Kreuz über die Welt siegte und niemand ahnte, daß in diesem Jahr auf der einsamen Wüstenstrecke zwischen Mekka und Yaṯrib zwei ängstliche, arabische Reiter das Schicksal der Welt mit sich führten. Mit jenem Wüstenritt, mit der Hiğra, beginnt die Zeitrechnung des Islam, beginnt die staatliche Macht des neuen Glaubens. Im Jahre 622 wurde der Prophet zum Staatsmann, und dieser Staatsmann führte das Schwert.

Durch die Wüste ritt Mohammed. Hinter ihm lag die Stadt Mekka, in der der Glaube entstanden war. In der Wüste aber ritten mit gezückten Säbeln die Quraiš, und da ihre Pferde schnell waren, erblickten sie bald in der Ferne die Flüchtlinge. Auch die Flüchtigen sahen ihre Verfolger, und Abū Bakr sprach: »O Mohammed, die Wüste ist flach, wir sind nur zwei, und hinter uns reiten die Quraiš.«

Da erwiderte Mohammed: »Du irrst, Abū Bakr, wir sind nicht zwei, sondern drei, du, ich und Gott.« Und immer näher kamen die Quraiš, immer ängstlicher wurde Abū Bakr. Da entdeckten die Flüchtlinge eine kleine Höhle, eilten zu ihr und verbargen sich in ihrer Tiefe. Und da geschah ein Wunder: Eine große Spinne kroch zum Eingang der Höhle und flocht rasch vor dem Eingang ein Netz. Bald kamen die Verfolger. »Die Wüste ist flach«, sagten sie, »die beiden können nicht verschwunden sein. Sie sind in der Höhle.« Der Klügste unter den Quraiš betrachtete aber den Eingang und sagte stolz: »Sie können nicht in der Höhle sein, seht ihr denn nicht, daß vor dem Eingang ein altes Spinnennetz hängt. Das Netz wäre zerrissen, wenn die beiden in der

Höhle wären.« Da staunten die Quraiš über die Weisheit ihres Führers und ritten weiter.

Still wurde es um die Höhle. Die beiden Flüchtlinge knieten nieder zum Dankgebet. Bevor sie jedoch das Gebet beenden konnten, hörten sie Schritte, die vor der Höhle verstummten. Drei Quraiš waren hinter den andern zurückgeblieben und hielten nun vor der Höhle. Sie sahen das Netz wohl, doch durchbrachen sie es und traten ein. Das Entsetzen verschlug Abū Bakr den Atem. Und wieder geschah ein Wunder, die drei Männer durchsuchten die Höhle nicht. Sie verrichteten nur ihre Notdurft und zogen von dannen. So schützte Gott seinen Gesandten Mohammed.

Tage und Nächte verbrachte der Prophet in der Wüstenhöhle, und mit ihm war Abū Bakr. Als aber die Zeit gekommen war, verließen sie die Höhle und setzten die Flucht fort. Und wieder ritten sie durch die Wüste. Unbarmherzig brannte die Sonne, heiß war der Sand, und der Durst quälte den Propheten. Da trafen sie auf den Juden Nairuz, der seinen Kindern Wasser bringen wollte. Er sah den Propheten und erkannte, daß ihn der Durst peinigte. »Ich bin der Jude Nairuz«, sprach er, »meine Kinder dürsten, doch nimm das Wasser hier, denn wir glauben beide an einen Gott.« So stillte der Jude Nairuz den Durst des Propheten. Zur Erinnerung an dieses Ereignis hieß das Fest der Errettung des Propheten Nairuz Bairam.

Der Gesandte Gottes setzte seinen Ritt durch die Wüste fort, bis sich in der Ferne das Dorf Qubā' zeigte, die Vorstadt Yaṯribs. Hier war die Flucht beendet.

Der Islam als Glaube lag fest und sollte jetzt den Staat bilden. Der Geist ward zur Macht, das Wort zur Tat. Der Glaube sollte die Welt errichten, denn das Nichts, aus dem der Geist stammte, war überwunden.

Nach Yaṯrib, von nun ab Madina an-Nabī, die Stadt des Propheten, genannt, ritt der Prophet mit dem Schwert in der Hand. Das Schwert und der Koran sollten von nun an in der Welt herrschen.

DER SPRUNG IN DIE PRAXIS

Wenn das Islam ist, sind wir nicht alle Muslims.
Goethe

Eine fromme islamische Legende berichtet, wie Mohammed in der Nacht, als er vor Allāhs Augen treten durfte, vom Allmächtigen das Gebot empfing, der Mensch müsse täglich zum Lobe Allāhs fünfzig Gebete sagen. Nur dann könne er der Gnade Allāhs gewiß sein. Mohammed neigte sich vor dem Allmächtigen, versprach, die Menschen zu zwingen, täglich fünfzig Gebete zu sprechen, und verließ den Palast des Herrschers der Welten.

Im sechsten Himmel angelangt, traf der Gesandte Gottes Moses den Propheten. Der lange Aufenthalt Mohammeds im Palaste des Allmächtigen hatte in Moses die Neugierde erweckt: Welche Befehle würde Mohammed wohl für die Menschheit erhalten haben? Und da Moses ein großer Prophet war, brauchte er sich seiner Neugier nicht zu schämen, er trat zu Mohammed und fragte, was Gott ihm befohlen habe. »Allāh hat befohlen, daß der Mensch täglich fünfzig Gebete aufsage«, sprach Mohammed. Da schüttelte Moses den Kopf und sagte: »Ich bin ein alter, in Ehren ergrauter Prophet, ich kenne die Menschen gut, sie werden keine fünfzig Gebete aufsagen.« Und Mohammed, der Achtung hatte vor den Worten seines Vorgängers, kehrte zum Throne des Allmächtigen zurück und sagte: »O Herr der Welten, die Menschen werden keine fünfzig Gebete täglich aufsagen.« Und in seiner Gnade erließ der Herr den Menschen fünfundzwanzig Gebete. Und wieder sagte Moses zu dem Gesandten Gottes: »Die Menschen werden auch keine fünfundzwanzig Gebete aufsagen.« Und wieder begab sich Mohammed zum Throne des Allmächtigen und bat für die sündige, schwache Menschheit und fand von neuem Gnade. Mehrmals mußte Mohammed den Weg vom sechsten Himmel zum Throne des Barmherzigen zurücklegen, denn weise und erfahren war Moses und gnädig der Allmächtige. Endlich erreichte die Zahl der Gebete, die Gott den Menschen vorschrieb, fünf, und selbst der skeptische Moses mußte zugeben, daß das nicht viel war.

Diese Legende ist äußerst charakteristisch für das Wesen des Islam. Es ist die Religion der maximalen Möglichkeiten und der minimalen Forderungen, eine Religion, die in ihren Geboten, Thesen und Vorschriften den Gipfel der äußeren Einfachheit erreicht hat. Diese äußere Einfachheit ist aber innerlich von einem in seiner Konsequenz unüberbietbaren, messianisch-theokratischen Zug beseelt.

Sehr wenig verlangte Mohammed von den Gläubigen, dieses wenige war aber zugleich außerordentlich viel. ›Gott will euch den Glauben erleichtern, denn der Mensch ist schwach‹ (1,181), heißt es im Koran, und die Gebete der neuen Lehre waren in der Tat auf ein Minimum reduziert. Dieses Minimum war dazu noch auf die toleranteste Weise ausgelegt. Man brauchte keine Priester, keine Tempel, selbst das Gebet war unter Umständen nicht obligatorisch. ›Es wird euch vergeben, wenn ihr das Gebet auf Reisen, in fremden Ländern vernachlässigen müßt.‹ Auch Pilgerzüge und Fasten dürfen umgangen werden. Krankheit, Armut und dergleichen sind ausreichende Gründe.

Das Leben der totemistischen Araber war dagegen voller Verbote. Eine Reihe von Speisen durfte nicht angerührt werden. Auch hier verkündet der Koran: ›Eßt alles, was Gott euch gesandt hat und was gesund ist, mit Ausnahme von Aas, Blut und Schwein sowie aller Tiere, die am Altar der Heiden geopfert werden, denn das ist Schmutz‹ (5,1–4). Für die Rettung des Menschen sind alle äußerlichen Erfordernisse des Glaubens unwesentlich, Gott verzeiht ihre Vernachlässigung. ›Woran wird Gott den Frommen erkennen?‹

heißt es in einer Überlieferung, und die Antwort lautet: ›An der Liebe zu Kindern, Hausgenossen, Nachbarn und allen Menschen. Wollt ihr euch Gott nähern, so liebt seine Geschöpfe.‹

Der Islam erkennt sogar, wohl als einzige Weltreligion, an, daß auch den Angehörigen fremder Glaubensbekenntnisse der Weg zur Rettung nicht verschlossen ist. Die berühmte fünfte Sure verkündet wörtlich: ›Wahrlich Muslime, Juden, Christen und Sabäer, alle, die an Gott und die Auferstehung glauben, die gute Taten verrichten und gerecht sind, ihnen allen wird Gottes Lohn zuteil werden, sie werden alle keine Furcht und kein Leid kennen‹ (5,73). Es wurde dem Menschen leicht gemacht, den Islam anzunehmen. Die menschliche Art war in das religiöse System einbezogen, und nur hin und wieder, wie ferne Blitzlichter, erschienen Verse, die das tiefe Wesen dieses Glaubens erläuterten. ›Besiege das Böse durch das Gute‹, heißt es in Sure 11,116, und der ganze Glaube kann eigentlich auf einen einzigen Satz reduziert werden: ›Willst du dich Gott nähern? Lebe rein und sei gerecht‹ (Sure 35,19).

Je leichter, faßlicher und toleranter die äußeren Auslegungen waren, desto schwieriger war der zuerst kaum angedeutete innere Weg der Gläubigen. Diesen inneren Weg hat am besten der große Mystiker des Islam, Ǧalāl ad-Dīn Rūmī, formuliert: ›Du bekommst gleichzeitig die Seele eines Tieres und die Seele eines Engels. Wirf ab die Seele des Tieres und übertriff die Seele des Engels.‹

Doch ist der Weg zur Vollendung schwer. Nicht jeder kann ihn beschreiten. Mohammed wußte das und wollte nicht, daß der sündigen Menschheit der Weg ins Paradies verschlossen bleibe. »Es wird eine Zeit kommen, da man uns verzeihen und uns freisprechen wird, selbst wenn wir nur ein Zehntel von dem erfüllen, was der Herr befohlen hat«, tröstete Mohammed.

Das merkwürdigste an Mohammed war das friedliche Beisammenleben seiner zwei Charaktere: des ekstatischen Propheten und des kühlen Praktikers. Er allein kannte den Weg, den andern mußte er vorerst noch verborgen bleiben. Zuerst, in den Anfängen des Islam, kam es nur darauf an, die Menschheit, die arabische Menschheit, für den Monotheismus einzufangen. War das vollbracht, war diese primitive Voraussetzung des Islam erfüllt, so konnte das Weitere, das vorläufig fest verschlossen in Mohammeds Innerm ruhte, in Angriff genommen werden.

Mohammed beeilte sich nicht. Sein meteorhafter Aufstieg war im Grunde genommen ein schrittweises Vordringen. Er begann sehr bescheiden. Jahr für Jahr entwickelte er den Islam zu seiner weltumfassenden Bedeutung. Hier tritt eine tiefe, innere Verwandtschaft Mohammeds mit Luther zutage. Beide holten zu Beginn weit aus, beide betraten schüchtern, langsam und vorsichtig den Weg, dessen Ende ihnen selbst nur halb bewußt war, beide entwickelten nach und nach ihre Lehre, waren Meister der Vorsicht, der Umsicht, der Zurückhaltung, gleichzeitig aber von Bekennermut, fester Überzeugung getragen, von der sie um kein Jota abwichen und die sie mutig zu verteidigen wußten. Merkwürdigerweise waren auch beide die Schöpfer einer Sprache, die überhaupt erst die Fundierung des Glaubens ermöglichte. In der Tat erinnert auch das Werk Mohammeds, rein äußerlich gesprochen, an das Werk Luthers. Hie und da die Abneigung gegen den toten Ritus, die Verlebendigung des Innenlebens, die Ablehnung der Mittelsmänner zwischen Mensch und Gott. Hie und da auch eine innere Keuschheit, die Fähigkeit der kühlen Berechnung aus tiefer innerer Überzeugung, dies alles mit beispielloser Unerschrockenheit gepaart. ›Hier stehe ich, Gott helfe mir‹, unzählige Male wurde dieses Bekenntnis Luthers von dem arabischen Propheten inmitten der steinernen Idole der Kaʿba ausgesprochen. Dies geschah um das Jahr 600, viele Jahrhunderte vor dem Auftreten des nordischen Reformators.

Der Geist Mohammeds war aber keineswegs demütig, bescheiden oder tolerant. Er schuf einen Glauben, und dieser Glaube war gleichzeitig eine Forderung. In Mekka war der Glaube an einen einzigen Gott verkündet worden, und nur wenige Quraiš hatten die Gefahr dieses Bekenntnisses richtig erkannt. Wenn es nur einen Gott gab und Mohammed sein einziger Prophet war, so lag es nahe, anzunehmen, daß über kurz oder lang der Prophet als der einzige Verkünder des Gotteswillens zugleich die alleinige Herrschaft über die Menschheit beanspruchen würde. Wenn der einzige Gott nur durch einen Mund sprach, so mußte alles, was aus diesem Munde kam, als göttlicher Befehl erfüllt werden. Der Glaube an den einzigen Gott, der Glaube an seinen Propheten erhob also den Anspruch auf Weltherrschaft. Und da bisher der Glaube mit dem Propheten identisch war, wurde der Anspruch auf die Weltherrschaft von dem Menschen Mohammed für sich persönlich in Anspruch genommen. Dieses war auch die kühnste Forderung des Islam: »Ich bin ein Mensch wie die andern« (41,5), verkündete Mohammed, und doch beanspruchte dieser einfache Mensch die Weltherrschaft, die absolute, durch nichts geschmälerte Herrschaft über die gesamte Menschheit.

Diese Forderung ergab sich mit absoluter, logischer Konsequenz aus den so toleranten, biegsamen Grundthesen des Propheten. Nie hat der Prophet in Mekka diese Dogmen ausgesprochen, nie deutete er auch nur darauf hin. Als er aber den Staat der Gläubigen gründete, ergab sich die alleinige, unumschränkte Herrschaft des Propheten von selbst. Denn der Islam hatte Anspruch auf Weltherrschaft. Jetzt in Medina sollte dieser Anspruch durchgesetzt werden.

Mohammed ward das gegeben, was nur wenigen Propheten, Denkern, Philosophen und Gottsuchern vor und nach ihm vergönnt war: der Sprung in die Praxis. Und es erwies sich, daß er, wohl als einziger unter all diesen Männern des Geistes, in Ehren die größte Prüfung bestand, die die Welt von einem Propheten verlangen kann – daß er seine Theorie in die Praxis umsetzte. Aus dem abstrakten Wort des Korans errichtete Mohammed das Gebäude eines Staates, einer praktischen Weltanschauung, einer Weltmacht. Der Sprung in die Praxis heißt Medina.

Der Weg, der zu diesem Sprung führte, war aber ein geistiger Weg. Innerhalb einer in sich gespaltenen, nur äußerlich glänzenden Welt entstand, von keinerlei Machtfaktoren begleitet, der Anfang aller Welten: das Wort. Und das Wort, der Geist, von einem nüchternen Praktiker getragen, widerstand einer ganzen Schar vielleicht gleich hochstehender feindlicher Praktiker, die alle Machtfaktoren der damaligen Zeit in ihrer Hand vereinten, außer einem einzigen: dem Wort.

Der Sieg des Islam ist der Triumph des Geistes. Der Anspruch auf die Weltherrschaft, den der Geist hier erhob, mußte reale Substanz enthalten, mußte ein geistiges und gleichzeitig praktisch durchführbares Programm besitzen, ein Ziel, um dessentwillen sich die Erschütterung der Menschheit lohnte.

Welches war nun das Ziel Mohammeds? Im Vergleich zu den religiösen Systemen des Altertums enthielt dieses Ziel vielleicht nichts wesentlich Neues. Doch wurde dieses Alte jetzt mit nie dagewesener Konsequenz, mit triebhafter Begeisterung ins Praktische überführt. Diese erstmalige praktische Verwirklichung einer abstrakten, religiösen Lehre ist die eigentliche neue Note des Islam in der Weltgeschichte. Die praktische Theologie, die Mohammed verfocht, vereinte in Medina Politik, Staat und Religion zu einem einheitlichen Ganzen, das in Jahrhunderten nicht mehr auseinanderzureißen war.

Im Gegensatz zu allen Staatsbildungen des alten Orients war der Staat Gottes, der Staat des Islam, ein demokratisches Gebilde. Diese Demokratie war aus dem uralten Geiste der Wüste entstanden. Mohammed zerrüttete das Staatswesen, den Partikularismus der freien Sippen. An Stelle der zahllosen Sippen der Araber sollte eine große Sippe des Islam treten, die zuerst Arabien und dann die ganze Welt zusammenfassen sollte. Die innere Organisation dieser großen Sippe der Gläubigen entsprach haargenau der Struktur eines Wüstenstammes. Alle Stammesangehörigen sind einander gleich, und ebenso gleichwertig, frei und gleichberechtigt sind auch alle Gläubigen des Islam.

Die Regierungsform des Islam entspricht in großen Zügen gleichfalls der Regierungsform der Sippen. Dem Sippenführer gehört nur bedingte Gewalt, er ist an die Traditionen gebunden, er ist nur der erste in dem Rat der Weisen. Ähnlich im Islam. Auch hier kennt man eigentlich keinen Monarchen. Man kennt nur den Verwalter des Prophetentums, der vor den Weisen des neuen Glaubens verantwortlich ist und jederzeit abgesetzt werden kann. Das Gesetz aber, die Tradition, die alles umfaßt, geht hier wie dort auf den Gründer der Sippe, in diesem Falle auf Mohammed zurück. Als er verachtet durch die Steppen Arabiens zog, erkannte er das primitive System der Wüstendemokratie, erprobte es und verlieh ihm Weltgeltung. Und das System armseliger Beduinen erwies sich als fähig, der Welt des Orients einen charakteristischen Stempel aufzudrücken, ja bis in die Neuzeit hinein sein Schicksal zu beeinflussen.

Mohammed und dem Islam gebührt aber das Verdienst, die Demokratie, das heißt die These der absoluten Gleichberechtigung der Menschen, zum erstenmal im Weltmaßstab entwickelt zu haben. Die Gleichberechtigung aller Menschen blieb im Islam ein Lebensgrundsatz, der bis zum Sturz des Kalifates aufrechterhalten wurde. Rassen, Klassen und Schichten tauchten für Jahrhunderte in diesem weltumfassenden System unter.

Die Gleichberechtigung der Menschen war im Islam theologisch fundiert, denn die Demokratie des Islam war eine theokratische Demokratie. Die Menschen waren Sklaven Gottes und als Sklaven einander gleich. Eisern waltete über jedem einzelnen das Gesetz Gottes. Die Gleichheit des Islam war nicht mit Freiheit verbunden, wie auch der vorislamische Araber alles andere als frei war. Das Ideal des Islam entsprach eigentlich dem Ideal aller orientalischen Eroberer und Hordenführer: Unterwerfung des Menschen unter ein ehernes und einfaches Gesetz, vor dem alles, was sich Mensch nennt, gleich gilt.

Die Imperien des Orients waren im wesentlichen alle auf diesem Gesetz aufgebaut. Tschinghis Khan, Tamerlan, sie alle wollten nichts anderes. Ihre Imperien entstanden und zerfielen. Nichts konnte ihren Untergang aufhalten. Der Islam aber blieb. Seine Demokratie, seine Gesetze, sein unendlich soziales, bis in alle Einzelheiten durchdachtes Weltbild blieb erhalten. Denn hinter dem Islam stand der freie, ungehemmte, im Rahmen des Gegebenen schöpferische Geist. Dieser Geist konnte nicht untergehen.

Einst ernannte Mohammed den Krieger Mu'ād zum Statthalter der Provinz Jemen. »Wonach wirst du dich richten in Fragen des Regierens?« erkundigte sich der Prophet. »Nach dem Gesetz des Korans«, antwortete Mu'ad. »Und wenn du dort keine Antwort findest?« – »Dann nach deinem Beispiel.« – »Wenn aber auch das nicht ausreicht?« – »Dann werde ich mich nach meinem eigenen Geist richten«, antwortete Mu'ad. Da lobte der Prophet den Krieger und stellte ihn als Beispiel hin für die andern. Denn wie kein zweiter wußte der Prophet, daß man die Menschen mit Waffen, Befehlen und Strafen regieren kann, daß aber die Führung des Menschen nur durch den freien Geist ermöglicht wird.

Dieser Geist der grenzenlosen, freien, unvergänglichen Wüste gab dem Propheten die Herrschaft über die Welt des Orients.

Der Anfang dieser Herrschaft war Medina.

DRITTER TEIL

DER STAAT GOTTES

Hier endet die Lebensgeschichte des Propheten Mohammed und beginnt die Laufbahn des Staatsmannes.

Das Schwert ebnet den Weg für den Geist.

In der Wüste entsteht, durch die Kraft des Wortes, ein Staat. Der Weg dieses Staates ist der Weg des Islam.

Dieser Staat war Mohammed.

DIE STADT DES PROPHETEN

Der Glaube flüchtete sich nach Medina, wie die Schlange sich in ihr Loch flüchtet.

al-Buḫarī

Eine Stadt, ein Land, das an die Freiheit des Wüstendaseins gewöhnt ist, unterwirft sich plötzlich bedingungslos einem fremden, aus der Heimat vertriebenen Fanatiker, gibt ihr selbständiges Dasein auf, nimmt Feinde von gestern auf und kapituliert vor dem despotischen Willen des Eingewanderten.

Wie ist das möglich?

Elf Tagereisen nördlich von Mekka liegt inmitten einer kleinen Oase die Stadt Yaṯrib. Einst, in der Vorzeit, aus der keine Legende überliefert ist, war hier vulkanische Landschaft. Damals bebte die Erde, Lavaströme ergossen sich über das Land, Feuer schlug aus den Kratern, das Land brannte bis zum Ufer des großen Meeres. Dies alles geschah in grauer Vergangenheit, als es noch keine Menschen gab, die Legenden schufen, um die Vergangenheit festzuhalten.

Legenden berichteten, daß von Norden her das Volk der Amalekiter in dieses Land kam, daß sein Häuptling Yaṯrib dort einige bescheidene Wasserquellen entdeckte und einige Lehmhütten erbaute, denen er seinen Namen gab. Den sagenhaften Amalekitern folgten die Juden, die das Land bevölkerten, um in den wilden, kahlen Wüsten Handel zu treiben. Drei jüdische Stämme herrschten im Altertum über Yaṯrib, die Banū Naḍīr, die Banū Quraiẓa und die Banū Qainugā. Diese Stämme führten Krieg, rivalisierten miteinander und unterschieden sich nicht wesentlich von den heidnischen Stämmen des Landes.

Yaṯrib war nur eine kleine, ungeschützte Stadt. Der Handel wollte dort nicht recht gedeihen. Die Bewohner verbrachten die Hälfte ihrer Zeit mit Kriegen gegen die Nachbarn, Rivalen und berufsmäßigen Wüstenräuber.

Da geschah es, daß im vierten Jahrhundert nach Christi im Lande Jemen, im Süden Arabiens, ein großer Staudamm entzweibrach und daß dadurch plötzlich ein Stück fruchtbarer Landschaft zur Wüste wurde. Viele Stämme gerieten dadurch ins Elend, verließen das Land und wanderten auf der Suche nach neuem Glück und neuem Reichtum gen Norden. Unter den Auswanderern befanden sich auch zwei jeminitische Stämme, Ḫazraǧ und Aus. Die Stämme siedelten sich in Yaṯrib an. Die alten Herrscher der Stadt, die Juden, waren tüchtige Kaufleute, doch fehlte ihnen der staatsmännische Sinn. Sie ließen die beiden Stämme in die Stadt hinein, und eine Art Vertrag sollte die Beziehungen regeln. Die Eingewanderten sollten das Land beackern und den Feind bekriegen, die Juden sollten Handel treiben und ihre Ruhe haben. Beide Völker waren aber im Grunde genommen durch nichts gebändigte Wüstenvölker. Handel, Raub und Krieg bedeuteten für sie ein und dasselbe, und die Sippenzugehörigkeit stand ihnen viel höher als Religion, Verträge und politische Klugheit.

Die fünf Sippen hielten sich wenig an ihr Übereinkommen. Sie bekriegten einander ohne Unterschiede der Religion. Juden kämpften gegen Juden, Araber gegen Araber. Juden verbündeten sich mit Arabern, um Juden zu bekämpfen. Es herrschte in Yaṯrib ein Zustand allgemeiner Anarchie, der durch keinerlei staatsmännische Gedanken eingedämmt war. Doch waren die fünf einander bekämpfenden Sippen allesamt auf den gemeinsamen Ernährer, die fruchtbare Oase, angewiesen. Deshalb überschritt der Krieg aller gegen alle nie die Grenze des Zulässigen. Palmen, Felder und Brunnen blieben laut Gesetz von den Fehden der Sippen unberührt.

Die Oase war reich, fruchtbar und berühmt. Üppige Palmen wuchsen in der Oase, und Blumenduft durchströmte die Luft, die Datteln von Yaṯrib wurden in allen Wüsten geschätzt, und die jüdischen Handwerker waren als Goldschmiede in ganz Arabien bekannt. Fünf Stämme teilten also die Herrschaft über Yaṯrib, trieben Ackerbau oder Handel, stritten miteinander und wußten nur vom Hörensagen, daß es auch andere Formen von Staatsgemeinschaften geben sollte als die dauernden Fehden der Sippenrepublik Yaṯrib.

Doch war der Besitz der Stadt für alle fünf Sippen eine Quelle der Schwäche. Stadt und Oase waren ungeschützt. Niemand in ganz Yaṯrib wußte, wie man Festungsmauern um eine Stadt errichten sollte. Durch Ackerbau und Palmenzucht war man an die Stadt gebunden, mußte sie verteidigen und war auf diese Weise, dem freien Wüstendasein entfremdet, seßhaft geworden.

Durch die ganze arabische Welt geht die große Spaltung der Bevölkerung in Nomaden und Seßhafte. Merkwürdigerweise können die Nomaden ruhig Ansässige werden und gelten trotzdem weiter als Nomaden, und genauso werden die Seßhaften, wenn sie schon längst zu Wanderern geworden sind, immer noch als Seßhafte angesehen. Es kommt eben nicht auf die gegenwärtige Situation an, sondern auf die Vergangenheit. In jeder Lebenslage, gleich unter welchen Verhältnissen, lehrt man die ehemals Seßhaften und die einst Nomadisierenden, einander zu hassen und zu bekämpfen. Dieser Haß füllt die Geschichte Arabiens, die Geschichte des Kalifats bis in die Gegenwart aus.

Die vornehmen Kaufleute von Mekka, die seit Generationen in ihrer Stadt ansässig waren, galten als Nomaden, sie stammten von edlen, reinen Beduinen ab und blieben eigentlich auch als Kaufleute dem Charakter und der Art nach Beduinen reinsten Wassers. Die Ackerbau treibenden Leute von Yaṯrib, die aus Jemen zugewandert waren, die Aus und Ḫazrağ, galten als Seßhafte, obwohl sie viel loser mit der Stadt verbunden waren als die vornehmen Mekkaner. Beide Städte hegten tiefen, eingewurzelten Haß gegeneinander. Die Mekkaner verachteten die von der Erde abhängigen Einwohner Yaṯribs, und diese blickten ihrerseits voll Neid auf die reichen Herren der Ka'ba, die unter dem Schutz ihrer dreiundsechzig Götter in allen Wüsten tonangebend waren.

Doch blieb Yaṯrib trotz seiner vierzehntausend Einwohner eine machtlose Stadt der Seßhaften. Eine Regierung hatte Yaṯrib nicht. Die Sippen waren nur durch einen nie ganz ernst genommenen Vertrag und durch gemeinsame Interessen lose miteinander verbunden. Die Familien lebten jede in ihrer Burg. Es gab wie in Mekka keine regierende Macht, keine gemeinsame Religion, keine Gesetze, keine Gefängnisse und keine Monarchen. Statt alledem gab es Blutfehden, uralte Wüstengesetze und den melancholischen, nie aufhörenden Neid gegen Mekka, die Königin der Städte.

In diese Republik, in diese Stadt, die keine war, kam nun Muṣ'ab ibn 'Umair, der Beauftragte Mohammeds, mit dem Ziel, dieses merkwürdige Gebilde dem Propheten hörig zu machen.

Wie gelang das nun?

Muṣ'ab ibn 'Umair war ein kluger Mensch, er verstand die Grundregeln der orientalischen Diplomatie: zu schweigen, zu versprechen, zu beobachten. – Das brachte ihm den Erfolg.

Der Kampf der Yaṯrib-Stämme gegeneinander hatte um jene Zeit bestimmte Formen angenommen. Die Judenstämme, die ursprünglichen Herren der Stadt, hatten bereits das Herrscherrecht über die Stadt an die beiden jemenitischen Stämme verloren. Die Folge davon war, daß die derzeitigen Sieger jetzt blutige Kämpfe gegeneinander austrugen, während die Juden in aller Stille (doch auch diese Stille war mit Fehden ausgefüllt) den Anbruch besserer Zeiten erwarteten. Alle Stämme waren jedoch von der gleichen Furcht beseelt, es könnte ein mächtiger Feind auftauchen, der sie alle, samt ihren diversen Fehden, von der reichen Oase vertreiben würde, und das Bewußtsein schreckte sie, daß sie nie so mächtig, reich und einig sein würden wie die stolzen Nachbarn von Mekka.

Die Leute in Yaṯrib wußten nicht viel vom neuen Propheten, auch war die Religion kein wichtiges Moment in ihrem Leben. Die Juden hatten ihre Rabbiner, die Heiden ihre bescheidenen Götzen, das genügte für ihre metaphysischen Bedürfnisse. Sie wußten, daß es Propheten gibt und daß ein Prophet, lebend oder in einem Mausoleum, einer Stadt von großem Nutzen sein kann. Auch verlangte Mohammed nicht viel, er bat lediglich um ein Asyl, also um etwas, was ein Araber keinem Fremden abschlägt. Daß mit diesem Asyl auch die Herrschaft über die Stadt verbunden sein sollte, ahnten die Yaṯribenser natürlich nicht. Man verpflichtete sich zuerst nur, Gastfreundschaft zu gewähren und den Gast, wie es das Gesetz verlangt, zu verteidigen. Für die Einladung des Propheten war aber etwas anderes entscheidend. Die Aus und Ḫazraǧ wußten genau, daß die Juden das Erscheinen eines großen Propheten erwarteten. Es war für diesen Fall gut, als Gegengewicht bei sich in der Stadt einen arabischen Propheten zu haben, der nicht viel verlangte, viel versprach und dessen Anerkennung mit keinerlei Opfern verbunden war. An ihren heidnischen Götzen lag den nüchternen Männern von Yaṯrib nicht viel. Sie hatten keine Kaʿba, keinen Jahrmarkt und keine Möglichkeiten, die Götzen nutzbringend zu verwenden. Im Gegenteil, man hatte Gründe, von ihrer Wirkung enttäuscht zu sein. Die neue Religion aber versprach viel, man konnte sie ruhig einmal ausprobieren. Ganz zu schweigen, daß man dadurch die verhaßten Quraiš tüchtig ärgern konnte, die Bedeutung der Kaʿba und der dortigen Götzen erschütterte und also doch noch eine Chance im Leben bekam. Das alles überlegte Muṣʿab, erklärte es jedem, der es hören wollte, worauf die Zahl der Bekehrten sichtlich stieg.

Auch die jüdischen Stämme, die nicht gesonnen waren, ihre Religion aufzugeben, waren dem neuen Propheten geneigt. Sie wußten, daß Mohammed an einen Gott glaubte und daß sein Gott auch der Gott der Juden war. Sie hörten ferner, daß der Prophet mit großer Ehrfurcht von den Völkern der Schrift sprach und daß er sie höher stellte als die heidnischen Araber. Es war also anzunehmen, daß der Prophet mit seinen Anhängern im Falle eines Streites auf die Seite der Juden treten würde. Sie hielten ihn für einen Ḥanīfen, der wohl geeignet ist, Blutfeinde zu versöhnen, Friede und Ordnung zu pflegen, worauf der Handel natürlich einen ungeahnten Aufschwung nehmen würde. Ḥanīfen, gottesfürchtige, götzenfeindliche Araber, waren ihnen bekannt, standen oft unter ihrem Schutz. Sie hatten deshalb nichts dagegen, einen neuen Frommen in ihre Gemeinschaft aufzunehmen.

Beide, die Juden und die Heiden, sollten sich arg verrechnen.

Verrechnet hatte sich aber auch der Prophet, dachte er doch, die Juden würden, die Einheit des wahren Glaubens anerkennend, zum Islam übertreten. Er irrte sich sehr. Ein harter Kampf stand ihm bevor, ein Kampf mit den Völkern der Schrift, die nichts von der Lehre des neuen Weisen wissen wollten.

Wie dem auch sei, Muṣʿab erwies sich als guter Diplomat. Seine Versprechungen, seine Lobsprüche und Andeutungen blieben auf die simplen Wüstensöhne nicht ohne Eindruck, und auch der Einfluß der aus Mekka geflohenen, vornehmen, großstädtischen Muslims war nicht unbedeutend. Man strömte der neuen, weltmännischen Religion zu und war bereit, die alten Götzen zu vernichten.

Als Mohammed mit Abū Bakr, von der Flucht erschöpft, in das Dorf Qubāʾ eintritt, war die Mehrzahl der Stämme Aus und Ḫazraǧ bereits dem neuen Glauben beigetreten. Im Staube der engen Gassen lagen die zerschmetterten hölzernen und steinernen Idole der alten Götter.

Von da ab heißt Yaṯrib – Madina an-Nabī, die Stadt des Propheten – Medina. Dies geschah am Freitag, dem 2. Juli des Jahres 622.

DIE ENTSTEHUNG DES STAATES

L'état c'est moi.
Louis XIV.

Staub- und schmutzbedeckt, in zerfetzter Kleidung, auf erschöpften Kamelen erreichten der Prophet und Abū Bakr den Berg und das Dorf Qubā', den Obstgarten und die Sommerfrische von Yaṯrib. Müde kniete das Kamel unter einem breiten Obstbaum nieder. Die Nachricht von der Ankunft Mohammeds verbreitete sich rasch. Alle Einwohner des Dörfchens strömten herbei, um den neu angekommenen Propheten zu begrüßen. Mohammed saß im Schatten des Obstbaumes am Rande eines Brunnens. Und um den Augenblick zu kennzeichnen, in dem der Wendepunkt seiner Laufbahn begann, nahm er einen großen, aus Mekka mitgebrachten Siegelring vom Finger und warf ihn in den Brunnen. Das Volk von Qubā' wußte nicht, wer von den Angekommenen der Prophet war. Manche verbeugten sich vor Abū Bakr, manche vor Mohammed. Da erhob sich Abū Bakr, stellte sich hinter den Propheten und begann mit einem Tuch wie mit einem Fächer über Mohammeds Haupt zu wehen; das war die erste königliche Ehrung des Propheten.

Vier Tage verbrachte der Gesandte Gottes im Dorfe Qubā'. Gläubige kamen zu ihm und brachten ihm ihre Huldigungen dar, Ungläubige lauschten seinen Worten und bekehrten sich. Der mächtige Scheich Burhān ad-Dīn ibn Hāsib fiel mit seinen siebzig Kriegern dem Propheten zu Füßen und schwor für den wahren Glauben zu sterben. Aus Medina kamen Heiden, in festlichen Gewändern, verdammten ihre Götzen und begrüßten den Propheten. Niemand in ganz Medina wußte von den bescheidenen Anfängen des Propheten, niemand konnte sagen: ich kannte ihn noch, als er bei den Hāšim die Schafe hütete.

Am zweiten Tage nach der Ankunft des Propheten kam in sein Haus der arme Sklave Salmān al-Fārisī, ein Perser von Geburt, der auf der Suche nach dem wahren Propheten die Welt jahrzehntelang durchwandert hatte und ihn jetzt in der Oase von Medina fand. Salmān war in Iṣbahān geboren, er war Feueranbeter und verließ später den Glauben und die Heimat seiner Väter. Dann wanderte er durch die alte Welt von Kloster zu Kloster, von einem Heiligen zum andern, die Weisheit aller Götter in sich einsaugend, bis ihm ein alter Mönch von dem neuen Propheten erzählte, der den Glauben Abrahams wiederherstellen wollte. Salmān kam nach Medina, erwartete den Propheten und bekehrte sich zum Islam. Und da im Islam alle Menschen gleich sind, wurde er bedeutender als viele Edlen aus dem Hause der Quraiš. Er wurde der Ratgeber des Propheten und der erste Ingenieur des Islam. »Salmān, der Perser, hat die Lehre Mohammeds geschaffen«, sagten später spöttisch die Mekkaner.

Am Freitag dem sechzehnten, im Monat Rabīʿ, zog der Prophet, in festliche Gewänder gehüllt, von siebzig Reitern und allen ausgewanderten Mekkanern begleitet, feierlich in Medina ein. Vor ihm her trug der neu bekehrte Scheich die Fahne des Propheten – einen grünen, an einer Lanze befestigten Turban – durch die Straße. Vor den Häusern standen die Einwohner von Medina und wunderten sich, daß ein armer, vertriebener, friedlicher Gottsucher wie ein triumphierender Eroberer in die Stadt einzog.

Mohammed hatte in Medina Verwandte. Das erleichterte ihm die Aufgabe. Seine Großmutter stammte aus der Sippe Ḫazraǧ. So fest sind in Arabien die Fesseln der Familie, daß dieser Umstand schon genügte, um so manchen zur Annahme des neuen Glaubens zu bewegen. Abū Aiyūb, ein weitläufiger Verwandter, stellte Mohammed sein Haus zur Verfügung. Mohammed zog zu ihm, doch war seine erste

Tat der Ankauf eines inmitten der Stadt gelegenen Grundstückes, das nunmehr das Zentrum des neuen Glaubens werden sollte. Hier beschloß Mohammed, das Haus Gottes zu erbauen.

Wochen vergingen, und allmählich begann der Prophet die Zustände in Medina zu überblicken, Feinde und Freunde zu erkennen und zu beurteilen. Noch war er Privatmann, noch besaß er keine Macht und war lediglich der Führer einer moralischen Bewegung, sein Ziel war aber eindeutig: die Ergreifung der Macht in der Stadt Medina.

Er war nicht mehr allein. Um ihn stand die stattliche Zahl der ausgewanderten Mekkaner, die hier in der Fremde mehr denn je an den Propheten gekettet waren. Diese mekkanischen Emigranten, Muhāǧirūn genannt, waren in Leid und Kampf erprobt, sie hatten in Mekka Hab und Gut verloren, waren meist von ihren Verwandten aus der Sippe verstoßen, also vogelfrei, und daher gänzlich auf sich selbst und den Propheten angewiesen.

Der arabische Mensch verträgt keine Einsamkeit, die Muhāǧirūn schlossen sich zu einem Bund, einer Art Familie zusammen. Das Oberhaupt dieser entschlossenen Schar wurde natürlich der Prophet. Die Emigranten, die völlig verarmt nach Medina gekommen waren, hatten nicht viel zu verlieren. Sie mußten, um nicht in den fremden Sippen unterzugehen, fest zueinander halten. Zuerst hieß es natürlich für das materielle Dasein der Emigranten zu sorgen. Sie waren entwurzelt, konnten von niemandem Hilfe erwarten und hatten nichts als ihr nacktes Leben in die Verbannung hinübergerettet.

Doch war dies die kleinste Sorge des Propheten. Die Mekkaner waren die Tüchtigsten unter den Arabern. Bekannt ist die Geschichte von einem frommen Muhāǧirūn, der gänzlich zerlumpt und mittellos in Medina eintraf und dort einem wohlhabenden Freund begegnete. »O du Ärmster unter den Armen«, sagte der einheimische Freund, »wie kann ich dir behilflich sein? Mein Haus und mein Geld stehen dir zur Verfügung.« – »O bester unter den Freunden«, antwortete der Flüchtling, »nenne mir nur den Weg zum hiesigen Markt, alles andere wird sich schon finden.« Und in der Tat, er lief zum Markt, begann irgendwelche Geschäfte und gelangte rasch zu neuem Reichtum. Nur ganz vereinzelte Flüchtlinge mußten sich für eine Zeitlang reichen, eingeborenen Gläubigen anschließen. Diese Auswanderer brachten aber aus ihrer Heimat kämpferische Entschlossenheit und völlige Freiheit von irgendwelchen einheimischen Familienverhältnissen und Blutfehden mit. Sie betrachteten sich, da sie die ältesten unter den Muslims waren, als die Zierde des neuen Glaubens und gehorchten statt ihrem verflossenen Familienoberhaupt einzig und allein Mohammed. Sie hatten als Emigranten keinerlei moralische Bindungen zu berücksichtigen, und der Prophet entdeckte eines Tages, daß er an der Spitze seiner durch die Not zusammengeschweißten disziplinierten Muhāǧirūn eigentlich in der medinischen Anarchie eine nicht unbedeutende Macht darstellte.

Schwieriger lagen die Verhältnisse bei den Einheimischen, die zum Islam übergetreten waren. Ihnen war es noch nicht zum Bewußtsein gekommen, daß der Prophet auch die absolute weltliche Macht für sich beanspruchte. Sie beteten zum Gott Mohammeds, waren aber der Ansicht, daß die weltliche Macht einem der Ihrigen zukäme. Bis dahin hatte Medina kein sichtbares Stadtoberhaupt. Der Edelste unter den Ḫazraǧ, 'Abdallāh ibn 'Ubai, war gleichfalls seit langem der Ansicht, daß ihm eigentlich die Krone der Stadt Medina gebühre. Hier mußte der Prophet als gewandter Diplomat und zielbewußter Herrscher vorgehen. Nach und nach gelang es ihm, mehrere von den Neubekehrten zu absoluter Hörigkeit zu erziehen. Diese Schar meist abenteuerlicher und junger Leute erhielt den Namen Anṣār – Helfer des Propheten. Diese Anṣār wurden eine kräftige Stütze der Politik Mohammeds. Die übrigen aber glaubten an den Islam nicht fester als an ihre alten Götter, sie nahmen ihn an, weil er einleuchtend war, und erhielten vom Gesandten Gottes den verächtlichen Namen Munāfiqūn, was Heuchler bedeutet. Ihr Führer war 'Abdallāh, der gleichfalls äußerlich den

Islam annahm, weil er dadurch Einfluß auf die Nichtstammesbrüder zu erringen hoffte. Doch war 'Abdallāh reich und dumm. Der Prophet brauchte ihn nicht zu fürchten. Mit der Schar der Munāfiqūn bildete er eine träge Masse, die bei Erfolgen dem Propheten zujubelte und ihn bei Mißerfolgen zu verlassen bereit war.

Gestützt auf die Muhāǧirūn und die Anṣār, war der Prophet, ehe es die anderen bemerkten, eine Macht geworden, mit der sich im anarchischen Medina wohl niemand messen konnte. Die Flüchtlinge, die Helfer und die Heuchler, diese drei Gruppen, die den Propheten umgaben, stammten aus dem Volke der Heiden, aus dem Volke der Araber. Der Prophet aber war nach Medina gekommen, weil er hörte, daß dort Juden und Christen, Völker der Schrift, ansässig waren.

Die wenigen in Medina ansässigen christlichen Sektierer traten sehr bald zum Islam über. Mohammed erkannte die Heiligkeit Christi an. Das war den bescheidenen, in die arabische Wüste verschlagenen Christen genug. Anders stand es um die Juden. Sie bildeten beinah die Mehrheit der Bevölkerung Medinas und waren auf ihren von Gott empfangenen Glauben stolz. Sie wußten, daß Mohammed große Achtung vor ihren Schriften hatte, und betrachteten ihn anfänglich als halben Juden, als einen jüdischen Sektierer, denn Leute dieser Art gab es viel in den Wüsten. Keiner unter den Juden dachte jedoch daran, den Führer hergelaufener Mekkaner und einheimischer Heiden als Propheten anzuerkennen oder gar seinen Glauben anzunehmen. Sie begannen überdies die kaufmännische Konkurrenz der Mekkaner bitter am eigenen Leib zu spüren und beschlossen, sich den frommen Führer näher anzusehen.

Mohammed wollte Frieden mit den Juden. Er glaubte an die Einheit von Islam und Judentum. Schon bei seiner Ankunft in Medina hatten seine ersten Annäherungsversuche begonnen. Er trug jetzt seine Haare ungeflochten, nach jüdischer Art, und vermied alles, was den Unterschied zwischen ihm und den Juden unterstreichen konnte. Um die innere Einheit des Islam und des Judentums besonders deutlich zu dokumentieren, hatte er sogar den Gläubigen befohlen, ihr Gesicht beim Gebet gen Jerusalem – die Heilige Stadt der Völker der Schrift – zu wenden. Das war die erste Qibla, Gebetsrichtung des Islam. Sie sollte die Verwandtschaft mit den Völkern der Schrift verkünden.

Doch war all dies für die medinensischen Juden noch durchaus kein Beweis der göttlichen Sendung Mohammeds. Dieser Beweis konnte nur in gelehrten Diskussionen mit den Rabbinern erbracht werden. Die weisesten Schriftgelehrten von Medina wurden berufen, um die Heiligkeit des Propheten zu beurteilen. Die Heiligkeit war aber für die Rabbiner mit der Kenntnis der heiligen Thora identisch. Sie kamen, sprachen mit dem Propheten und stellten fest, daß sie die Thora besser kannten als er. Damit war der Fall für die Juden erledigt. Der Prophet konnte offensichtlich nur den Heiden imponieren.

Es blieb aber noch die politische Bedeutung des Propheten, und diese hatten die Juden richtig erkannt. Sie hofften, daß sein Einfluß bei den Heiden Ruhe und Ordnung herstellen werde, so daß der Handel dadurch automatisch zur Blüte gelangen würde. Aus diesem Grunde tolerierten sie den Propheten und sahen gleichmütig zu, wie die bewaffneten Abteilungen der Anṣār und Muhāǧirūn immer größeren Einfluß gewannen, wie die politische Bedeutung des Propheten von Tag zu Tag stieg. Sie hatten sich, wie die Zukunft zeigte, stark verrechnet.

Umringt von kampfbereiten Gläubigen, fühlte sich der Prophet in Medina von Anfang an als Träger einer Macht, und diese Macht wollte er organisieren. Dazu bedurfte es der Einigkeit seiner Gläubigen. Diese herzustellen war vielleicht die schwierigste Aufgabe des Propheten. Die Auswanderer und die Helfer Mohammeds gehörten zu verschiedenen Sippen, ja sogar zu den beiden feindlichen Kategorien des arabischen Volkes, zu Nomaden und Seßhaften. Seit Urbeginn war zwischen diesen beiden nur Haß, konnte nur Haß sein. Auch die Ankunft des Propheten änderte nicht viel an diesem Zustand. Beide Parteien rivalisierten miteinander, die Auszeichnung eines Anṣār durch den Propheten verletzte alle Muhāǧirūn und umgekehrt. Unter der äußeren Einigkeit des gemeinsamen Glaubens verbarg sich zudem der vererbte Haß der Stämme.

Diese Feindseligkeiten mußte Mohammed bändigen. Der Haß war das Erbgut der Familien, deshalb mußte die Macht der Familien erschüttert werden. Zuerst versuchte der Prophet die einheimischen Glaubensbrüder zu veranlassen, die Auswanderer in ihre Familien aufzunehmen. Als der Versuch mißlang, begann er durch vorsichtiges Laborieren, durch ausgeklügelte Diplomatie den Streit und die Zänkereien zu schlichten. Aber auch das versprach für die Dauer keine Sicherheit. Endlich entsann sich Mohammed, daß er in religiösen Dingen eine gesetzausübende Macht besaß. Die Zusammengehörigkeit seiner beiden Anhängergruppen wurde daher zum religiösen Dogma erhoben. Im achten Kapitel des Korans verkündet Gott durch den Mund Mohammeds: ›Diejenigen, welche geglaubt haben und aus dem Vaterland geflohen sind, die ihren Leib zum Kampf für den Glauben verwendet haben, und diejenigen, welche dem Propheten eine Freistätte bei sich gewährt haben und ihm Beistand leisten, sollen miteinander als am nächsten verwandt gelten‹ (8,73).

Es muß ein wunderbarer Einfluß von Mohammed und dem Koran ausgegangen sein. Der Vers der 8. Sure vernichtete zwar nicht den Haß zwischen den Kasten. Doch verschwand der Haß von der Oberfläche des Lebens, wurde unsichtbar und unmerklich. Die Sippen folgten, soweit sie konnten, dem Gesetz. Es wurde somit eine äußere Einigung der Muslims erzielt, und das mußte vorläufig genügen. So entstand, durch einen Vers im Koran veranlaßt, die einheitliche Gemeinde, Ǧamāʿa al-Islām, der Kern eines Staates, der weithin sichtbare Ausdruck der Macht des Propheten.

Diese Gemeinde, diese bewaffnete Macht, brauchte einen Mittelpunkt, und die erste sichtbare Tat des Propheten war der Bau eines Gebets- und Versammlungshauses, war der Bau der ersten Moschee des Islam. Auf dem großen Platz, in der Mitte der Stadt, auf dem sein Kamel beim Einzug in die Stadt niedergekniet war, begann der Prophet den Bau des Gotteshauses. Täglich erschien der Prophet, von rüstiger Gefolgschaft umgeben, auf dem Platz. Mit der Kraft seiner Hände half er beim Bau, trocknete in der Sonne die Ziegelsteine, schleppte Lehm herbei und errichtete die Mauern. So entstand das Gebetshaus des Propheten, die Maṣğid an-Nabī, die erste Moschee. Mohammeds Hände halfen beim Bau. Da der Prophet nur ein Mensch war und die Gabe der Voraussicht nicht besaß, wußte er nicht, daß er hier mit eigenen Händen sein dereinstiges Grabmal errichtete. In der Mesdschid en Nebi sind die irdischen Reste des Propheten beigesetzt worden.

Die Moschee war einfach und prunklos, sie entsprach auch äußerlich dem nüchternen Glauben, der in ihr gepredigt wurde. Ein Stück Land von hundert Quadratellen wurde mit Mauern aus getrockneten Ziegelsteinen umgeben. Innerhalb des Quadrates pflanzte man Palmenbäume und bedeckte ein Drittel des Gebäudes mit Palmenblättern. In die Mauer schlug man drei Türen, eine in der Richtung des Gebets, eine im Namen Gabriels und eine im Namen der Barmherzigkeit. Die Pforte der Barmherzigkeit führte zum Hause des Propheten. Der Hof diente für Gebete, für Versammlungen und als Nachtlager für die Obdachlosen. Das war die erste Moschee, die Mutter der schönsten Gebäude des Orients, der steingewordenen Gedichte der arabischen Menschen.

Neben der Moschee errichtete der Prophet einige Hütten für sich und seine Angehörigen, und die Armut der Hütten zeugt von der stets gleichbleibenden Anspruchslosigkeit des Propheten. Niedrige Lehmwände, lederne, auf dem Boden liegende Matratzen, zwei grob zusammengehauene Hocker, eine Wasserflasche und Mehlgefäße bildeten die kärgliche Einrichtung. Kostbare Möbel lehnte Mohammed ab. Sein Leben war wie sein Glaube gesteigerte Einfachheit. Der Prophet flickte selbst seine Kleider, fegte mit dem Besen den Hof, molk Ziegen und arbeitete am Herd. Dieses Leben änderte er auch nicht, als er auf dem Gipfel der Macht autokratisch über ganz Arabien herrschte. Seine Einkünfte, den Tribut der Besiegten, die Beute aus späteren Kriegszügen verteilte er stets unter die Armen, denn Almosen spenden war für ihn die beste Tat in den Augen Gottes. Deshalb war auch der Hof vor den Hütten, zum Entsetzen der Gläubigen, ständig von speichelleckenden Schmarotzern und Bettlern aller Art überfüllt. Wenn man ihm aber riet, daß er als Prophet die Gemeinschaft mit dem einfachen Volk doch lieber meiden sollte, erzählte er folgende Fabel:

»Als Gott, der Allmächtige, die Erde schuf, zitterte und bebte sie in ihrer ungebändigten Freiheit. Kein Mensch konnte fest auf dieser Erde stehen. Um nun die Erde zu beruhigen, nahm Allāh hohe Berge, setzte sie auf die Erde und befestigte sie. Seitdem wurde die Erde ruhig. Als aber die Engel im Paradies davon erfuhren, staunten sie über die Macht der Berge und glaubten, es gäbe keine größere Schöpfung des Herrn. ›O Allāh‹, sagten sie, ›gibt es in deiner Schöpfung etwas Stärkeres als Berge?‹ Und Allāh antwortete: ›Eisen ist stärker, denn Eisen bricht die Berge.‹ – ›Ist also Eisen die stärkste Schöpfung?‹ – ›Nein, Feuer ist stärker als Eisen, Feuer kann Eisen zerschmelzen.‹ – ›Und was ist mächtiger als das Feuer?‹ – ›Das Wasser, denn es löscht das Feuer.‹ – ›Und gibt es etwas in dieser Schöpfung, das mächtiger wäre als Wasser?‹ – ›Ja, der Wind, denn er überwältigt das Wasser.‹ – ›O du gerechter Gott‹, riefen dann die Engel, ›was ist das Stärkste auf Erden?‹ Da antwortete Allāh: ›Das Beste und Schönste unter meinen Schöpfungen ist der mitleidige Mensch, der Almosen gibt. Wenn er mit der rechten Hand gibt und es vor der linken verbirgt, so überwältigt er alle Dinge.‹«

Im Hofe der Moschee, an einen Palmenstamm gelehnt, predigte der Prophet das Leben, das er selbst in seiner Hütte führte. Muslims, Juden, Christen und Heiden umgaben ihn. Mit Absicht hatte er den Freitag als den Tag der großen Predigt, der großen Gebete gewählt. Denn am Freitag waren Juden und Christen von ihren eigenen Gebeten frei und konnten seine Predigten hören. Eine der ersten Reden des Propheten galt nicht dem Krieg, den er brachte, nicht der Macht, die er beanspruchte, sondern der Nächstenliebe. »Wenn der Mensch stirbt«, so sagte er, »dann fragen die Erben: Welches Vermögen hat er hinterlassen? – Die Engel aber fragen: Welche guten Taten hast du begangen? – Was ist eine gute Tat? Alles, was ein Lächeln im Gesicht des andern Menschen erzeugt, ist gute Tat, ist Nächstenliebe.«

In Medina vor einer großen, freien Hörerschaft liebte der Prophet die Grundzüge seines Glaubens in solchen kurzen, klaren Sätzen zu definieren. Diese Sprüche ergeben ein getreues Bild des Islam, der auch als Staatsbildung auf moralischem Fundament basierte. »Nenne mir die Hauptregeln des frommen Lebens«, bat ein Neubekehrter den Propheten. Und der Prophet antwortete: »Sprich von niemandem Böses.« – »Wie kann ich das Andenken meiner toten Mutter ehren?« fragte ein anderer. »Durch Wasser«, antwortete der Prophet. »Grabe für sie einen Brunnen und gib den Dürstenden das Wasser.«

Alle Fragen des Daseins wurden mit den Schülern im Halbdunkel des Hofes der Moschee besprochen und beantwortet. Der Islam, der jetzt das praktische Leben regeln sollte, war klar und allumfassend. So mißbilligte zum Beispiel der Prophet das übermäßige Essen und Trinken, ebenso auch das Singen und verbot kategorisch Tanzen, Musizieren, Malen und Bildhauen. »Warum, o Prophet«, soll man ihn gefragt haben, »bist du gegen die Künste?« Und Mohammed antwortete: »Aus Mitleid mit den Künstlern, die Figuren und Gestalten darstellen. Denn am Tage des Gerichtes wird Allāh den Künstlern befehlen, allen Figuren, die sie darstellten, Leben zu geben. Und das wird die Künstler sehr verwirren.«

Doch waren all diese frommen Gespräche, Gebote und Verordnungen jetzt für den Propheten von sekundärer Bedeutung. Wichtig war für ihn vor allem, durch Gespräche, durch Frage und Antwort zu erfahren, wie weit er sich im Notfall auf die Hilfe der Gläubigen verlassen konnte. Bald

6. Pilger in Mekka: ʿUṯmān Pascha, der Generalgouverneur des Ḥiǧāz, mit dem ägyptischen Maḥmal (dem heiligen Teppich) in Mekka, seiner Residenz. Lithographie, 1889.

erkannte der Prophet: Die Muslims würden alles durchführen, was er befahl. Den zersplitterten, einander bekämpfenden Familien von Medina konnte er eine geeinte, disziplinierte und zu allem entschlossene Armee der Muhāğirūn und Anṣār entgegenstellen. Dieses Bewußtsein machte ihn zum Herrscher, zum Machthaber, und er begann seine Macht auszubauen, begann das Gebäude der Gläubigen, den Staat Gottes zu bauen.

Eines Tages versammelte der Prophet die Vertreter aller Familien von Medina und die besten unter den Gläubigen um sich. »Wir, das Volk von Medina, leben in Fehde und Blutfeindschaft. Ich betrat diese Stadt, um hier Frieden zu stiften. Diesen Frieden verkünde ich jetzt.« Und er verlas die von ihm vorbereitete Verfassung, das Gesetz, das von nun ab das Leben in Medina bestimmen sollte.

Durch diese erste Gesetzgebung des Islam offenbarte sich Mohammed plötzlich von einer gänzlich überraschenden Seite. Nämlich als Staatsmann mit festem Blick und klarem Willen, als Politiker mit kühnem Gedankenflug, ganz anders als ihn Arabien bisher gekannt hatte. Der Staatsmann, der bis dahin unsichtbar in ihm gelebt hatte, kam plötzlich zum Vorschein.

Die Gesetzgebung hatte folgenden Inhalt: Alle Gläubigen bilden einen Staat, der die öffentlichen Rechte der Familie, wie Blutrache, Kriegführung usw., übernimmt. Der Führer dieses Staates ist Mohammed. Juden, die in Medina ansässig sind, werden dem Staate angegliedert und von den Gläubigen geschützt und verteidigt. Über Krieg und Frieden entscheidet der Prophet. Alle Einwohner von Medina müssen im Falle der Not Steuern zahlen. Ein Verbrecher gegen das Gebot des Propheten und gegen die Religion darf auch von seinen eigenen Verwandten nicht geschützt werden. Nur die privaten Vergehen unterstehen auch weiterhin der Gerichtsbarkeit der Familien. Blutfeindschaft unter den Muslims darf sich nie mehr auf ganze Familien erstrecken. Blutrache wegen eines Mordes an Ungläubigen gibt es für Muslims nicht. Alle Gläubigen sind zur Rache verpflichtet, wenn einer von ihnen des Glaubens wegen geschädigt wird. Ein Aufwiegler gegen den Propheten darf von niemandem, auch nicht von Familienmitgliedern, geschützt werden. Die Muslims bilden anderen Völkern gegenüber eine Gemeinde, in der alle einander gleich sind; Juden und Christen aber, die den Schutz der Gläubigen genießen, unterstehen in allen öffentlichen Fragen den Gesetzen des Propheten. Doch ist der Krieg für sie nur dann Pflicht, wenn er zum Schutze der Heimat geführt wird. In allen übrigen Fragen sind sie den Muslims gleichgestellt. Die Muslims müssen einander unterstützen, ihre Gefangenen loskaufen und dafür sorgen, daß es unter ihnen keine Mittellosen gibt. Weder Jude noch Christ kann gezwungen werden, den Islam anzunehmen. Die Einwohner Medinas müssen sich, unter Strafandrohung bei Nichtgehorsam, loyal gegen den Islam und dessen Gesetze verhalten. Alle Streitigkeiten in der Stadt sollen künftighin einzig und allein Gott und seinem Propheten Mohammed unterstellt sein. –

Dies Gesetz war ein Staatsstreich, wie ihn Arabien noch nie erlebt hatte. Er zerriß, wenn auch zuerst nur in beschränkter Weise, die Bande der Blutsverwandtschaft und schuf dafür neue, nie dagewesene rechtliche Kategorien, unterwarf das Recht der Sippe dem Willen des einzelnen. Ratlos und unentschlossen blickten die Vertreter der Familien einander nach dieser Kundgebung an. Doch sahen sie ringsherum auf dem ganzen Platz, auf dem Hofe der Moschee, entschlossene Gesichter der Muslims, deren Gewerbe die Religion und deren Führer der Prophet war. Die Muslims hatten starke Muskeln, blickten bedrohlich drein und klirrten mit ihren Waffen. Offensichtlich gab es für viele von ihnen überhaupt keine Sippenbindung mehr. Sie waren Prätorianer des neuen Propheten, Sturmabteilungen des Islam. Medina konnte ihnen nichts entgegenstellen.

Die Vertreter der Familien, die Juden, die Muhāfiqūn, die Heuchler und Zweifler, unterwarfen sich dem neuen, unter dem Druck der Waffen proklamierten Willen. Sie nahmen das Gesetz an.

So begann der Privatmann Mohammed Gesetze zu diktieren.

So entstand aus dem Nichts ein Staat.

So begann die Theokratie, so entstand das Muster aller islamischen Staaten, dessen Wirkung bis in die Gegenwart reicht.

DER WEG ZUR MACHT

Das Schwert ist der Schlüssel des Himmels und der Hölle.

Mohammed

Von Wüsten, Ackerfeldern und Palmen umgeben lag die Stadt Medina, der Zufluchtsort der Frommen. In der Stadt herrschte das Wort des Propheten, das Wort des Islam. Zwar war Medina nur eine einzige Stadt, sogar keine große. Einst sollte aber von dort aus das Wort des Korans über alle Länder und Kontinente, durch alle Wüsten, Städte und Dörfer, bei allen Völkern der Welt ertönen. Doch waren diese Völker vorerst über die ganze Erde zerstreut, hatten ihre Götter und ihre Herrscher. Sie wollten ihr Ohr dem Worte des Propheten nicht leihen. Die Weltmacht wollte nicht freiwillig zu dem Propheten kommen, deshalb beschloß der Prophet, den Weg der Macht zu betreten. Denn im Elend, im Unglauben, in der Sünde verging die Welt. Um nun die Welt vor der Sünde zu retten, um das Wort Gottes allen hörbar zu machen, um die Götter des Unglaubens zu stürzen und um Kirchen, Moscheen und Synagogen zu schützen, betrat der Gesandte Gottes den Weg zur irdischen Macht. Ein riesiger Morast versperrte diesen Weg: der Sumpf der Politik. –

Mohammed mußte diesen Sumpf durchschreiten. Mord, Verrat, Treubruch lagen in diesem Sumpf; wer ihn durchschritt, mußte fremdes Blut vergießen, mußte Schmutz und Sünde auf sich nehmen, mußte ebenso brutal und listig wie streng und weise sein. Mußte für einige Zeit die Milde vergessen und die Liebe verabscheuen. Viele Propheten, Weise und Heilige der Welt versanken einst in diesem großen Sumpf, blieben für immer darin stecken, hörten auf, Propheten und Weise zu sein. Denn schwer lastet der Schmutz des großen Sumpfes auf den Schultern des Weisen. In der Tiefe des Schlammes versinken Weisheit, Milde und Kraft. Mit dem Kot der Sünde bedeckt, treten die Heiligen auf der andern Seite des Morastes ans Ufer: als Despoten, Herrscher, Dämonen, Diener der Unterwelt. Trügerisch und lockend ist der giftige Sumpf. Er liegt auf dem Wege aller, die die Welt bessern wollen. Viele Männer verloren in dem Sumpf die Schätze, die sie hinübertragen wollten, und nur wenige erreichten das Ufer unbefleckt und rein. Denn der Weg zur Macht führt durch den Sumpf der Sünde.

Auch Mohammed mußte den Sumpf der Sünde betreten, auch er mußte durch Blut, Schmutz und Verrat gehen, doch hell und strahlend leuchtete am anderen Ufer das Wort Gottes, das befohlen hatte: »Verkünde im Namen deines Herrn.« Manche Sünde nahm der Gesandte Gottes auf sich, er vergoß Blut, herrschte brutal und rücksichtslos, handelte listig und verschlagen, kriegerisch und weise. Niemand in der Welt hat aber den Sumpf der Sünde reineren Herzens verlassen als Mohammed, der Gesandte Gottes.

Unverhofft kam Mohammed zur Macht, und diese Macht wuchs zusehends. Aus der Wüste und aus den Steppen kamen von fremden Sippen Abenteurer zu ihm und Krieger, denen daheim kein Glück vergönnt war. Sie hörten von der Macht des neuen Propheten, legten das Glaubensbekenntnis ab und warteten nun im Hofe der Moschee, in den Häusern und Gassen Medinas auf die Stunde, da die Kraft ihres Schwertes Verwendung finden würde. Denn sie waren der Heimat entflohen, und der Islam war ihr einziges Gewerbe. Geldgierig und kriegerisch, wurden sie die Stoßtruppen des neuen Glaubens, Prätorianer des Islam.

Der Prophet wußte, daß die Zeit des Kampfes gekommen war. In der Ferne lag die glänzende Stadt Mekka und herrschte nach wie vor über die Wüste. Diese prunkvolle Stadt hatte den Propheten ausgespien. Seitdem er geflohen war, hatte man ihn vergessen. Es war kein Raum für ihn auf dem großen Platz der Ka'ba. Vergessen, mißachtet, ignoriert wurde der Prophet und seine Lehre in Mekka. Für die Mekkaner war dieser Kampf siegreich beendet. Man gönnte dem Propheten Medina und widmete sich wieder den Geschäften. Der Prophet wollte sich aber in Erinnerung bringen, wollte Mekkas Gedächtnis auffrischen, wollte wieder, wie in den Jahren der Verbannung, der Gesprächsstoff der Wüsten sein. Er mußte herausfordern, um nicht in der fernen Provinzstadt Medina für immer der Vergessenheit zu verfallen. Der Weg der Erinnerung war der Weg des Kampfes. Eines Tages versammelte der Prophet die Schar der Gläubigen, lehnte sich, wie immer bei seinen Predigten, an den Stamm einer Palme und gab ihnen in der Form eines weisen, orientalischen Märchens seine Absichten kund. Denn er wußte, daß nichts mächtiger in der Wüste ist als das Märchen eines Weisen.

»Viele Propheten«, erzählte Mohammed, »sind von Gott auf die Erde entsandt worden, und jeder der Propheten hatte die Aufgabe, eine andere Eigenschaft des Allmächtigen zu preisen. Moses verkündete die Gnade des Allbarmherzigen, Salomo, der König, seine Weisheit, seine Herrlichkeit und Majestät, der milde Jesus pries den Völkern die Gerechtigkeit, Allwissenheit und Macht Gottes, er bewies sie durch die Wunder, die er durch Gottes Gnade vollbringen durfte. Doch all das konnte die sündige Menschheit nicht überzeugen. Die Menschen blieben in der Sünde stecken, und alle Wunder von Moses bis Jesus sind mit den Augen des Unglaubens angesehen worden. Da sandte Gott, der Gerechte, mich, seinen Gesandten Mohammed; ich aber habe von dem Herrn die Sendung des Schwertes bekommen.«

Die Gläubigen lauschten den Worten des Propheten, sie ahnten aber nicht, daß in diesem kurzen Überblick der Wendepunkt ihres Lebens, der Wendepunkt des Islam enthalten war. Das Schwert und nicht das Wort sollte von nun ab das Schicksal des Glaubens entscheiden. Der Prophet ging zum Angriff über. Er war zu dieser Zeit zweiundfünfzig Jahre alt.

Die Muslims, die in der Moschee herumlungerten, die

von der Gnade des Propheten lebten und nichts in die Fremde mitgebracht hatten als den Glauben an das Wort Gottes, waren zum Kampf bereit. Sie waren aber nicht die einzigen, die mit dem Schwert in der Hand das Wort Gottes verfechten sollten. Viele Muslims gelangten in Medina zu Reichtum. Abū Bakr zum Beispiel schickte bereits reiche Karawanen nach Basra, desgleichen viele andere. Sie hatten sich eingewöhnt in Medina, sie lebten, um Reichtümer zu erwerben, und betrieben Handel wie in der Stadt Mekka, die sie ihres Glaubens willen verlassen mußten. Es war nicht leicht, sie aus ihrem Alltag zu reißen und in den Kampf zu locken. Ebenso stand es mit den Eingeborenen Medinas. Sie hatten einen festen Vertrag mit dem Propheten geschlossen, der sie lediglich verpflichtete, den Propheten bei Angriffen zu verteidigen, nicht aber mit ihm in die Wüste zu ziehen, fremde Völkerstämme anzugreifen und das eigene, teure Leben in Eroberungskriegen Gefahren auszusetzen. Der Prophet, der nie einen Krieg geführt hatte und nichts von der Feldherrnkunst verstand, wußte eins: Nur Disziplin und Einigkeit konnten die Völker zum Sieg führen. Von Beginn an war der neue Glaube ein Glaube der Disziplin. Das regelmäßige Gebet, die vorgeschriebenen, beinah gymnastischen Bewegungen des Körpers, fünfmal täglich in Gemeinschaft aller Gläubigen ausgeführt, stärkten die Seele, erweckten das Gefühl der Zusammengehörigkeit und der Disziplin. Dieser tiefere Sinn des Gebetes sollte jetzt seine Früchte tragen. Der erste Exerzierplatz des Islam war die Moschee, denn die Kriege, die Mohammed führte, sollten Glaubenskriege sein. Der Krieg war die Pflicht aller Menschen, die täglich fünfmal ihre Körper zum gemeinsamen Gebet anspannten.

In diesem Sinn verkündete Gott durch den Mund seines Propheten den berühmten Vers des Korans: »Diejenigen, welche meinem Glauben anhängen, brauchen sich nicht in Streit oder Darlegungen der Gründe des Glaubens einzulassen, sondern sie müssen alle, die dem Glauben Gottes ihren Gehorsam verweigern, erschlagen. Wer für den wahren

Glauben kämpft, wird, ob er nun siegt oder fällt, diesseits oder jenseits einen herrlichen Lohn empfangen« (4,76).

Wem aber auch dies nicht genügte, wer trotzdem zögerte, sein Leben dem Islam zu weihen, der konnte aus dem Munde des Propheten auch konkrete Dinge erfahren. »Alle, die für die Sache des Glaubens kämpfen«, verkündete der Prophet, »werden durch die zeitlichen Vorteile hoch belohnt werden. Jeder Blutstropfen, den sie vergießen, jede Gefahr und Entbehrung, der sie sich aussetzen, wird höher belohnt als Fasten und Gebet. Wenn sie in der Schlacht fallen, so sind ihre Sünden augenblicklich verwischt, und sie werden in das Paradies getragen, um dort in den Armen schwarzhaariger Hūrīs in ewigen Freuden zu schwelgen« (47,5–7).

Wer Konkretes leisten sollte, bekam auch konkrete Versprechungen, und der Kriegswille des Propheten erhält eine theoretische Fundierung durch die Lehre von der Prädestination. Alles, was mit dem Menschen geschieht, ist von seiner Geburtsstunde an vorherbestimmt, nichts kann einem Menschen ohne Gottes Fügung geschehen, nie kann er aber dem entgehen, was Gottes Wille ist. Diese Lehre, die zum Grundstein des Islam wurde, hätte leicht zum toten Fatalismus ausarten können. Die Gefahren des Fatalismus, des untätigen Vegetierens in Gott, waren aber Mohammed ausreichend bekannt. Deshalb erklärte er: »Zuerst binde dein Kamel fest an den Baum, dann erst vertraue es der Allmacht Gottes.«

So betrat der Islam den Weg des Krieges, den Weg zur Macht, zur Herrschaft über die Welt. In den zehn Jahren, die der Prophet in Medina regierte, führte er vierundsiebzig Feldzüge, von denen er vierundzwanzig persönlich leitete. Diese Feldzüge brachten ihm die Herrschaft über Arabien. Für einen dreiundfünfzigjährigen Kaufmann, der nie vorher eine Waffe geführt hatte, ist dies eine Leistung, die in der Geschichte nicht ihresgleichen hat. Diese Kriege erhielten den Namen Ġazwa oder Ǧihād, das bedeutet: der heilige Kampf für den Glauben.

Was ist ein Krieg in der Wüste? Er ähnelt keinem anderen

Krieg der Welt. Er ist auch kein richtiger Krieg, er ist ein Zwischending von Raub und Handel, in dem niemand weiß, wo der Handel endet und der Raub beginnt. Die meisten Kriege der Wüste werden geführt, um Beute zu erwerben. Im Frühjahr überfallen die mächtigen Stämme ihre schwächeren Nachbarn, holen sich eine angemessene Beute und verschwinden rasch, wie sie gekommen sind. Kriege zur Eroberung des Landes oder irgendwelcher Gebiete waren den Arabern völlig unbekannt. Erst Mohammed hat diese Möglichkeit erkannt.

Wie kämpfte man in der Wüste? Ein geordnetes, diszipliniertes Heer war vor Mohammed gleichfalls unbekannt. Wer Lust auf Beute oder Abenteuer hatte, zog ein Panzerhemd an, bedeckte sein Gesicht mit dem Visier und band sich ein buntes Tuch um die Brust, zum Zeichen, daß er allein für seine Taten verantwortlich sei. Dann suchte er sich einen ebenbürtigen Gegner und rief ihm irgendeine Beleidigung zu, etwa: »O du Sohn einer Hure, willst du erfahren, daß ich der Sohn eines Löwen bin?« – An einem richtigen arabischen Kampf nahm durchaus nicht immer die ganze Armee teil. Gewöhnlich saßen viele abseits und schauten zu, wie die Führer aufeinander losschlugen. Die unterlegene Partei ergriff gewöhnlich die Flucht und rechtfertigte sich damit, daß sie doch nicht kämpfen könnte, nachdem alle Führer gefallen seien. Wenn man aber geflohen oder etwa wirklich zur Verteidigung gezwungen war, dann schloß man sich in eine Burg ein und wartete dort ab, bis der Feind, eine bessere Beute witternd, die Belagerung aufgab. Natürlich waren die Heere der Wüstenstämme nicht groß. Eine Schlacht, an der tausend Menschen teilnahmen, war bereits ein historisches Ereignis.

Auch die Kriege, zu denen der Prophet die Muslims aufforderte, sollten sich zuerst nicht wesentlich von den bisherigen Wüstenkriegen unterscheiden. Sie wurden nicht geführt, um den Glauben zu verbreiten, denn dazu gab es ja das Wort, sie dienten zur Ausbreitung der weltlichen Macht des Propheten. Sie sollten ferner Tribute einbringen und das

Wirkungsfeld seines Wortes ausdehnen. Für die Masse der Muslims, die an den Kriegen teilnahmen, waren es aber nur Raubzüge, Möglichkeiten einer schnellen Bereicherung. Die Ethik der Wüste sah darin nichts Ehrenrühriges.

Gegen wen sollte nun der Prophet ins Feld ziehen? Natürlich gegen die Reichsten der Wüsten, gegen das Volk der Quraiš. Das erschloß die Möglichkeit, reich zu werden, alte feindliche Rechnungen zu begleichen und damit die Bewunderung aller Wüstenvölker zu erwerben. Denn wer in Mekka lebte, dem war die Wüste hörig. Die Quraiš waren immer noch die Könige, die über den Wüsten thronten.

So begann der Kampf des Propheten gegen seine Vaterstadt Mekka.

Der Anfang war sehr bescheiden. Im März des Jahres 623 zog Ḥamza, der Onkel des Propheten, mit dreißig Kriegern in die Wüste und gelangte bis zur Bucht des Meeres, wo die Karawanen der Mekkaner auf dem Weg von Syrien vorbeizogen. Die Karawane kam, doch wurde sie von einer Reiterabteilung aus dem Stamm der Ǧahain geschützt. Mit diesem Stamm hatte aber Medina seit langem ein Freundschaftsbündnis. Es zu brechen hieße unnütz Blutsfeindschaft heraufbeschwören. Doch war der Weg damit gezeigt, und schon im nächsten Monat stießen sechzig Muslims auf eine Handelskarawane von zweihundert Mekkanern. Ein Kampf fand wegen der Übermacht des Feindes noch nicht statt. Denn auch im Kriege liebte Mohammed Einsicht und Vorsicht. Man wechselte nur einige Pfeilschüsse, was mehr einer Demonstration als einem Kriege glich. Immerhin war damit die Feindschaft angesagt. Noch einige ähnliche Versuche verliefen ergebnislos. Die Quraiš suchten keinen Kampf. Im Gegenteil, wenn die Männer des Propheten erschienen, verschwanden die Karawanen mit ihren Schätzen, und Mohammed mußte unverrichteter Sache zurückkehren. Die Stimmung in Medina begann sich daraufhin sichtlich zu verschlechtern. Gott schien den muslimischen Waffen nicht gnädig zu sein. Im Gegenteil, Mißgeschicke verfolgten den Islam. Einer Handvoll räuberischer Beduinen gelang es sogar, dicht vor Medina eine Viehherde, die den Muslims gehörte, zu entführen und glücklich damit in die Wüste zu entkommen. Das war nicht nur ein materieller Verlust, das war ein Ehrverlust, der den Propheten in der Wüste lächerlich machte und sein Ansehen schädigte. Der Erfolg, der die Anstrengungen der Muslims belohnen sollte, traf noch nicht ein.

Da entschloß sich der Gesandte Gottes zu einer Verzweiflungstat, die noch niemand vor ihm in der Wüste zu begehen wagte. Er rüstete eine Expedition von zwölf Mann aus, rief einen Krieger namens ʿAbdallāh ibn Ǧaḥš, stellte ihn an die Spitze der Schar und verlieh ihm auf die Dauer der Expedition den Titel: Amīr al-Muʾminīn, was ›der Befehlshaber der Gläubigen‹ bedeutet. Diese Bezeichnung wurde nachher der Titel des Kalifen im Islam. Dies geschah in der Mitte des arabischen Mondjahres kurz vor Beginn des heiligen Monats Raǧab, in dem kein Krieg und kein Kampf unter den Arabern gestattet ist. Dem Krieger Ibn Ǧaḥš gab der Prophet keinerlei Befehle. Er gab ihm nur ein versiegeltes Schreiben, das er in der Wüste öffnen sollte. Darin stand geschrieben: ›Geh im Namen Gottes und mit dem Segen Gottes nach Naḫla und fange dort die Karawane der Quraiš ab. Zwinge niemanden von deinen Leuten, dich zu begleiten. Erfülle aber meine Befehle mit denjenigen, die dir freiwillig folgen.‹

Ibn Ǧaḥš war ein einfacher Krieger, ungeübt in der Kunst des Denkens. Er wußte, daß Naḫla auf dem Karawanenweg zwischen Ṭāʾif und Mekka lag, und wußte genau, warum ein Krieger in der Wüste einer Karawane auflauert.

Bald bemerkte er auch hinter den Hügeln eine kleine Karawane der Quraiš, von vier Kaufleuten begleitet. Es war am Nachmittag vor Beginn des heiligen Monats. Doch war Ibn Ǧaḥš nur ein Krieger des Propheten, seine Augen blitzten gierig, als er die Beute erblickte, und er wußte auch, daß dem Propheten der Anbruch des heiligen Monats nicht unbekannt war. In der Nacht, als der Vollmond den Beginn des heiligen Monats anzeigte, und die Kaufleute, im Gefühl ihrer absoluten Sicherheit, am Lager saßen, schlich einer der Krieger namens Waqīd zum Lager, spannte seinen Bogen, zielte scharf und durchbohrte mit seinem Pfeil das Genick eines der Kaufleute. Sofort sprangen die übrigen Krieger hinter dem Hügel hervor, überfielen und fesselten die Kaufleute, denn auch sie wurden als Beute angesehen. Nur einem der Überfallenen gelang es zu fliehen. Die Karawane, mit Leder, Rosinen und Wein beladen, fiel aber in die Hände der Räuber.

Der nächtliche Überfall bei Naḫla war der erste Sieg Mohammeds. Er war mehr als ein Beutezug, er war der Bruch mit der jahrhundertealten Tradition der heiligen Monate des Friedens, er war der Bruch mit allen Gesetzen der Wüste. Den Kriegern Gottes war von nun an alles gestattet.

Selbst unter den Gläubigen in Medina machte dieser Überfall einen sehr peinlichen Eindruck. Man wußte nicht recht, wie man sich zu dem skandalösen Treubruch stellen sollte. Und wieder mußte Gott durch den Mund des Propheten erklären: »Sie befragen dich über den heiligen Monat, ob das Kämpfen in demselben erlaubt sei. Antworte: Der Kampf im heiligen Monat ist eine große Sünde. Aber die Menschen vom Pfade Gottes und von dem Gotteshaus, der Kaʿba, auszuschließen und zu verjagen, ist eine viel größere Sünde vor Gott« (1,214). Mit dieser Verkündung wurde Zweifaches erreicht. Der Prophet erkannte die Tradition an, schloß sie aber für den Kampf gegen Mekka und die Ungläubigen aus. Das genügte, um die Mehrzahl der Gläubigen zu beruhigen. Die Beute gehörte ihnen, und Gottes Segen war offensichtlich.

Doch wagte Mohammed gleichzeitig noch einen viel wichtigeren Schritt. Er behielt ein Fünftel der Beute für sich, als Grundstein des kommenden Staatsschatzes. Das übrige verteilte er gleichmäßig unter die Teilnehmer des Feldzuges. Die Folgen dieser Tat blieben nicht aus. Die Beute lockte. An den Feldzügen, an denen bisher nur Notleidende teilgenommen hatten, wollten jetzt in plötzlicher Begeisterung alle mitwirken, sogar Leute, die das Glaubensbekenntnis gar nicht abgelegt hatten. Die Verteilung der Beute unter diejenigen, die sie erkämpft hatten, machte den Propheten mit einem Schlage in allen Wüsten berühmt und beliebt. Künftig konnte er sich selbst seine Krieger auswählen.

Die drei gefangenen Kaufleute ließ der Prophet friedlich in ihre Heimat zurückziehen, zum Zeichen, daß er Gnade und Milde, die er immer üben wollte, auch im großen Sumpf der Sünde nicht vergessen hatte.

BADR

> Hier kommt eine Karawane der Quraiš mit Schätzen beladen. Zieht ihr entgegen, vielleicht wird sie euch Gott als Beute schenken.
>
> Mohammed

Die Mekkaner maßen den Wüstenritten ihres ehemaligen Mitbürgers keine größere Bedeutung bei. In der Wüste gab es seit jeher genug Räuber, die auf die reichen Karawanen lauerten. Jetzt hatte sich die Zahl der Räuber lediglich um eine kleine Bande vermehrt. Daß sich ihr Führer als Prophet ausgab, spielte natürlich keine Rolle. Es gab in der Wüste manche Räuber, die sich gern als Propheten bezeichneten. Trauriger war schon, daß diese Banditen gebürtige Mekkaner, Quraiš, zum Teil früher recht angesehene Mitbürger waren. Doch brauchte man deshalb keinesfalls der Trauer zu verfallen. Diese Flüchtlinge, die sich jetzt durch Raubzüge ihren Unterhalt zu verdienen hofften, waren von ihren Verwandten, aus ihren Familien verstoßen, womit der ganze Fall für die Mekkaner rechtlich wir moralisch hinreichend geklärt war. Durch die Flucht Mohammeds schien jegliche Gefahr für die dreihundertsechzig Götzen der Kaʿba verschwunden zu sein, und die Geschäfte gingen so gut wie schon lange nicht. Man hatte allen Grund, den dreihundertsechzig Götzen dankbar zu sein. Zudem hatten sich die Räuber aus Medina als nicht sonderlich tapfer erwiesen. Sie wagten nichts Großes, und ihr Mut schien höchstens dazu auszureichen, im heiligen Monat ein paar vertrauensselige Kaufleute hinterlistig zu überfallen und auszuplündern. Man sah wirklich keinen Grund zur Besorgnis. Außerdem, und das wirkte besonders beruhigend, hatten die Quraiš, um ihre Reisen möglichst zu sichern, mit allen Wüstenstämmen, deren Gebiet sie passierten, Freundschaftsverträge abgeschlossen. Sie brauchten also von dem armseligen Wüstenräuber Mohammed wirklich keine besondere Notiz zu nehmen. Sie schränkten auch in der Tat ihre Geschäfte keinesfalls ein.

Wie alljährlich rüsteten sie im November 623 eine große Karawane für Syrien aus. Tausend Kamele zogen, mit großen Schätzen beladen, gen Norden. Der Wert der Ware belief sich auf fünfzigtausend Miṯqāl, das heißt auf über eine Million Mark. Zwei große mekkanische Banken, die Häuser Maḫzūm und Umaiya, also Abū Ǧahl und Abū Sufyān, die Hauptfeinde Mohammeds, waren mit je dreihunderttausend Mark an der Expedition beteiligt. Das übrige verteilte sich auf fast sämtliche Familien Mekkas, denn die Karawanenführer nahmen auch die kleinste Beteiligung an. Es kam vor, daß Kinder und Sklaven Beiträge bis zu einem halben Goldstück einzahlten, um dann, bei der glücklichen Rückkehr der Karawane, einen sicheren Gewinn von fünfzig Prozent einzustecken. Ganz Mekka war also an der Karawane interessiert. Wie gewöhnlich übernahm die Führung der Karawane Abū Sufyān, das Haupt der Umaiya, weil diese am meisten an der Karawane interessiert waren. Da man durch friedliche Gebiete der befreundeten Sippen zog, begnügte man sich mit einem Schutz von nur siebzig Reitern.

Die Reise nach Syrien verlief ungestört. Zwar lagerten irgendwo hinter den Hügeln muslimische Räuber; die stolzen Quraiš brauchten sich aber nicht darum zu kümmern. Glücklich gelangte die Karawane nach Syrien, verkaufte ihre Waren und bereitete sich zur Rückreise vor, die wie immer im März stattfinden sollte. Auch Mohammed wußte, daß die Karawane im März durch die Wüste ziehen mußte, und beschloß, sie nicht entkommen zu lassen. Die Waffen Gottes brauchten einen großen entscheidenden Sieg, die Kasse aber einen stärkeren Zuschuß. Monatelang streifte der Prophet mit seinen Getreuen durch die Wüste, besuchte mächtige Scheichs, saß mit ihnen an den Lagerplätzen in der Wüste und verteilte Geschenke und Versprechungen. Gewalttätige Nomaden hörten ihm interessiert zu. Ein heiliger Mann, der bei vielen Leuten Ansehen genoß, versprach ihnen lockende und konkrete Dinge, für die er nichts weiter verlangte, als daß sie nötigenfalls ein Auge zudrückten. Man schloß also mit dem heiligen Mann, ohne seine Heiligkeit unbedingt anzuerkennen, ein freundschaftliches Neutralitätsabkommen ab. Mehr wollte Mohammed im Moment auch gar nicht erreichen. Er wartete, bis die Karawane den Rückzug antrat. Dann erließ er an alle, die Allāh und seinem Gesandten dienen wollten, einen Aufruf, sich bewaffnet an einem Brunnen bei Medina zu versammeln, denn große Beute stand den Gläubigen bevor. Am 8. März des Jahres 623 fand Mohammed am Brunnen dreihundert Männer vor, die in Reih und Glied standen. Der Prophet konnte bereits eine kleine Parade abnehmen. Zuerst prüfte er den Glauben, denn es war ein Glaubenskrieg, der geführt werden sollte. Wer kein Muslim war, mußte daher ausscheiden oder zum Islam übertreten, denn es handelte sich nicht um einen einfachen Beutezug. Der gleiche Glaube aller Kriegsteilnehmer ersetzte dem Propheten den Waffeneid. Auch Kinder unter sechzehn Jahren mußten in die Stadt zurückkehren.

Mit den übrigen zog der Prophet nunmehr in den ersten größeren Krieg des Islam. Die erste Armee der Gläubigen erinnerte wenig an die kampfentschlossenen Truppen des späteren Islam. Diese Truppe trug einfache, kleine bunte Bänder als Abzeichen. Auch die berühmte spätere arabische Kavallerie, die die größten Siege des Islam erfocht, bestand nur aus wenigen Reitern. Die ganze Armee hatte nur zwei Pferde und siebzig Kamele, so daß die Krieger nur abwechselnd reiten konnten. Die meisten mußten zu Fuß in den Kampf ziehen. Auch die Waffen ließen manches zu wünschen übrig. Die meisten Männer hatten nur Säbel und Lanzen, nur wenige besaßen ein Panzerhemd. Aber auch diese wenigen Panzerhemden waren bei den medinensischen Juden, den erfahrenen Waffenschmieden, gegen hohe Gebühren geliehen. Dafür hatte aber die kleine Schar etwas, was noch nie eine Truppe in Arabien besessen hatte: Disziplin und innere Haltung.

Mitten in der Wüste auf der großen Karawanenstrecke zwischen Syrien und Mekka liegt die Oase Badr. Zahlreiche Brunnen, Palmen und kühlender Schatten erwarten dort die Reisenden. Hier lagerten die Karawanen, erholten sich die Wanderer, rasteten die Kaufleute. Die Beduinen, denen diese Oase gehörte, nahmen eine hohe Gebühr und kümmerten sich nur wenig um ihre Gäste. – Hierher, in diese einsame Oase zog das Heer der Muslims, vom Propheten geführt. Früher oder später mußte die große mekkanische Karawane diese Stelle passieren.

Doch ist die Wüste keine menschenleere Welt. Tot liegt der Sand, unbeweglich hängt über den Menschen der Himmel, aber die Wüste lebt. Der heiße Wind weht durch die Dünen, der Sand bewegt sich, der wolkenlose Himmel blickt drohend herab. Am Horizont zeigen sich einsame Reiter, blicken spähend auf die Vorbeiziehenden, schwingen die Lanze über dem Haupt und verschwinden wieder. Tausend Augen hat die Wüste, und in tausend Sprachen spricht sie zu dem Wissenden. Auch Abū Sufyān war ein Wissender, auch er verstand die Zeichen der Wüste zu lesen und zu deuten. Mohammeds Reiter ritten in die Wüste hinaus, um den Weg seines Reichtums auszukundschaften. Abū Sufyān sah sie nicht. Er sah nur den Kot ihrer Kamele. Schon das genügte dem Wissenden. »Diese Kamele kommen aus Medina«, sagte er, »in ihrem Kot sind Dattelkörner, und diese Datteln sind in Medina gewachsen. Mohammed umkreist uns.« Und da der Wissende weise und erfahren war, schickte er einen Reiter in die Stadt Mekka, und der Reiter rief in Mekka folgendes aus: »Gefahr droht der Karawane. Der Räuber Mohammed umzingelt sie. Er will unsere Reichtümer erbeuten, er will unsere Schätze plündern, denn nichts ist ihm heilig, ihm, der selbst die heiligen Monate nicht achtet.« Abū Sufyān selbst änderte aber seine Wegroute, er bog ab und hastete in Eilmärschen durch die Wüste, um seine Schätze zu retten. Davon wußte Mohammed nichts. Er zog nach Badr, zur großen Rast aller Karawanen.

Die Nachricht von der Gefahr, die der Karawane drohte, verursachte in Mekka begreifliche Aufregung. Kapital nebst Zinsen stand auf dem Spiel. In solchen Fällen begann das mekkanische Herz höchst kriegerisch zu schlagen. Der alte Groll gegen Mohammed erwachte. Abū Ǧahl, der Siebzigjährige, hielt kriegerische Reden, hetzte und rief zum Kampf auf. Junge Bankierssöhne warfen sich in die Brust und schworen, für die Ehre ihrer Vaterstadt zu sterben. Alte, vornehme Kaufleute griffen tief in den Geldbeutel, um ihre Diener zum Feldzug auszurüsten. Über Nacht war ein Heer von neunhundertfünfzig Kriegern, siebenhundert Kamelen und hundert Pferden kampfbereit. Die Führung übernahm Abū Ǧahl, der dreihunderttausend Mark in der Karawane investiert hatte.

Die Stunde der Abrechnung schien gekommen zu sein. Selbst Mitglieder der Sippe Hāšim rüsteten gegen den Propheten; auch der listige Onkel ʿAbbās schloß sich der kriegerischen Expedition an. Am nächsten Tag zog die Karawane ins Feld. Es war eine Armee von Aristokraten, und der Feldzug war äußerst vornehm. Je höher man an der Karawane beteiligt war, desto kriegerischer trat man auf. Leute dagegen, die nur einige Goldstücke zu erwarten hatten, rechneten sich klugerweise aus, daß es wenig Sinn habe, deshalb Leib und Leben aufs Spiel zu setzen. Ihre Kriegsbegeisterung war nicht überwältigend. Sie mußte gefördert werden, und in diesem Punkt beschlossen die Bankiers nicht zu knausern. Hübsche Sklavinnen begleiteten die Armee und ergötzten die Krieger, Trommelmusik und Gesang erfreuten das Ohr der Tapferen. Die Reichen ließen Proviantvieh in Unmengen schlachten. Das ganze erinnerte mehr an einen vornehmen Ausflug reicher Kaufleute als an eine Armee, die ins Feld zog. Doch zweifelte keiner an dem Sieg. Tausend Mann würden wohl ausreichen, um dem Wüstenräuber Respekt einzuflößen. Mohammed würde nicht wagen, der Karawane nahezukommen. Er würde sich nach einigem Geplänkel zurückziehen.

Diese Annahme schien sich zu bewahrheiten. In der Wüste erreichte ein Bote Abū Sufyāns die Armee und brachte die erfreuliche Nachricht, daß die Karawane außer Gefahr sei. Abū Sufyān hatte einen sicheren Küstenweg eingeschlagen, die Schar der Räuber hatte sich aber hoffnungslos bei Badr verlaufen und lauerte auf falscher Fährte. Das Ziel der Expedition schien erreicht zu sein. Die vornehmen Krieger sehnten sich nach dem heimatlichen Markt, um den Gewinn, den die Karawane brachte, einzuheimsen.

Anders dachte Abū Ǧahl, der Führer der Armee, der grimmigste unter den Feinden des Propheten. Er wollte mit dem Propheten ein Ende machen, er wollte die Wüsten Arabiens endlich von diesem ewigen Ruhestörer befreien, und nie schien ihm die Gelegenheit so günstig wie gerade jetzt. Er führte ein Heer von tausend Mann, das gut bewaffnet und mit Pferden und Kamelen reichlich versehen war. Was war im Vergleich dazu die Horde der Wüstenräuber, die es lediglich auf Gewinn absahen. Es bedurfte der größten Anstrengung des alten Kriegers und seiner wenigen Gesinnungsgenossen, um die freie Aristokratenarmee zu bewegen, wenigstens, wie ursprünglich geplant, bis Badr vorzudringen und den Platz zu behaupten. Wenn Mohammed dann den Kampf aufnimmt, dachte Abū Ǧahl, so wird er geschlagen, zieht er sich aber zurück, so wird er in den Augen aller Araber für ewige Zeiten mit Schande bedeckt sein.

Mit großer Bestürzung erfuhr die Armee der Gläubigen, daß sie bei Badr anstatt der wenig geschützten Karawane eine Armee von tausend Mann erwarte. Den Muslims erschien jetzt der ganze Feldzug völlig sinnlos. Die Beute war ja auf jeden Fall entkommen. Aber es zeigte sich gerade jetzt die innere Wirkung des Islam. Während die Quraiš zweifelten und zauderten, während alle angaben, nicht gegen ihre Verwandten kämpfen zu können, versammelte Mohammed seine Getreuen und erklärte: »Die Pforte des Paradieses liegt im Schatten des Schwertes. Wer jetzt im Kampfe für den

Glauben fällt, wird ungeachtet aller Sünden Einlaß ins Paradies finden.« – »Gott will«, führte Mohammed aus, »den Mut der Gläubigen auf die Probe stellen.« Und so eindringlich, mit solcher Wucht vorgetragen waren die Worte Mohammeds, daß die Gläubigen einstimmig antworteten: »Wir wollen dir folgen, selbst wenn du uns in die Sandwirbel Südarabiens oder in die Fluten des Meeres führst.« Die Bande der Verwandtschaft bestanden für die Muslims nicht mehr. Der Prophet hißte die große schwarze Kriegsfahne, segnete die Krieger und zog mit ihnen nach Badr. Zum erstenmal in seinem Leben sollte der Dreiundfünfzigjährige eine Schlacht leiten. Die Quraiš bei Badr erwarteten die Muslims und ergötzten sich mit ihren Sklavinnen.

Zwei Heere, in beiden nahe Blutsverwandte, alte Freunde und einstmals Bürger einer Stadt, lagen einander feindlich gegenüber.

Mohammed war kein Stratege, kein Heerführer, kein General. Er war aber ein Genie. Er übersah wie kein anderer die Situation. Er erfaßte das Wesen des arabischen Kampfes. Dieses Wesen ist Anarchie und Unordnung. Zuerst werden die Streitgedichte vorgetragen, dann reißt man einander durch kühne Reiterkunststücke hin, dann kämpfen die Rekken ersten Ranges, dann die Helden zweiter Klasse, und erst danach folgt ein allgemeines Handgemenge, bei dem die Fahnen die Zentren der Zusammenstöße bilden. Das ganze dauert Stunden und Stunden, und fortwährend glüht die heiße Sonne auf die Kämpfer herab.

Unter diesen Umständen war die Sicherung des frischen Wassers das einzig Wichtige. Mohammed verstand es nicht nur meisterhaft, seine Leute vor dem Brunnen zu formieren, sondern er ließ auch alle Brunnen, die der Feind passieren mußte, zuschütten. Zwar widersprach auch das allen Gesetzen der Wüste, denn die Brunnen sind heilig. Der Gesandte Gottes setzte sich aber auch diesmal über die Gesetze der Heiden hinweg.

Am Morgen des 16. März näherten sich die Quraiš der Oase Badr. An Stelle eines unorganisierten Haufens wilder

Räuber sahen sie zum erstenmal am Fuß eines kleinen Hügels einen Trupp in Reih und Glied stehen. Auf dem Hügel, unter einem Palmendach, umringt von seiner Leibgarde, saß der Prophet.

Die Quraiš rückten zum Kampfe vor, doch sollte sich der Kampf nach allen Gepflogenheiten der Wüste abspielen. Zuerst ritten sie am Gegner vorbei, spotteten und rezitierten Verse. Dann begaben sie sich außer Schußweite. Nun ritten drei edle Quraiš heraus, um den Feind zum Zweikampf herauszufordern. Diesen drei Quraiš beschloß Mohammed ebenbürtige Gegner entgegenzuschicken. Das erste Blut dieses Kampfes sollte seine eigene Familie opfern. ʿAlī, Ḥamza und ʿUbāda, drei Blutsverwandte des Propheten, stürmten dem Feind entgegen. ›Die drei Löwen Gottes‹ werden diese Kämpfer von den Gläubigen genannt. Ḥamza und ʿAlī erschlugen mit einem wilden Schlag ihre Gegner. Dann erledigten sie auch den Feind des alten ʿUbāda, der vom Felde der Ehre eine Todeswunde mit heimbrachte. Nach der Wüstenregel hätte der Kampf jetzt ein Ende finden müssen. Doch waren die edelsten unter den Quraiš neuerlich gereizt. In kleinen Gruppen ritten sie gegen die Muslims, kämpften und stießen sich wund an der festen Reihe der Gläubigen. Das Heer der Muslims verstand es, Disziplin zu wahren. Während die Quraiš außer Schußweite saßen und teilnahmslos zuschauten, wie ihre besten Krieger in Todesverachtung auf den Feind losstürzten, erfüllten die Muslims strikt des Propheten Befehle, rückten nicht vor, sondern empfingen gemeinsam den Feind. Der Prophet erwies sich als militärischer Taktiker; mit genialer Sicherheit gelang es ihm, die Truppe richtig zu dirigieren.

Der ganze Tag verging in Plänkeleien. Zu einem einigermaßen durchdachten Angriff reichte die Kriegskunst der Quraiš nicht aus. Sie kämpften, wie es schon ihre Väter und Großväter getan hatten, planlos und ohne die Grundregeln der Taktik zu beherrschen. Sie kämpften Mann gegen Mann und verloren. In diesem Kampf fielen nach und nach die besten Krieger von Mekka, von einem mächtigen Säbelhieb wurde auch der greise Abū Ǧahl, der größte Feind Mohammeds, erschlagen, und selbst im Todeskampf hörte er nicht auf, Mohammed zu verfluchen. – Mohammed stand auf der Anhöhe, zum erstenmal in seinem Leben überblickte er ein Kriegsfeld. Er sah Blut fließen, hörte Schreie und Stöhnen und verfiel für kurze Zeit in leblose Lethargie. Dann erwachte er wieder, betete, erteilte Befehle, beobachtete den Kampf und brachte mit intuitiver Schnelligkeit die unerwartetste unter all seinen Leistungen hervor, eine neue arabische Kriegskunst, die arabische Infanterie, die in zehn Jahren die Welt eroberte. Die Befehle von Badr, die später zu den Grundregeln der arabischen Strategie wurden, besagten nicht viel: Disziplin und Zusammenhalt der Infanterie, die in geschlossenen Karrees jedem Kavallerieangriff gewachsen war und erst am Ende der Schlacht, als der Feind erschöpft war, auf Befehl des Führers zu einem Sturmangriff überging. Alle großen Kämpfe des Islam wurden auf diese Weise gewonnen.

Der Tag von Badr neigte sich dem Ende. Kalter Wirbelwind wehte durch das Tal. Staub bedeckte das Kampffeld. Da erhob sich Mohammed und rief: »O Gläubige, zwischen euch und dem Paradies liegt nur der Tod von der Hand dieser Leute.« Dann bückte er sich, hob Sand auf und warf ihn in die Richtung der Feinde, darauf sagte er: »Möge Verwirrung über ihr Angesicht hereinbrechen.« Das war das Signal zum Sturm. Der Angriff der Muslims begann. Der Kampf war kurz. Die ermüdeten Quraiš flohen in die Wüste, ihr Lager und eine Unzahl Gefangener fielen in die Hände der Muslims. Auf dem Felde der Ehre blieben siebzig Quraiš und nur vierzehn Muslims. Es war ein einwandfreier Sieg der Dreihundert über die Tausend. Gott hatte dem Islam seine Gnade erwiesen.

Sofort wurde die Beute gesammelt, die Leichen der Feinde in eine Zisterne geworfen, und die Armee zog in die Heimat zurück. Einhundertfünfzig Kamele, zehn Pferde, siebzig Gefangene sowie zahlreiche Waffen und Kleider waren die Beute der Sieger. ʿAlī, der Adoptivsohn des Propheten, erhielt aber als Auszeichnung für seine besondere Tapferkeit die Tochter Mohammeds, Fāṭima, zur Frau.

Von den Gefangenen wurden nur zwei hingerichtet. Unter den lebenden Gefangenen befand sich unter anderen aber auch ʿAbbās, der schlaueste unter den Hāšims, der Onkel des Propheten. Mohammed behandelte ihn gut und verlangte für seine Freilassung ein hohes Lösegeld, das er auch erhielt. Der Onkel kehrte nach Mekka zurück und war Mohammed über das erpreßte Lösegeld nicht weiter böse. Einige wollten sogar wissen, daß er in Mekka für seinen Neffen spionierte, ohne selbst öffentlich dem Islam anzugehören. Das Haupt der Hāšims aber, Abū Lahab, der Erzfeind des Propheten, starb aus Gram und Neid, als er in Mekka von dem Sieg seines Neffen erfuhr. So endete der Tag von Badr, der entscheidendste Tag des Islam. An diesem Tag nämlich wurde der Prophet aus einem Prediger und Wüstenräuber zum Feldherrn.

Am Abend desselben Tages sagte der Prophet zu seinen Getreuen: »Nicht ihr, sondern die Engel Gottes haben heute den Sieg erfochten« (8,9). Diesen Ausspruch verstand man wörtlich, und noch heute erzählen die Frommen, wie die Schar der Engel gemeinsam mit dem Wüstenwind die Feinde zerstreute. Einer von den Engeln, so berichtet die Sage, verlor im Sande von Badr sein Schwert, das der Prophet fand und behielt. Er gab ihm den Namen Ḏū ʾl-Faqār. Das Schwert war sieben Meter lang, hatte zwei Scheiden und war mit Versen des Koran geziert. Nach dem Tode des Propheten erhielt das Schwert ʿAlī, der Löwe Gottes.

Mit diesem Schwert besiegte der Islam Völker und Kaiserreiche, Meere und Kontinente. Nicht umsonst führt die Tradition die Herkunft dieses Schwertes auf die Schlacht von Badr zurück: In Badr erstand der Islam als Weltmacht. Die dreihundert armseligen Wüstenräuber bildeten den Wendepunkt der Weltgeschichte.

DER TERROR

Die Ungläubigen lehnen alles ab außer den Unglauben.

Koran, Sure 17, Vers 101

Dreihundert arme, wilde Räuber waren in die Wüste geritten. Als ein mächtiges Heer, geführt von dem populärsten Mann Arabiens, dem Bezwinger der Wüste, kehrten sie nach Medina zurück. Ein Gefecht, in dem dreizehnhundert Mann kämpfen und vierundachtzig fallen, ist weder groß noch blutig. In den Wüsten Arabiens aber war dieser Zusammenstoß eine furchtbare Schlacht und hatte die Bedeutung eines Weltereignisses. Dichter widmeten ihr lange Oden, wilde Beduinen beneideten die Sieger von Badr, und man erzählt, daß alle Heiden, die noch in Medina vorhanden waren, beim Anblick der reichen Beute, die der Prophet mitbrachte, schleunigst auf die Knie fielen und sich zum Islam bekannten. Mohammed war jetzt der unumstrittene, von allen anerkannte Herrscher über Medina. Wüstenscheichs boten ihm Bündnisse an, er verfügte persönlich über einen großen Teil der eroberten Beute und erhielt nebst seinen Kriegern enorme Lösegelder für die Freilassung der gefangenen Quraiš.

An den Toren Medinas erwartete aber den siegreichen Propheten eine Trauernachricht. Am Tage des Sieges war in Medina seine Tochter Ruqaiya, die eben aus Abessinien zurückgekehrt war, gestorben. Der Gesandte Gottes sollte nicht übermütig werden, so wollte es der Allmächtige.

Gott hatte ihm und den Gläubigen den Weg gezeigt, durch Kampf zum Glaubenssieg und zu Reichtum zu gelangen. Dieser Weg sollte jetzt energisch weitergegangen werden. Medina begann sich in ein Heereslager zu verwandeln. Das Leben wurde militärisch organisiert. Auf den Straßen patrouillierten bewaffnete Krieger, beobachteten die Menge, lauschten heuchlerischen Gesprächen und schleppten jeden Verdächtigen, jeden Zweifler schnurstracks vor das hohe Gericht. Neue Gesetze wurden erlassen und mußten von den Gläubigen strikt eingehalten werden. Die Prätorianergarde des Propheten hörte alles, sah alles und berichtete alles. Man erzählt, daß ein Sohn, als er ketzerische Reden seines Vaters hörte, sagte: »Du bist mir der nächste Mensch auf Erden, Gott aber ist mir noch näher.« Darauf denunzierte er voll innerer Trauer seinen Vater beim Gesandten Gottes, und der Prophet lobte ihn dafür. Denn höher als die Familie, höher als Sippe und Wüstengesetze stand der Islam.

Der Staat Medina wurde zur theokratischen Despotie, in dem nur der Wille und die Milde des Propheten walteten. Seine Milde ergoß sich ausschließlich über die Frommen. Die Mitkämpfer des Propheten, die Helfer in den schweren Tagen der Not erhielten jetzt prunkvolle Titel und Würden, stiegen zur Aristokratie der Republik Gottes auf. Abū Bakr, der mehr für den Islam tat als alle anderen Gläubigen zusammen, erhielt den ehrenvollen Beinamen aṣ-Ṣidq, der Fromme, der gerechte ʿUmar bekam den Titel al-Fārūq, der Erlöser, und Ḥamza, der Edelste unter den Kriegern, erhielt den glänzenden Beinamen Asad Allāh, der Löwe Gottes. Diese und viele andere Titel taten bessere Wirkung als alle Worte der Frommen. Doch wußte der Prophet eins: jetzt durfte er nicht ruhen. Neue Kämpfe, Siege und Erfolge sollten den Triumph des Glaubens krönen. –

Zunächst mußten allerdings die Folgen des Sieges abgewartet werden. Es war unwahrscheinlich, daß die Mekkaner den Tod ihrer edelsten Bürger ungerächt hinnehmen würden. Die Rache Mekkas kam in der Tat, und sie war ebenso grotesk wie die meisten anderen Kriegsversuche der ›reichen Geldbäuche‹. Drei Monate nach dem Siege bei Badr, drei Monate, nachdem die Kaufleute für schweres Geld all ihre

Stammesbrüder losgekauft hatten, erschien eines Nachts vor den Toren von Medina Abū Sufyān in Begleitung von zweihundert Kriegern. Er verwüstete einen Dattelhain, verbrannte zwei Häuser und erschlug zwei Männer. Als aber gegen Morgen Mohammed an der Spitze seines Heeres vor die Stadt zog, wartete Abū Sufyān sein Herannahen nicht ab. Er und seine Reiter ergriffen in solcher Eile die Flucht, daß sie nicht nur die kärgliche Beute, sondern auch ihren eigenen Proviant, den sie aus Mekka mitgenommen hatten, vergaßen.

Was die Rache betrifft, ließen die Mekkaner nichts mehr von sich hören. Nur einmal haben sie, einer Legende zufolge, einen Mordanschlag auf den Propheten unternommen. Eines Tages, als der Prophet bei Medina im Schatten einer Palme ausruhte, näherte sich ihm Durfur, ein Krieger aus Mekka. Der Klang der Schritte weckte den Propheten aus seinen Träumen. Er blickte empor und sah den Krieger Durfur mit gezücktem Säbel vor sich stehen. Ein Araber erschlägt aber seinen Gegner nicht, ohne ihm vorher seine Verachtung ausgedrückt zu haben. »O Mohammed«, rief auch Durfur, »wer kann dich jetzt vor mir, dem Krieger Durfur, retten?« Mohammed blickte ihn gelassen an und antwortete: »Gott.« Da stürzte sich der Krieger voll Wut auf den Propheten, in seiner Hast stolperte er aber über einen Stein, und der Säbel entglitt seiner Hand. Blitzschnell ergriff der Prophet den Säbel, schwang ihn über dem Kopf Durfurs und rief nun seinerseits: »O Durfur, wer kann dich jetzt retten?« Und der Krieger erwiderte voll Demut: »Mich kann niemand retten.« – »So lerne von mir gnädig zu sein«, sagte der Prophet und entließ den Krieger.

Es war Mohammeds Art, Vergehen, Beschimpfungen, ja sogar Anschläge, die sich gegen seine Person richteten, gnädig zu vergeben und womöglich zu übersehen. Unerbittlich, voll eiserner Brutalität war er aber gegen jeden, der sein Werk, seinen Koran und seinen Staat anzugreifen versuchte. Hier kannte er keine Milde, sondern verwandelte sich aus einem friedlichen Prediger in einen erbarmungslosen Rächer, in einen blutdürstigen Despoten, der sich jeder List und jedes erdenklichen Mittels bediente, um selbst den leisesten Spott über den Glauben zu ahnden. Allerdings verstand er auch hier zu warten, zu überlegen und den richtigen Augenblick auszunutzen. Dieser richtige Augenblick schien ihm jetzt, nach der Schlacht von Badr, gekommen. Hinter dem äußeren Bekenntnis zum Islam steckte bei den neuen Muslims noch sehr viel Unglauben. Auch wollten die Juden, die beinahe die Hälfte der Bevölkerung von Medina ausmachten, mit dem neuen Glauben nichts zu tun haben und fühlten sich dem Propheten bei weitem überlegen. Ihre Jugend hörte nicht auf, den Propheten in Spottgedichten und Versen boshaft aufzuziehen. Der Witz war der Fluch und die Stärke der Juden von Medina. Gegen Spottverse, gegen losen Witz und höhnische Reden war aber der Prophet empfindlicher als gegen offenen Kampf und Widerstand. Der Prophet hat aus privaten Gründen nicht viele Menschen verfolgen oder hinrichten lassen, die meisten davon waren aber Dichter und Witzbolde. »Die Satire des Dichters sticht schmerzlicher als die Lanze des Feindes«, sagte Mohammed aufrichtig, denn ihm fehlte der Sinn für Humor.

Gegen die Dichter, gegen die Spaßmacher, gegen die jüdischen Witzbolde, gegen die Heuchler und Verräter beschloß der Prophet jetzt ein uraltes, wirksames Mittel anzuwenden – den Terror, den rücksichtslosesten und brutalsten Kampf.

Wie immer ging der Prophet auch hier sehr vorsichtig ans Werk, wie immer war auch hier der Anfang bescheiden, und wie stets bei Mohammed folgte dem bescheidenen Anfang ein großer Erfolg.

Es lebte in der Stadt Medina eine jüdische Dichterin namens Asmā'. Ihre Gedichte verletzten den Propheten schwer. Gegen diese Dichterin sollte sich nun sein erster Schlag richten. Asmā' gehörte zu einem starken Stamm, und trotz all seiner Macht wagte der Prophet nicht, Blutfehde heraufzubeschwören. Da beschloß er etwas, was noch keinem Araber vor ihm eingefallen war, er beschloß, in aller Öffentlichkeit zu beweisen, daß die Bande des Islam stärker waren als die Bande des Blutes. Asmā' hatte einen einzigen Blutsverwandten, der sich zum neuen Staate bekannt hatte. Das war ein blinder Greis namens ʿUmair. Dieser Greis, der weder kämpfen noch reden konnte, sollte jetzt dem Propheten einen großen Dienst erweisen. Der Greis gehorchte dem Propheten. Er ging hin und erschlug seine Blutsverwandte Asmā'. Da aber die Ermordung eines Menschen durch einen Blutsverwandten im Orient keine Sühne verlangt, hatte Mohammed sein Ziel erreicht, er hatte die Blutsfehde vermieden und war von seiner Feindin befreit. Als der Prophet von dem nächtlichen Mord vernahm, sagte er kühl: »Es werden sich keine zwei Ziegen deshalb stoßen.«

Medina wurde zum Schauplatz des Terrors. Alle Blutsbande, alle Freundschaftsgelöbnisse wurden gebrochen. Es wurden Menschen umgebracht, ohne daß jemand es wagte, sie zu rächen. Niemand dachte daran, sich gegen den Terror aufzulehnen, denn jetzt baute der Prophet am Staate Gottes. Nie hat der Prophet wahllos gerichtet. Seine Schläge waren zwar brutal, doch trafen sie nur die Schuldigen.

Berühmt ist die Rache des Propheten an dem jüdischen Dichter Kaʿb ibn al-Ašraf. Kaʿb war aus einem edlen Geschlecht, von ungeheurem Wissen und großer Begabung. Diese Begabung stellte er in den Dienst des Unglaubens. Er fuhr nach Mekka, rezitierte dort Verse zu Ehren der gefallenen Heiden bei Badr, kehrte dann nach Medina zurück und verspottete die gefallenen Muslims. Von allen Verbrechern war Mohammed niemand so sehr verhaßt wie ein Jude, der für die Heiden gegen den Islam kämpft. »Ein Jude, der für die Heiden kämpft, ist schlimmer als ein Heide«, sagte er. Und er befahl einem mutigen Krieger, Kaʿb zu ermorden. Kaʿb war aber vorsichtig. Er saß in einer großen, starken, jüdischen Burg und lehnte es ab, sie zu verlassen. Da versuchte es der Krieger mit List. »Auch ich bin von nun ab ein Feind des Propheten«, erklärte er, »denn er hat mir ein Geschenk verweigert.« Und er schlug Kaʿb vor, Mohammed zu ermorden. In der Nacht kam er mit einigen Freunden zu

Ka'b, um die Verschwörung zu besprechen. Er trat ins Zimmer und sagte: »Ist es dein Haar, das so duftet?« – »Ja«, antwortete Ka'b, »meine Frau hat mich eben gesalbt.« – »Laß es mich in der Nähe riechen«, sagte der Krieger. Und Ka'b beugte sich vertrauensvoll dem Feind entgegen. In diesem Augenblick wurde ihm der Kopf abgeschlagen. Dies war die erste Strafe für Landesverrat, die im Staate Gottes verhängt wurde.

Es ist kein Zufall, daß die meisten Strafen, Morde und Terrorakte dieser Zeit sich gegen die Juden richteten. Langsam, aber unaufhörlich verschlechterten sich die Beziehungen zwischen dem Propheten und den drei jüdischen Stämmen Medinas. Es wurde immer klarer, daß in der Republik Gottes für die Juden kein Platz war. Die Juden gehörten von jeher zu Medina, ihre Namen standen unter der Verfassung Mohammeds, sie mußten Steuern zahlen und wurden dafür von den Gläubigen geschützt. Mohammed hatte stets gehofft, das erste Volk der Schrift, das mit seinem Glauben in Berührung kam, zu bekehren. Diese Hoffnung schwand von Tag zu Tag.

Die Juden waren zwar bereit, sich den neuen Verhältnissen zu unterwerfen, hielten aber an ihrem alten Glauben unerschütterlich fest. Mit Hochmut blickten sie auf den wilden Propheten der Heiden herab und widerlegten, in talmudischer Dialektik geübt, mühelos die Argumente des Propheten. Sie spotteten insgeheim über ihn, denn sie, die Träger der uralten Wahrheit, fühlten sich dem neuen Glauben, dem neuen Propheten, dem ganzen wilden Volke der Araber intellektuell turmhoch überlegen. Diesen Hochmut und Spott vermochte der Prophet nicht zu ertragen. Er sah auch voraus, daß die starken jüdischen Stämme im Falle eines Krieges für den neuen Staat zu einer bedrohlichen Gefahr werden konnten. Schon jetzt standen einzelne Juden in Verbindung mit dem Staatsfeinde Mekka, schon jetzt erklärten sie offen, Mohammed sei bestenfalls ein Prophet der Heiden.

Sie bewiesen sogar, daß sie nötigenfalls einen genauso

ekstatischen Visionär aus ihren Reihen hervorbringen konnten wie die Araber. Eines Tages führten sie dem Propheten einen jüdischen Knaben namens Ibn Sağād vor. Dieser Knabe wand sich in Zuckungen, erriet mit Leichtigkeit alle Gedanken des Propheten und forderte ihn auf, anzuerkennen, daß auch er, Ibn Sağād, ein Bote Gottes sei. Mohammed erklärte den Knaben für einen Besessenen, für den Satan, erkannte aber gleichzeitig aus diesem Schachzuge der Juden, daß ihm durch sie auch von der geistigen Seite her für seine Lehre unerwartete Gefahren drohten. Er beschloß daher, den Terror gegen Einzelpersonen in einen allgemeinen zu verwandeln, mit dem Endziel, die drei jüdischen Stämme aus Medina vollständig zu entfernen.

Auch hier ging er sehr vorsichtig ans Werk. Zuerst mußte ein theoretisches Fundament geschaffen werden, um der künftigen Praxis einen gewissen Nachdruck zu verleihen. »Es ist das Schicksal der Juden«, erklärte einmal der Prophet, »sich gegen alle Propheten aufzulehnen, die ihnen von Gott gesandt werden« (5,74). Das war der erste sichtbare Trennungsstrich, den er zwischen den Arabern und den Juden zog.

Bald folgten andere, wichtigere Schritte. Der Prophet änderte seine jüdische Haartracht, er stellte die Diskussionen mit den klugen und gelehrten Rabbinern ein und verlegte das Fasten, das ursprünglich mit dem Fasten der Juden zusammenfiel, auf einen anderen Tag. Schließlich widerrief er die wichtigste Verordnung, die den Muslim bisher mit den Juden verbunden hatte. Er verlegte die Qibla, die Gebetsrichtung, die alle Gläubigen, wo immer sie lebten, beim Gebet in einer Richtung vereinen sollte. Bisher war die heilige Stadt Jerusalem die Qibla gewesen, von nun an wurde es Mekka. Dieser Schritt war über seine augenblickliche, praktisch-politische Bedeutung hinaus zugleich eine wichtige religionspsychologische Entwicklungsphase im Islam. Bisher hatte der Islam als eine jüdisch-christliche Sekte gelten können. Mit diesem Schritt machte er sich selbständig, löste sich radikal von seinen Vorbildern. Die Verlegung der Qibla,

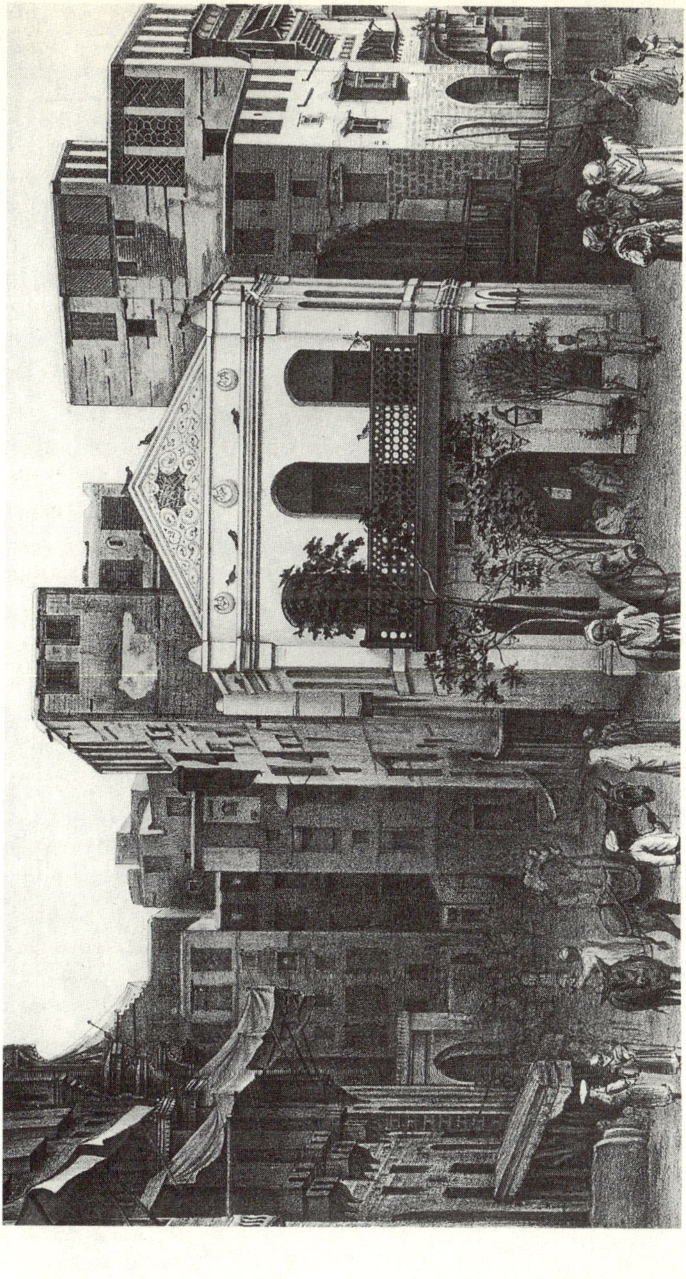

7. Die von ʿUṯmān Pascha erbaute Hauptwache in Mekka. Lithographie, 1889.

durch augenblickliche Erfordernisse der Tagespolitik hervorgerufen, wurde zu einer symbolischen Handlung voll tiefster Bedeutung. Ohne es zu wissen, ohne es zu wollen, gründete Mohammed damit eine neue, selbständige Weltreligion.

Erst nach diesen behutsamen, sich langsam auswirkenden Vorbereitungen begann der Prophet den offenen Kampf gegen ›das Volk, das alle Propheten verleugnet‹. Drei jüdische Stämme wohnten in Medina. Alle drei waren reich, stolz und, was das wichtigste war, miteinander verfeindet. Mohammed wußte, daß sie einander nicht unterstützen würden, und er beschloß, mit dem schwächsten, unbedeutendsten dieser Stämme zu beginnen, mit den Banū Qainuqā'.

Die Banū Qainuqā' waren nicht zahlreich. Sie vermochten höchstens siebenhundert Krieger ins Feld zu schicken. Sie waren in der Hauptsache Waffenschmiede, besaßen keine Felder, keine Dattelpalmen, waren aber reich an Waffen, Gold und anderen Metallen. Sie bewohnten mitten in der Stadt mehrere Burgen, die den Marktplatz umgaben.

Ein Grund für den Kampf war leicht gefunden. Eine muslimische Milchhändlerin besuchte eines Tages den Marktplatz und verkaufte dort ihre Milch. Da schlich sich ein jüdischer Juwelier an sie heran und befestigte unbemerkt, zum Schabernack, ihr Kleid an der Bank. Einige junge Männer umgaben das Mädchen und priesen ihre Schönheit. Das Mädchen schenkte ihnen jedoch kein Gehör. Sie saß ruhig auf dem Marktplatz und verkaufte ihre Milch. Als sie schließlich aufstehen wollte, löste sich, zur großen Belustigung des Basars, das Kleid von ihrem Körper. Späße dieser Art waren übrigens damals im rohen Arabien keine Seltenheit. Zufällig ging in diesem Augenblick gerade ein junger Muslim durch den Basar, sah die Schande, die seiner Glaubensgenossin angetan wurde, ergriff das Schwert und tötete den jüdischen Juwelier. Darauf erhob sich ein Riesentumult, in dessen Verlauf auch der junge Muslim getötet wurde.

Als sich die Nachricht von der Bluttat in der Stadt verbreitet hatte, befahl der Prophet den Banū Qainuqā' nicht, wie er selbst für solche Fälle bestimmt hatte, ein Blutgeld zu zahlen, sondern rief alle gläubigen Männer zu den Waffen. Auch die Banū Qainuqā' griffen zu den Waffen, da sie aber mehr Waffenschmiede als Waffenträger waren, zogen sie es vor, sich in ihren Burgen zu verschanzen. Inmitten der Stadt Medina begann nun eine Belagerung. Mohammed verlangte von den Qainuqā' den Übertritt zum Islam. Die Qainuqā' weigerten sich. Fünfzehn Tage dauerte die Belagerung, und die Qainuqā', die keinen Proviant mehr besaßen, mußten sich dem Sieger auf Gnade oder Ungnade ergeben. Mohammed war aber entschlossen, die Ungnade Gottes über den Qainuqā' walten zu lassen. Deshalb sollte mit ihnen nach dem Gesetz des Krieges verfahren werden. Danach verfielen die Männer dem Tod, Frauen und Kinder aber der Sklaverei. Es bedurfte unendlicher Bitten Ibn 'Ubais, des mächtigen Führers der Munāfiqūn, und des Quraiš 'Abd ad-Dīn, der mit den Qainuqā' befreundet war, um den Propheten zur Milde zu bewegen. Die Qainuqā' erhielten freies Geleit. Ihr Eigentum aber, das Gold und ihre kostbaren Waffen, verfielen dem Sieger. Die Beute wurde unter die Gläubigen verteilt. Das war das Ende der Banū Qainuqā', für die sich keiner ihrer Stammesbrüder einsetzte, obgleich die Juden die Hälfte des Volkes von Medina ausmachten.

Die Beute, die unter die Muslims verteilt wurde, machte sie reich und eröffnete ihnen zugleich neue, ungeahnte Perspektiven. Es gab außer den Banū Qainuqā' noch mehr Juden in Medina. Das fesselte viele Munāfiqūn stärker als je an den Propheten.

Mohammed nahm sich Zeit. Die Beute, die er den Gläubigen versprach, sollte der Lohn für kriegerische Taten sein. Der Staat Gottes mußte im Kampf erprobt werden. Immer wieder schickte Mohammed seine Krieger in die Wüste. Kleine Kämpfe mit den Beduinen, freundschaftliche Verträge und Predigten bei den fremden Stämmen füllten die Zeit aus. Der Sinn eines kriegerischen Überfalls blieb aber immer die Beute, und beliebt waren nur die Plünderungen reicher Karawanen. Da nun die reichsten Karawanen der Wüste immer noch den Quraiš gehörten, war ein neuer Zusammenstoß zwischen Mekka und der Stadt des Propheten unvermeidbar.

Im November des Jahres 624 schickte Mohammed seinen Adoptivsohn Zaid mit hundert Kriegern in die Wüste, um eine Karawane zu überfallen und Beute zu machen. Zaid gelang diesmal ein großer Schlag. Bei Karada, unweit von Mekka, überfiel er die große Herbstkarawane der Quraiš. Die Kaufleute flohen, und die ganze Karawane fiel in die Hände der Muslims. Das war ein ungeheurer Erfolg. Gold- und Silberbarren im Werte von achthunderttausend Mark fielen in die Hände der Frommen und wurden, nachdem der Prophet ein Fünftel für die Staatskasse zurückbehalten hatte, unter die Gläubigen verteilt.

Das Ansehen des Propheten stieg daraufhin bei den Sippen der Wüste ins Unermeßliche. Zuerst fürchtete man, daß ganz Mekka rachedürstend vor den Toren Medinas erscheinen würde. Es verging aber ein Monat nach dem andern, und nichts regte sich aus der Richtung der Kaʿba. Anscheinend durfte man ungestraft die Karawanen der Mekkaner plündern.

Als fünf Monate nach dem Raub verstrichen waren, durchritt ein fremder Reiter die Straßen von Medina und bat, dem Propheten vorgeführt zu werden. Es war der Bote des Onkels ʿAbbās, des Führers der Hāšim. Der schlaue Bankier, der in Mekka an der Quelle saß, wollte sich für alle Fälle sichern und schickte dem allmählich zu Ansehen gelangten Neffen eine wichtige Botschaft:

Abū Sufyān befand sich mit dreitausend kampfentschlossenen Mekkanern auf dem Wege nach Medina. –

Dem großen Raub sollte eine große Rache folgen.

DIE RACHE DER QURAIŠ

Wer geboren werden will, muß eine Welt zerstören.

Hermann Hesse

Was hatte sich seit Badr in Mekka ereignet? Die Nachricht von der Schlacht bei Badr rief in Mekka begreiflicherweise große Bestürzung hervor. Die Karawane war zwar gerettet, die Ehre aber hoffnungslos verloren. Die edelsten Quraiš waren im Kampf gefallen, fast jeder Bankier beklagte den Verlust irgendeines Familienangehörigen, und alle befürchteten einen Rückgang des Handels. Doch verloren die Quraiš noch nicht den Mut, sie schlugen sich an die Brust, griffen tief in die Geldsäcke und finanzierten die Strafexpedition, die nach Medina entsandt wurde. Nach dem Tode Abū Ǧahls war jetzt Abū Sufyān der alleinige Führer der Stadt Mekka. Das war ein vornehmer, edler und reicher Kaufmann, ihm fehlten aber jegliche Feldherrnqualitäten. Er war gewöhnt, mit Geld zu regieren, und glaubte auch die Macht des Propheten mit Geld brechen zu können. Er mietete Dichter und schickte sie in die Wüste, um die Beduinensippen durch Verse für einen Angriff gegen Medina zu begeistern. Er zahlte Geld an die Wüstenscheichs, damit sie den Propheten überfallen sollten. Im übrigen betrieb er sein gewohntes Geschäft ruhig weiter. Die Durchführung der Rache der Quraiš hätte unter diesen Umständen wohl viele Jahre in Anspruch genommen, wenn nicht zwei Faktoren das Unternehmen beschleunigt hätten, und zwar ein privater und ein öffentlicher. Der private Faktor war Hind, die Frau des Abū Sufyān. Hind war vornehm, energisch und zielbewußt. Sie haßte den Propheten mehr als alle Mekkaner zusammen. Sie hatte auch allen Grund dazu, denn ihr Vater und zwei ihrer Brüder waren bei Badr gefallen. Hind hetzte ununterbrochen zum Kriege gegen Medina. Ohne die anspornende Energie seiner Frau hätte sich Abū Sufyān wohl nie zu einem so großen Feldzug aufgerafft. Der öffentliche Faktor war der große Karawanenraub von Karada. Hier war nicht nur die Ehre, sondern auch der Geldbeutel der Qurais̆ schwer getroffen worden. Mit einem Schlag war der Handel nach Norden hin so gut wie abgeschnitten. Keiner wagte mehr Karawanen in die Wüste hinauszuschicken. Ohne Karawanenhandel war aber das Dasein Mekkas undenkbar. Hier mußte also energisch und kraftvoll durchgegriffen werden. Der Reichtum Mekkas und mit ihm die Existenz der Stadt stand auf dem Spiel. Und Abū Sufyān handelte, langsam wie immer, dafür aber sorgsam vorbereitet. Am 21. März des Jahres 625 erschien ein Heer von dreitausend Mann vor den Toren Medinas. Es war nicht mehr das lustige Heer von Badr. Dreitausend Kriegskamele und zweitausend Pferde begleiteten das Heer. Siebenhundert Mann waren mit Panzerhemden und Helmen ausgerüstet. Es war offensichtlich, daß die Qurais̆ auf einen Vernichtungskampf vorbereitet waren.

Mohammed wußte, daß diesmal eine Entscheidungsschlacht bevorstand. Er wußte sich zu diesem Kampf wohl vorzubereiten. Im Hofe der Moschee versammelte er die besten seiner Krieger und begann ihnen den Plan des Kampfes auseinanderzusetzen. Er hatte diesen Plan in die Form eines Traumes gekleidet. »Ich sah mich«, sagte er, »mit einem undurchdringlichen Panzer bekleidet. Mein Säbel war aber am Griff abgebrochen. Trotzdem gelang es mir, einen Widder zu töten.« – »Was bedeutet dieser Traum?« fragten die Gläubigen »Wir müssen in der Stadt bleiben«, antwortete der Prophet. »Sie ist unser Panzer, dann können wir auch schlechtbewaffnet den Feind schlagen.« Und er veranschaulichte den Kriegern den Plan der Verteidigung in den Burgen, den engen Straßen und in den Häusern Medinas. Dieser Plan war einleuchtend. Gut vorbereitete Belagerungen waren für die Belagerten in Arabien fast immer erfolgreich.

Den Gläubigen aber, die Sieg und Erfolg gewohnt waren, paßte dieser Plan ganz und gar nicht. »Warum sollen wir unsere Felder vernichten lassen?« fragten sie. »Warum sollen wir nicht, wie es Männern ziemt, dem Feind entgegentreten? Schützt denn nicht Gott unsere Waffen?« Und so groß war die Begeisterung der Frommen, daß der Prophet nachgeben mußte, sein Gebet verrichtete, den Kriegspanzer anzog und auf dem großen Platz von Medina eine Parade seines Heeres abhielt. Da bemerkte er, daß auch die Juden der Stadt sich zur Verteidigung gerüstet hatten. »Die Juden sollen fort aus dem Heer«, sagte er, »wir brauchen ihre Kriegshilfe nicht.«

Mit den übrigen aber, es waren ungefähr tausend Mann, mit nur wenigen Kamelen und zwei Pferden, zog er am Abend zum Berge Uḥud, den Quraiš entgegen. Als aber die Gläubigen die Übermacht der Quraiš erblickten, sagten sie: »Der Gesandte Gottes hat recht, wir wollen uns lieber in der Stadt verteidigen.« Da erhob sich Mohammed und verkündete: »Wenn der Gesandte Gottes den Panzer zum Kampf angezogen hat, so zieht er ihn nicht wieder aus!« Und er nahm die drei Heeresfahnen und verteilte sie unter die drei Kolonnen seines Heeres. Als aber der Morgen graute, erhob sich ʿAbdallāh ibn ʾUbai, der Führer der Munāfiqūn, und mit ihm dreihundert Heuchler und Zweifler; Ibn ʾUbai sagte: »Der Prophet hat nach dem Rate unmündiger Kinder gehandelt; wir können ihm nicht folgen.« Und sie verließen das Heer und zogen nach Medina zurück. Nur siebenhundert treue Gefährten blieben beim Propheten und wollten den Kampf bestehen. Den Heuchlern aber rief der Prophet zu: »Furcht rettet keinen vor dem Tode.«

Am Morgen des nächsten Tages traten dreitausend Mekkaner den siebenhundert Frommen entgegen. Auch diesmal war das Heer von Mekka unorganisiert und ohne Disziplin. Dafür hatte es zur Erhöhung der Kriegsbereitschaft Frau Hind und viele andere vornehme Damen der Quraiš mitgebracht. Die Frauen forderten zur Rache auf und waren blutdürstiger als die Männer. Vor den Augen ihrer Frauen wollten sich aber die Mekkaner nicht bloßstellen. Unterwegs, bei

Uḥud und während des ganzen Tages sangen die Frauen nach alter Sitte improvisierte Lieder, deren Sinn etwa war: Wenn ihr auch diesmal vom Felde der Ehre davonlauft, werdet ihr nie mehr neben uns ruhen dürfen. – Doch nicht diese Drohung, so bitter sie auch gewesen sein mag, entschied die Schlacht.

Ganz zufällig, ohne sich etwas dabei zu denken, ernannte Abū Sufyān den jungen mekkanischen Aristokraten Ḫālid ibn al-Walīd zum Befehlshaber der Kavallerie. Und es erwies sich, was keiner vermutet hatte, daß dieser Ḫālid ein genialer Befehlshaber war. Uḥud war seine erste Schlacht, später sollten seine Reiter Syrien, Persien und Kleinasien für den Islam besiegen. Ḫālid wurde der Murat des Islam, Mohammed verstand ihn zu schätzen, denn er hatte bei Uḥud Gelegenheit, seine Kriegskünste schmerzlich kennenzulernen.

Der Kampf begann wie immer mit einem Geplänkel. Dann folgte der Angriff der Gläubigen, und die Mekkaner strömten unorganisiert und ohne Disziplin trotz der ermunternden Zurufe der Frauen zurück. Schon erreichten die Muslims das Lager des Feindes und hielten damit die Schlacht für beendet. Sie stürzten sich auf die Beute und begannen zu plündern. Da geschah etwas Unerwartetes. Ḫālid ibn al-Walīd zeigte, daß er ein geborener Krieger war. Er sammelte die Reste der Kavallerie, stürzte sich auf die Plünderer und entschied mit einem Schlage die Schlacht. Es begann ein Handgemenge, die Muslims wurden zurückgedrängt. Bald kämpfte man bereits auf der Anhöhe vor dem Zelt des Propheten. Die Schlacht war für die Muslims verloren Doch gerade jetzt zeigten sich die Folgen der kriegerischen Erziehung. Die Gläubigen liefen nicht auseinander, wie es alle Araber bisher getan hatten, wenn sie eine Schlacht für verloren gaben. Sie hielten verzweifelt stand und wichen und wankten nicht. Vor dem Zelte des Propheten begann eine heldenmütige Verteidigung. Der Fahnenträger des Propheten war der berühmte Muṣʿab ibn ʿUmair, der dem Propheten den Weg nach Medina geebnet hatte. Jetzt kämpfte er in den ersten Reihen der Frommen. Ein Mekkaner hieb ihm die rechte Hand ab, da ergriff er die Fahne mit der linken. Als ihm auch diese abgehauen wurde, preßte er die Fahne mit den blutigen Armstümpfen an seinen Körper, bis er, von einer feindlichen Lanze durchbohrt, zu Boden sank. Auch Ḥamza, der Onkel des Propheten, fiel einem feindlichen Wurfgeschoß zum Opfer. Sogar eine muslimische Frau, die den Tod ihrer Söhne mit ansehen mußte, stürzte sich in den Kampf. Der Prophet selbst vergoß in dieser Schlacht sein Blut für die Sache des Glaubens. Ein Pfeil verwundete seine Lippe und schlug ihm einen Vorderzahn aus. Ein gutgezielter Stein verletzte sein Gesicht. Es war ein eindeutiger Sieg der Mekkaner, und Mohammed zog sich mit dem Rest seiner Streitmacht zurück. Die Sache des Glaubens war offenbar verloren.

Da geschah ein Wunder. Anstatt mit dem siegreichen Heer den Feind zu verfolgen, anstatt bis Medina vorzudringen und mit einem Schlage den Islam für ewige Zeiten zu vernichten, blieb Abū Sufyān am Berge Uḥud. Er betrachtete augenscheinlich seine Aufgabe als beendet. Die Toten von Badr waren gerächt. Den Sieg der Waffen staatspolitisch zu vollenden, fiel dem vornehmen Mekkaner nicht ein. Nach arabischer Sitte ritt er dem Feind mit blutiger Lanze nach, um mit seinem Siege zu prahlen. Im Felde traf er auf ʿUmar, seinen einstigen Freund. Die beiden schimpften sich gehörig aus, da aber der Kampf zu Ende war, griff keiner zur Waffe. Am Ende der Beschimpfungen erklärte Abū Sufyān, er wolle in einem Jahr wiederkommen, um den Sieg zu vollenden.

So endete der blutige Tag von Uḥud. Wie eine Horde von Hyänen stürzten sich die mekkanischen Frauen auf die Leichen der Muslims. Der orientalische Siegesrausch begann. Lippen, Ohren, Nasen, Geschlechtsteile wurden den Leichen abgeschnitten. Hind, die Frau Abū Sufyāns, riß aus der Leiche Ḥamzas sogar die Leber heraus und fraß sie vor den Augen der erschütterten Mekkaner. Dann stieg sie auf den Berg Uḥud und rief in die Dunkelheit: »Wir haben euch den

Tag von Badr heimgezahlt. Ich konnte den Schmerz um meinen Vater, Bruder und Sohn nicht mehr ertragen. Nun habe ich meinem Herzen Linderung verschafft. Ḥamza heilte mein Herz, als ich ihm die Leber aus dem Leibe riß.«

Da für arabische Begriffe der Sieg der Mekkaner vollständig war, so bedurfte es keiner weiteren Rache. Und doch war Mohammeds Erstaunen grenzenlos, als er sah, wie das Heer der Quraiš den Rückmarsch antrat. Der Islam, der Staat Gottes, war außer Gefahr. Er hatte sogar gewissermaßen das Feld behauptet. Erschöpft kehrten die Krieger nach Medina zurück.

Am nächsten Tage aber, ungeachtet der Wunden, bestieg der Prophet sein Pferd und ritt mit einigen Freunden in die Wüste. Das war eine Demonstration, er wollte zeigen, daß er den Kampf nicht aufgab.

Doch war und blieb Uḥud eine Niederlage, und auch die üblichen Folgen der Niederlage sollten nicht ausbleiben. Die Nachbarstämme der Wüste, die bis dahin fest zu Mohammed gehalten hatten, begannen zu rebellieren. In den Wüstenoasen wurden die Vertreter des Propheten erschlagen. Es drohte ein allgemeiner Aufstand. Nur unter den Muhāǧirūn und Anṣār blieb der Glaube an den Propheten unerschüttert. Zu offensichtlich war es, daß der Kampf bei Uḥud gegen den Willen des Propheten stattgefunden hatte. Hätte man den Plan des Propheten befolgt, hätte man die Stadt nicht verlassen, so wäre den Muslims diese Niederlage erspart geblieben. Sogar im Feld wäre die Niederlage vermeidbar gewesen, wenn nicht alle wie eine Horde von Heiden auf die Beute losgestürzt wären. Man konnte Gott und seinem Propheten also nichts vorwerfen.

Anders war die Stimmung im Lager der Juden und Munāfiqūn. Diese erachteten die Stunde der Vergeltung für gekommen. Ganz insgeheim begannen Verhandlungen zwischen dem mächtigen Stamm der Banū Naḍīr und ʿAbdallāh ibn ʾUbai. Eine Verschwörung war im Gange. Ihr Ziel war die Ermordung Mohammeds und die Vertreibung der Muhāǧirūn. Für diesen Fall versprach ʿAbdallāh den Juden, mit zweitausend Mann gegen die Gläubigen zu ziehen.

Der Plan wurde vereitelt. Mohammed erfuhr von der Verschwörung und beschloß ein Exempel zu statuieren. Als Führer des neuen Staates erließ er den Befehl, die Banū Naḍīr hätten unverzüglich das Land zu verlassen. Natürlich weigerten sich die Juden und schlossen sich wie die Banū Qainuqāʿ in ihrer Festung, der Burg Sahra, ein. Sie sandten aber gleichzeitig Boten zu ʿAbdallāh und zu dem anderen jüdischen Stamm von Medina, zu den Banū Quraiẓa, und baten beide um Hilfe und Schutz. Wieder erwiesen sich die beiden als unfähig, in der Stunde der Gefahr dem Propheten als Einheit entgegenzutreten. Die Quraiẓa und die Munāfiqūn kamen der Aufforderung der Bedrängten nicht nach, sie vermochten sich zu keiner Handlung zu entschließen. Noch ehe ʿAbdallāh seine zweitausend Mann zusammen hatte, belagerte Mohammed die jüdische Burg. Hier war ihm ein neuer Sieg vergönnt. Die Naḍīr erwiesen sich als kampfunfähig. Sie mußten rasch kapitulieren. Nur acht Tage dauerte die Belagerung, bei der kein Pfeil verschossen wurde. Um ihr Leben und den Glauben ihrer Väter zu behalten, verließen die Juden die Stadt Medina und wanderten für immer in die Wüste. Der Preis für ihr Leben war hoch. Ihr Eigentum, die großen Dattelhaine, die Ackerfelder, der ganze Reichtum des mächtigen Stammes verfiel dem Sieger. Die Banū Naḍīr durften nur das nackte Leben und den uralten Glauben ihrer Väter mit in die Verbannung nehmen. Der Prophet gab ihnen eine Chance. Wer den Glauben des Propheten anzunehmen bereit war, durfte mit all seinen Reichtümern, in großen Ehren, in der Stadt des Propheten zurückbleiben. Die Juden fügten sich jedoch ihrem Schicksal und machten von dem Anerbieten des Propheten keinen Gebrauch.

Es ist bemerkenswert, daß von dem ganzen, sehr zahlreichen Stamm der Banū Naḍaīr sich nur zwei Menschen zum Glaubenswechsel entschlossen. Sie wurden vom Propheten reich beschenkt. Das Eigentum und die Schätze der Vertriebenen wurden unter die frömmsten und ärmsten der Muhāǧirūn verteilt.

So entschädigte sich Mohammed für die blutige Niederlage bei Uḥud, so belohnte er seine Gefährten und vertrieb aus der Stadt alle, die an die Macht Gottes und seines Gesandten nicht glauben wollten.

Von den drei einst großen und mächtigen Stämmen der Juden lebte jetzt in Medina, voll Angst und Furcht, um Glauben und Reichtum bangend, nur noch ein einziger Stamm, die Banū Quraiẓa.

Aber auch ihre Stunde sollte bald schlagen.

DER PROPHET REGIERT

Das Beste in der Welt ist der Befehl.
Burte

Das Leben in Medina nahm mit der Zeit eigenartige Formen an. Aus einer kleinen anarchischen Sippenrepublik wurde, fast über Nacht, ein despotisch regierter einheitlicher Staat. Die Niederlage bei Uḥud schadete auf die Dauer nicht allzuviel. Mohammed hielt die Zügel der Macht fest in der Hand. Immer geringer wurde die Zahl der inneren Feinde, immer höher wuchs die Macht der Frommen.

Bewaffnete Krieger erfüllten die Straßen von Medina. Sie erzählten von großen Siegen über die Nomadensippen der wilden Beduinen, berichteten von der reichen Beute, die sie aus den Feldzügen mitgebracht hatten, von dem Schrecken, den sie in der Wüste verbreiteten, und von der unendlichen Macht Allāhs, der ihnen Ruhm und Sieg spendete. Frömmigkeit und Beutegier beherrschten jetzt die Stadt des Propheten. Medina, von Palmen und weiten Feldern umgeben, gehörte ihnen, und der Reichtum des Islam wuchs täglich. Wo einst die wilden Ḫazraǧ und Aus mit nicht viel weniger wilden Judensippen ihre unzähligen Fehden austrugen, herrschten jetzt eiserne Disziplin, Ruhe und Wohlstand unter dem unbeugsamen Willen des Propheten.

Der Prophet ließ die Stadt nicht auf ihren Lorbeeren ausruhen. Immer wieder versammelte er die Krieger, immer wieder sandte er Beutezüge in die Wüsten. Hin und wieder zog er auch selbst den Panzer an, hißte die Fahne des Propheten und ritt in die Steppen, um mit Schwert und Wort den wahren Glauben zu verbreiten und reiche Beute für sich und die Frommen zu erjagen.

Mohammeds Macht war groß. Er war der erste unter den Arabern, er hatte die große Tat vollbracht, mit der Kraft seines Wortes die Bande der Blutsverwandtschaft zu zerreißen. Einst, noch vor wenigen Jahren, hatte Mohammed sein Leben dem unerschütterlichen Familiensinn der Hāšim zu verdanken, die jedes Opfer auf sich nahmen, ehe sie einen Verwandten freiwillig preisgaben. Jetzt warf er die Fesseln der Blutsverwandtschaft ab. Wenn die Sippe mehr galt als das Wort Gottes, konnte der Islam keine Macht werden. Bei fremden, kriegerischen Sippen, in fernen Oasen überall in der großen Wüste, lebten jetzt vereinzelte Anhänger des Propheten. Manche verheimlichten ihren Glauben, auch das gestattete der Prophet. Denn wer an den Propheten zu glauben begann, der beugte sich nicht mehr vor der Macht des Scheichs, der verstand es, spöttisch zu lachen, wenn die Alten des Stammes über das Schicksal des Volkes berieten, denn er diente jetzt einer größeren Wahrheit als der alten Wahrheit der Sippen.

Mohammed verstand es, die Menschen zu packen und zu bezwingen. Wer an ihn glaubte, mußte ihm dienen, und wer ihm diente, mußte das Gesetz der Väter, das Gesetz der Sippe verwerfen. So schuf Mohammed nach und nach eine geheime Organisation, die sich über alle Wüsten Arabiens erstreckte. Das waren nur Tropfen der Macht, die er später im großen Ozean der arabischen Sippen erringen sollte. Von den in allen Sippen verstreuten Mitgliedern seines Geheimbundes erfuhr er alles, was in den Wüsten vorging, hörte von den Absichten des Feindes, von den Stimmungen der Beduinen, erfuhr, welchen Weg die Karawanen einschlagen würden und an welcher Stelle des großen Landes Gottes Segen und reiche Beute den Sieg seiner Waffen erwarteten. Dann zog er mit der Schar seiner Krieger hinaus, siegte blitzschnell und kehrte nach Medina zurück. Jeder erfolgreiche Feldzug verschaffte ihm neue Anhänger in der Wüste, und die unter seinen Kriegern verteilte Beute sicherte ihm die

Treue der Anṣār und Muhāğirūn. So herrschte er unumschränkt, weil er als erster eine stärkere Wahrheit errichtete als die Wahrheit der Sippen.

In ganz Medina waren die alten Gesetze der Sippen in Unordnung geraten. Verzweifelt versuchte ʿAbdallāh ibn ʾUbai die Bande der Verwandtschaft aufrechtzuerhalten. Doch der Einfluß des Propheten war stärker als alles andere. Junge Männer, die ins Feld zogen und die Beute ihres Sieges in Medina unter sich verteilten, hörten nicht mehr auf die Worte der Alten. Sie gehorchten dem Propheten. Denn dem Worte des Propheten, seiner großen, allumfassenden Wahrheit konnten ʿAbdallāh und die Munāfiqūn nichts mehr entgegenstellen. Wo der Prophet herrschte, starb das alte Gesetz langsam ab. Deshalb bekämpfte auch der Prophet die Munāfiqūn nicht, denn er wußte, daß in Medina die Zeit und die Siege für ihn arbeiteten.

Die Siege des Propheten, die reichen Schätze, die er aus den Feldzügen mitbrachte, das Eigentum der vertriebenen Juden, das er unter den Frommen verteilte, veränderten das Gesicht der Stadt. Die gehetzten, zerlumpten, hungrigen und heimatlosen Flüchtlinge, die von der Gnade der wenigen Reichen lebten, verschwanden jetzt vollkommen aus dem Bilde der Stadt. Beutezüge und die Schätze der vertriebenen Juden hatten die einstigen Bettler reich gemacht. Sie besaßen jetzt Dattelpalmen, Ackerfelder und Gold. Niemand konnte das Ausmaß ihres Reichtums abschätzen, denn die Macht des Propheten stieg ständig, und die Macht des Propheten war der Reichtum der Frommen. Lange Jahre hindurch hatten die Frommen Entbehrungen und Verfolgungen aller Art erlitten. Sie waren gehetzt und vertrieben worden, hatten ihren Reichtum verloren, soweit sie welchen besaßen, und waren ihres Lebens nicht sicher gewesen. Jetzt brach der Segen Gottes auf sie herein. Der Prophet führte sie zu Macht und Reichtum, und sie waren dabei, sich für einstige große Entbehrungen reichlich entschädigen zu lassen. Die fromme Stadt des Propheten begann langsam ein kleines Babylon zu werden. Die Muslims gaben sich den Freuden des Daseins hin, Wein floß durch die Straßen Medinas, aus jedem Haus ertönte Gesang, und die frommen Krieger ergötzten sich an der Schönheit der fremden Sklavinnen. Im Würfelspiel wurden Unsummen verspielt. Die siegreichen Muhāgirūn begannen ihr Leben zu genießen.

Der Prophet gönnte den Frommen die Freude des Daseins. Er kannte die Entbehrungen, die sie für ihn ertragen hatten, er wußte, daß nicht jeder Prophet sein kann, daß nicht jeder das Gebet mehr lieben kann als alle anderen Dinge auf Erden. Der Islam war nicht das Christentum, und der Prophet predigte nicht die Askese. Doch wußte der Prophet auch, daß die Lust des Lebens die Kraft des Lebens erlahmen läßt. ›Wohlgerüche, Frauen und vor allem Gebet‹ waren die Lieblingsdinge des Propheten. Deshalb wollte er diese drei Dinge auch den Frommen gewähren. Ausschweifungen konnten aber dem Staat Gottes zum Verderben gereichen, und so beschloß Mohammed, nach und nach, Schritt für Schritt die Lebenslust seiner Getreuen zu bändigen. So entstanden langsam, immer aus dem Gebot der Stunde geboren, eine Reihe von Gesetzen, die das kleine Babylon in das Joch strenger Sitten einspannen sollten. Diese Gesetze wurden immer anläßlich eines aus dem Rahmen fallenden Ereignisses verkündet. Das sicherte Mohammed zuerst das Einverständnis der Einsichtigen.

Als zum Beispiel irgendein frommer Mann in plötzlich erwachter Spielwut sein ganzes Vermögen, das er in schweren Wüstenfeldzügen erworben hatte, an einen Ungläubigen verlor, versammelte Mohammed seine Getreuen, teilte ihnen das traurige Ereignis mit und verbot dann für ewige Zeiten das Würfelspiel. – Als ein anderes Mal ein Gläubiger völlig betrunken beim Gebet erschien und zum Unwillen aller Anwesenden die Predigt des Propheten störte, verbot Mohammed für immer den Alkoholgenuß (5,92). So regelte der Prophet das Leben seiner Stadt. Die Gesetze, die diese Regelung sichern sollten, blieben aber für immer bestehen und beherrschten das Leben der Muslims. Sie formten späterhin das ganze geistige Bild des Islam.

So entstanden die Verbote des Alkohols, des Spielens, des Tanzens, des zu lauten Singens und viele andere Verordnungen. Doch bemühte sich der Prophet stets, die Frommen zu schonen. Er wollte nicht, daß seine Stadt einem Kloster gleichen sollte. Es stand jedem frei, dem Beispiel Mohammeds zu folgen und asketisch zu leben, um in die Pforten des Paradieses einzuziehen. Das war aber keine absolute Forderung des Propheten. Denn eins wußte und wiederholte der Prophet: »Schwach ist die Natur des Menschen, und es kommt eine Zeit, wo die Erfüllung eines Zehntels des Gebotenen genügen wird, um durch die Pforten des Paradieses einzuziehen.«

Den Propheten selbst änderten Macht und Reichtum nicht. Er erhielt zwar von jedem Feldzug, von jeder Kriegstat ein Fünftel der Beute, denn seine Gebete und nicht der Mut der Krieger waren es, die den Sieg errangen, doch verteilte er auch dieses Fünftel unter die Armen oder belohnte besonders Fromme und Mutige.

Seine eigene Lebensweise änderte er nicht. Wie früher in den Zeiten der Armut, der Entbehrungen und Verfolgungen stand der Prophet schon beim Morgengrauen auf, fegte selbst den Hof, flickte seine Kleider und verrichtete das Morgengebet. Dann kamen fromme Schüler, er sprach mit ihnen über den Glauben, Almosen wurden verteilt, künftige Feldzüge besprochen. Täglich hielt der Prophet im Hofe der Moschee in seinen abgetragenen Kleidern Gericht ab und fällte Urteile als höchste Instanz in allen weltlichen und geistlichen Dingen.

Fromme Mitkämpfer sammelten seine Urteile und Sprüche. Sie wurden später zum Fundament des islamischen Rechtes. Auch die Verse des Korans wurden eifrig notiert. Zuerst, den Umständen gemäß, wurde der Koran in der primitiven Art der Wüste fixiert, er wurde auf Schulterblätter von toten Tieren geschrieben, später auf grobem, rohem Leder, zuletzt auf Pergament. Die einzelnen Verse wurden in Kassetten gelegt und in den Hütten bei den Frauen des Propheten aufbewahrt. Doch wußten die meisten Anṣār und

Muhāğirūn die Verse des Korans auswendig, und wer sie nicht behielt, dem mangelte es nicht an Besuchen ärmerer Muslims, die ihm für geringen Lohn unaufhörlich die Verse des Korans rezitierten. Mit Gerichtsurteilen, Feldzugsplänen, mit frommen Gebeten, Predigten und Verkündigungen verging der Tag des Propheten. Aber auch die einfache Handarbeit war ihm genehm. Er erschien bei öffentlichen Arbeiten und griff selbst, trotz seines vorgeschrittenen Alters, zum Spaten, sang fromme Verse und ermunterte die Faulen. Das Puritanische seines Wesens, die nüchterne, phantasielose Frömmigkeit fiel seinen Anhängern nicht auf. Zu dynamisch war das Leben des Propheten, zu ereignisvoll seine Laufbahn in Medina. Die nüchternen, rasch aufeinanderfolgenden Phasen seiner Entwicklung machten seiner Umgebung die Beurteilung von Mensch und Werk nahezu unmöglich.

Die Macht, den Reichtum, die plötzliche Wandlung seines Schicksals nahm der Prophet als etwas absolut Selbstverständliches hin. Gott hatte ihm Macht über die Wüste versprochen, Gott sandte ihn als letzten Propheten in die Welt, folglich brauchte er sich nicht über die Entwicklung der Dinge zu wundern, brauchte sich nicht dem Jubel hinzugeben, nur weil das Wort Gottes in Erfüllung gegangen war. Das wäre ja nur ein Zeichen von Glaubensmangel gewesen. Nur wenn das Heer und der Staat Gottes in Gefahr waren, wie bei Uḥud, wenn das ganze Gebäude des Islam zusammenzufallen drohte, hob der Prophet die Hände zum Himmel und erinnerte Allāh an sein Versprechen. »O Allmächtiger«, sagte er, »hilf uns, denn sonst wird es niemanden geben, der dich anbeten wird.« Wie in Mekka, so stand auch in Medina das Haus des Propheten für jeden offen. Heiden, Muslims, Christen und Juden konnten jederzeit sein Haus betreten, Fragen an ihn stellen und gelehrte Diskussionen mit ihm führen. Der Prophet umgab sich mit keinem Nimbus, weder als Gesandter Gottes noch als Beherrscher eines Staates. Er mischte sich unter das Volk, und das Volk durfte ihn über alles befragen. Der Islam war eine theokratische

Demokratie. Nur mit Mühe und durch Erlaß besonderer Gesetze konnten die allzu Gläubigen davon zurückgehalten werden, des Nachts vor dem Hause des Propheten zu erscheinen, um zu erfahren, bei welcher seiner Frauen der Prophet weilte und was sich dort ereignete. Denn der Prophet, der Gesandte Gottes, blieb für die Mehrzahl der Gläubigen ein Mensch, der sich nur dadurch von den übrigen unterschied, daß er von Zeit zu Zeit die Worte Gottes vernehmen durfte.

Das Wort Gottes hatte sich aber verändert. In Mekka hatte das Wort den Glauben an Gott verkündet. In Medina baute das Wort Gottes am Staate Gottes. Der Stil des Korans hatte sich ebenfalls gewandelt. Er enthielt jetzt keine flammenden Mahnungen und Bekenntnisse mehr, jetzt verkündete er nur noch das Gesetz. Das Wort des Gesetzes aber war klar und sachlich. Unverändert blieb nur die Kraft des Ausdrucks, die Wucht der ehernen Sätze, unverändert blieben die Besuche des Erzengels, der das Wort Gottes in knappen Versen zu Mohammed brachte. Und mit der Zeit wurde der Erzengel für den Propheten eine alltägliche Erscheinung. Er erschien, nur dem Propheten sichtbar, in Versammlungen, im Hause, auf einem Wüstenritt. Manchmal nahm er die Gestalt eines Menschen an, die eines Freundes des Propheten, des frommen Dāḫi al-Kalbi. Der Prophet erkannte den Erzengel in jeder Verkleidung, er sprach mit ihm, empfing seine Befehle und verkündete der frommen Menschheit die unerbittlichen Gesetze in glühenden Versen.

So lebte in der Stadt Medina, umringt von Frommen, Mohammed, der Gesandte Gottes, der Herrscher des neuen Staates. Nur selten hatte der Prophet Zeit, sich frommen Betrachtungen hinzugeben. Der Staat Gottes war in Gefahr. Siegreich und drohend lag hinter der Wüste die glänzende Stadt Mekka. Täglich, beim Gebet, wandte der Prophet sein Gesicht dieser Stadt zu, dieser Stadt, die unbezwingbar blieb und voller Gefahren.

Bei Uḥud hatte Abū Sufyān gerufen: »In einem Jahr

komme ich wieder und vernichte den falschen Propheten.« Das Jahr des bedingten Friedens war bald verstrichen. Voll Sorge blickte der Prophet auf die kahlen Sandhügel, hinter denen das Heer der Quraiš bald auftauchen sollte. Wieder mußte er gegen die Stadt seiner Väter kämpfen, und von dem Ausgang dieses Kampfes hing jetzt mehr denn je das Schicksal der Republik Gottes, das Schicksal des Islam ab.

EIN GRABEN UND SEHR VIELE JUDEN

Wen der Herr liebhat, den züchtigt er.
Hebr 12,6

Als der Prophet das Volk der Banū Naḍīr aus der Stadt seiner Macht vertrieb, zogen sie in die Wüste, um bei fernen Sippen Schutz und Zuflucht zu finden. Wenige Tagereisen von Medina liegt die blühende Wüstenkolonie Ḫaibar, ein Kranz von Oasen. In den Wüsten war Ḫaibar reich und gefürchtet. Die edlen und mutigen Krieger, die dort im Schatten der Palmen wohnten, waren Juden. Mutig und vornehm war das Kriegsvolk von Ḫaibar, es war aber nicht so edel wie das Volk der Banū Naḍīr. Bei den Judensippen Arabiens galten die Banū Naḍīr als die Blüte der Menschheit, denn sie stammten, Sagen zufolge, direkt von dem Propheten Aaron, von dem Hohepriester der Juden. Deshalb empfing das Volk von Ḫaibar die Banū Naḍīr ehrerbietig. Man gab ihnen Land und Palmen, baute ihnen Häuser und versprach, sie mit der Macht der Waffen zu schützen. Denn in Ḫaibar lebten fromme Juden, die den Samen Aarons ehrten. Je mehr aber das Volk von Ḫaibar das Ansehen Aarons ehrte, desto größer war sein Groll gegen den falschen Propheten, der die edelste Sippe der Wüste gedemütigt hatte.

In alle Windrichtungen sandten jetzt die Bewohner von Ḫaibar ihre Boten zu allen Judensippen, zu allen freundschaftlich gesinnten Stämmen der Wüste. Sie verbreiteten die Nachricht von dem verräterischen Beherrscher Medinas, der als Gast in die Stadt kam, um Schutz und Obdach bat und dann seine Gastgeber vertrieb, ihr Eigentum raubte und alle Schwüre brach, die er selbst den Juden vorgeschlagen hatte. Die Beduinen, Juden und Araber, hörten den Worten andächtig zu, schüttelten den Kopf und tadelten das Verhalten des Propheten. Wenn aber die Boten von Rache und Krieg zu sprechen begannen, zuckten sie bedenklich mit den Schultern und sagten: »Wir sind arme, einfache Beduinen, was geht uns euer Streit an? Wenn wir unser Leben, unsere Kamele und Pferde riskieren sollen, so versprecht uns einen Teil der Beute und zahlt uns einen Teil dieses Teils im voraus.« Der Haß der frommen Leute aus Ḫaibar war aber so groß, daß sie ihre Dattelernte verpfändeten und ihr Geld opferten, um die Völker der Wüste zum Kampf zu begeistern.

Zahlreich sind die Sippen der Wüste, und gierig sind ihre Scheichs. Das Gold von Ḫaibar genügte ihnen nicht. Da erhob sich der fromme Jude Ḫuwai und mit ihm Kināna ibn Ḫuzaima, Hanǧā' ibn Qais und der Hanīfe Abū 'Āmir. Diese vier ritten nach Mekka. In Mekka war Gold, und in Mekka glühte der Haß gegen Mohammed am heißesten. In Mekka begaben sie sich zu Abū Sufyān und sprachen: »O Abū Sufyān, dein Glaube ist besser als der Glaube Mohammeds, und dein Schwert ist stärker als sein Schwert. Wir wollen zusammen gegen Mohammed kämpfen, denn wir hassen ihn wie du!« Da schloß Abū Sufyān ein Bündnis mit den Juden.

Von nun ab floß Gold durch die Wüste. Die Stämme erhoben sich und schwuren bei allen alten Göttern, den Wüstenräuber Mohammed zu vernichten. Abū Sufyān und das Volk der Juden konnten des Sieges sicher sein. Doch war Abū Sufyān Kaufmann, und das Geschäft war ihm wichtiger als der Krieg. Er wartete daher auf das Ende der Pilgermonate, auf das Ende der großen Messe. Erst dann versammelte er die Sippen zum Kampf.

Eine ungeheure Armee zog jetzt gegen Medina. Zehntausend Mann führte Abū Sufyān. In einem Lande, in dem eine Schlacht von dreizehnhundert Mann bereits ein Ereignis war, hatte man ein Heer von zehntausend Mann bisher noch nie gesehen. Mit Siegesgesängen zog das Heer durch die

Wüste. Jeder Scheich, jeder Anführer, ob Araber oder Jude, berechnete im voraus, wie groß sein Anteil an der Beute sein würde. An der Spitze des Heeres ritt aber der vornehmste aller Araber, Abū Sufyān, und neben ihm ritten die Kriegstüchtigsten der Mekkaner, Ḫālid ibn al-Walīd und ʿAmr ibn al-ʿĀs. Diese drei Führer des großen Heeres zogen gegen Medina, um den Propheten zu vernichten. Keiner ahnte, wie eng das Schicksal aller drei einst mit dem Namen Mohammed verknüpft sein sollte. Denn der Sohn Abū Sufyāns, der Sohn Hinds, die die Leber des Ḥamza fraß, war Muʿāwiya, der fünfte Kalif des Islam, der Gründer der Dynastie der Umaiyaden, der glänzenden Dynastie des Kalifats. Ḫālid ibn al-Walīd, dem edlen Reiter, und ʿAmr ibn al-ʿĀs, dem listigen Hetärensohn, Diplomaten und Dichter, verdankt der Islam die großen Siege über Asien und Afrika, über Byzanz und Persien. Die Siege, welche allein erst die Weltmacht des Propheten, die Weltmacht der Kalifen begründeten. Jetzt zogen sie alle an der Spitze von zehntausend Mann durch die Wüste, um den Propheten und die Stadt Medina zu vernichten.

Durch seine geheimen, in der Wüste verstreuten Anhänger erfuhr Mohammed von dem Herannahen des großen Heeres. Der Schrecken, den diese Nachricht in Medina verbreitete, war ungeheuer. Man vergaß die schönen Sklavinnen, man kümmerte sich nicht mehr um die gestatteten und verbotenen Freuden des Daseins. Man dachte nur an das große Heer, das größer war als sämtliche bisher dagewesenen Armeen ganz Arabiens. Erfahrene Krieger, große Raubritter, ja sogar Mohammed selbst waren ratlos. Zwar wußte Mohammed, daß die Stadt Gottes nicht untergehen konnte, doch entsann er sich wohl seines eigenen Spruches: ›Zuerst binde das Kamel fest an den Baum, erst dann vertraue es dem Schutze Gottes an.‹ Wo aber dieser Baum war, an den man das Kamel jetzt binden sollte, das wußte Mohammed nicht. Alle Kriegsmittel, alle Verteidigungsarten, die die Araber kannten, waren gegen das Riesenheer machtlos. Man konnte dem Feind nicht im offenen Kampf entgegentreten.

Man konnte wohl in den engen Straßen kämpfen und sich in die Burgen zurückziehen, doch schien nichts von all diesen Möglichkeiten Rettung zu verheißen. Wenn man aber von den Burgen absah, so war die Stadt Medina völlig ungeschützt. Festungsmauern hatte sie nicht; man konnte sich nur auf den natürlichen Schutz der Hügel, Felsen und Abgründe verlassen. Drei Seiten der Stadt Medina waren auf diese Weise geschützt, die vierte Seite lag aber breit, eben und kahl vor dem Feinde. Hier konnte das Heer ungehindert in die Stadt eindringen. Niemand wußte, wie man sich gegen das ungeheure Heer verteidigen sollte. Angst, Furcht und Verzweiflung herrschten in Medina. Die Krieger des Propheten waren an primitive Kriegsführung gewöhnt, keiner war in den höheren Kriegslisten erfahren, und niemand von den Arabern hatte je ein Heer von zehntausend Mann gesehen.

Doch war der Islam nicht nur der Glaube der Araber. Der Islam wandte sich an alle Völker der Welt, und viele Völker waren in der Stadt des Propheten vertreten. Einst, als der Prophet nach der großen Flucht erschöpft das Dorf Qubā' erreicht hatte, war zu ihm bekanntlich ein fremdländischer Sklave, der Perser Salmān, gekommen. Er bekannte sich zum Islam und wurde als gleichberechtigtes und freies Mitglied in die Gemeinschaft der Gläubigen aufgenommen. Dieser Perser sollte jetzt den Staat Gottes retten. Salmān war ein vielgereister und erfahrener Mann. Durch Persien und Byzanz, durch die kriegerischen Kulturstaaten der alten Welt hatte sein Weg geführt. Er hatte dort nicht nur die Klöster besucht, nicht nur weise Grübler und Prediger gesehen, sondern auch beobachtet, wie durch die Felder des Iran das Heer des Kaisers von Byzanz zog, wie Krieger des heiligen Feuers die Festungen des Römerreiches belagerten. Er hatte viel gehört von mutigen Feldzügen und Kriegslisten. Dies alles bewahrte er in seinem klugen persischen Kopf. Jetzt sollte ihm das zugute kommen. Er begab sich zum Propheten und erteilte ihm einen weisen Ratschlag. Durch das ganze breite Feld, das den Weg nach Medina freigab, sollte von einem Berg zum andern ein breiter Graben gezogen werden. Hinter diesem Graben sollte das Heer des Propheten den Feind erwarten. Dieser Graben mußte die Eroberung Medinas verhindern. Das war eine primitive Idee. Ein Feldherr der großen Herrscher von Byzanz oder Iran hätte mitleidig darüber gelächelt. Dem Propheten gefiel der Vorschlag. Sofort begann er mit der Arbeit. Tag und Nacht grub man voll Eifer. Salmān, der Ingenieur des Propheten, leitete die Arbeit, und der Prophet selbst half als einfacher Arbeiter mit. Endlich war der große Graben fertig. Er trennte Medina von der Welt der Wüsten und Steppen. Hinter ihm lagerte das kleine Heer und harrte gespannt des Gegners.

Langsam und siegesbewußt näherte sich das Heer der Zehntausend. Bald sah es von weitem die Burgen von Medina, ahnte den Sieg und zitterte vor Beutegier. Voran ritt Abū Sufyān und hielt Ausschau. Plötzlich entdeckte er von weitem etwas Merkwürdiges und Verwirrendes. Beim Näherkommen erblickte er den breiten Graben. Abū Sufyān war ein guter Kaufmann, klug und kriegstüchtig war er aber nicht. Das unerwartete Hindernis verwirrte seine Sinne. So etwas hatte er noch nie gesehen. Er stand wie gelähmt vor dem Graben und starrte fassungslos auf die andere Seite. Er war von der List des Gegners sichtlich erschüttert. Hinter ihm stand das Heer der Zehntausend, starrte gleichfalls auf den Graben und war genauso überrascht wie sein Führer. Wie sollte man über diesen Graben kommen? Man war auf einen harten Kampf gefaßt, auf eine edle Verteidigung mutiger Ritter. Aber ein Graben? Das überstieg das Begriffsvermögen der simplen Wüstenkinder. Betroffen blickte man einander an, schüttelte die Köpfe und war ratlos. Ein Graben war in der arabischen Kriegskunst nicht vorgesehen. Man wußte nicht, was man mit ihm anfangen sollte. Wie ein Huhn an einem Kreidestreifen, blieb das Heer wie hypnotisiert an dem Graben stehen. Zunächst mußte die Erschütterung innerlich verarbeitet werden. Später konnte man an weitere Maßnahmen denken.

Es ist eine Groteske, die für die einfache Art der Beduinen bezeichnend ist. Der unerwartete Graben hielt den siegreichen Feldzug der Zehntausend tatsächlich auf. Man schlug, immer noch fassungslos, die Zelte auf und begann, da nichts anderes übrigblieb, mit der Belagerung. Denn was sollten in der Tat zehntausend Beduinen gegen einen Graben unternehmen? Krieg bedeutete für sie offenen Kampf im Felde. Wo der aufhörte, hörte auch ihr Verstand auf. Hinter dem Graben wachte das Heer des Propheten, freute sich des unerwarteten Erfolges und wartet, was nun kommen würde.

Das nun Folgende erinnert nur wenig an einen Heldenkampf altarabischer Recken. Tagtäglich erschienen am Rande des Grabens Mekkaner, Juden und Beduinen. Sie beschimpften das Heer der Frommen aus Leibeskräften und in allen Tonarten. »Was seid ihr für Krieger«, donnerten sie, »wenn ihr euch hinter einem Graben versteckt? Ist das ein Krieg, der des Arabers würdig wäre? Haben unsere Väter oder Großväter so gekämpft? Feige Hunde seid ihr und keine Araber! Kommt herüber und zeigt, was ihr könnt!«

Naturgemäß ließ sich das wackere Prophetenheer nicht aus der Fassung bringen. Es saß gut und sicher hinter dem breiten Graben und ließ sich durch das Geschrei der Heiden nicht weiter anfechten. Hin und wieder versuchte ein kühner Heide über den Graben zu klettern. Man ließ ihn auch herüberkommen, um ihn dann feierlich und voll Stolz zu erschlagen. So verging mit Beschimpfungen und gelegentlichen Pfeilschüssen ein Tag nach dem andern. Die Stimmung bei dem Riesenheer begann sich sichtlich zu verschlechtern. Das hatte seine guten Gründe. In der Hoffnung auf einen raschen und entscheidenden Sieg hatte sich Abū Sufyān mit dem Feldzug Zeit gelassen. Er wartete, bis die Pilger der Festmonate Mekka verlassen hatten, und brach erst auf, als die Ernte von den Feldern bei Medina schon eingebracht war. Jetzt, als die Belagerung begann, stellte sich heraus, daß die Ernte unerreichbar und wohlbehütet in Medina lagerte. Das Heer der Zehntausend, das aber auf diese Ernte spekuliert hatte, war nun ohne Nahrung. Die

Beduinen, die nicht ohne beträchtlichen Vorschuß und in der Hoffnung auf leichte und große Beute in den Krieg gezogen waren, mußten jetzt zusehen, wie ihre Kamele abmagerten und ihre Zeit nutzlos verstrich. Ihre Kriegsbegeisterung flaute sichtlich ab.

In dieser Situation entschloß sich Abū Sufyān, einen allgemeinen, großen Sturm zu wagen. Da aber seine Hoffnung auf Sieg nicht groß war, beschloß er, mit dem letzten Judenstamm von Medina, den Banū Quraiẓa, die außerhalb der Stadt in einer großen Burg hausten, in Verbindung zu treten. Die Banū Quraiẓa, die ja Untertanen des Propheten waren, willigten ein, ihren Schwur zu brechen, da auch der Prophet seinen Schwur gegen die beiden andern Judenstämme Medinas gebrochen hatte, und sie versprachen, dem Heere Mohammeds in den Rücken zu fallen. Daraufhin erteilte Abū Sufyān den Befehl, den großen Sturm vorzubereiten. Tagelang dauerten die Maßnahmen. Als es endlich soweit war, stellte sich plötzlich heraus, daß der Tag des Sturmes gerade auf einen Sonnabend fiel. Da erklärten die Banū Quraiẓa und mit ihnen alle Judenstämme des Heeres, daß sie unter keinen Umständen bereit wären, die heiligsten Gebote ihrer Väter zu brechen und an einem Sabbat die Last des Kampfes auf sich zu laden. Als aber Abū Sufyān die Juden doch zum Kampf bewegen wollte, erklärten die Juden aus Ḫaibar klipp und klar, daß sie das ganze Unternehmen für verfehlt hielten und durch ihre weitere Teilnahme am Kampf nicht noch die Rache des Propheten auf ihre Glaubensbrüder in Medina heraufbeschwören wollten. Auch andere Sippen, durch geheime Propagandisten Mohammeds beeinflußt, schienen keine große Lust mehr zum Kampf zu haben. Noch einige Tage hielt man aus, noch einige Scharmützel fanden statt, dann hatten die Beduinen die Sache endgültig satt.

Eines Tages bedeckte sich der Himmel mit Wolken, ein Wolkenbruch stürzte herab, tosender Orkan drang aus der Wüste und warf die Zelte der Nomaden um. Darauf erklärten die Beduinen das Ganze für ein Zauberwerk Mohammeds. Gegen eine Zauberei und noch dazu gegen die eines Feiglings konnten und wollten sie aber nicht kämpfen. Abū Sufyān blieb nichts anderes übrig, als das Gesicht zu wahren. Er schrieb an Mohammed einen Brief, beschuldigte ihn der Feigheit und des Verrats an allen guten arabischen Kriegssitten und schwor, bei Gelegenheit blutige Rache zu nehmen; dann bestieg er sein Kamel und erteilte den Befehl zum Rückzug.

Die Koalition gegen Mohammed zerfiel in heilloses Durcheinander. Der Prophet und der Staat Gottes waren gerettet. Das Heer der frommen Anṣār und Muhāǧirūn kehrte unbesiegt nach Medina heim. Dies geschah am 15. April des Jahres 627.

Jetzt war die Stunde der letzten Judensippe von Medina, der Banū Quraiẓa, gekommen. Mohammed wußte von den Verhandlungen, die sie mit dem Heer der Quraiš geführt hatten, und beschloß, mit ihnen abzurechnen. Am Tage, als Abū Sufyān die Belagerung Medinas aufgab, zog Mohammed mit seinen Kriegern vor die Burgen der Banū Quraiẓa. Wieder begann eine Belagerung.

Die Juden konnten sich zu keinem bewaffneten Widerstand aufraffen. Sie hatten sich in ihre Burg zurückgezogen und harrten der Dinge, die da kommen sollten. Nach fünfundzwanzig Tagen ergaben sie sich dem Propheten auf Gnade und Ungnade. Sie hofften wohl, daß sie gleich ihren Stammesbrüdern freies Geleit aus der Stadt erhalten würden. Der Prophet war aber nicht mehr geneigt, Gnade walten zu lassen. Nur auf Fürsprache der Aus, die seit alters her Freunde der Banū Quraiẓa waren, entschloß er sich, die Entscheidung einem Schiedsrichter zu übergeben. Zum Schiedsrichter ernannte er einen frommen Krieger aus dem Stamme Aus. Dieser Krieger hieß Saʿd ibn Muʿāḏ.

Saʿd ibn Muʿāḏ war ein dicker, vollblütiger Mann, der zu Wutausbrüchen geneigt war. Er galt als ein Freund der Juden. In einem Scharmützel hinter dem Graben war er schwer verletzt worden und lag jetzt in hoffnungslosem Zustand darnieder. Die Wunde schmerzte sehr, Saʿd wußte, daß seine Tage gezählt waren. Er hielt die Juden wegen ihres Bündnisses mit den Quraiš für die einzigen belangbaren Urheber seines Todes. Mit Mühe wurde der schwere, tödlich verwundete Mann aus dem Zelte getragen, auf einen Esel gesetzt, mit Kissen umgeben und von allen Seiten gestützt. So führte man ihn zum Orte des Gerichts. Dort angelangt, forderte er von allen Anwesenden, daß sein Urteil bedingungslos erfüllt würde. Als erste schwuren die Juden. Sie taten es gern. Denn Sa'd war ihr alter Freund, auf seinen Spruch konnte man sich verlassen.

Darauf richtete sich der Sterbende im Sattel auf und verkündete: »Alle Männer der Banū Quraiẓa sollen hingerichtet, die Frauen und Kinder aber in die Sklaverei verkauft werden.« Mohammed protestierte nicht gegen das Urteil. Es entsprach genau seinen Wünschen. Allerdings versprach er diejenigen zu begnadigen, die sich zum Islam bekennen würden.

Am Morgen des nächsten Tages schaufelte man auf dem breiten Marktplatz tiefe Gruben. Inmitten der Stadt Medina sollte sich jetzt der alte grausame Orient an Blut berauschen. Der Islam zeigte seine Krallen. Gefesselt, der Reihe nach, wurden die Juden auf den Marktplatz geführt. Man brachte sie bis zum Rande der Gruben und schlug ihnen den Kopf ab. Der Kopf fiel hinab, der Körper folgte ihm. – Die Juden von Medina hatten nicht verstanden, heldenhaft zu leben, sie verstanden dafür, heldenhaft zu sterben. Kein einziger aus dem ganzen Stamm der Banū Quraiẓa verriet seinen Glauben, um das Leben zu retten. Sie starben schweigend und heldenmütig. Sie sahen, wie zahllose Männer vor ihnen hingerichtet wurden, und wußten, daß ihr Kopf den Köpfen ihrer Stammesbrüder folgen würde.

Bald waren die Gruben voll. Blut floß über den Marktplatz. Abseits standen der Prophet und die Führer des Islam. Sie blickten der Hinrichtung zu und schwiegen. Denn in Blut werden die Welten geboren. Der Tag ging zu Ende; immer noch brachte man gefesselte Juden zum Richtplatz. Bald brach die Nacht herein, und der Prophet befahl, große

8. Ansicht von Mekka über die nordwestliche (rechts) und südwestliche Seite (links) der Moschee hinaus. Historisches Foto, 1889.

Fackeln anzuzünden, damit das Volk der Gläubigen sehen könnte, wie auf dem Marktplatz von Medina das Blut der Feinde vergossen wurde. Von Fackelschein erhellt, inmitten der blutigen, besudelten Stadt, leuchtete in rötlichem Glanz das unbewegliche Gesicht des Herrschers Mohammed, des Gesandten Gottes.

Unter den Quraiẓa gab es einen Juden namens Zubair. Dieser Jude hatte einst das Leben des großen muslimischen Kriegers Ṯābit gerettet. Jetzt erkannte ihn Ṯābit in der Schar der Verurteilten. »Du bist mein Wohltäter und Retter, o Zubair«, sagte Ṯābit zu dem Juden, »ich will dir jetzt das vergelten, was du einst Gutes an mir getan hast.« Er ging zum Propheten und bat für das Leben Zubairs, für das Leben seiner Familie und für den Reichtum, den der Jude besaß. Und da Ṯābit aus dem Stamme Aus ein großer Krieger und frommer Muslim war, gewährte ihm der Prophet die Bitte. Freudestrahlend lief der Krieger zu Zubair und überbrachte ihm die Nachricht. Der Jude aber sagte: »Führe mich auf den Richtplatz, denn ich möchte meinen Brüdern folgen, die dort starben und sterben werden. Ich möchte mein Leben nicht aus den Händen des blutdürstigen Mannes empfangen, der alle um mich töten ließ. Denn der Eimer meines Lebens ist ausgeflossen, und ich warte mit Ungeduld, daß ich mit meinen Freunden wieder vereint werde.« Nach diesen Worten ging der greise Jude zur Richtstätte und wurde von ʿAlī enthauptet, denn der Vetter und Schwiegersohn des Propheten übte an jenem blutigen Tage das Amt des Scharfrichters aus. Der Jude Zubair wurde von den späteren Generationen nicht vergessen. Seine Handlung galt bei dem Volke der Araber, bei allen Gläubigen als das Musterbeispiel eines Heldentodes. Bis heute wird sein Andenken bei den Völkern der Wüste geehrt, denn der Islam war der erste Glaube, in dem Theologen und Kirchenväter Ehrfurcht und Bewunderung vor dem Heldentum Andersgläubiger aussprechen durften.

So endeten die Juden von Medina. Ihre Vergehen waren nicht zahlreich. Sie schützten sich, wie sie konnten, suchten

Frieden und fürchteten sich vor der Macht des Feindes. Doch erfanden sie bissige Witze über den Propheten, sangen freche Lieder, hörten sein Wort nur, um ihm zu widersprechen, dachten dort, wo Gehorchen am Platz war, und klammerten sich fest an den uralten, aus ferner Heimat mitgebrachten Glauben, an die kecke, übermütige Art ihres Wesens. Das wurde ihnen zum Verhängnis. Der Prophet konnte sie nicht mehr in dem Staate dulden, in dem allein das Wort Allāhs und seines Propheten regieren sollte. Die Banū Quraiẓa verstanden heldenmütig zu sterben. Manche Feigheit im Leben wird durch das Heldentum ihres Todes aufgewogen.

Medina, die Stadt des Propheten, wurde jetzt zu dem einheitlichen Staat der Gläubigen, in dem der Prophet, dem frechen Spott Andersdenkender unerreichbar, über die große Gemeinde der Muslims herrschen konnte.

DÄMONEN UM DEN PROPHETEN

Erlöse mich von der Gefahr der Zauberer, die Knoten knüpfen und darauf hauchen.
Koran, Sure 113

In den Sandhügeln der Wüste, in den feuchten Höhlen der arabischen Felsen, dort, wo immer noch wie vor Jahrtausenden Öde und Einsamkeit herrschten, lebten in Dunkelheit, in höllischer Finsternis die Feinde des Propheten. Mohammed wußte von diesen Feinden, er wußte auch, daß sie besonders zahlreich waren. Er nannte sie Dämonen. Was ist ein Dämon? Niemand kann einen Dämon von einem Sterblichen unterscheiden. Ein Mensch geht durch die Straße, unauffällig und schleichend. Er blickt freundlich um sich und ist trotzdem ein Dämon. Denn plötzlich versteinern sich seine Augen, er wirft einen raschen Blick auf einen Menschen, so schnell, daß es niemand merkt. Der Mensch aber ist dann für immer siech, denn der Blick des Dämonen ist böse und giftig.

Auf steilen Bergen, in finsteren Höhlen sitzen greise, weißhaarige Juden. Diese Juden sind klug und listig, sie befehlen über das Reich der Dämonen. Der Prophet Gottes wußte das ganz genau. Aus den Zeiten des weisen Salomo, der über die Dämonen herrschte, behielten die Juden ihre dunkle Herrschaft über die Mächte der Finsternis. Jahrtausendealt ist diese Kunst der Juden. Sie heißt Kabbala. Vor dieser dunklen und schrecklichen Macht fürchtete sich jetzt der Prophet. Denn er wußte, daß auf den Gipfeln der wilden Berge und in der feuchten Finsternis der Schluchten großer Haß gegen ihn lebte. Schon früher hatte er die Macht der Kabbala gespürt. Die Kabbala schuf jenen jüdischen Knaben, der in Medina in Zuckungen verfiel und die Gedanken des Propheten erriet. Hin und wieder kamen auch fremde Frauen, und tödliche Qual befiel dann den Propheten, denn Gift lag in ihren Augen, und Gift entströmte ihren Händen. Und doch liebte der Prophet die Reize der schlanken, jüdischen Frauen.

Jetzt aber, wo der Haß der Weisen und Bösen groß war, erwartete Mohammed einen mächtigen Zauber und wußte nicht, wie er sich davor schützen sollte. Der große Zauber kam und erschütterte den Propheten.

Wie näherte sich dieser Zauber dem Propheten? Mit großer Furcht und voll Schrecken berichten davon die arabischen Erzähler. Es lebte in den Bergen Arabiens ein alter Jude, der der Duzfreund des Bösen war. Auch die Tochter des Juden war mit dem Bösen eng befreundet, vielleicht sogar noch inniger als ihr Vater. Denn beide, Vater und Tochter, waren in der Kunst des Zauberns bewandert und wußten, wie man den Dämonen der Berge, der Lüfte und der Wüste Befehle erteilt. Die beiden haßten den Propheten, der unzählige ihrer Stammesbrüder in den Tod geschickt hatte. Gegen ihn richtete sich jetzt ihr mächtiger Zauber.

Nach allen Regeln der Schwarzkunst gingen sie ans Werk. Sie nahmen, wie es die Regeln der Kabbala vorschreiben, ein kleines Stückchen Wachs und kneteten daraus die Figur des Gesandten Gottes. Dann umwickelten sie die Figur mit Haar und durchstachen sie an elf Stellen mit elf dünnen Nadeln. Dann aber, um den Zauber zu vollenden, nahmen sie eine Bogensehne, knüpften elf Zauberknoten hinein, hauchten auf jeden Knoten, sagten die notwendigen Zaubersprüche her, wickelten zuletzt die Sehne um die Wachsfigur und warfen das Ganze in einen tiefen Brunnen.

Das war eine mächtige Zauberei, die mächtigste von allen. Kaum war sie vollbracht, da brach schon das Unglück über Mohammed herein. Denn er war vom Zauber umgeben, wie seine Wachsfigur von der Sehne. Ein Fluch befiel Mohammed, und der Fluch befiel die größte Lust seines Lebens. Viele Frauen besaß der Prophet, denn Gott hatte ihm die Kraft von dreißig Männern gegeben. Jetzt traf ihn der Zauber und lähmte seine Kraft.

Reglos weilte Mohammed am Lager seiner Frauen, blickte mit traurigen Augen um sich und sah, wie sich Verwunderung, Lust und Ärger in ihren Augen spiegelten. Er war aber kraftlos und von der Zaubersehne des Juden gefesselt. Tage und Nächte vergingen. Blaß wurde das Gesicht des Propheten, seine Wangen fielen ein, und seine Augen wurden groß und traurig. Die Manneskraft war einst der Stolz des Gesandten Gottes. Jetzt aber lag er in der Hütte und wanderte kraftlos von einer Frau zur andern. Um die Hütten herum standen die Getreuen, schüttelten die Köpfe und fragten sich, welche Sünde der Gesandte Gottes begangen habe, daß ihn der Allmächtige so hart bestrafe. Und wieder verstrichen Tage und Nächte. Qual lag in der Seele des Propheten. Verachtung las er in den Augen der Frauen. Wieder irrte er durch den Hof der Moschee, betete zu Allāh, blickte finster um sich und fand keinen Ausweg.

Da erbarmte sich Gott seines Gesandten und erleuchtete seinen Sinn. Plötzlich erkannte Mohammed, daß nicht Gottes Fluch, sondern ein böser Zauber ihn befallen habe. Diesen Zauber verstand er jetzt rasch zu brechen. Er rief den frommen ʿAlī und entsandte ihn zum Zauberbrunnen. ʿAlī brachte ihm die verhexte Figur mit der Zaubersehne. Und da Mohammed ein Prophet war und Gott seinen Geist erhellt hatte, wußte er, wie man die geheimnisvolle Kraft der Dämonen brechen und den Zauber lösen konnte.

Er nahm die Wachsfigur, zählte die elf Knoten und Stiche und sprach die beiden letzten Suren des Korans, die aus elf Versen bestehen. Bei jedem Vers löste sich ein Knoten und heilte ein Nadelstich. Mit jedem Vers nahm die Kraft des Propheten zu. Als er die Verse aber beendet hatte, erhob er sich von seinem Lager. Große Kraft war in seinen Gliedern. Und wieder ging er in die Hütten der Frauen. Und als er eintrat, weiteten sich die Augen der Frauen, denn groß, kräftig und voll Lebenslust kam zu ihnen der Prophet.

Der Jude in den Bergen wußte jetzt, daß alle Macht der

Dämonen Staub war gegen die Macht des Herrn. Mohammed aber sang das Lob des Allmächtigen und verkündete: »Wenn alle Bäume, die auf der Erde wachsen, sich in Federn verwandeln und alle Meere zu Tinte werden, wenn alle Leute, die auf Erden leben, zu schreiben beginnen, und wenn sie hunderttausend Jahre schreiben – zum Ruhme des Allmächtigen –, so wird auch dann alles Geschriebene nur ein Tropfen im Meer, ein Sandkorn in der Wüste sein« (31, 26).

So vernichtete der Gesandte Gottes die Macht der Dämonen, die Macht der alten, bösen Weisen, die in den feuchten Schluchten und auf den Gipfeln der arabischen Berge über die Schar der bösen Geister gebieten. So vernichtete er die Kraft der mächtigen Kabbala, die einst Salomo, der Freund aller Geister der Lüfte, Berge und Wüsten, lehrte. Vielmals schickten die Zauberer auch späterhin böse Blicke und giftige Zaubersprüche gegen den Propheten, nichts konnte aber über den Gesandten Gottes Macht gewinnen.

So rettete der Gesandte Gottes die gottgegebene Kraft, so zeigte er dem Volke von Medina die Macht Gottes und bewies seine Liebe zu den Frauen, die in ihren kleinen Hütten die Freude des Propheten waren.

DIE MÜTTER DER GLÄUBIGEN

Der beste Schatz des Menschen ist eine tugendhafte Frau.

Mohammed

Am östlichen Eingang der Moschee zu Medina erhoben sich im Halbkreis neun ärmliche Lehmhütten. Der Eingang zu den Hütten bestand aus dunklen Vorhängen. Manche der Hütten waren von kleinen Veranden umgeben. Die Vorhänge schützten das Leben und Treiben in der Hütte vor den Blicken Neugieriger.

In diesen Hütten lebten die ›Mütter der Gläubigen‹, die zahlreichen Frauen des Propheten. Mohammed hatte mehr Frauen, als die Gesetze des Islam erlaubten. Vier Frauen waren dem Gläubigen gestattet. Der Prophet, dessen Leben voll Arbeit und Gebet war, durfte als besonderer Günstling Allāhs so viel Frauen haben, wie es die Kraft seiner Lenden erlaubte. Auch andere Propheten wie Abraham, David und Salomo genossen einst den gleichen Vorzug. Hundert Frauen hatte Salomo. Gott gewährte sie ihm, denn übermenschliche Mannesstärke ist das Merkmal des Propheten. Das Siegel der Propheten war Mohammed. Unermeßlich war seine Kraft. Doch war Mohammed ein Asket, und obwohl seine Kraft größer war als die Salomos, besaß er nur vierzehn Frauen.

Mit vierzehn Frauen wurde Mohammed getraut. Vierzehn Frauen führten den Namen: ›Mutter der Gläubigen‹. Unbegrenzt aber war die Anzahl der Frauen, die zu Mohammed kamen und um seine Liebe baten. Ihnen allen gewährte der Prophet Gottes seine Liebe. Denn mitleidig war sein Herz und groß seine Neigung für die Schwäche der Frauen. »Du kannst diese Frauen, die um deine Liebe bitten, später trösten oder auch gleich zu dir nehmen«, sagte Gott zu Mohammed (33,51). Und in der Sure 66 Vers 1 verkündet Allāh, als sich herausstellte, daß auch vierzehn Frauen nicht ausreichend für den Propheten waren: »O Mohammed, verzichte nicht aus Liebe zu deinen Frauen auf Freuden, die dir Gott gestattet hat.«

Groß ist die Zahl der Frauen, denen Mohammed seine Liebe geschenkt hat. Bis an sein Lebensende hörte der Prophet nicht auf, schönen Frauen seine Gunst zu erweisen, sie zu bewundern, zu liebkosen und zu umarmen. Denn ein Wunsch brannte im Herzen Mohammeds, trieb ihn von einer Frau zur andern, von einer Sklavin zur nächsten. Mohammed wünschte sich einen Sohn, der würdig war, die Erbschaft seines Vaters anzutreten. Der den Staat Gottes übernehmen und das Werk Mohammeds vollenden sollte. Dieser Wunsch fand aber keine Erfüllung, und bis ins Greisenalter irrte Mohammed durch die Blumengärten seines Harems, suchte hübsche Sklavinnen, umarmte unzählige Frauen und betete zu Allāh, dem Schöpfer der Menschen. Doch wurde ihm kein Sohn gewährt. Der letzte der Propheten sollte keinen Erben hinterlassen.

Neun Hütten umgaben die Moschee, und in ihnen lebten die Frauen des Propheten. Fast jede Frau besaß eine Hütte für sich, das sicherte den ehelichen Frieden. Nur hin und wieder, wenn der Prophet aus einem der Feldzüge eine schöne Sklavin mitbrachte, teilte eine der Frauen für kurze Zeit ihre Hütte mit der neu Hinzugekommenen. Die schönste, das heißt die am wenigsten ärmliche Hütte gehörte der Lieblingsfrau des Propheten, der Tochter Abū Bakrs, des Freundes und Gönners Mohammeds, der schönen ʿĀʾiša. Sechs Jahre zählte ʿĀʾiša, als der Prophet sie in Mekka zum erstenmal erblickte und seine Augen nicht von ihr abwenden konnte. Das war kurz nach dem Tode der Ḫadīǧa, die damals die alleinige Frau Mohammeds war. Abū Bakr, der den begeisterten Blick seines Freundes wohl verstanden hatte, versprach ihm seine Tochter, wenn die Zeit der Reife und der Liebe für sie gekommen wäre. Aber Mohammeds Begeisterung war so groß, daß er nach drei Jahren die neunjährige 'Ā'iša in Medina zu seiner Frau machte. Er selbst war damals fünfzig Jahre alt.

»Ich saß«, erzählt 'Ā'iša, »auf dem Schaukelstuhl und spielte mit anderen Mädchen. Da rief mich meine Mutter. Ich ging, wußte aber nicht, weshalb sie mich gerufen hatte. Meine Mutter nahm mich an der Hand und führte mich zur Haustür. Da begann mein Herz zu schlagen, doch langsam wurde ich wieder ruhig. Ich wusch mir das Gesicht und mein Haar, dann schmückte mich meine Mutter und führte mich in ein Haus, wo viele Frauen anwesend waren. Sie empfingen mich mit Glückwünschen, und auch sie schmückten mich. Als sie fertig waren, übergaben sie mich dem Propheten.«

'Ā'iša wurde die Lieblingsfrau des Propheten, und unter den vielen, die er besaß, war sie die einzige, die als Jungfrau zu ihm kam. Der alten arabischen Sitte zufolge zahlte er ihrem Vater Abū Bakr für sie zwölf Unzen Gold. – Dies war auch späterhin der Preis, den Mohammed für Frauen zu zahlen gewillt war. Nie hat er diese Summe überschritten. Damals, im ersten Jahr der Flucht, waren diese zwölf Unzen Gold für ihn unerschwinglich. Da aber der Schein gewahrt bleiben mußte, lieh der Vater der Braut, Abū Bakr, seinem Freunde Mohammed das Gold, das ihm dieser dann feierlich als Kaufpreis für 'Ā'iša übergab. Mit 'Ā'iša verbanden Mohammed Erinnerungen an die erste schwere Zeit in Medina. Trotz seiner Macht war Mohammed damals noch arm und dachte auch nicht daran, Reichtümer zu erwerben. Deshalb fiel die Hochzeit mit 'Ā'iša höchst ärmlich aus. Das Hochzeitsmahl bestand aus Milch, als Hochzeitsbett diente ein Schafsfell, und die Mitgift der neunjährigen Braut bestand aus zwei Hemden, zwei einfachen silbernen Armbändern und etwas Silbergeld. Denn Armut ist die Zierde des Propheten. »In den ersten Jahren der Ehe«, erzählt 'Ā'iša, »kam es vor, daß wir monatelang kein Feuer anzündeten, denn unsere Nahrung bestand aus Wasser und Datteln. Nur hin und wieder schickte uns irgend jemand etwas Fleisch. Nie erhielt man im Hause des Propheten zwei Tage hintereinander Weizenbrot.«

Um so reicher hat später das Schicksal ʿĀ'iša mit irdischen Gaben belohnt. Als ʿĀ'iša heiratete, war sie noch ein Kind. Ins Haus ihres Gatten brachte sie ihr Spielzeug mit. Sie spielte mit Puppen und erweckte das Entsetzen der Gläubigen. Denn Puppen sind Darstellungen von Menschen, und diese sind im Islam strengstens untersagt. Doch durfte ʿĀ'iša manches, was anderen Gläubigen untersagt war. Sie war sehr schön, witzig und spielerisch, trug gern goldene Ringe und salbte ihr Haar so stark, daß ihr die Salbe oft von der Stirn herunterrann. Hinter dem verspielten, kindlichen Antlitz verbarg sich aber ein energisches, kluges Wesen. Als Lieblingsfrau des Propheten und Tochter des ersten Kalifen wurde ʿĀ'iša nach dem Tode beider ein sehr bedeutender Faktor der islamischen Politik. Sie war eine große Kennerin der Literatur und eine Meisterin der Intrige. Sie konnte lesen, sammelte eine Menge der Prophetenaussprüche und galt nach dem Tode Mohammeds als die höchste Instanz in religiösen und juristischen Fragen. Für Abū Bakr und seine Partei war ihr Einfluß beim Propheten von unschätzbarem Wert. Denn ʿĀ'iša, das kleine, zarte Mädchen, hatte festumrissene Sympathien und Antipathien, denen sie unmißverständlich Ausdruck verlieh. Ihrer Antipathie gegen ʿAlī verdankt der Islam zum größten Teil die heutige Spaltung in Schiiten und Sunniten. – ʿĀ'iša starb im Alter von siebenundsechzig Jahren, das war siebenundvierzig Jahre nach dem Tode des Propheten.

Wenn ʿĀ'iša die Lieblingsfrau des Propheten war, so galt Sauda, eine Witwe aus Mekka, sicherlich als die wenigst geliebte. Mohammed hatte sie zwei Monate nach dem Tode Ḫadīğas geheiratet, aber nur, weil ein Araber ohne Schmälerung seines Ansehens nicht unverheiratet bleiben darf. Geliebt hat er Sauda nie und hätte sich wohl auch scheiden lassen, wenn Sauda nicht eine Frau von besonderer Klugheit gewesen wäre. Eine Nacht in jeder Woche verbrachte Mohammed in Saudas Hütte. Er empfand dabei keine Freude und tat es nur, weil er es als seine Pflicht ansah. Als Sauda die Liebe Mohammeds zu ʿĀʾiša erkannte, tat sie etwas Überraschendes und wohl kaum Dagewesenes: Sie trat offiziell ihre Nacht an ʿĀʾiša ab. Dadurch gewann sie viel. Bis zu ihrem Tode blieb sie in ihrer Hütte, empfing regelmäßig die Geschenke des Propheten und war als ›Mutter der Gläubigen‹ geachtet. Mohammed verstand sich dankbar zu erweisen. »Auch am Tage der Auferstehung wird sie meine Frau sein«, sagte er über Sauda.

Auch Ḥafṣa bint ʿUmar, die Tochter ʿUmars, des großen zweiten Kalifen, gehörte nicht zu den Lieblingsfrauen des Propheten. Sie war mit einem muslimischen Krieger verheiratet gewesen. Nach dessen Tode begann ʿUmar nach einem passenden Gatten für seine Tochter zu suchen. Trotz seiner großen Macht konnte er niemanden zwingen, seine Tochter zu heiraten, denn sie war alt und häßlich. Da fühlte sich ʿUmar gedemütigt und wußte sich keinen Ausweg. Als Mohammed das erfuhr, erbarmte er sich seines Freundes und tat, was wohl wenig Männer getan haben: Er heiratete die Tochter aus Freundschaft zu ihrem Vater. Er war auch für sie ein guter Ehemann, besuchte sie regelmäßig, beschenkte sie und vernachlässigte nicht die Nächte, die für sie bestimmt waren.

Sehr romantisch, zart und tief war dagegen die Liebe Mohammeds zu Zainab. Diese hatte eine höchst romantische Vorgeschichte. Zainab war die Frau von Zaid, dem ehemaligen Sklaven und späteren Adoptivsohn Mohammeds. Mohammed sah sie und fand Gefallen an ihrer Schönheit, ihrem ernsten Wesen und ihrer Frömmigkeit. Er besuchte sie mehrmals und unterhielt sich mit ihr. Da kam eines Tages Zaid zu Mohammed und sprach: »O Prophet, ich bin nur ein einfacher Muslim, du aber bist der Gesandte Gottes. Deine Tat ist größer als meine und dein Wunsch stärker als meiner. Nimm meine Frau, denn du hast sie nötiger als ich.« Und der Sklave Zaid ließ sich von seiner Frau scheiden und gab sie dem Propheten. Zainab war fromm und sehr schön. Sie liebte den Propheten, weil er Prophet war, wollte aber von ihm keine Reichtümer und Geschenke annehmen. Vor ihrer Ehe mit Zaid betrieb sie das Schusterhandwerk und verkaufte auf den Basaren ihre Erzeugnisse. Auch als ›Mutter der Gläubigen‹ hörte sie nicht auf zu arbeiten. Den Gewinn verteilte sie aber unter die Armen der Stadt. Nach dem Tode Mohammeds, als alle Frauen des Propheten von dem Kalifen mit Gold überschüttet wurden, blieb sie allein arm und anspruchslos. Der Kalif ʿUmar schenkte ihr ein Riesenvermögen, das sie gleichfalls unter die Armen verteilen ließ. Aus dem großen Staatsschatz des Islam, aus dem jede Frau sich etwas auswählen durfte, nahm Zainab nichts als ein hübsches Kleid, in dem sie beerdigt zu werden wünschte. Als sie starb, wurde sie auf der Leichenbahre Mohammeds zu Grabe getragen, denn sie war nach ʿĀʾiša die geliebteste Frau des Propheten.

Zahlreich waren die Frauen Mohammeds, und heiß war die Liebe, die er für sie empfand. Seinem Harem widmete er viel Zeit, und auch im Koran sind viele Bestimmungen über die Frauen des Propheten enthalten. Sie mußten zum Beispiel ihr Gesicht in Anwesenheit fremder Männer keusch hinter einem Schleier verbergen (33,59) – eine Mode, die zuerst von den höheren Klassen nachgeahmt und später Allgemeingut wurde. Dies ist bekanntlich der Ursprung der islamischen Frauenverschleierung. Auch war es den Frauen des Propheten untersagt, nach seinem Tode einen anderen Mann zu heiraten.

Die neun Hütten um die Moschee bildeten den Harem. Mohammed selbst besaß keine Hütte. Auch in den Tagen seines Glanzes, als Herrscher über ganz Arabien, war keine Wohnung sein eigen. Seine Nächte waren einer genauen und strengen Reihenfolge unterworfen. Jede Frau wußte, welche Nacht der Gesandte Gottes bei ihr verbringen würde. Nur eine Frau, die Mohammed neu angetraut worden war, hatte das Recht, Mohammed drei Nächte hintereinander zu beherbergen.

Mohammed verstand es, den Frieden in seinem Harem

aufrechtzuerhalten. Hierzu gehörte vielleicht mehr Diplomatie als zu allen Feldzügen des Islam. Jede Gabe, die er einer Frau brachte, schenkte er gleichzeitig auch allen anderen Bewohnerinnen des Harems. Doch verwöhnte er seine Frauen nicht, und es wird als großes Ereignis berichtet, daß er eines Tages, nach gelungenem Feldzug, jeder Frau achtzig Maße Feigen, Korn und Weizen geschenkt hat. Klatsch und Eifersucht duldete er unter den Frauen nicht und verstand sie durch harte Strafen aus seinem Harem zu bannen. Wenn eine Frau sich eines Vergehens schuldig machte, so stellte er zur Strafe für soundsoviel Monate seine Besuche bei ihr ein. Auch ʿĀʾiša blieben diese Strafen nicht erspart, denn Mohammed war gerecht gegen seine Untertanen und Frauen. Er verstand es auch, eine zu Unrecht beleidigte Frau energisch zu schützen und zu verteidigen.

Einst zog der Prophet in den Kampf gegen einen rebellischen Judenstamm. Er vernichtete den Stamm, brachte aber aus dem Feldzug ein hübsches jüdisches Mädchen mit nach Haus. Dieses Mädchen namens Ṣafīya wurde seine elfte Frau. Der Harem des Propheten war ungehalten über jede neue Frau, die der Prophet heimführte, und ʿĀʾiša, die temperamentvollste unter den Frauen, hörte nicht auf, die Jüdin Ṣafīya ihres Glaubens wegen zu beschimpfen. Mohammed, der eines Tages diesen Streit mit anhörte, sprach zu Ṣafīya: »Ṣafīya, sag dieser Frau: mein Vater hieß Aaron, mein Onkel Moses, wer waren aber deine Väter? – Heiden!« Darauf verstieß er ʿĀʾiša für zwei Monate.

Nicht alle Ehen Mohammeds waren Liebesehen. Ein orientalischer Eroberer erkämpft die Welt mit dem Schwert. Zusammen hält er sie aber durch die zarten Bande der Ehe. Wenn ein Volk im Osten einem Herrscher gehorchen soll, so will es auch mit diesem Herrscher verwandt sein. Auch heute noch beherbergt der Harem eines orientalischen Herrschers Frauen aus allen Provinzen seines Reiches. Das Volk fühlt sich dann blutsverwandt mit den Kindern des Herrschers, und das sichert die Einheit des Reiches. Auch Mohammed entging diesem Schicksal nicht. Die vornehmsten

Sippen und Familien schickten ihm die schönsten ihrer Frauen, damit Mohammed sie eheliche.

Eines Tages erhielt Mohammed die Nachricht, daß das Haupt der Königsgeschlechter Kinda ihm seine Tochter als Frau schicken wollte. Je vornehmer ein Araber – desto länger sein Name. Von der Vornehmheit dieser Braut kann man sich einen Begriff machen, wenn man den Namen des Vaters hört. Er hieß: Nuʿmān ibn Abī Ǧadīs Aswad ibn Ḫāriṯa ibn Ǧadīs ibn Aqul al-Marār. Die Tochter dieses vornehmen Herrn galt aber auch als die schönste unter den arabischen Frauen. Mit großem Prunk wurde Asmāʾ nach Medina gebracht. Ihr Anblick entzückte das Auge des Propheten. Die Hochzeit wurde festlich begangen, und Asmāʾ bezog eine der neun Hütten. Asmāʾ war zwar hübsch, aber dumm, und diesen Umstand verstanden die Frauen des Harems, denen jede neue Konkurrentin unangenehm war, auszunutzen. Kurz vor der Brautnacht kam eine der Frauen Mohammeds zu Asmāʾ, bewunderte ihre Schönheit und erteilte ihr, freundlich wie sie war, einige gute Ratschläge. So sagte sie unter anderem: »Wenn du dem Gesandten Gottes gefallen willst, so sage ihm, wenn er dein Schlafgemach betritt: Gott bewahre mich vor dir. Dann erst kannst du der Liebe des Propheten sicher sein.« Und da Asmāʾ, wie gesagt, ebenso dumm wie hübsch war, befolgte sie den Rat und sagte beim Eintritt Mohammeds in ihr Gemach: »Gott schütze mich vor dir.« Darauf lüftete sie den Schleier und blickte den Propheten an. »Auch mich soll Gott vor dir schützen«, antwortete der Prophet, verließ den Raum und sandte Asmāʾ den Scheidungsbrief. Trotz der vornehmen Schwiegereltern blieb er unerbittlich und weigerte sich, Asmāʾ zu verzeihen. Man erzählt, daß Mohammed infolge ähnlicher Streiche seiner Frauen des öfteren seine Bräute in der Nacht, die der Hochzeit folgte, zurücksandte.

Auf der Höhe der Macht, als Herrscher über ganz Arabien, mußte Mohammed einen Ansturm von Frauen über sich ergehen lassen. Seine letzte Hochzeit feierte er zwei Monate vor seinem Tode. Wenn ein Feldherr eine ferne Provinz eroberte oder ein Herrscher ihm seine Hochachtung bekunden wollte, so schickten sie ihm neben vielen anderen Schätzen auch schöne Sklavinnen, die er dann entweder seinen Freunden schenkte oder für sich behielt. Als im Jahre 7 der Hiğra der christliche Statthalter von Ägypten von dem neuen Propheten vernahm, sandte er ihm aus Vorsicht und Angst tausend Barren Gold, zwanzig Stück ägyptischen Leinens, einen weißen Esel, Honig, einen Eunuchen, mit dem der Prophet nichts anzufangen wußte, und zwei hübsche ägyptische Sklavinnen, die sich sofort zum Islam bekehrten.

Eine von ihnen, die hellhäutige, lockige Koptin Maria, nahm der Prophet zu sich, heiratete sie aber nicht. Diese Maria wurde seine geliebteste Konkubine, Mohammed liebte sie leidenschaftlich und besuchte sie trotz der Vorwürfe seiner Frauen häufig. Denn Maria, die Koptin, war die einzige unter den Frauen, die seinen alten Traum erfüllte: Sie gebar ihm einen Sohn – ʾIbrāhīm, den Erben seines Reiches. Doch sollte das Glück nicht lange währen. Im Alter von einem Jahr starb das Kind und mit ihm die Hoffnung auf den Erben.

Jahre vergingen. Die Jugendkraft des Propheten schwand. Im Alter von sechzig Jahren fiel es dem Propheten schwer, den einmal festgesetzten Nächteplan zu erfüllen. Die Frauen aber lebten in ihren Hütten und waren voll Jugend und Frische. Mohammed war ein weiser Mann, und die Frauen taten ihm leid. Er wußte, daß siebzehn- bis zwanzigjährige Frauen keine hingebungsvolle Liebe zu einem sechzig Jahre alten Mann empfinden konnten, selbst dann nicht, wenn es sich um einen Propheten handelte. So beschloß er in seiner Weisheit und Milde, den Frauen die Freiheit zu gewähren. Er versammelte sie um sich und verkündete das Wort Gottes, den 28. Vers der Sure 33. »O Prophet, sage deinen Frauen: Wenn ihr das Leben und die Freuden liebt, so geht, ich gebe euch die Freiheit und werde euch reich belohnen. Wenn ihr aber Gott und seinen Gesandten liebt, so wisset, daß euer für eure Güte im Jenseits ein großer Lohn harrt.« – »Überlegt euch die Worte des Herrn«, sagte der

Prophet, »und antwortet dann nach eurem Gewissen.« Alle Frauen aber antworteten: »Wir lieben Gott, seinen Gesandten und das, was nach dem Tode kommt.« Nur eine von den Frauen, namens Fāṭima aus der Sippe Kilāb, hat die Freuden ihrer Jugend vorgezogen. Sie wurde vom Propheten reich beschenkt und entlassen. Später aber geriet sie in solche Armut, daß sie Kamelmist sammeln mußte, um ihn als Brennmaterial zu verkaufen. Sie starb in großer Not und wird im Islam Šaqā', die Elende, genannt.

Die ›Mütter der Gläubigen‹, die ersten Frauen des Islam, lebten bescheiden und zurückgezogen. Für ihre persönliche Bequemlichkeit war wenig gesorgt. In ihren Hütten fehlte fast jeglicher Komfort. Es gab nicht einmal eine Stätte, wo sie ihre Notdurft verrichten konnten. So waren sie oft gezwungen, des Nachts in die Wüste zu gehen, um dort ihre Notdurft zu verrichten. Erst in den letzten Jahren seines Lebens ließ der Prophet einen toilettenähnlichen Winkel bauen, da er argwöhnte, daß die Frauen, trotz ihres Versprechens, die nächtlichen Ausflüge zu anderen als den vorgegebenen Zwecken benutzen könnten. –

Die Frauen des Propheten besaßen fast nichts. Sie freuten sich an den kleinen Geschenken des Propheten. Ihr einziges Vermögen war aber der Kaufpreis von zwölf Unzen Gold, den der Prophet für sie gezahlt hatte.

Später, als der Prophet gestorben war, als der Islam bereits eine Welt umfaßte, wurden die Frauen mit Gold überschüttet. Die Staatskassen des Kalifen standen für sie offen, die für sie ausgesetzten Witwenpensionen waren Vermögen, und für die kleinen, ärmlichen Hütten wurde mehr Geld geboten, als ganz Arabien früher je besessen hatte. Der Kalif Walīd zahlte zum Beispiel den Erben Zainabs für ihre Hütte fünfzigtausend Golddirham – ein Riesenvermögen für die Begriffe der Alten Welt. Die Jüdin Ṣafiya hinterließ ihren Erben ein Vermögen von hunderttausend Golddirham.

Alle Schätze des Orients standen jetzt den Frauen zur Verfügung. Ihre Verwandten erhielten die höchsten Beamtenposten des Islam. Und Salāma zum Beispiel, die den Propheten zuerst nicht heiraten wollte, weil sie aus der ersten Ehe Kinder hatte, für die sie sorgen mußte, erlebte es, daß ʿAlī ihre Söhne zu Statthaltern ganzer Provinzen ernannte. Generationenlang galten die Blutsverwandten der Frauen des Propheten neben seinen eigenen Blutsverwandten als die Aristokratie des Islam. Die Frauen selbst wurden bis zu ihrem Tode hoch in Ehren gehalten. Kein Kalif wagte es, ihnen auch nur einen Wunsch abzuschlagen.

So ehrte die Nachwelt die Frauen, die Gott und seinen Gesandten mehr geliebt hatten als alle Freuden des Daseins, die in engen Hütten lebten, bei denen der Prophet seine Nächte verbrachte und die niemals zwei Tage hintereinander Weizenbrot zu essen bekamen.

ʿĀʾIŠA UND DIE WELTGESCHICHTE

Bella gerant alii! tu, felix Austria, nube!

Im vierten Jahre der Hiğra zog der Prophet Gottes mit seinen Kriegern in die Wüste, um den rebellischen Stamm Muraiziq zu bekämpfen. Groß ist die Wüste, und eintönig verging der Ritt. Der Feind war weit, man sah ihn nicht, und das Heer quälte sich ziellos unter der brennenden Wüstensonne. Langweilig und eintönig vergingen die Tage auf einem Kriegsritt in der Wüste. Deshalb pflegte der Prophet, wenn ein Feldzug keine besonderen Gefahren vermuten ließ, eine von seinen Frauen mitzunehmen. Dies hinderte ihn nicht daran, manchmal mit zwei Frauen aus dem Feldzug in die Heimat zurückzukehren. Dieses Mal traf seine Wahl die schöne ʿĀʾiša.

Während des Karawanenmarsches wurde ʿĀʾiša in einer verhüllten Sänfte getragen. Bei der Rast unterhielt sich der Prophet mit ihr, veranstaltete einen Wettlauf und vergnügte sich nach Herzenslust. Am Bestimmungsort angelangt, erfolgte der kurze Zusammenstoß mit der feindlichen Sippe. Nach kurzem Gefecht wurde der Sieg errungen. Sklavinnen wurden verteilt und die Beute eingeschätzt. Mohammed nahm aus diesem Feldzug, zum großen Ärger ʿĀʾišas, eine Frau mit heim.

Der Rückmarsch begann, und da dieser Feldzug ungefährlich erschien und große Beute versprach, hatten an ihm auch viele der Heuchler, der Munāfiqūn, teilgenommen. An ihrer Spitze stand ʿAbdallāh ibn ʾUbai, der immer noch hoffte, König von Medina zu werden. Als die Beute verteilt war, begannen Streitigkeiten unter den Heuchlern, denn sie kämpften nur der Beute und nicht des Glaubens wegen. Der Prophet in seiner Weisheit erkannte aber, daß die Munāfiq und ʿAbdallāh nicht des Rechtes wegen Streit suchten, sondern nur, um dem Propheten zu schaden. Deshalb ließ er das Heer bei Morgengrauen aufbrechen und ohne Rast bis zur Abendfinsternis marschieren. Denn er wußte: die Müden suchen keinen Streit.

Da sich Mohammed im Geist mit der Schlichtung des ausgebrochenen Streites beschäftigte und außerdem eine neue Frau mit sich führte, konnte er ʿĀʾiša auf dem Rückweg nur wenig Zeit widmen. Sie wurde in einer Sänfte getragen. Ihre Last war so leicht, daß sie die Träger kaum spürten. Bei der kärglichen Nahrung auf dem Kriegszuge war die junge ʿĀʾiša noch magerer und schlanker geworden, als sie überdies schon war.

Eines Tages, es war schon in der Nähe von Medina, und der Morgen dämmerte kaum, befahl der Prophet der Armee weiterzumarschieren. In der Dunkelheit wurden die Kamele geweckt und die Lasten aufgeladen. Die Krieger verrichteten dann das Morgengebet, woran auch ʿĀʾiša teilnahm. Danach begab sie sich in die Wüste, um ihre Notdurft zu verrichten. Als sie zurückkehrte und ihre Sänfte besteigen wollte, bemerkte sie plötzlich, daß sie ihr Halsband aus ẓafarischen Muscheln im Sande verloren hatte.

ʿĀʾiša war eine hübsche Frau und als solche eitel. Muschelhalsbänder gab es im Haushalt des Propheten nicht oft. Sie eilte daher rasch in die Wüste zurück, um das vermißte Schmuckstück zu suchen. Die rüstigen Männer, die ihre Sänfte auf das Kamel zu heben hatten, sahen nur, wie ʿĀʾiša ins Lager zurückkehrte. Sie wandten den Blick vorschriftsgemäß ab, um das Schamgefühl der Frau nicht zu verletzen. Nach einiger Zeit näherten sie sich der Sänfte und hoben in der Annahme, daß ʿĀʾiša längst darin Platz genommen habe, die Sänfte auf die Höcker des Kamels. Einen Gewichtsunterschied bemerkten die kräftigen Männer nicht, denn die Lieblingsfrau des Propheten war, wie schon erwähnt, schlank und mager. Die Karawane zog weiter. Als ʿĀʾiša, die in der Dunkelheit den Aufbruch nicht bemerkt hatte, zurückkam, fand sie einen leeren Lagerplatz und keine Sänfte, keine Kamele, keinen Propheten. Sie war allein, verlassen und schutzlos in der Wüste.

So begann für ʿĀʾiša und die Weltgeschichte das Halsbandabenteuer, das für den Islam, für den Propheten und für die Männer um ihn von unabsehbaren Folgen sein sollte.

Was in der Wüste geschah, was ʿĀʾiša in der Einsamkeit erlebte, ist nur aus ihren eigenen Worten bekannt. Sie blieb ihrer Erzählung nach auf dem Lagerplatz sitzen und erwartete, daß die Karawane, sobald man ihr Verschwinden bemerkt hätte, zurückkehren würde. Stunden vergingen, und ʿĀʾiša ermüdete in der Eintönigkeit der Wüste. Ihre Augenlider wurden schwer, und sie schlief ein. Plötzlich wurde sie von einer fremden Stimme geweckt. Sie öffnete die Augen und sah vor sich den jungen, hübschen Krieger Saufān ibn al-Muʿaṭṭal aus der Sippe Sulaim. Auch er war in der Wüste zurückgeblieben und ritt jetzt der Karawane nach. Er erblickte in der Wüste eine Frauengestalt, näherte sich ihr und erkannte zu seiner Verwunderung die Lieblingsfrau des Propheten. Durch einen frommen Anruf weckte Saufān ʿĀʾiša, worauf diese sofort ihr Gesicht verhüllte. Saufān bot ʿĀʾiša sein Kamel an, und beide erreichten, ohne ein Wort zu wechseln, die Karawane des Propheten.

Soweit die Erzählung ʿĀʾišas. Die Armee, der Prophet und alle, die mit ihm waren, sahen nur, wie ʿĀʾiša, nachdem sie für einen Tag verschwunden war, in Begleitung eines hübschen Jünglings freudestrahlend die Karawane erreichte. Dies erregte allgemeines Aufsehen. Zwar erzählte ʿĀʾiša jedem, der ihr in den Weg kam, wie sie ihr Halsband verloren hatte und wie ritterlich sie von dem Krieger Saufān behandelt worden war. Je öfter sie es aber erzählte, desto verkniffener wurden die Augen der Zuhörer, desto listiger ihr Lächeln, desto freundlicher die Verbeugungen.

Als die Armee in Medina eintraf, war die Geschichte von dem Halsband ʿĀʾišas bereits zum Hauptereignis des Feldzuges geworden. Die Krieger, und vor allem die Munāfiqūn mit ʿAbdallāh ibn ʾUbai an der Spitze, liefen durch die Stadt und erzählten jedem, der es hören wollte, wie ʿĀʾiša allein in der Wüste zurückblieb, um nach längerem Umherirren mit einem hübschen Jüngling die Karawane wieder einzuholen. Was konnte das wohl bedeuten? Bald wußte ganz Medina, wie die fünfzehnjährige ʿĀʾiša den sechzigjährigen Propheten trotz all seiner Weisheit hintergangen hatte.

Auch der Prophet erfuhr es, und die erste Folge war, daß er seine nächtlichen Besuche bei ʿĀʾiša einstellte. Nur hin und wieder kam er am Tage in die Hütte ʿĀʾišas, streichelte sie flüchtig, erkundigte sich nach ihrem Befinden und eilte nach kurzer Zeit von dannen. Die verwöhnte Tochter Abū Bakrs, des mächtigsten Mannes im Islam, wollte sich solche Behandlung natürlich nicht gefallen lassen. Kurz entschlossen erklärte sie krank zu sein und bat den Propheten, zwecks besserer Pflege in das Haus ihrer Eltern übersiedeln zu dürfen. Der Prophet willigte ein.

Von ihren Eltern erfuhr nun ʿĀʾiša, daß sie der Gesprächsstoff von ganz Medina war. Im Hause ihrer Eltern besuchte sie der Prophet nicht. Täglich erwartete ʿĀʾiša den Scheidungsbrief. Auch rechnete sie mit der Verhängung der Todesstrafe, denn das war die Strafe, die damals der Prophet den Ehebrechern auferlegte.

Damit bekam der ganze Fall eine hochpolitische Bedeutung. Eine Lawine war ins Rollen geraten, und es war unbekannt, wen sie verschütten würde.

Politik und Frau sind im Orient schwer trennbar. Die Einheit ganzer Staaten beruht oft auf der Heiratspolitik eines weisen Herrschers. Ein Ehebruch kann eine Partei zum Sturz, eine andere an die Macht bringen. Eine Provinz kann rebellieren, wenn eine Frau, die ihr entstammt, aus dem Harem des Herrschers verstoßen wird. Feindliche Parteien werden zu glühenden Anhängern, wenn die Frau ihrer Feinde den Harem verlassen muß. Die Frau im Harem ist die Vertreterin ihres Stammes. Sie verkörpert die Partei ihres Vaters und eine ganz bestimmte politische Ideologie, die mit ihr steht und fällt. Der Harem ist eigentlich nichts anderes als ein seltsames orientalisches Parlament, in dem sämtliche Parteien des Landes vertreten sind und einander bekämpfen. Die Fäden der politischen Parteien laufen im Harem zusammen, und die Macht des Herrschers wird durch das Parlament der Frauen beaufsichtigt und begrenzt. Daher stammt die Bedeutung des Harems, und deshalb kann eine kleine Liebesgeschichte oft welthistorische Folgen nach sich ziehen.

Auch der Harem des Propheten machte keine Ausnahme. Liebe, Berechnung und Politik sind im Orient untrennbar. Mit europäischen Maßen ist diese Erscheinung natürlich nicht zu messen, obgleich der Unterschied zwischen dem orientalischen und europäischen Harem nicht allzu groß ist. Eine orientalische Liebesgeschichte muß vor allem als politische Tat gewertet werden. Sie zieht politische Folgen nach sich, denn jede Partei und ihre Vertreter verstehen sich leidenschaftlich zur Wehr zu setzen.

Auch ʿĀ'iša war nicht nur die Lieblingsfrau des Propheten, sondern die Repräsentantin einer bestimmten, mächtigen und einflußreichen Partei, die nicht gestürzt werden wollte. Sie verkörperte die Partei der ältesten und begabtesten Mitkämpfer des Propheten, die Partei Abū Bakrs und ʿUmars, der Säulen des neuen Glaubens. Die Partei war, in großen Zügen, die Hüterin und Vollenderin der Ideen der theokratischen islamischen Demokratie, des demokratischen Staates Gottes. Die Partei stammte aus Mekka, und ihr Einfluß fußte nicht auf der Blutsverwandtschaft mit dem Propheten. Deshalb war sie auch Gegnerin des Erbschaftsprinzips, Gegnerin der Ausartung der theokratischen Republik Gottes in eine erbliche, orientalische Monarchie.

Diese Theorie hatte jetzt, als der Prophet sechzig Jahre alt war, eine überaus praktische Bedeutung. Mohammed hatte keine direkten Nachkommen. Sein nächster Blutsverwandter war sein Vetter ʿAlī, der Mann seiner Lieblingstochter Fāṭima. ʿAlī zweifelte nicht daran, daß er einst das Erbe des Propheten antreten würde. War er doch der erste, der den Islam anerkannt hatte, hatte er doch zwei Söhne, Ḥusain und Ḥasan, die die Enkel des Propheten waren. Auch hatte ʿAlī nie vergessen, daß der Prophet vor vielen, vielen Jahren vor der ganzen Sippe der Hāšim erklärt hatte: »Hier ist ʿAlī, mein Statthalter.«

Das paßte weder Abū Bakr noch ʿUmar. Nicht dazu hatten sie in langjähriger, beschwerlicher Arbeit dem Propheten geholfen, einen Staat zu errichten. Nicht dazu hatten sie Feldzüge geführt, Länder erobert und das Wort des Propheten gepredigt, daß alle im Islam einander gleich seien und daß nur dem Tüchtigen der Vorrang gebühre. Sie waren tüchtig, sie wußten, wie ein Staat geleitet werden mußte. ʿAlī ging diese Weisheit ab. Er war nur tapfer. Er verstand wie kein anderer, an der Spitze seiner Truppen den Feind zu überfallen, vor seinem Säbel, vor der brutalen Kraft seiner Jugend zitterte der Feind.

Doch war das auch alles, was ʿAlī konnte. Wenn der Prophet als seine Hauptleidenschaften die Liebe zu Frauen zu Wohlgerüchen und zum Gebet bekannte, so erklärte ʿAlī ebenso offenmütig, er liebe vor allem das Schlafen. Während Mohammed, Abū Bakr und ʿUmar die größte Autorität im Islam besaßen, so genügte der Einfluß ʿAlīs kaum, um seiner eigenen Frau Respekt einzuflößen. Sein Charakter war weich und sein Geist beschränkt. Er war faul, hatte ausdruckslose Augen, einen dicken Bauch und überlange Hände. So sahen ihn wenigstens seine Gegner. Und dieser verschlafene, faule Mensch, der nur furchterregend mit dem Säbel klirren konnte, beanspruchte nun die Erbschaft des Propheten.

Dieser verschlafene Held war sich aber der Gefahren voll bewußt, die die Partei der Mekkademokraten für ihn bedeutete. Er versuchte, ungeschickt und unbeholfen wie er war, wirksame Gegenmaßnahmen zu ergreifen. Auch er hatte in der weiblichen Umgebung des Propheten eine Vertreterin, und sogar eine sehr hochgestellte, nämlich die Lieblingstochter des Propheten, Fāṭima, die nur auf die Gelegenheit wartete, einen Bruch zwischen dem Propheten und den Demokraten herbeizuführen. Die Geschichte mit dem Halsband kam ʿAlī höchst willkommen. Schon sah er den Feind vernichtet, sich selbst in Amt und Würden eingesetzt, schon fühlte er sich als Nachfolger des Propheten.

Obgleich Mohammed genau wußte, wie die Parteiverhältnisse um ihn lagen, traf er überhaupt keine Bestimmungen über seinen Nachfolger. Dies geschah vielleicht in der stillen Hoffnung, doch noch einen Leibeserben zu bekommen. Vielleicht veranlaßte ihn auch kluge Erwägung, die Leidenschaft der Parteien nicht unnötig früh zu entfesseln. Jetzt war aber der Streit nicht mehr zurückzuhalten, denn auch die Gegenpartei war nicht geneigt, demütig zu resignieren. Der Prophet stand zwischen zwei Feuern.

Es gab aber in Medina noch eine dritte Partei, die oft erwähnten Munāfiqūn, die Einheimischen, die im trüben Wasser der großen Politik manches für sich herauszufischen hofften. Ihr Führer, ʿAbdallāh ibn ʾUbai, den der Prophet bisher, seines hohen Ansehens wegen, nie anzurühren wagte, war jetzt der Meinung, daß durch die Spaltung der Gläubigen in zwei Parteien die dritte Partei, die Einheimischen, am leichtesten den Sieg davontragen könnte. Der Streit um ʿĀʾišas Treue war Wasser auf die Mühle der Munāfiqūn. Denn auch ʿAbdallāh hoffte noch zur Macht zu gelangen. Medina war jetzt, dank dem Propheten, zum Mittelpunkt Arabiens geworden. Reichtümer strömten der Stadt in Unmengen zu, und für ʿAbdallāh waren die Verdienste der altansässigen Medinenser um das Wohl ihrer Stadt ganz offensichtlich. Es war natürlich, daß er, als vornehmster Mann von Medina, daraus auch für sich Nutzen ziehen wollte. Er fühlte sich als der geeignetste Nachfolger und Erbe des Propheten, und da er die Religion nicht allzu ernst nahm, konnte er ruhig erwägen, durch irgendeinen Staatsstreich die Macht an sich zu reißen. Denn schließlich war ja Medina seine Stadt und nicht die eines hergelaufenen Propheten. Der Streit der Eingewanderten kam den Munāfiqūn hier zugute. Das Gebäude des neuen Staates schien sichtlich erschüttert.

Zu so unverhofften Folgen kann der Verlust eines Halsbandes in der Wüste bei Medina führen.

Während ʿĀʾiša im Hause ihrer Eltern trostlos weinte, auf den Scheidungsbrief und das Todesurteil wartete, tobte in Medina bereits der Kampf der Parteien. Die Gläubigen bildeten immer deutlicher zwei feindliche Fronten. Für oder gegen ʿĀʾiša, für ʿAlī oder für Abū Bakr waren die Schlagworte des Tages. Dazwischen standen die Munāfiqūn, hetzten alle gegen alle und bereiteten sich zum großen Schlag vor. Der ganze, so mühsam ausgelöschte Haß zwischen den Sippen, zwischen Hāšim, Quraiš, Ḫazraǧ und Aus, schien von neuem aufzuflammen. Der Hofdichter des Propheten namens Ḥasan schrieb bereits boshafte Verse über ʿĀʾiša und suchte Gnade vor den Augen ʿAbdallāhs. Das Haus ʿAbdallāhs war ständig von Kriegern und Freunden überfüllt. Sie fühlten sich bereits als die künftigen Herrscher von Medina und warteten nur auf den Ausbruch des Kampfes zwischen den Eingewanderten, um dann selbst entscheidend einzugreifen.

Inmitten dieses plötzlich ausgebrochenen Brandes stand Mohammed, dessen männliche Eitelkeit gekränkt war, der die kleine ʿĀʾiša liebte und um den der so mühsam errichtete Staat plötzlich zu zerfallen begann.

Da wandte sich der Prophet an ʿAlī, denn ʿAlīs Blut war sein Blut. »Was soll mit ʿĀʾiša geschehen?« fragte der Prophet. Und ʿAlī antwortete: »Laß das Gesetz über sie walten. Schicke ihr den Scheidungsbrief.« So lange und so eifrig redete ʿAlī dem Propheten zu, daß dieser nicht mehr wußte, wo die Wahrheit lag, denn Gott sprach nicht zu seinem Propheten.

Nicht nur ʿAlī und alle, die um ihn waren, beschuldigten ʿĀʾiša, auch die Munāfiqūn beschimpften die Frau des Propheten, da sie Mohammed selbst nicht zu beleidigen wagten. Da erkannte der Prophet, daß jetzt der beste Zeitpunkt gekommen war, die Macht der Munāfiqūn für immer zu brechen. Was Predigten, Feldzüge und Siege nicht vermocht hatten, sollte ein Halsband, das in der Wüste verlorenging, jetzt vollbringen. Zuerst hieß es aber im eigenen Lager zwischen den Anṣār und Muhāǧirūn Frieden stiften.

Eines Tages, früh am Morgen, erschien der Prophet im Hause Abū Bakrs und befahl, man solle ihm 'Ā'iša vorführen. »Bist du schuldig oder unschuldig?« fragte der Prophet. Und 'Ā'iša antwortete: »Du hast zu viel üble Verleumdungen über mich gehört. Wenn ich jetzt sage, daß ich unschuldig bin, wirst du mir nicht glauben, wenn ich aber meine angebliche Schuld bekenne, wirst du nicht an der Wahrheit meiner Worte zweifeln. Deshalb werde ich Geduld üben.« Sprach's und wandte dem Propheten den Rücken. Doch bevor sie noch das Zimmer verlassen konnte, ertönte ein lauter Aufschrei aus dem Munde des Propheten. Der Prophet fiel zu Boden, sein Körper zitterte an allen Gliedern, und Schweißtropfen traten auf seine Stirn.

Ehrfurchtsvoll umgaben nun Abū Bakr, seine Frau und 'Ā'iša den bebenden Propheten. Sie wußten, daß Allāh selbst jetzt mit dem Propheten sprach. Sie ahnten wohl schon, was kommen würde. Langsam beruhigte sich der Körper, langsam hob der Prophet die Augenlider, ein Lächeln zeigte sich auf seinem Antlitz, und er sprach: »'Ā'iša, Gott erkannte deine Unschuld.« Dann richtete sich der Prophet auf und verkündete die Worte Gottes, Vers 11 der Sure 24 des Korans: »Diejenigen, welche Falsches verbreitet haben, werden das bekommen, was sie an Sünde erworben haben. Und derjenige, der den Hauptteil auf sich genommen hat, soll eine schwere Strafe erleiden.«

Damit war der Friede ausgesprochen. Niemand hatte ahnen können, daß die allerhöchste Instanz in die Liebesgeschichte eingreifen würde. Nur Mohammed erkannte die politische Tragweite des Geschehnisses. Die Auswanderer und die Helfer, ganz gleich ob sie Anhänger 'Alīs oder Abū Bakrs waren, mußten sich dem Worte Gottes fügen, denn Gottes Wort war das Fundament des Staates. An ihm rütteln hieß den ganzen Staat Gottes in Frage stellen. Der Friede zwischen den beiden Parteien war also notdürftig wiederhergestellt.

Anders stand es bei den Munāfiqūn. Diesen lag wenig an der Macht des Gotteswortes, innerlich glaubten sie weder an Allāh noch an seinen Propheten. Sie wollten an die Macht, sie wollten von dem Reichtum profitieren, der sich plötzlich über die Stadt Medina ergossen hatte. Deshalb hörten sie nicht auf, die Halsbandgeschichte auszunutzen, und fuhren fort, die beiden Parteien gegeneinanderzuhetzen. Jetzt war aber Mohammed diese Taktik willkommen. Gott hatte verkündet, und der Prophet holte zum fürchterlichen Schlage aus. Er erklärte der Öffentlichkeit das Wort Gottes und nannte namentlich diejenigen, gegen die es sich richtete. Es handelte sich ausschließlich um Munāfiqūn, ihr Führer ʿAbdallāh ibn ʾUbai stand an der Spitze der Sündigen. »Schreckliche Strafen erwarten die, welche eine Frau verleumden, ohne den Beweis dafür zu haben« (24,23), verkündete der Prophet, »nur wer vier Zeugen des Ehebruchs hat, darf den Ehebruch bekanntgeben« (4,19).

Als diese Worte gesprochen waren, berief der Prophet die gefesselten Führer der Munāfiqūn auf den großen Platz der Moschee. Abū Bakrs Leute warfen sie zu Boden und verprügelten sie unbarmherzig; es wurde keine Milde geübt, denn mit der Ehre ʿĀʾišas verteidigte der Prophet die Einheit des Staates.

Legenden berichten, daß an den Folgen der Strafe zwei Führer der Munāfiqūn erblindeten und zwei gelähmt wurden. Nur ʿAbdallāh ibn ʾUbai blieb verschont. Unüberlegter Haß war dem Propheten fremd, deshalb vermied er es, den vornehmsten unter den Medinensern zu entehren. Dafür erkundigte er sich von der Kanzel der Moschee: »Wer wird mich schützen, wenn ich Rache an demjenigen nehme, der meine Ehre verletzt hat?« Natürlich erhoben sich daraufhin sofort alle anwesenden Krieger und schworen mit dem Säbel in der Hand, den Propheten vor jedem Leid zu schützen. Dieses öffentliche Schauspiel genügte. ʿAbdallāh verstand die Warnung; es ging jetzt um seinen Kopf. Die Partei der Munāfiqūn war aber durch den Gottesspruch völlig zerschlagen. ʿAbdallāh stand bald allein und mußte resignieren. Er erkannte nun, daß er nie die Krone von Medina tragen würde.

So endete die Geschichte mit dem Halsband – die pikanteste Geschichte des Islam. In den peinlichen Auseinandersetzungen, die 'Ā'iša's Leichtsinn zur Folge hatte, sind aber unschwer die politischen Kämpfe und Leidenschaften erkennbar, die fast den Staat Gottes, gleich unzähligen Staaten des Orients, dem Wüstenstaub gleichgemacht hätten.

Die Energie des Propheten rettete den Staat. Wieder unterdrückte er das Gefühl der persönlichen Eitelkeit, um den Staat zu sichern. Das Halsband war der Weg zur Vernichtung der Munāfiqūn.

Doch hatte die Geschichte mit dem Halsband noch eine andere schwerwiegende, wenn auch zuerst unsichtbare Folge. Sie legte den Grundstein zu unzähligen Kriegen, Kämpfen und Blutvergießen, die Jahrhunderte hindurch den Orient erschütterten. Der Ursprung dieser Erschütterung war 'Ā'iša. Sie war zwar eine Frau und erst fünfzehn Jahre alt, als sich das Unglück ereignete. Sie hörte aber bis zu ihrem Tode nicht auf, 'Alī, der sie von ihrem Manne trennen wollte, zu hassen. Dieser Haß führte zuletzt die große, schicksalsschwere Spaltung des Islam herbei. Die Spaltung in die Schiiten, die Anhänger 'Alīs, und in die Sunniten, die auf dem Pfade des Propheten seinen Dienern Abū Bakr und 'Umar folgten. Krieg, Kampf und Blutvergießen waren die Folgen dieser Spaltung.

So endete das kleine Abenteuer einer Fünfzehnjährigen, die in der Wüste bei Medina ihre Notdurft verrichten wollte und ihr Halsband in den Sand fallen ließ.

DER DICHTER DES PROPHETEN

> Ich ergreife ein Stück grauen, armseligen Lebens und schaffe aus ihm eine Legende, weil ich ein Dichter bin.
>
> Sologub

Es lebte in der Stadt des Propheten ein Mann von erschreckendem Äußeren namens Ḥasan. Sein Haar war nach vorn gekämmt, er trug einen schwarzen Backenbart und färbte seinen Schnurrbart rot. Auf die Frage, warum er sich so entstelle, antwortete er bescheiden: »Damit mein Gesicht an die blutüberströmte Fratze eines Löwen erinnert.« Von Beruf war Ḥasan ein Dichter, doch war sein Talent unbedeutend, seine Einbildung groß und sein Ehrgeiz unbefriedigt. Aus all diesen Gründen schimpfte Ḥasan auf jeden, und je schlechter seine Verse waren, desto mehr Beschimpfungen enthielten sie gegen seine Feinde.

Einst gab der Prophet den Befehl, Ḥasan seiner bösen Zunge wegen einige Stockhiebe zu verabreichen. Gegen körperliche Strafen war aber Ḥasan höchst empfindlich. Er liebte das friedliche Leben, zog nie mit in die Schlacht und blieb selbst dann zu Hause, wenn seine Vaterstadt von Feinden belagert war. Die Prügel des Propheten verärgerten ihn daher außerordentlich. Er war zu feige, um öffentlich gegen den Propheten aufzutreten, deshalb schrieb er insgeheim ein gemeines Pamphlet gegen ihn. Als er erfuhr, daß der Prophet davon Kunde erhalten hatte, floh er voll Schrecken nach der Stadt Furāk, wurde aber von einem Anhänger des Propheten auf seiner Flucht erreicht und leicht an der Wade verwundet. Darauf brach der zarte Lyriker in so heiße Tränen aus, daß seine gesamte Verwandtschaft in der Annahme, daß er in Todeskrämpfen liege, zu ihm eilte. Natürlich genas er bald und plagte nun die Leute von Medina mit unaufhörlichen Klagen über sein Mißgeschick und mit der Bitte um Schadenersatz.

Allmählich begriff auch der zarte Ḥasan, daß die Macht des Propheten groß sei. Das machte ihn zum Anhänger des Gesandten Gottes. Mehrmals erschien er, von einflußreichen Verwandten begleitet, vor dem Hause des Propheten und bat um Einlaß. Er wurde aber nicht vorgelassen.

Mohammed liebte die Dichter nicht. Sie sprachen ihm zu viel, und ihre Worte entsprachen selten der Wahrheit. »Sie sprechen, was sie nicht tun« (26,226), heißt es im Koran. Und Mohammed sagte einst: »Die Dichter schreiben Satiren, die schmerzlicher sind als Wunden. Unter allen Sterblichen hat der Dichter die größte Chance, in die Hölle zu kommen.« Aus all diesen Gründen wollte der Prophet nichts von dem feigen Ḥasan wissen. Da aber um die gleiche Zeit viele böse Schmählieder von Dichtern der Quraiš auf den Propheten verfaßt wurden, beschloß Mohammed zuletzt, Ḥasan zu empfangen. Stolz trat Ḥasan vor den Propheten und sagte: »Ich bin ein großer Dichter. Mein Name, meine Ehre und meine Lieder werden den Propheten am besten schützen, denn ich verehre den Gesandten Gottes.«

Da der Prophet die Art der Dichter kannte, maß er Ḥasans Worten keinerlei Gewicht bei. Er schenkte ihm vielmehr eine junge Sklavin und ein Gut, in der Annahme, daß er damit seine Treue am besten festigen würde. Darauf begab sich Ḥasan zu Abū Bakr und ließ sich von ihm über die Schwächen der Feinde des Propheten unterrichten. Dann ging er nach Hause und begann sich der Produktion zahlreicher Schmähgedichte zu widmen. Das machte dem Propheten und den Gläubigen viel Spaß. So wurde der Kampf zwischen Mekka und Medina zum Kampf der Dichter. Doch waren die Dichter von Mekka begabter und ihre Gedichte bissiger als die Werke des armseligen Ḥasan.

Da kamen die Gläubigen zum Propheten und baten ihn, den edlen ʿAlī zu beauftragen, ein Schmähgedicht gegen Mekka zu schreiben. »Nein«, antwortete der Prophet, »ʿAlī soll sich nicht mit so niederen Dingen befassen, er ist für größere Taten bestimmt.« Dann wandte er sich an Ḥasan und fragte: »Kannst du gegen die Sippe der Qurais̆ schreiben, ohne mich zu verletzen, da ich doch selbst ein Qurais̆ bin?« – »Das ist sehr einfach«, antwortete Ḥasan, »ich ziehe dich aus der Masse der Qurais̆ heraus, wie man ein Haar aus einer Teigmasse herauszieht.« – »Gut«, sprach der Prophet, »wenn du das versprichst, so strecke deine Zunge heraus.« Und als Ḥasan der Aufforderung nachkam, berührte der Prophet Ḥasans Zungenspitze mit seinem Stab und segnete sie. Dies tat Wunder. Die Zunge Ḥasans wurde von nun ab scharf und bissig, seine Gedichte wirkten auf die Mekkaner wie spitze Pfeile, und der Prophet konnte ihnen oft nächtelang zuhören.

Die reisenden Beduinen brachten diese Lieder zu sämtlichen Stämmen, und sie waren oft wirksamer als die weisesten Sprüche der Frommen. Einst kam zu Mohammed ein Stamm und erklärte: »Unser Dichter hat viele Schmähgedichte gegen dich geschrieben, in denen er beweist, daß du ein Betrüger bist. Wenn einer von deinen Leuten in schönen Versen das Gegenteil beweist, sind wir bereit, uns zum Islam zu bekennen.« Zuerst wollte Mohammed das große Werk der Bekehrung keinem so niederen Geschöpf wie einem Dichter überlassen. Endlich beauftragte er aber damit den Dichter Ḥasan. Und obwohl die Feinde sich große Mühe gaben, siegte die Wahrheit aus dem Munde Ḥasans. Der große Stamm erkannte, daß Ḥasans Verse besser waren als die Verse ihrer Dichter, und bekannte sich zum Islam.

So kam der elende Dichter Ḥasan, dank dem Segen des Propheten, zu großen Ehren. Als aber der Krieg zwischen den Arabern zu Ende war und Mekka den Islam annahm, verbot der Prophet alle Gedichte, die Feindschaft unter den Gläubigen hervorrufen konnten. Gerade jetzt, als der Friede geschlossen war, traf Ḥasan zum erstenmal die Dichter von Mekka, mit denen er jahrelang in dichterischem Kampf gelegen hatte. Da beschlossen Ḥasan und die Dichter, ganz privat, ohne Augenzeugen, einander ihre Schimpfgedichte vorzutragen. Da Ḥasan klug war, wollte er als letzter seine Gedichte rezitieren und bat die Mekkaner zu beginnen. Einer nach dem andern lasen die Dichter ihre Schimpfverse gegen Ḥasan vor. Ḥasan saß da und ärgerte sich so, daß ihm der Schweiß vom Gesicht rann. Doch wartete er ruhig ab, um als letzter seine Schimpfereien loszulassen. Als aber die Mekkaner zu Ende waren, bestiegen sie ihre Pferde und ritten davon, ohne Ḥasan Gelegenheit zum Vortragen seiner Gedichte zu geben.

Voll Wut ging Ḥasan zu 'Umar, der damals bereits Kalif war, und erzählte ihm, in welch schmählicher Weise er beschimpft worden war. Und da 'Umar die Herzen der Dichter kannte, beschloß er, Ḥasan eine große Freude zu bereiten. Er versammelte das Volk von Mekka, berief die Dichter und gestattete Ḥasan in Gegenwart des ganzen Volkes, gegen seine Feinde, die ihn betrogen hatten, so viel gereimte Schimpfworte auszusprechen, wie ihm nur einfielen. Auf diese Weise erleichterte Ḥasan sein Dichterherz.

Dann befahl der Kalif, der Gerechtigkeit wegen alle Gedichte, die des Ḥasan sowie die gegen Ḥasan, in einem großen Buch zu sammeln, so daß die Schmähgedichte friedlich nebeneinander standen. Wer das eine las, mußte unwillkürlich auch das andere lesen, und keiner der Dichter konnte sich ferner wegen ungerechter Behandlung beklagen.

So regierte man im Lande des Gesandten Gottes das Volk der Dichter, deren Worte selten Sinn haben, deren Zungen scharf sind wie Waffen und die unter allen Sterblichen die größte Aussicht haben, die Pforten der Hölle zu durchschreiten.

Im lichten Paradies aber, wo das Leben froh sein wird, wo es weder Qual noch Ärger geben wird, wird man das Wort der Dichter nicht brauchen. Dort wird es keine Dichter geben.

EIN SCHMACHFRIEDEN UND SEINE FOLGEN

Ich gab Euch heute einen großen Sieg.
Koran, Sure 5

Viele Jahre waren vergangen, seitdem Mohammed dem Volke von Mekka zum erstenmal die Geburt einer neuen Welt verkündete. Eine geraume Zeit war verstrichen, seitdem er den Weg des Islam betrat. Auf diesem Wege erlebte er Verbannung und Verfolgung, Mißtrauen und Schande. Er wurde gehetzt und vertrieben, mißhandelt und verleumdet. Jetzt erklomm er auf dem steilen Weg der Tat den Gipfelpunkt der Macht.

Sünde und Mord, Raub und List lagen auf dem Wege zur Macht. Jetzt blieben sie augenscheinlich hinter dem Propheten. Er hatte sie überwunden. Unumschränkt herrschte er über das reiche Medina. Die Sippen der Wüsten fürchteten ihn, ein Netz von Getreuen spann sich über das Land. Und doch war die Tat noch nicht vollbracht, noch war der Islam nicht der absolute Herrscher der Wüstenwelt. Etwas versperrte den Weg des Propheten. Wenn er in den Kampf ritt und über Stämme siegte, so bekehrte sich das Volk der Wüste zum neuen Glauben. Wenn aber das Heer des Propheten in die Heimat zog, so entsannen sich die Sippen ihrer alten Götter und zogen zum Pilgerfest nach Mekka, um dort zu dem goldgeschmückten Hubal, zu den großen Jungfrauen al-Lāt, al-'Uzzā', Manāt und zu allen dreihundertsechzig Göttern der Wüste zu beten.

Viele Getreue hatte der Prophet, dort aber, wo seine Hand nicht hinreichte, gehorchten ihm nur diejenigen, die an ihn glaubten, und diejenigen, die in Feldzügen Beute und Ruhm zu erjagen hofften. Die Zahl der Leute aber, die nur um des reinen Glaubens willen sich einer Idee hingaben, war auch in den Wüsten Arabiens nicht zahlreicher als an anderen Orten der Erde. Nur wenige konnten sich entschließen, die jahrtausendealten Sippengesetze abzuwerfen, um ihre Heimat und Habe eines nur zweifelhaften Glücks wegen zu verlassen. Das taten fast nur die Entwurzelten, die Ausgestoßenen, die beruflichen Abenteurer und Söldner, diejenigen, die nichts mehr zu verlieren hatten. Das Herz des Volkes blieb Mohammed immer noch verschlossen. Selbst in Medina, wo sein Wort und sein Schwert regierten, sah der Prophet die kühlen, listigen Blicke der Munāfiqūn. Er wußte, daß nicht das Wort, sondern das Schwert die Menschen zum Gehorsam zwang. Die Welt des neuen Glaubens sollte aber nicht nur mit der Macht des Schwertes errichtet werden.

Etwas lag zwischen dem Herzen des Volkes und dem Wort des Propheten. Dieses Etwas war Mekka. Besiegt, geschlagen, gedemütigt war Mekka, und doch blieb es die Königin der Wüste, die glänzendste unter den Städten. Immer wieder strömten die Sippen der Wüste nach Mekka, immer noch herrschten am heiligen Platz der Ka'ba die uralten Götter, immer noch blühten die Geschäfte der Kaufleute. Jetzt eigentlich mehr denn je. Immer noch schlug das Herz der Wüste für die heilige Stadt der Ka'ba.

Was war Mohammed für Mekka? Ein Despot, der auf listige und verräterische Art sich in der fernen Provinz Medina die Macht angeeignet hatte. Durch listige Feigheit war es ihm bis jetzt gelungen, den mekkanischen Strafexpeditionen zu trotzen und durch brutalen Terror der Stadt seine Irrlehren aufzuzwingen. Folglich ließ man ihn ruhig in seiner Wüstenoase sitzen und kümmerte sich nicht mehr um ihn als um andere lokale Machthaber, die durch Zufall zur Macht gelangt waren. Unangenehm bemerkbar machte sich dieser feige Herrscher nur durch seine ständigen Feldzüge, die das Land in Unruhe versetzten, den Handel schädigten und die Karawanen gefährdeten. Man mußte eben doppelt vorsichtig sein und den Preis für die Ware um einen Risikozuschlag erhöhen. Das war die Meinung Mekkas über den Herrscher von Medina.

Die Meinung der Beduinen, die Meinung des einfachen Wüstenvolkes war aber noch wesentlich geringschätziger. Für sie haftete an Mohammed ein schwerer und in ihren Augen unauslöschlicher Makel. Er war ein Ausgestoßener, ein Mensch, von dem sich die eigene Stadt, die eigene Sippe, die eigene Familie abgewandt hatte. Und diese Stadt war keine unbedeutende Wüstensiedlung, diese Sippe keine einfache, unbekannte Wüstensippe, sondern es war die Stadt Mekka, die Königin der Städte, und die Sippe Quraiš, die edelste Sippe Arabiens. Die Heimat hatte den Propheten verstoßen und ausgespien – folglich, dachten die Beduinen, mußte etwas Verwerfliches, etwas Abstoßendes an seiner Lehre, an seiner Person sein. Denn die Ehrfurcht vor der großen heiligen Stadt der Kaʿba war vielleicht das einzige geistige Gut, das unauslöschlich in der Seele des Beduinen ruhte. Seit Jahrhunderten bestand bei dem Beduinen der Brauch, in die Kaʿba zu pilgern, seit unzähligen Generationen war für ihn Mekka der Mittelpunkt der Welt. Er war gewohnt, das zu tun, was Mekka tat, und das zu verdammen, was Mekka verdammte. Jetzt kam ein Mann, den Mekka bekämpfte, und dieser Mann warb um die Herzen der Beduinen. Der Beduine betrachtete diesen Mann voll Mißtrauen.

Der Schlüssel zum Herzen des Beduinen, zu seinem natürlichen, primitiven Gehorsam war Mekka, und Mekka wollte von dem Propheten nichts wissen. Zwischen Mekka und Mohammed herrschte ein latenter Krieg. Beide verdammten einander, beide hatten verschiedene Götter, konträre Ziele, und der Haß zwischen beiden war groß. In den Augen der Beduinen war aber Mekka moralisch im Recht, denn es bekämpfte einen Abtrünnigen, der sich gegen sein eigenes Fleisch und Blut erhoben hatte.

Es war im Monat Ḏūlqaʿda im Jahre 7 der Hiǧra, als Mohammed einen schwerwiegenden und genialen Entschluß faßte. Es war dies einer jener genialen Einfälle, die plötzlich entstehen und die Welt radikaler verändern als blutige Feldzüge. Mohammed beschloß jetzt, das Rad seiner Laufbahn gewaltig vorwärts zu drehen.

Die verspottete, bekämpfte Stadt Mekka, die den Schlüssel zum Herzen der Welt besaß, sollte plötzlich zum Mittelpunkt der islamischen Welt werden. Mekka und die Ka'ba, die die Herzen der Beduinen magnetartig anzogen, erhob Mohammed plötzlich zum Zentrum seines bisher antimekkanischen Glaubens. Denn nur wenn Mekka und Islam ineinander verschmolzen, wenn sie eins geworden waren im Bewußtsein der Völker, war der Sieg des Islam über Arabien sicher.

Der Weg, den Mohammed wählte, zeugte von großem staatsmännischem Weitblick, von einer rein diplomatischen Fähigkeit, die in gleichem Maße niemand außer ihm in der Wüste besaß. Mohammed sammelte kein Heer, um Mekka zu bezwingen. Er überfiel keine Karawanen, um den Handel zu schädigen, er bekriegte die Stadt der Ka'ba nicht mehr. Er erklärte einfach, daß die Ka'ba, daß der schwarze Stein und der Hof um ihn die heiligste Stätte der Welt sei und daß alle traditionellen Festlichkeiten und Ehrungen in der Ka'ba seit Jahrtausenden dem Wunsch Allāhs entsprachen. Die Pilgerzüge, die Prozessionen, die Umkreisung der Ka'ba wurden plötzlich vom Propheten gebilligt und zum heiligen Bestandteil des Islam erhoben. Alles, was der Beduine an Mekka gewohnt war, sollte beim alten bleiben, selbst der Jahrmarkt, nur sollte an die Stelle der dreihundertsechzig Götter die allumfassende Gestalt Allāhs allein treten. Die alten Zeremonien gingen plötzlich auf Abraham, den ersten Propheten, zurück und waren nur durch den Götzenkult der Quraiš verunreinigt. Demzufolge verspürte jetzt Mohammed den unbändigen Drang, seinen Gott an der heiligsten Stelle des Landes zu preisen. Zu Beginn des Pilgermonats im Jahre 628 rief er seine Getreuen und erklärte ihnen seinen Entschluß, gemeinsam mit ihnen an der nächsten Pilgerfahrt nach Mekka und an allen Zeremonien der Ka'ba teilzunehmen.

9. Mekka mit der großen Moschee in der Bildmitte. Foto, 1955.

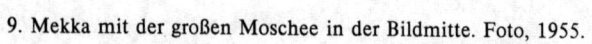

Und in der Tat, zu Beginn der heiligen Monate zog Mohammed, begleitet von fünfzehnhundert frommen Büßern, die die in Mekka vorgeschriebene Pilgerkleidung trugen, zur heiligen Stadt. Die Gläubigen waren fast unbewaffnet und führten die für den Opferaltar bestimmten Tiere mit sich. Das war ein meisterhafter Schachzug. Der Ketzer, der die heiligen Monate verletzt hatte, der jahrelang die heiligste der Städte bekämpft hatte, zog jetzt als reumütiger Büßer zu den Toren der stolzen Stadt, die ihn einst verstoßen hatte.

Das war eine großartige Demonstration. Jedermann konnte jetzt deutlich sehen, daß der angebliche Ketzer Mohammed in Wirklichkeit ein frommer Verehrer der heiligen Stadt Mekka war. Eine geschicktere Kundgebung konnte sich kein Politiker, kein Demagoge der Weltgeschichte ausdenken. In frommen Büßergewändern zog jetzt der Herrscher von Medina durch die Wüste. Nur die frömmsten, nur die fanatischsten unter seinen Anhängern folgten ihm. Die Abenteurer, die kriegslustigen Räuber blieben in Medina, ein frommer Feldzug, der keinerlei Beute versprach, hatte für sie kein wesentliches Interesse.

Die Fünfzehnhundert aber, die Mohammed begleiteten, waren die gesiebtesten Frommen der Gemeinde des Islam. Wenn Mohammed sich schon entschloß, als Büßer durch die Front der erstaunten Stämme zu ziehen, so sollte seine Heiligkeit wenigstens vor aller Augen dokumentiert werden. Er war der Abgott seiner Anhänger. Das Wasser, in dem er sich wusch, wurde für sie heilig, ein Haar, das er verlor, ein Nagel, den er abschnitt, wurden gesammelt und als Heiligtümer aufbewahrt. Sein Speichel, sein Bart, seine Kleider waren Gegenstände lebhafter Verehrung. Auf die Beduinen der Wüste, ja sogar auf die Mekkaner, die es am Ende des letzten Feldzuges gesehen hatten, machte eine derartige Behandlung gewaltigen Eindruck. »Ich habe den Schahinschah des Iran und den Kaiser von Konstantinopel von ihren Hofleuten umgeben gesehen«, erzählte ein Quraiš, »aber noch nie habe ich einen Herrscher gesehen, der von seinen Untertanen so verehrt worden wäre wie Mohammed von seinen Anhängern.«

Die Umwälzung, die die Pilgerfahrt des Ketzers bedeutete, war so ungeheuer, daß zuerst weder die Wüste noch Mekka ernstlich daran glauben wollten. Die ersten Nachrichten von dem Wallfahrtszug lösten in Mekka gewaltige Aufregung aus. Man erzählte sich, daß der falsche Prophet mit einem ungeheuren Heer nach Mekka unterwegs sei und daß er beabsichtige, durch einen gewaltigen Kampf Mekka, die Pilgerfahrt und den Jahrmarkt zu bedrohen. Sofort rüstete man in Mekka ein Heer, und Ḫālid ibn al-Walīd zog an der Spitze der Truppen in die Wüste, um dem Propheten entgegenzutreten. Groß war sein Erstaunen, als er an Stelle eines Heeres eine Schar frommer Pilger erblickte, die demütig um den Zutritt zum Heiligtum baten. Sofort wurde diese Nachricht nach Mekka berichtet. Die Augen der Kaufleute füllten sich mit Freude und Stolz. Mohammed klopfte reumütig an die Tore Mekkas. Mohammed berief sich auf die Heiligkeit der Kaʿba, Mohammed hörte also auf, Rebell zu sein, und beschritt demütig den Weg der Legalität.

Man beschloß, den offenbar Reumütigen mit gehöriger Verachtung zu strafen. Man verwehrte ihm, dem Unbewaffneten, den Zutritt in das Gebiet der heiligen Stadt. Und, o Wunder, der Rebell und Ketzer gehorchte. Gegen den Willen all seiner Begleiter blieb er in der Oase Ḥudaibiya, die zur Hälfte innerhalb, zur anderen Hälfte außerhalb des heiligen Gebietes lag. Er schickte lediglich seinen Schwiegersohn ʿUṯmān nach Mekka mit der Bitte, einen Vertreter für Friedensverhandlungen zu entsenden. Auch jetzt ließen die Quraiš ihren so klein gewordenen Feind eine ganze Weile warten. Erst nach Ablauf einer qualvollen Zeit sandte man den Quraiš Suhail ibn ʿAmr in sein Lager.

Suhail war als gerissener Diplomat und raffinierter Politiker bekannt. Er verstand es, die Situation zu überblicken. Mohammed lag unbewaffnet vor den Toren Mekkas, er bat um Zutritt zum Heiligtum und war also, praktisch gesprochen, den Quraiš ausgeliefert. Man konnte ihm Bedingungen diktieren, man konnte ihn schwer demütigen, und Suhail beschloß, diese einzigartige Gelegenheit nicht ungenutzt verstreichen zu lassen.

Er begann Forderungen zu stellen. Lange und schonungslos verhandelte er mit dem Gesandten Gottes, und als man einig geworden war, rief Mohammed den frommen ʿAlī und begann ihm den Friedenspakt zu diktieren. Jetzt ereignete sich eine einzigartige diplomatische Szene: »Schreib«, sagte Mohammed, »im Namen Gottes des Gnädigen und Barmherzigen.« – »Halt«, unterbrach ihn Suhail »diese Formel kenne ich nicht, schreib einfach: In deinem Namen Gott.« – »Beginne, wie Suhail befiehlt«, sagte Mohammed demütig. Als ʿAlī geendet hatte, diktierte Mohammed: »Das ist der Friedensschluß Mohammeds, des Gesandten Gottes, mit Suhail ibn ʿAmr, dem Gesandten der Stadt Mekka.« Und wieder unterbrach ihn Suhail: »Für mich bist du kein Gesandter Gottes, sonst würde ich dich ja nicht bekämpfen, schreib einfach deinen Namen.« Und auch hier willigte Mohammed ein. Die Gläubigen aber blickten ihn bestürzt an, denn sie waren an solches nicht gewöhnt.

So kam ein Vertrag zustande, den Suhail als ein Meisterstück seiner Diplomatie betrachtete. Der Vertrag lautete: ›Dies sind die Bedingungen, unter denen Mohammed, der Sohn ʿAbdallāhs, mit Suhail, dem Sohn ʿAmrs, dem Vertreter der Quraiš, Frieden schließt. Zehn Jahre lang soll zwischen den beiden kein Krieg geführt werden. Während dieser Zeit sollen die Angehörigen beider Parteien voreinander sicher sein. Sie dürfen nicht gegeneinander kämpfen. Wenn jemand von den Quraiš zu Mohammed überläuft, so ist Mohammed verpflichtet, ihn den Quraiš auszuliefern. Wenn aber umgekehrt ein Anhänger Mohammeds zu den Quraiš überläuft, so sind diese nicht verpflichtet, ihn auszuliefern. Es soll aber zwischen beiden ein aufrichtiges Einverständnis bestehen, das Raub und Diebstahl ausschließt. Den Stämmen des Landes soll es auch frei überlassen sein, mit Mohammed oder mit den Quraiš ein Bündnis zu schließen. Dieses Jahr darf Mohammed weder das heilige Gebiet noch die heilige Stadt Mekka betreten. Im nächsten Jahr darf Mohammed mit den Seinen unbewaffnet nach Mekka kommen, um dort in Abwesenheit der Quraiš sein Gebet zu verrichten.‹

Suhail ibn 'Amr hatte Grund, sich seines diplomatischen Erfolges zu rühmen. Es war ein glatter, unleugbarer Sieg der Mekkaner. Der Prophet nannte sich nicht mehr Prophet, er lieferte die Flüchtlinge aus, die bei ihm Schutz suchten, er verpflichtete sich, die Karawanen der Quraiš unbehindert ihres Wegs ziehen zu lassen, er begab sich sogar jetzt, nach seinem offensichtlichen Mißerfolg, nach Medina zurück. Er war nur noch ein gewöhnlicher Sippenführer, der alljährlich auf einige Zeit nach Mekka kommen durfte, was den Jahrmarkt nur noch mehr beleben würde. Mehr konnte Mekka nicht verlangen. Der Prophet war also augenscheinlich gebändigt.

Auch die frommen Begleiter des Propheten empfanden den Vertrag als eine absolute, demütigende Niederlage, und da diese Niederlage äußerlich durch nichts erzwungen worden war, begannen sie an dem Propheten irre zu werden. Sein Benehmen stand im diametralen Gegensatz zu seinem sonstigen Verhalten und war all seinen Anhängern völlig unverständlich.

Die Muslims versammelten sich in kleinen Gruppen, diskutierten heftig, schüttelten die Köpfe und blickten mißbilligend auf auf den Propheten. Zum erstenmal in der langen Geschichte des Islam war ihr Glaube an den Meister gefährlich erschüttert. 'Umar, der nicht gewöhnt war, seine Gedanken zu verbergen, brachte als erster die Empörung aller offen zum Ausdruck. Er trat vor den Propheten hin und sagte: »Bist du nicht der Gesandte Gottes?« – »Gewiß«, antwortete der Prophet. »Sind wir nicht Gläubige?« fragte 'Umar weiter. »Sicherlich«, war die Antwort. »Sind die Quraiš Götzendiener?« – »Unzweifelhaft.« – »Warum sollen wir dann von ihnen erniedrigt werden?« rief 'Umar, und sein Gesicht verfinsterte sich, denn er war nahe daran, den Propheten zu verlassen. Mohammed blickte ruhig in das zornige Gesicht seines Freundes und sprach: »Ich bin der Gesandte Gottes und erfülle die Befehle des Allmächtigen, ebenso wie du meine Befehle erfüllen sollst.« Und so groß war die magische Kraft, die der Prophet besaß, daß ʿUmar sich fügte. Später als Kalif und Herrscher der islamischen Welt pflegte ʿUmar zu sagen: »Ich höre nicht auf, Almosen zu geben, zu fasten, zu beten und Sklaven zu befreien. Denn ich bereue die Worte, die ich damals in meinem Zorn dem Propheten gesagt habe.«

Jetzt befahl aber der Gesandte Gottes, an der Grenze des heiligen Gebietes die Opfertiere zu schlachten, schor sich das Haar und führte die Zeremonien der Pilgerfahrt aus. Dann gab er den Befehl zur Rückkehr. Knapp vor der Abreise erschien im Lager ein Mekkaner namens Abū Ǧandāl, bekannte sich zum Islam und bat um Gastfreundschaft und Schutz. Trotz aller Gesetze der Ehre und Gastfreundschaft lieferte ihn der Prophet, getreu dem neugeschlossenen Vertrag, den Folterungen der Quraiš aus. Das war eine harte Probe für die Treue der Muslims.

Als aber die Kamele beladen waren und die Krieger sich zum Rückzug bereitet hatten, versammelte der Prophet die Muslims und sagte: »Wir haben heute den größten Sieg erfochten, den uns Gott je geschenkt hat.«

Trotz dieser Worte konnten die Muslims dem Propheten den Vertrag mit Mekka und sein demütiges Verhalten nicht verzeihen. Wieder stand er allein. Mürrisch blickten ihn die Muslims an, endlos und kahl erstreckte sich die Wüste, und in ihr lag die Stadt Mekka, die jetzt die Demütigung des Propheten schadenfroh feierte. Damals war Mohammed der einzige, der erkannte, daß dieser Friede bei Ḥudaibiya ein großer, ein gewaltiger Sieg des Islam war. Bei Ḥudaibiya erschloß sich Mohammed das Herz des Volkes. Trotz aller Demütigungen enthielt der Vertrag eins: er erkannte Mohammed als gleichberechtigten Vertragspartner der Quraiš an. – Jetzt war der Prophet kein Ausgestoßener mehr, er hatte mit der Stadt seiner Heimat Frieden geschlossen. Man konnte von ihm nicht mehr wie von einem verstoßenen Sohn der Königin aller Städte sprechen. Im Gegenteil, er hatte offen seine glühende Liebe zur heiligen Kaʿba dokumentiert. Er hatte schwere Opfer auf sich genommen, um den heiligen schwarzen Stein wieder berühren zu dürfen. Der Friede zu Ḥudaibiya, die Anerkennung Mohammeds als Freund der Stadt Mekka, das ›aufrichtige Einverständnis‹, das schwarz auf weiß in dem Vertrag stand, löschte den Makel aus, der dem Propheten anhaftete. Er durfte Mekka wieder betreten, er durfte wie alle im Hofe der Kaʿba die Andacht verrichten und war offensichtlich kein Rebell mehr.

Es erforderte viel Mut, viel kühne Entschlossenheit, um, die Vergangenheit umstoßend und zur Enttäuschung aller guten, jahrzehntelangen Mitkämpfer und Freunde, den Frieden von Ḥudaibiya zu unterzeichnen. Mohammed brachte den Mut auf. Er spielte va banque, denn, wie später ʿUmar sagte: »Nur ein Wunder hinderte die Muslims daran, sich am Tage von Ḥudaibiya für immer von dem Propheten zu trennen.«

Doch wußte Mohammed als einziger, daß der Einsatz dieses Spiels die Herrschaft über Arabien war. Daß es um nichts Geringeres ging als um das Volk der Wüste, das nur ein Heiligtum kannte – den schwarzen Stein der Kaʿba. Mohammed riskierte und gewann. Bei Ḥudaibiya fand er den Weg zum Herzen des Volkes.

Das wußten und ahnten weder die Gläubigen noch die Edeln aus dem Volke Quraiš , die jetzt den großen Sieg, die Bändigung des Propheten feierten. Sie sollten es bald erfahren.

DIE HERRSCHAFT IN DER WÜSTE

Die Gewohnheit unterdrückt mehr Revolutionen
als alle bewaffneten Mächte zusammen.
Wertheimer

Mohammed verstand es, den Vertrag von Ḥudaibiya meisterhaft auszunutzen. Schon auf dem Rückweg hielt er bei jedem Stamm, der nach oder von Mekka kam, an. Jeder erfuhr die große Neuigkeit: Mohammed der Prophet hat mit dem Volke der Quraiš Frieden geschlossen. Er wird künftig an den Wallfahrten teilnehmen wie alle Araber, er will den heiligen Stein besuchen, denn auch für Allāh ist die Kaʿba eine heilige Stätte.

In Medina angelangt, entsandte Mohammed nach allen Himmelsrichtungen seine Boten und setzte durch sie die große Schar seiner Anhänger in Bewegung, damit jeder erfahre: Mohammed hat die Kaʿba für heilig erklärt, Mohammed pilgert zum heiligen Stein, Mohammed pflegt alle Bräuche, die die Araber bei der Wallfahrt nach Mekka zu befolgen gewohnt sind. –

Von Sippe zu Sippe, von Oase zu Oase verbreitete sich mit Windeseile die Kunde: Mohammed, der alle Wüstengesetze verletzte, Mohammed, der während der heiligen Monate die Karawanen überfiel, der die Macht der Sippen brach und die Heiligkeit der Brunnen und Palmen antastete, will das Gesetz der Wüste wieder anerkennen, will gleich allen anderen nach Mekka pilgern. Nur wenige kannten den Wortlaut des Vertrages. Man kannte nur die Auffassung, die Mohammed verbreiten ließ. Diese Auslegung besagte klar, daß Mohammed und die Quraiš, daß der Islam und das Volk der Araber wieder eins sein sollten.

Die Folgen dieser geschickten Auslegung zeigten sich bald. Mohammed war wieder als gleichberechtigtes Mitglied in die Gemeinschaft der Araber aufgenommen worden. Und plötzlich zeigte sich mit überraschender Deutlichkeit, daß die Zukunft Arabiens ausschließlich dem Islam gehören würde. Man konnte dem Islam keinen einzigen geistigen Faktor mehr entgegenstellen. Er hatte die wenigen lebensfähigen Bestandteile des arabischen Kultus zwanglos in sich aufgenommen und war jetzt in der Tat allumfassend. Er akzeptierte die Ka'ba. Was konnte man noch gegen ihn einwenden?

Die Idole der Ka'ba waren eigentlich schon längst tot, man glaubte nicht mehr an sie. Man hielt sich nur noch an die Tradition. Diese lebendige Tradition des uralten Heiligtums der Ka'ba nahm nun der Islam in sich auf. Der Übertritt zum neuen Glauben bedeutete jetzt keinesfalls mehr einen Bruch mit dem Geist und der Tradition des Volkes. Es wurde den Arabern leichter gemacht, sich zum Islam zu bekehren, als allen anderen Völkern der Welt. Der Islam verlangte keinerlei Opfer. Man durfte wie seit Generationen alljährlich zum großen Jahrmarkt von Mekka pilgern, man durfte den schwarzen Stein küssen und alle Zeremonien der Wallfahrt vollziehen – man hatte dafür nur eine neue Bezeichnung gefunden – man nannte es: Islam. – Allerdings mußte man auf die alten steinernen und hölzernen Idole verzichten und statt ihrer den unsichtbaren, großen Allāh anerkennen.

Das war nicht schwer, denn Allāh war der alte Gott der längst vergangenen Generationen, der Urgott der Wüste, der Gott des Stammvaters Abraham. Mohammed war unermüdlich in der Hervorhebung dieser Eigenschaft Allāhs. Er verlangte ja nichts als die Aufhebung der späteren Mode, der späteren Entartung, der Idole, an die die Väter der Araber ja niemals recht geglaubt hatten. Das klang einleuchtend. Es war schmeichelhaft für das Herz der Araber, den halbvergessenen Gott ihrer Väter als den wichtigsten und obersten Gott aller Völker, aller Länder zu sehen.

Für den Verzicht auf die alten Götter gab Mohammed den Menschen ein soziales Gesetz, eine Organisation, die in ihrer Durchdachtheit der bisherigen Organisation der arabischen Sippen gleichkam. Außer diesem Gesetz gab Mohammed seinen Anhängern das Bewußtsein von der Unsterblichkeit der Seele, von der Vergeltung im Jenseits. Diese beiden Lehren waren dem Araber bisher völlig unbekannt gewesen. Doch Mohammed verstand sie mit erstaunlicher Suggestion, mit der unerhörten Kraft seines magischen Wortes in die Gehirne der Gläubigen einzuhämmern. Es gab für die Beduinen in der Tat keinen Grund mehr, den Islam abzulehnen. So siegte die arabische Tradition über den Islam und der Islam über das Volk der Araber.

Das übersahen die stolzen Quraiš, das hatte der listige Suhail ibn ʿAmr im Vertrag von Ḥudaibiya nicht vorausgeahnt. Auch die Muslims erwarteten diese Wirkung nicht. Nur einer erkannte die Tragweite des Abkommens: Mohammed, der nicht nur der Gesandte Gottes, sondern auch der klügste Mensch in der Wüste war.

Die Folgen des Vabanquespiels des Propheten machten sich bald bemerkbar. Seine geschickt eingeleitete Propaganda brachte den verdienten Erfolg. Die Sippen machten von ihrem vertraglichen Recht Gebrauch: Sie sprachen sich offen für oder gegen Mohammed aus. Eine nach der andern erschienen sie jetzt in langen Karawanen vor Medina, legten das Glaubensbekenntnis ab, empfingen den Segen des Propheten und schworen, die Gesetze ihrer Väter hoch und heilig zu halten, Pilgerfahrten nach Mekka zu unternehmen und den großen Allāh, den Gott der alten Araber, anzubeten.

In den zwei Jahren, die dem Frieden von Ḥudaibiya folgten, bekehrten sich mehr Menschen zum Islam als seit dem Beginn der Sendung. Die alten Götter waren zertrümmert. Der Islam wuchs wie eine Lawine und erreichte über Nacht nie geahnte Dimensionen. Die Sippen eiferten miteinander im Bekenntnisdrang, denn auch sie ahnten den Beginn einer neuen Epoche. Mohammed brauchte seine Krieger nicht mehr zum Kampf zu überreden. Man wußte, wo Mohammed kämpft, sind den Frommen Beute und Gottes Segen sicher. Immer größer wurden die Feldzüge, immer reicher die Beute, immer feuriger die Begeisterung der Beduinen, die in den Kampf zogen.

Der unerwartete Erfolg verwirrte aber den Propheten nicht. Er verhielt sich abwartend und vorsichtig; denn jetzt wollte er nichts mehr riskieren. Er mußte sichergehen und konnte nur nach sorgsamen Vorbereitungen sein Ziel erreichen.

Mit peinlicher Korrektheit und Ehrlichkeit – ganz wie ein seriöser Kaufmann – erfüllte er den Schmachvertrag mit Mekka. Auch hier zeigte er, daß er nicht nur in der Heiligkeit, sondern auch in der hohen Kunst der Politik allen Wüstenbewohnern weit überlegen war, denn er erfüllte die Abmachung von Ḥudaibiya so konsequent und so ehrlich, daß die Mekkaner ihn zuletzt selber bitten mußten, den Vertrag nicht allzu wörtlich zu nehmen.

Dies geschah auf folgende Weise: Abū Buṣīr aus dem Stamme Taqīf, wohnhaft in Mekka, floh eines Tages, die Lust an Abenteuern und die Liebe zu Gott in sich entdekkend, nach Medina. Die Mekkaner erfuhren es und schickten zwei Krieger nach Medina mit der Bitte, den geflohenen Abū Buṣīr vertragsgemäß auszuliefern. Ohne Zögern gab der Prophet ihrem Verlangen nach und lieferte den Flüchtling aus. Unterwegs gelang es aber dem Gefangenen, einen seiner Wächter zu erschlagen und in die Wüste zu fliehen. Dort lebte er halb vom Raub und halb von Bettelei, bis er einige Leidensgenossen fand, die gleich ihm aus Mekka geflohen waren und die der Prophet vertragsgemäß ausgeliefert hatte. –

Die Sklaven und Armen der Stadt Mekka flohen jetzt immer häufiger nach Medina, wo es für die Frommen weder Armut noch Sklaverei gab. In der Wüste bildeten sie unter Führung von Abū Buṣīr bald eine gefährliche Horde von etwa siebzig Mann. Diese Bande suchte sich nun den großen Karawanenweg zwischen Mekka und Syrien als Wirkungsfeld aus, und da sie arm war, nichts zu verlieren hatte und sich durch keinerlei Verträge gebunden fühlte, überfiel sie im Namen Allāhs die großen Karawanen, raubte das Gut der Mekkaner und verbreitete weithin Schrecken und Furcht. Die Mekkaner sahen sich um die Früchte ihres Vertrages gebracht. Der Handel von Mekka war wieder gefährdet. Abū Buṣīr war tapfer und listig, er verstand es, sich in den rauhen Bergen zu verbergen und spottete jeder Verfolgung. – Mohammed aber zuckte mit den Achseln, schüttelte den Kopf und erklärte, nichts gegen die freien Muslims, die vertragsgemäß nicht zu seiner Gemeinde gehören durften, unternehmen zu können. Schließlich mußten die Mekkaner, um die Ruhe in der Wüste wiederherzustellen, Mohammed darum bitten, den Vertrag von Ḥudaibiya zu revidieren und die Flüchtlinge offiziell in seine Gemeinde aufzunehmen. Mohammed erklärte sich damit einverstanden. Von diesem Tage an hörten die Überfälle und Plünderungen in der Wüste auf.

Das hob das Ansehen des Propheten außerordentlich. Für Mohammed selbst bestand kein Zweifel mehr, daß er bald der alleinige Herrscher über Arabien sein würde. Für den einstmals so ärmlichen mekkanischen Kaufmann wäre das eine große Befriedigung gewesen, für den Propheten Mohammed, für den letzten Gesandten Gottes auf Erden war das nur der Anfang, nur ein bescheidener Auftakt zu einer viel größeren Laufbahn.

Seit dem ersten Tage der Sendung, seit der ersten Predigt war der Islam universal gedacht. Gott hatte seinen Propheten allen Völkern der Welt als den letzten Verkünder der Wahrheit gesandt. Und wenn Gott seinem Propheten, der aus dem Nichts kam und ein Nichts war, die Herrschaft über Arabien schenkte, so konnte er ihm auch alle Länder und Völker des Orients, ja der ganzen Welt unterwerfen. Die jugendliche Kraft, das jugendliche Feuer war im Propheten ungeschwächt lebendig. Die Herrschaft über Arabien nahm er als eine Selbstverständlichkeit hin. Ebenso natürlich erschien ihm seine künftige Herrschaft über die Welt. Kaum der Herrschaft über Arabien sicher, entwickelten sich in dem Propheten neue, weit kühnere Pläne. Sein Blick richtete sich nach den Grenzen Arabiens. Um Mohammed lag die große Welt von Iran und Byzanz. Diese beiden Gegner hatten nach jahrzehntelangen Kämpfen endlich Frieden geschlossen. Beide sollte Gott dem Propheten schenken. Wie immer war der Anfang tastend und vorsichtig. Eines Tages sandte der Prophet aus Medina sechs Boten an die sechs Herrscher der Welt um Arabien: an den Kaiser von Byzanz, an den Kaiser von Iran, an den König von Abessinien, an den Statthalter von Ägypten, an den König von Ḥīra und an den Fürsten von al-Yamāma in Zentralarabien. In den Briefen wurden die Potentaten der Welt aufgefordert, sich dem Islam und seinem Propheten zu unterwerfen. Das Schicksal der Boten wurde bereits erwähnt. Die Herrscher der Welt beachteten sie nicht. Sie wußten auch zuwenig von den merkwürdigen Wandlungen, die sich in den letzten Jahren innerhalb Arabiens vollzogen hatten. Der Prophet hatte kaum etwas anderes erwartet.

Die ungläubige Welt sollte ihre Mißachtung teuer bezahlen. Denn die Welt und alle ihre Völker waren ein Geschenk Gottes an den wahren Glauben und seinen Verkünder. Die Boten, die zu den Herrschern der Welt entsandt wurden, verließen Medina am 11. Mai des Jahres 628.

An jenem Tage wurde die Weltmacht des Islam begründet. An jenem Tage begann der Prophet die Welt um Arabien zu erobern.

DER STAAT DEHNT SICH AUS

> Was können wir denn unser Eigen nennen, als die Energie, die Kraft, das Wollen.
>
> Goethe

Mohammed wollte nicht so über Arabien regieren wie unzählige Häuptlinge vor ihm. Beute war nicht sein Ziel, sondern nur ein Weg. Jetzt stand er am Ende dieses Weges. Ein Staat erwartete seine Befehle, die große Welt außerhalb Arabiens harrte ihres neuen Herrn. Diese Herrschaft mußte organisiert werden. Da entsann sich Mohammed wieder der Völker der Schrift, die in sein Reich eingehen sollten. Bisher war Mohammed nur mit den Juden von Medina zusammengetroffen. Die Lösung, die er damals gefunden hatte, war brutal gewesen. Sie wurde von den Erfordernissen der Stunde diktiert, es war keine endgültige Lösung gewesen. Deshalb beschloß Mohammed Normen zu schaffen, die das Leben der Juden und Christen in seinem Reiche regeln sollten.

Die Christen Arabiens waren nicht zahlreich. Immerhin erhob sich am Berge Sinai ein stattliches Kloster der heiligen Katharina. Auch wanderten durch die Steppen christliche Beduinen, die dem Propheten bald freundschaftlich, bald feindlich gesinnt waren. Für diese christlichen Nomaden und Mönche erließ der Prophet sein Gesetz, das von nun ab ihre Beziehungen zu den Muslims regeln sollte. Die Grundideen dieses Gesetzes waren die folgenden: Kein Christ durfte in der Ausübung seiner Religion gestört werden. Die Kirchen und Klöster der Christen sollten den Mohammedanern heilig sein. Die Eheschließung einer Christin mit einem Muslim verbietet der Frau nicht die Beibehaltung ihres Glaubens. Bei Kriegen zwischen Muslims und feindlichen Christen liegt kein Grund vor, die besiegten Christen zu mißhandeln. Im Gegenteil: wer einen Christen seines Glaubens wegen mißhandelt, ist ein Rebell gegen das Wort des Propheten. Dieser Befehl ist wohl der erste Fall in der Weltgeschichte, in dem eine egozentrische, fanatische Religion die Rechte eines feindlichen Glaubens anerkennt und respektiert.

Gleichzeitig vollbrachte aber Mohammed etwas noch viel Bedeutenderes. Dieser einfache Araber, der ohne Zögern Hunderte von Feinden in den Tod geschickt, der Kriege der Beute wegen geführt hatte, schuf jetzt als erster in der Weltgeschichte Gesetze humaner Kriegsführung. Was waren bis dahin die Kriege des Altertums? Wie wurden die Kriege der Araber geführt? Man überfiel den Feind, erschlug alle Männer seines Volkes, plünderte sein Eigentum, vergewaltigte die Frauen und schickte die Kinder in die Sklaverei. Andere Kriegsformen kannte das Altertum nicht. Auch die Bibel kennt den Krieg nur als die endgültige Ausrottung des Feindes. Samuel der Prophet verkündet dem Volke der Juden: ›Erschlaget die Amalekiter, vernichtet alles, was sie haben, schont sie nicht, tötet ihre Männer, Frauen, Kinder und Säuglinge. Vernichtet ihre Herden von Ochsen, Schafen, Kamelen und Eseln.‹ (1 Sam 15,3.) Auch Ezechiel sagt: ›Tötet alle: Alte und Junge, Mädchen, Kinder und Frauen.‹ (Ez 9,6.) Diese Kampfart entsprach der Moral des Altertums, man ging schonungslos vor und kannte keine Gnade.

Auch die Kriege der Perser und Byzantiner, die sich zu Mohammeds Zeiten abspielten, hatten den gleichen Charakter. Wo das feindliche Heer marschierte, blieb eine Wüste zurück. Auch Mohammed wußte, was Vernichtungskriege sind, auch er verstand es, alle Männer eines Stammes zu töten und ihre Frauen und Kinder in die Sklaverei zu verkaufen. Um so erstaunlicher ist sein plötzlicher Umschwung, und zwar in einem Augenblick, in dem er große Feldzüge und Eroberungen plante. Er stürzte alle Moralbegriffe des

Altertums und verkündete den neuen humanen Krieg. Das Ziel Mohammeds war nicht die Eroberung, sondern die Organisierung der Welt.

Zum erstenmal in der blutigen Geschichte der orientalischen Kriege entstand ein Herrscher, der den absoluten Wert des menschlichen Lebens anerkannte und öffentlich proklamierte: »Übe keine List und keinen Betrug im Feld. Töte keine Kinder«, verkündete der Prophet. Mohammed befahl seinen Generälen: »Wenn ihr das feindliche Heer bekriegt, so unterdrücket nicht die friedlichen Einwohner des feindlichen Landes. Schonet die Schwäche des weiblichen Geschlechts und seid barmherzig zu den Säuglingen und Kranken. Zerstöret nicht die Häuser der Bevölkerung, vernichtet nicht ihre Felder, Gärten und Palmen.« Wichtiger als der Erlaß dieser Befehle ist aber die Tatsache, daß Mohammed seiner Umgebung die Einhaltung dieser Gebote tatsächlich aufgezwungen hat. Der humane Krieg wurde ein Bestandteil des muslimischen Denkens.

Als Abū Bakr das Heer der Frommen gegen Byzanz sandte, sagte er dem Befehlshaber Yazīd, dem Sohne Abū Sufyāns, dem künftigen Kalifen: »Unterdrücke das Volk nicht und errege es nicht unnötig. Tue nur das, was gut und gerecht ist, dann wird der Erfolg dich belohnen. Wenn du einem Feind begegnest, so bekämpfe ihn mutig, wenn du aber die Schlacht gewinnst, so töte keine Frauen und Kinder, so schone die Felder und Bauten, denn Menschen haben sie errichtet. Wenn du einen Vertrag schließest, so erfülle ihn. Im Lande der Christen wirst du auf deinem Wege frommen Leuten begegnen, die in den Kirchen und Klöstern Gott dienen. Behellige sie nicht und zerstöre nicht ihre Kirchen und Klöster.«

Es gibt in der Weltgeschichte vor und nach Mohammed nur wenige Generäle, die von ihren Herrschern ähnliche Befehle erhalten haben. Allerdings waren die großen Feldzüge gegen fremde Länder zunächst einmal vage Pläne.

Die Christen in Arabien waren nicht zahlreich. Dagegen lebten unzählige Juden in den arabischen Oasen. Diesen Juden, die wenig Grund hatten, Mohammed wohlgesinnt zu sein, beschloß der Prophet eine Probe seiner Regierungskunst zu zeigen. Nördlich von Medina, in einer dattelreichen Gegend, liegt die Siedlung Ḫaibar. Mit Ḫaibar hatte Mohammed eine alte Rechnung zu begleichen. In Ḫaibar hatte man die große Koalition gegen ihn organisiert. Nach Ḫaibar strömten alle Juden und Araber, die sich vor den Verfolgungen des Propheten sichern wollten. Denn Ḫaibar war eine mächtige Siedlung, deren Bevölkerung reich und stolz war. Auch besaß die Stadt einen guten Schutz in den sie umgebenden Bergen.

Dieses Ḥaibar beschloß Mohammed zu bezwingen. Sofort nach dem Friedensschluß von Ḥudaibiya rüstete Mohammed zum Feldzug. Er war mittlerweile ein erfahrener Krieger geworden und beherrschte die Kriegskünste. Bevor er den Feldzug antrat, erließ er einen merkwürdigen Befehl: An der großen Beute, die in diesem Feldzug zu erwarten war, sollten nur diejenigen Krieger beteiligt sein, die Mohammed während des Pilgerzuges nach Ḥudaibiya Gefolgschaft geleistet hatten. Die übrigen sollten sich mit dem begnügen, was sie unmittelbar nach der Schlacht erbeuten würden. Das widersprach der üblichen Art. Doch war Mohammed jetzt mächtig genug, um selbst den wildesten Beduinen seine Befehle aufzuzwingen.

Der Feldzug war schwer. Die Juden – des Schicksals ihrer medinensischen Stammesbrüder eingedenk – verteidigten sich heldenhaft. Ihre einstigen Verbündeten, die wilden Wüstenstämme, verließen sie aber jetzt und schlugen sich auf die Seite des Propheten, der nun wieder einer der ihrigen war. Nach harter Belagerung fiel Ḫaibar. Wieder konnte Mohammed sein Urteil diktieren. Dieses Urteil stand den vorigen an Härte nicht nach. Die Juden waren zwar keine Verräter wie damals die Banū Quraiẓa, deshalb schonte der Prophet ihr Leben. Ihr Eigentum aber und ihre Felder verfielen der Armee. Mohammed verteilte die Beute unter die Pilger von Ḥudaibiya. Bis dahin war an dem ganzen Vorfall nichts Außergewöhnliches. Es war eben ein Feldzug wie viele andere. Mit der Beute wurden diesmal nur die allerfrömmsten Anhänger belohnt.

Man erzählt aber, daß nach der Verteilung der Felder, Palmen und Haine Mohammed die neuen, frommen Eigentümer berief und ein langes, weises Gespräch mit ihnen führte. Die Folgen dieses Gespräches waren epochemachend. Die Juden, die bereits im Begriff waren, sich eine neue Heimat zu suchen, wurden von den neuen Eigentümern zurückgeholt. Man gab ihnen das Land, auf dem sie geboren waren, zurück und verpflichtete sie, den neuen Besitzern die Hälfte ihres gesamten Einkommens abzugeben. Der Prophet bestätigte die Abmachung und ernannte einen weisen Mann namens Ibn Ranāḥ zum Taxator der Ernte und zum Aufseher über die Juden. So hatten die wieder eingesetzten Eigentümer also eine Art Gouverneur und Richter in ihrer Provinz.

Die Folgen dieser Tat waren ungeheuer. Bei Ḫaibar setzte Mohammed den großen Raubzügen ein Ende und zimmerte das Fundament neuer sozialer Beziehungen. Mit dieser Tat trennte er die Menschheit in zwei große Teile: in die muslimische Herrscherschicht, die Kriege führen und den Glauben verbreiten durfte, und in die seßhaften Ungläubigen, die nicht ins Feld zu ziehen brauchten, die in Frieden auf ihren Feldern belassen wurden, den Schutz der Muslims genossen und dafür den neuen Herrschern Pacht und Steuern zu entrichten hatten. Die Annahme, daß hiermit eine neue Adelsschicht und Knechtesschicht entstanden sei, trifft nicht zu. Die Ungläubigen durften sich jederzeit der neuen herrschenden Klasse durch den Übertritt zum Islam anschließen. Es handelte sich hier um ein Gesetz, das die Besiegten vor Tod, Untergang und Plünderung errettete. Dies Gesetz blieb bis zum heutigen Tag der Grundstein aller Gesetze, denen die Ungläubigen unterworfen wurden.

Wie bei den meisten Eroberungen, so mangelte es auch nach dem Siege bei Ḫaibar nicht an Versuchen der Unterworfenen, den neuen Herrscher zu beseitigen. Eine Jüdin namens Zainab erschien kurz nach dem Siege im Lager des Propheten und wurde als Köchin angestellt. Zainab röstete ein Lamm und vergiftete es. Dann setzte sie dem Propheten und seinen Freunden die Speise vor. Langsam kostete Mohammed einen Bissen und spie ihn sofort aus, denn er spürte das Gift sogleich. Sein Freund Būšīr ibn Barā', der äußerst hungrig war, hatte aber schon vorher gegessen und starb eines qualvollen Todes. Die Jüdin wurde daraufhin gefesselt und dem Propheten vorgeführt. »O Gesandter Gottes«, sagte sie, »ich wollte mich nur davon überzeugen, ob du wirklich ein Prophet bist. Wärest du kein Prophet, so hättest du von dem giftigen Fleisch gegessen und wärest jetzt tot. Jetzt weiß ich aber, daß du der Prophet Gottes bist, und glaube an dich.« Obwohl diese allzu durchsichtige Verteidigung nur lächerlich war, obwohl der Prophet in früheren Zeiten viel geringere Vergehen rücksichtslos bestraft hatte, begnadigte er die Jüdin Zainab. Denn die Zeit der Kriege und des Blutvergießens war für ihn vorbei. Friede sollte in Arabien herrschen, und mit Milde wollte der Prophet sein Land regieren.

Zur gleichen Zeit verstand es der Prophet, eine noch größere Sünde zu vergeben. Kurz nach dem Frieden von Ḥudaibiya zog die Tochter des Propheten auf dem Weg von Mekka nach Medina durch die Wüste. Der Quraiš Ḥabbār, ein Heide, überfiel sie in sinnloser Wut und tötete sie mit seiner Lanze. Das Blut des Propheten verströmte im Sande der Wüste. Dieses Blut schrie nach Rache. Alle Wüstengesetze erlaubten dem Propheten, die Tat Ḥabbārs schonungslos zu rächen. Einige Zeit später fiel der Mörder in Mohammeds Hände. Ḥabbār stürzte sich zu Mohammeds Füßen, erklärte seine Bereitwilligkeit, den Islam anzunehmen, und bat um sein Leben. Sehr lange schwieg der Prophet und starrte unbeweglich auf den Mörder seiner Tochter, dann sagte er: »Ich verzeihe dir. Erhebe dich und erscheine nie wieder vor meinen Augen.« Später fragte Abū Bakr seinen Freund: »Warum schwiegest du so lange, o Prophet, als der Verbrecher zu deinen Füßen lag?« Da erhob der Prophet die Augen, blickte vorwurfsvoll auf Abū Bakr und auf alle, die um ihn standen, und sagte: »Ich erwartete, daß einer von euch sich auf ihn stürzen würde, um ihn zu erschlagen.« – »Warum hast du uns denn keinen Wink gegeben?« fragten die Frommen. »Ein Prophet richtet nicht durch einen Wink«, antwortete Mohammed.

Das Blut des Arabers hatte in ihm gesprochen und Rache gefordert. Als aber niemand aus seiner Umgebung das Schwert zückte, vergab der Staatsmann Mohammed ein Verbrechen, das sich nicht gegen den Staat gerichtet hatte. Der Mensch Mohammed hatte gelernt, seine Gefühle zu bändigen. Milde und nicht Blut sollte die Welt des Islam beherrschen.

DER ZUG NACH MEKKA

Jeder muß sich selbst austrinken wie einen Kelch.
Morgenstern

Ein Schritt trennte Mohammed von der unumschränkten Macht über Arabien. Dieser Schritt hieß Mekka. Noch thronte die Stadt Mekka unbesiegt und ungebändigt über den Wüsten, noch gehörte ihr das Ohr der Wüsten. Noch standen im Hofe der Kaʿba die unzähligen steinernen Idole. Diese stolze, reiche und vornehme Stadt mußte Mohammed jetzt besiegen. Denn dem Herrscher Mekkas sind die Wüsten hörig. Lange dauerten die Vorbereitungen zum letzten entscheidenden Schlag. Wie eine reife Frucht sollte Mekka in die Hand des Propheten fallen.

Der erste Schritt zur Eroberung war die vertragsmäßige Pilgerfahrt zur Kaʿba. Ein Jahr nach dem Friedensschluß von Ḥudaibiya versammelte Mohammed die Gläubigen und zog mit einem großen, bewaffneten Heer gen Mekka. Als sich diese Kunde verbreitete, herrschten genau wie vor einem Jahr in Mekka Angst und Verwirrung. Niemand wußte, was das Ziel Mohammeds sei: Kampf oder Gebet. An der Grenze Mekkas befahl Mohammed alle Waffen abzulegen und zog in Büßerkleidung und mit geschorenem Haupte nach Mekka. Mit festem Schritt pilgerte er durch die Wüste, begleitet von allen Muhāǧirūn, von allen, die einst des Glaubens wegen aus der glänzenden Stadt Mekka geflohen waren.

In Medina, in der Verbannung, während der zahlreichen Feldzüge hörten sie nicht auf, ihrer Heimatstadt wehmutsvoll zu gedenken. Auf dem dunklen Wege aus der Verachtung zum Erfolg, aus der Armut zum Reichtum, aus dem

Nichts zur Macht packte sie oft grenzenlose Sehnsucht nach der großen Stadt der Kaʿba, nach den würdigen Versammlungen der Quraiš, nach den Pilgerfahrten und Jahrmärkten, nach dem Glanz und Reichtum der wunderbaren Stadt Mekka.

Auch der Prophet sehnte sich nach Mekka. Einst, als er – ein armer Kaufmann – durch die Wüste ritt, hatte ihn aus der Ferne die unsichtbare Hand Mekkas beschirmt. Auf den Straßen und Plätzen Mekkas hatte der Prophet zum erstenmal den Islam gepredigt. In der Königin der Städte hatte er alles erlebt, was ein Mensch auf Erden erleben kann: Glück und Unglück, Armut und Reichtum, Kämpfe, Verfolgungen, Niederlagen und Siege. Dann zwang man ihn zur Flucht. In den langen Jahren seiner Verbannung sehnte sich der Prophet nach der Stadt seiner Heimat. Der Prophet war ein Araber, und im Herzen des Arabers wurzelt die Liebe zur heimatlichen Stätte, zur heimatlichen Sippe. Auch der Gesandte Gottes vermochte diese Liebe nicht aus seinem Herzen zu reißen. Gehetzt, verfolgt, bekämpft, vertrieben und bekriegt hatte ihn seine Heimatstadt Mekka – und doch liebte er die wunderbare Königin der Städte.

Jetzt nach vielen Jahren lag diese Stadt wieder vor ihm. Er sah den großen quadratischen Bau der Kaʿba, sah die Burgen der Umaiya und Maḫzum, sah das Haus Maḫzum und die Burg der Hāšim. Sein Herz schlug laut, seine Augen blickten hart und gerade, er schritt durch die Wüste. Nicht als reumütiger Sohn kehrte Mohammed seine Heimat zurück. Der Haß Mekkas hatte ihn nicht gebrochen. Aber auch als Sieger kam er nicht. Nur für drei Tage öffneten sich ihm die Tore der Stadt.

Diese drei Tage verstand er auszunutzen wie kein zweiter. Peinlich genau erfüllte er alle Zeremonien der Pilgerfahrt, umkreiste siebenmal die Kaʿba, küßte den heiligen schwarzen Stein und besuchte auch die Quelle Zamzam, das Erbgut der Hāšim. Denn die ganze Wüste sollte es wissen: Mohammed der Hāšim ist ein treuer Sohn der heiligen Stadt Mekka.

Dies war aber nicht der einzige Zweck, den Mohammed mit seiner Mekkafahrt verband. Er hatte noch eine zweite, eine sehr nüchterne politische Aufgabe zu erledigen. Nach den frommen Zeremonien warf Mohammed die Pilgerkleidung ab und begab sich zum Orte Ṣarīf bei Mekka. Dort fand noch eine Zeremonie statt. Mohammed vermählte sich mit der Quraiš Maimūna bint Ḥāriṯ. Die Braut war einundfünfzig Jahre alt und zweifellos die reizloseste unter den Frauen des Propheten. Sie brachte ihrem Mann weder Schönheit, noch Jugend, noch Reichtum in die Ehe. Die Vermählung mit ihr rückte jedoch die Macht über Mekka in greifbare Nähe.

Zwei Menschen gab es in der Stadt der Quraiš, die fähig sein konnten, dem Propheten wirkungsvoll entgegenzutreten. Beide waren geniale Kriegsführer, wovon sich der Prophet schon selbst überzeugt hatte. Es waren Ḫālid ibn al-Walīd und ʿAmr ibn al-ʿĀs. Beide wollte der Prophet für sich gewinnen. Der Weg zu den beiden führte über die Hand der alten Maimūna. Sie war die Lieblingstante von Ḫālid, und Ḫālid war der beste Freund des listigen ʿAmr. Beide waren zu klug, um nicht längst das erkannt zu haben, wogegen sich nur noch die alten starrköpfigen Quraiš sträubten, nämlich – daß die Zukunft des Landes dem Islam gehörte. Sie waren beide nicht abgeneigt, sich an der Seite des Stärkeren mit ihren Taten hervorzutun. Da aber Ḫālid sowie ʿAmr langjährige, prominente Gegner des Propheten waren, mußte der Prophet die alte Maimūna heiraten, um dem plötzlichen Gesinnungswechsel der beiden hervorragenden Krieger einen standesgemäßen Charakter zu verleihen. Es war für alle Quraiš verständlich, daß man gegen Verwandte nicht kämpfen konnte.

Ḫālid und ʿAmr verließen mit Mohammed zusammen die Stadt Mekka. Damit war das Schicksal Mekkas besiegelt. Für Mohammed aber bedeutete der Übertritt Ḫālids soviel wie der Gewinn von hunderttausend Kriegern. Noch im selben Jahr überschritt Ḫālid die Grenze Arabiens. Unter Führung Zaids zog er gegen eine kleine Provinz von Byzanz namens Mu'ta. Im Kampfe fiel Zaid. Ḫālid übernahm die Führung der Armee und vernichtete mit einem einzigen wilden Ansturm seiner Kavallerie das vielfach überlegene Heer des Gegners. Dieses war die erste Begegnung zwischen dem Heer des Gesandten Gottes und der Streitmacht des Kaisers von Byzanz.

Allmählich aber, zuerst leise, dann immer lauter verbreitete sich in der Wüste die Nachricht: Mohammed der Gesandte Gottes plant die Eroberung Mekkas. – Ein Grund, um Verträge zu brechen, ist schnell gefunden. Irgendwo in der Wüste überfielen einige leichtsinnige Mekkaner ein paar Verbündete des Propheten. Nachdem mehrere Pfeile gewechselt worden waren, blieben einige Muslims verwundet zurück. Das Ganze war eine Lappalie, immerhin konnte man es als Vertragsbruch ansehen. Mohammed kündigte als Antwort einen Feldzug gegen Mekka an.

Für Mekka war die bevorstehende Gefahr kein Geheimnis. Man ahnte, daß Mohammed einen Feldzug plante, und wußte nicht, wie man sich zur Wehr setzen sollte.

Mohammeds Bedeutung hatte sich verändert. Er war nicht mehr wie in früheren Zeiten eine Bedrohung des Glaubens, des Reichtums und des Ruhmes von Mekka. Er war ja ein treuer Anhänger der Ka'ba, und die Beduinen glaubten an ihn. Der Handel Mekkas wurde durch den Islam nicht mehr gefährdet. Es bedurfte keiner großen Kombinationsgabe, um sich vorzustellen, daß an die Stelle der dreihundertsechzig Götzen der einzige Gott Allāh treten würde. Mit der obersten Macht des Propheten mußte man sich allerdings abfinden. – Dagegen bestand für die Mekkaner selbst, für das edle Geschlecht der Quraiš eine nicht zu unterschätzende Gefahr.

Es war anzunehmen, daß Mohammed, wenn er tatsächlich die Stadt besetzte, wenig Achtung vor den Führern der Quraiš zeigen würde. Die Geschlechter, die ihn bekämpft, gehetzt und verfolgt hatten, konnten mit Gewißheit auf seine Rache rechnen. Das beunruhigte die Häupter der Quraiš. Noch wußte man nichts Genaues über die Pläne des

Propheten. Man glaubte durch geschickte Verhandlungen die Gefahr abwenden zu können und raffte sich zu einem großen Entschluß auf: Man entsandte Abū Sufyān zu Verhandlungen nach Medina. Es war für den Vornehmsten und Reichsten unter den Mekkanern bestimmt nicht leicht, sich gewissermaßen als Bittsteller in die Stadt zu begeben, deren Herrscher der ehemals armselige und verachtete Hāšim war. Ein Umaiya war noch nie als Bittsteller bei den Hāšim erschienen, insbesondere nicht bei dem armen, ausgestoßenen Parvenü Mohammed. Jetzt mußte Abū Sufyān diesen Canossagang auf sich nehmen. Allerdings dachte der reiche Bankier, daß allein sein friedliches Erscheinen in Medina genügen würde, um bei Mohammed und allen Flüchtlingen die angestammte Hochachtung vor dem Hause Umaiya neu zu erwecken. Ein Händedruck, ein verbindliches Lächeln, einige liebenswürdige Worte würden sicherlich genügen. Abū Sufyān fühlte sich wie ein edler Fürst, der sich in zufälliger Verlegenheit an einen kleinen Bauern wenden muß.

Doch sollte ihm wie seinerzeit Mohammed keine Demütigung erspart bleiben. Gott wollte seinem Propheten volle Genugtuung gewähren. In Medina angelangt, wurde Abū Sufyān nach einigen peinlichen Wartestunden Mohammed vorgeführt. Der Prophet saß im Hofe der Moschee. Er erwiderte den Gruß des vornehmen Umaiya kaum. Doch war dies vielleicht auf die Etikette von Medina zurückzuführen. Abū Sufyān hielt nun eine längere Rede, schlug vor, die Freundschaft zwischen Mekka und Medina auszubauen, entschuldigte sich im Namen der Stadt für den peinlichen kriegerischen Zwischenfall und erklärte sich bereit, den Vertrag von Ḫudaibīya zu revidieren, ja darüber hinaus sogar einige Forderungen des Propheten zu erfüllen. Das war viel. Das war mehr, als man von einem Umaiya, der jahrelang als mächtiger Führer gegen den Propheten gewirkt hatte, je hätte erwarten dürfen. Mohammed mußte aller menschlichen Berechnung nach einlenken. Das Eis mußte schmelzen.

Der Prophet musterte Abū Sufyān aufmerksam, erhob

sich dann langsam und verließ, ohne ein Wort zu sagen, die Moschee. Das war eine glatte öffentliche Ohrfeige. Abū Sufyān begann es langsam zu dämmern, daß der Name Umaiya in Medina keinen guten Klang habe. Am liebsten hätte er sofort sein Kamel bestiegen, ewigen Krieg geschworen und wäre nach Mekka zurückgeritten. Die Zeiten aber, in denen man sich solches Benehmen gegen den Propheten leisten konnte, waren endgültig vorbei. Abū Sufyān beschloß deshalb schweren Herzens weiterzuarbeiten. Er hatte in Medina genug alte Freunde und sogar Blutsverwandte. Diese waren sicherlich ruhiger als der eigensinnige Prophet. Sie würden einem vernünftigen Wort wohl zugänglicher sein.

Wie ein kleiner, heruntergekommener Bankrotteur lief jetzt Abū Sufyān von einem Höfling zum andern, klopfte an alle Türen, erinnerte an alte Freundschaft und Blutsverwandtschaft und begegnete überall kühler Ablehnung. Seine eigene Tochter, die jetzt zum Harem des Propheten gehörte, wies ihm, ›dem unreinen Götzenanbeter‹, die Tür. Abū Bakr, sein ehemaliger Freund und Standesgenosse, hatte für ihn kein Wort übrig. 'Umar aber erklärte kurz und offenherzig: »Bei Gott, selbst wenn ich nur über ein paar Ameisen zu gebieten hätte, ich würde nicht aufhören, dich zu bekriegen.« Auch 'Alī, der sonst niemandem etwas abschlagen konnte, wies Abū Sufyān zurück: »Mohammed hat einen Beschluß gefaßt, gegen den wir nichts zu unternehmen vermögen«, sagte er. Abū Sufyān konnte über die Art dieses Beschlusses kaum im unklaren sein. Er sattelte sein Kamel und ritt nach Mekka. Als er, erschöpft von der Reise, in sein Haus zurückkehrte und seiner Frau Hind die Ergebnisse der Reise mitteilte, hörte ihn diese ruhig an. Als er sich aber neben sie legen wollte, stieß sie ihn mit den Füßen aus dem Bett und schrie: »Ich teile das Ehebett nicht mit einem Feigling!«

Angst und Verwirrung herrschte nach Abū Sufyāns Rückkehr in Mekka. Man war wie gelähmt und wußte keinen Ausweg.

Mohammed berief in aller Stille die Stämme, die zu ihm

hielten, nach Medina, rüstete bedächtig und vorsorglich sein Heer, verkündete jedoch nicht, wohin die Expedition diesmal führen sollte. Das Ziel mußte geheimgehalten werden, denn trotz aller Treue der Wüstensippen schien es ihm doch nicht ganz sicher, ob sie an einem Feldzug gegen die Ka'ba teilnehmen würden. Auch sollten die Quraiš nicht vorzeitig erfahren, daß sich der große Feldzug gegen sie richtete.

Die Zeiten, in denen Mohammed mit dreihundert Kriegern ins Feld zog, waren vorbei. Ein Heer von zehntausend Mann folgte dem Propheten. Dieses Heer wurde von den besten Feldherrn Arabiens geführt, von 'Umar, Ḫālid und 'Amr. Die Vorbereitungen wurden im Kriegsrat besprochen. Das Heer war kein Haufen wilder Krieger mehr. Es bestand aus gepanzerten und gut bewaffneten Regimentern, die jedem Wort, jedem Befehl des Propheten Folge leisteten, soweit sie nicht wilde Nomaden waren. Das Schicksal Mekkas schien besiegelt. Der arme Flüchtling Mohammed war im Begriff, als Sieger in die Heimat zurückzukehren.

In Mekka herrschte Uneinigkeit und Furcht. Die Kaufherren zerfielen in mehrere Parteien. Man redete sich ein, Mohammed sei noch nicht soweit, er dächte nicht daran, gegen Mekka zu ziehen, er wage es vor allem nicht, die heilige Ka'ba anzugreifen. So überlegte und diskutierte man noch, als Mohammed bereits hinter den Bergen bei Mekka lagerte.

DIE REIFE FRUCHT

Mekka, die glänzendste unter den Städten, der Lieblingsschatz Allāhs.

Mohammed

Es zogen durch die Wüsten Zehntausend, und ihr Führer war der Gesandte Gottes. Sie zogen abseits vom großen Karawanenweg, über schmale Bergpfade, durch tiefe Schluchten und über hohe Gipfel. Denn niemand in der Wüste sollte dem Volke Quraiš die Nachricht vom Aufbruch des Heeres bringen. Auf dem großen Wüstenwege fingen kleine Trupps die Boten ab, die eventuell nach Mekka eilen würden, verjagten sie in alle Richtungen und verwirrten den Sinn des Wüstenvolkes. Niemand wußte, was Mohammed plante und gegen wen sich sein Feldzug richtete. Durch unbewohnte, menschenleere Gegenden zog das Heer, und trotzdem verbot der Prophet Feuer anzuzünden, die Trommeln zu schlagen oder fromme Lieder zu singen. Geräuschlos, schweigend, wie ein Zug von Schatten bewegten sich die Zehntausend durch die Wüste.

Auf halbem Wege erblickte der Prophet plötzlich hinter einem Hügel einen Reiter. Der Reiter näherte sich dem Heere. Voll Erstaunen erkannte Mohammed seinen Onkel ʿAbbās. ʿAbbās war ein kluger und listiger Mann. Nichts blieb ihm verborgen. Als einziger von den Quraiš hatte er von dem Zug der Zehntausend erfahren und verstand daraus sofort alle Konsequenzen zu ziehen. Er verließ insgeheim die bedrohte Stadt und stellte fest, daß es jetzt Zeit sei, von der Verwandtschaft mit dem Gesandten Gottes Gebrauch zu machen. Er ritt zu Mohammed heran, stieg von seinem Kamel ab, kniete nieder und bekannte sich zum Islam. ʿAbbās hatte lange genug gezögert und überlegt, bis Gott ihm endlich Klarheit über die Sendung seines Neffen geschenkt hatte. Mohammed verachtete ihn deshalb gründlich. »Du bist der letzte unter den Auswanderern«, sagte er ironisch. Doch war Onkel ʿAbbās immer noch rechtzeitig genug gekommen, um lebenslänglich damit prahlen zu können, daß auch er unter den Muhāǧirūn gewesen sei und am Feldzug gegen Mekka teilgenommen habe.

Die Gabe prophetischer Vorausahnung war Mohammed nicht gegeben, so konnte er nicht ahnen, daß das Geschlecht dieses Verachtetsten unter den Gläubigen jahrhundertelang auf dem Thron des Kalifen sitzen würde und den größten Kalifen des Islam, den weisen und märchenhaften Hārūn ar-Rašīd, hervorbringen würde.

Zwei Dynastien sollten ruhmvoll über die Welt des Islam herrschen: die Dynastie der Umaiyaden, die Erben Abū Sufyāns, und die Dynastie der ʿAbbāsiden, die Erben des Onkels ʿAbbās.

Davon ahnte der Prophet nichts, er zog in den Kampf gegen Abū Sufyān und verachtete den listigen ʿAbbās. Unverdrossen marschierte er vorwärts, bis sich schließlich das viereckige Heiligtum der Kaʿba in der Ferne zeigte. Jetzt erst hielt das Heer des Propheten, jetzt wurden Biwakfeuer angezündet, denn jetzt sollte es jeder in Mekka wissen: das Heer des Propheten liegt vor den Toren.

Das Heer belagerte Mekka, und die Stadt vermochte nichts gegen das Heer zu unternehmen. Die Belagerung war völlig überraschend gekommen. Abū Sufyān mußte einen Esel besteigen, um ins Lager des Propheten zu reiten. Er machte sich keine Hoffnungen mehr. Der Stolz des vornehmen Umaiya war aus seinen Zügen gewichen. Er empfand nur simple, gar nicht mehr aristokratische Angst um sein Leben, um den Reichtum des Hauses Umaiya und um die glänzenden Geschäfte der Stadt. Demütig ritt Abū Sufyān zum Lager des Propheten. Der erste Mensch, der ihn dort erkannte, war ʿUmar. Von diesem hatte Abū Sufyān nichts Gutes zu erwarten. Und in der Tat faßte ʿUmar den vornehmen Quraiš beim Kragen, schleppte ihn zu Mohammed und schrie: »O du Gesandter Gottes, hier ist Abū Sufyān, der, von keinem Vertrag geschützt, durch Allāh in unsere Gewalt fiel. Erlaube mir, daß ich ihm den Hals abschneide.« 'Umar war sehr verwundert, daß Mohammed hiermit gar keine Eile hatte. Im Gegenteil, er befahl Abū Sufyān in Gewahrsam zu nehmen und ihn am nächsten Tage wieder vorzuführen.

Dieser nächste Tag sollte allerdings der schlimmste in dem ganzen langen Leben Abū Sufyāns werden. Als er wieder vor dem Propheten erschien, empfing ihn dieser mit den Worten: »Wehe dir, Abū Sufyān, siehst du nicht ein, daß es keinen Gott gibt außer Allāh.« Und der stolze Umaiya fiel Mohammed zu Füßen und rief: »O Mohammed, du bist mir teurer als mein Vater und meine Mutter. Wie mild, wie zart, wie edel bist du. Ich glaube wirklich, daß Allāh der einzige Gott ist, denn sonst würden die anderen Götter wenigstens etwas nützen.« – »Wehe dir, Abū Sufyān«, rief darauf Mohammed, »erkennst du nicht, daß ich der Gesandte Gottes bin.« Das war aber für den alten Abū Sufyān entschieden zu viel. Jetzt sollte er auch noch den Propheten öffentlich anerkennen. Abermals sank der Umaiya in die Knie und sprach: »O Mohammed, du bist mir teurer als alles, was ich besitze, ich liebe dich mehr als Vater und Mutter, was aber dein Prophetentum anbetrifft, so birgt mein Inneres noch einiges Widerstreben.« In anderen Zeiten hätte sich Mohammed zu Abū Sufyān geneigt, hätte ihn aufgehoben und ihn geduldig zu überreden begonnen. Jetzt schwieg er. Dagegen rief 'Umar, der neben dem Propheten stand: »Es gibt kein besseres Argument als das Schwert, um halsstarrige Ungläubige zu überzeugen.« Darauf zog er sein Schwert aus der Scheide, wandte sich zu Abū Sufyān und sagte: »Gestehe augenblicklich die Wahrheit, oder ich trenne dir den Kopf vom Rumpf.« Da beugte sich Abū Sufyān nieder, bekannte sich zum Islam und sagte die Glaubensformel: »Ašhadu an lā illāh ilā Allāh. Ašhadu anna Muḥammadan Rasūl Allāh.« (Ich bezeuge, daß es keinen Gott gibt außer Allāh. Ich bezeuge, daß Mohammed der Gesandte Gottes ist.) So bekannte sich Abū Sufyān zum Islam, ohne zu ahnen, daß sein Sohn der fünfte Kalif des Islam werden sollte. Mohammed erhielt volle Genugtuung, eine bessere Vergeltung konnte er sich nicht wünschen.

Ehe Abū Sufyān nach Mekka heimkehrte, beschloß Mohammed, den neuen Muslims die Macht Allāhs in voller Deutlichkeit vor Augen zu führen. In einem zwischen zwei Bergen gelegenen Tal wurde eine glänzende Parade abgehalten. Vorweg marschierten die einfachen Beduinen, die Hilfstruppen, dann folgten die regulären, gepanzerten, disziplinierten Regimenter, und zuletzt erschien, inmitten der Auserwähltesten, in voller Kriegsrüstung Mohammed, der Gesandte Gottes.

Von einem kleinen Hügel aus betrachteten diese Parade zwei Neubekehrte, ʿAbbās und Abū Sufyān. Als der Prophet, umringt von seiner Garde, am Hügel vorbeizog, seufzte Abū Sufyān und sagte zu ʿAbbās: »Wahrlich, das Reich deines Neffen hat große Dimensionen erreicht. Man kann ihm nicht widerstehen.« ʿAbbās erhob aber seine Augen fromm gen Himmel und sagte andächtig: »Es ist eben die Macht seines Prophetentums.«

Noch am gleichen Tage eilte Abū Sufyān nach Mekka zurück, versammelte die Quraiš und erzählte, was er gesehen und erlebt hatte. Die vornehmen Bankiers waren bedrückt. Nur Hind, die der Versammlung beiwohnte, erhob sich mit wutverzerrtem Gesicht, faßte ihren Mann am Barte und schrie: »Erschlagt diesen schmutzigen, unbrauchbaren Schlauch, der uns Schande macht.« Doch nützte diesmal die Energie dieser mekkanischen Xantippe nichts. Nur wenige Quraiš, hauptsächlich aus dem Hause Maḫzūm, dem Abū Ǧahl angehört hatte, waren zum Kampf entschlossen. Unter diesen befand sich auch Suhail ibn ʿAmr, der unglückselige Diplomat von Ḥudaibiya. Die übrigen nahmen mit Freuden den Friedensvorschlag Mohammeds zur Kenntnis, den ihnen Abū Sufyān überbrachte. Dieser Vorschlag lautete: »Mohammed besetzt für immer die Stadt Mekka. Die

10. Die Kaʿba in Mekka. Foto.

Quraiš aber, die sich bei seinem Einzug friedlich in ihren Häusern aufhalten, sollen ihres Lebens sicher sein.«

Am nächsten Tag begann der siegreiche Marsch auf Mekka. Nur eine kleine Schar unentwegter Heiden, von dem Sohn Abū Ǧahls geführt, leistete Widerstand und wurde mit Leichtigkeit geschlagen. Der Weg nach Mekka, der Weg zur glänzendsten der Städte, zum Lieblingsschatz Allāhs war frei. Schon feierten die Medinenser den Sieg, schon rief der Anṣār Saʿd ibn ʿUbāda aus: »Heute ist der Tag des Krieges, heute wird das Heiligtum entweiht.«

Niemand zweifelte daran, daß jetzt der Tag der großen Rache angebrochen sei, daß man die reichste unter den Städten Arabiens plündern, die Feinde des Propheten vernichten und damit die große Tat der Vereinigung Arabiens vollenden werde. Mohammed aber und die ältesten unter den Gläubigen, die Muhāǧirūn, dachten anders. Sie selbst stammten aus Mekka. Dieser Stadt gehörte ihre Liebe. Jeder Stein, jede Straße, jede Ecke in Mekka war ihnen vertraut, war ihnen durch vielerlei Erinnerungen teuer. Sie fühlten sich plötzlich alle wieder als Quraiš. In ihnen erwachte der Stolz des alten Geschlechts. Nie war die edle Stadt Mekka von Fremden geplündert worden, auch jetzt sollte kein fremdes Heer mit Beute aus Mekka zurückkehren. In der langjährigen Verbannung hatten die Muhāǧirūn sich das bewahrt, was keine Emigration vor und nach ihnen behalten hatte: die wahre Liebe zum Vaterland.

In weiser Voraussicht ließ der Prophet an diesem Tag nur Muhāǧirūn, gebürtige Mekkaner, das Heer führen. Am Morgen, nachdem der Feind geschlagen war, zog der Gesandte Gottes das Gewand des Pilgers an, bestieg ein schneeweißes Kamel und ritt, von Abū Bakr begleitet, nach Mekka. Als er die Grenze der Stadt erreichte, erschienen am Horizont die ersten Strahlen der aufgehenden Sonne. Sie umgaben das Haupt Mohammeds wie ein Heiligenschein. Tot, menschenleer, wie ausgestorben lagen die Straßen der Stadt Mekka. Die Bevölkerung hielt sich ängstlich in ihren Häusern verborgen. Niemand kannte die Pläne des Propheten. Niemand wußte, ob er die Burgen schonen werde.

Mohammed ritt durch die Straßen Mekkas. Rechts von ihm erhob sich das Haus der Ḫadīǧa, in dem er die glücklichsten Jahre seines Lebens verbracht hatte. Jetzt ritt er achtlos daran vorüber. Er ritt geradeaus zum großen Hof der Kaʿba. Und hier am heiligen Hause vollbrachte Mohammed die Tat, um derentwillen er einst sein Haus, seine Familie und auch den heiligen Hof der Kaʿba verlassen mußte. Siebenmal umkreiste er die heilige Kaʿba, siebenmal berührte er ehrfurchtsvoll mit seinem Stab den heiligen Stein. Und dann kam für Mohammed, den Gesandten Gottes, der Höhepunkt seines langen, ereignisreichen Lebens. Er stieg vom Kamel herab, begab sich hocherhobenen Hauptes zu den Idolen und begann mit seinem Stab die steinernen und hölzernen Idole zu zerschlagen. Die Muslims folgten seinem Beispiel. Bald lagen in Staub der mächtige Hubal, die drei Mondjungfrauen und alle dreihundertsechzig Götter der Quraiš. Die Tat, die Mohammed vor Jahren verkündet hatte, war jetzt vollbracht.

Wie immer waren auch hier die Neubekehrten die eifrigsten Gegner der alten Götter. Hālid ibn ăl-Walīd und ʿAmr ibn al-ʿĀs durchrasten mit ihren Reitern das ganze heilige Gebiet. Sie drangen in die Tempel und in die heiligen Haine der Araber, zerschlugen die Statuen der Götter und töteten die wenigen Priester, die noch Widerstand leisteten. Bald gab es weder in Mekka noch an einer anderen Stelle des heiligen Gebietes auch nur einen einzigen Götzen. Sogar die Statuen Abrahams und Ismaels, sogar das Bild der heiligen Jungfrau Maria wurden, wie Mohammed sagte: ›aus Ehrfurcht vor ihrer Heiligkeit‹ vernichtet. Selbst eine kleine, kunstvoll aus Holz geschnitzte Taube zerbrach Mohammed mit eigener Hand.

Der Vernichtung der Götter folgte aber nicht, wie man allgemein erwartet hatte, das Signal zur Plünderung. Das Eigentum wurde den Quraiš belassen. Das mißfiel sogar manchen unter den Muhāǧirūn. Als sie einst aus Mekka vertrieben worden waren, war ihr Besitz den Quraiš zugefallen. Jetzt, nach dem endgültigen Sieg, hielten sie sich für berechtigt, wenigstens ihr beschlagnahmtes Eigentum zurückzufordern. Mohammed verbot auch das. Er selbst verlangte nichts von seinem früheren Eigentum zurück. Er betrat nicht einmal das Haus der Ḫadīǧa. Während des ganzen Aufenthaltes in Mekka lebte er in seinem Zelt.

Im Innern fühlte aber Mohammed, daß er unrecht handelte. Die Liebe zur Stadt Mekka drohte in ihm über die Pflichten des Herrschers zu triumphieren. Hatte er doch selbst gesagt: ›Muslim sein, heißt die Gemeinschaft der Gläubigen höher stellen als die Sippe, heißt der Gemeinde gehorchen und nicht den Gesetzen der Sippe, denn alle Muslims sind gleich, und es gibt zwischen ihnen keine Völker, keine Sippen, keinen Haß‹ (49,9–10). Jetzt war es ihm unmöglich, gegen seine eigene Sippe, gegen das edle Geschlecht der Quraiš vorzugehen. Er versammelte deshalb die Muslims und hielt eine wohlerwogene Ansprache: »O ihr Männer«, sagte er. »Gott hatte Mekka geheiligt am Tage, als er Himmel und Erde schuf. Diese Stadt bleibt heilig bis zum Tage der Auferstehung. Es ist keinem Gläubigen erlaubt, Blut in der Stadt zu vergießen oder einen Baum zu fällen. Es war niemandem vor mir erlaubt, und es wird niemandem nach mir erlaubt sein. Nur mir war es in dieser Stunde gestattet, als Vollstrecker des Zornes Gottes gegen die Bewohner der Stadt vorzugehen. Jetzt ist aber diese Stadt wieder geheiligt. Die Anwesenden mögen es den Abwesenden berichten. Sagt euch jemand: Mohammed habe je in Mekka Krieg geführt – so antwortet: Gott hat es seinem Gesandten erlaubt, aber nicht euch.«

Und wie immer bei Mohammed wurde dieser aus dem Gebot des Augenblicks geborene Beschluß bestimmend für die ganze Geschichte des Islam. Mekka erhielt eine Sonderstellung. Es wurde der allgemeinen Politik entrissen – es wurde heilig. Die vier heiligen Monate der Quraiš erstreckte Mohammed auf das ganze Jahr – für die Ewigkeit. Die Heiligkeit und der Friede der Stadt wurden bis in die Neuzeit vom Islam geachtet. Mit diesem Gesetz, mit diesem Gebot, in Mekka kein Blut zu vergießen oder gar Kriege zu führen, wurde der Stadt jede politische Bedeutung genommen. Denn Blut und Politik sind im Orient untrennbar. Mekka, die Stadt der Gebetsrichtung, ward künftig der geistige, nicht der politische Mittelpunkt des Islam.

Die Rede des Propheten und die ungeahnte Milde, mit der er in der Stadt auftrat, beunruhigte die Anṣār, die Helfer, die gebürtigen Medinenser. Einst, als der Prophet, von allen verfolgt, sich unter ihren Schutz stellte, hatte er sich feierlich von der Gemeinschaft des Stammes Quraiš losgesagt. Medina hatte sich seiner erbarmt, seine Kämpfe gekämpft, seine Leiden gelitten. Wie sollte es jetzt belohnt werden? Die Anṣār kamen zu den Propheten und erinnerten ihn an die Worte, die er gesprochen, als es niemanden in der Wüste gab, der sich seiner annehmen wollte.

Jetzt schaute der Prophet zärtlich auf die Stadt seiner Geburt und sagte: »O Mekka, du bist die herrlichste der Städte und die geliebteste Allāhs. Wäre ich nicht von meinem eigenen Stamm aus dir vertrieben worden, so würde ich dich nie verlassen haben.« Und die Anṣār entgegneten: »Seht, Mohammed hat seine Vaterstadt erobert. Jetzt wird er Medina verlassen.« Da entsann sich Mohammed an alles, was das Volk von Medina für ihn getan hatte. Auch hatte er sein Versprechen von damals nicht vergessen. Er stellte die Pflicht des Staatsmannes über die Liebe zur Heimat, berief alle Anṣār zu sich und sagte: »Als ihr mir Treue geschworen habt, schwur auch ich, mit euch zu leben und zu sterben. Ich wäre nicht der Gesandte Gottes, wenn ich euch jetzt verlassen würde.« Und in der Tat, nur zwei Wochen verweilte der Prophet in seiner Geburtsstadt, dann kehrte er nach Medina zurück. Medina blieb die Hauptstadt des Propheten und der ersten vier seiner Nachfolger, die wie er selbst alle aus Mekka stammten. Es waren Abū Bakr, ʿUmar, ʿUṯmān und ʿAlī.

Langsam sprach es sich in Mekka hinter verschlossenen

Fenstern und verriegelten Türen herum, daß der Prophet nicht als blutdürstiger Rächer in seine Heimatstadt zurückgekehrt sei. Allmählich öffneten sich die Türen, Menschen erschienen auf den Straßen, gingen in die Ka'ba und staunten über den großen Trümmerhaufen der Götzen. Dann sahen sie auf dem Dache der Ka'ba den Neger Bilāl, den ehemaligen, hart gefolterten Sklaven eines Vetters von Abū Sufyān, und hörten, wie er mit lauter Stimme verkündete: »Steht auf zum Gebet. Das Gebet ist besser als der Schlaf.« Man sah sich das an und schüttelte den Kopf. Ein Neger, ein Sklave stand im Islam in hohen Würden, war der erste Muezzin. Der Prophet machte wirklich keinen Unterschied zwischen Rassen und Völkern.

Nur sehr wenige von seinen alten mekkanischen Feinden verurteilte der Prophet zum Tode. Die meisten unter diesen Verurteilten hat er zudem vor der Hinrichtung wieder begnadigt. Nur zwei Todesurteile wurden vollstreckt. Eins an einem Muslim, der vom wahren Glauben abgefallen war und den Koran gefälscht hatte, das andere an einer Frau, die den Propheten in bissigen Satiren verletzt hatte. Denn Gedichte verwundeten ihn schmerzlicher als Schwerter.

Jetzt, nach vollendetem Sieg, nachdem sich die Mekkaner wieder auf die Straßen wagten, beschloß der Prophet, unblutig Rache zu nehmen, indem er zu seiner Genugtuung die einstigen Mitbürger zu einem peinlichen Schauspiel lud. Genau wie vor vielen, vielen Jahren, wie im ersten Jahr der Sendung, ließ der Prophet – wie eine alte Sage berichtet – auf den Straßen und Plätzen Mekkas ausrufen: »Mohammed ibn 'Abdallāh aus der Sippe Hāšim bittet die Bürger, sich am Berge Ṣafā zu versammeln, weil er ihnen Wichtiges mitzuteilen hat.« Und wie damals, vor langer, langer Zeit, kamen die Bürger zum Berge Ṣafā. Ihre Gesichter waren jetzt weder neugierig noch stolz. Angst und bange Erwartung sprachen aus ihren Zügen. Vor versammeltem Volke verkündete dann der Prophet die Grundsätze des neuen Glaubens: »Alle Menschen kommen vom Staub und werden zu Staub.

Deshalb sind alle vor Gott gleich, und es gibt keinen Unterschied zwischen Rassen, Stämmen und Völkern, zwischen Herren und Sklaven. Blutgemeinschaft muß geehrt werden, doch viel höher steht die Gemeinschaft des Glaubens, die Gemeinschaft derer, die an einen Gott, an den großen Allāh, glauben.«

Im Gegensatz zu der ersten Versammlung am Berge Ṣafā wirkten jetzt die Worte des Propheten Wunder. Einer nach dem andern kamen jetzt die Mekkaner zu Mohammed und traten zum Islam über. Viele alte Feinde, die manche Beschimpfung, manche Mißhandlung Mohammeds auf dem Gewissen hatten, kamen zitternd vor Furcht zum Propheten, denn sie zweifelten, ob er ihr Glaubensbekenntnis annehmen würde. »Habt keine Furcht«, sagte der Prophet zu ihnen, »ich bin kein König, ich bin nur der Sohn einer einfachen Quraiš, die an der Sonne getrocknetes Fleisch aß.« – »Du bist der Sohn eines edlen Geschlechtes«, beteuerten demütig die Quraiš. Der Prophet blickte sie verachtungsvoll an und sprach: »Geht, ihr seid frei.« Unter den Neubekehrten befand sich auch Hind, die Frau Abū Sufyāns, die Furie von Uḥud. Sie wurde fast gewaltsam von anderen Frauen zum Propheten geführt, legte dann aber ein reumütiges Glaubensbekenntnis ab. Auch ihr wurde verziehen. Voll Wut zerschlug sie in ihrem Hause die Idole, die ihr nicht geholfen hatten.

So fiel Mekka wie eine reife Frucht in die Hand des Propheten. Doch hatte Mohammed seinen Landsleuten die Niederlage leicht gemacht. Wenn man später den Mekkanern ihre Feigheit bei Badr, beim Graben und bei Mekka vorwarf, so durften sie auf Anraten des Propheten antworten: »Wir kämpften ja nicht nur gegen die Armee des Propheten, wir kämpften auch gegen Engel, die sich an seiner Seite schlugen. Nur gegen die Engel, nicht aber gegen die Anṣār waren wir machtlos.«

So vollendete Mohammed die Tat, die er vor achtzehn Jahren am selben Berge Ṣafā begonnen hatte. Durch Armut, Bann und Verfolgung führte sein Weg, jetzt war er beendet.

Ganz Arabien unterwarf sich dem Willen des Propheten, und mit Arabien unterwarf sich auch Mekka, die Lieblingsstadt Gottes.

Jetzt hieß es den Staat zu festigen, den er aus dem Nichts erschaffen hatte.

DIE ORGANISATION IN DER REPUBLIK GOTTES

O Prophet Gottes! Fackel, die die Welt erleuchtet;
Schwert Gottes, das die Heiden vernichtet.
Qaṣida Banāt Su'ad

Im Hofe der Moschee von Medina saß täglich Mohammed, empfing Bittsteller, erteilte Befehle und regierte das Volk der Wüste. Ihn umgaben zahlreiche schreibgewandte Muslims, schrieben seine Befehle auf, gaben sie weiter und achteten auf Ruhe. Doch residierte der Prophet nicht als König im Lande der Wüsten. Der Islam will kein weltliches Herrschertum sein. Der alleinige, unbeschränkte Herrscher des Staates war Gott. In seinem Namen erschienen die Gesetze, in seinem Namen wurden Steuern auferlegt und Urteile gefällt. Der Prophet war nur der demütige Verkünder des Wortes des Allmächtigen. Er beanspruchte weder königliche Würden noch despotische Macht für sich. Auch er beugte sich dem Gesetz Gottes.

Das Leben im Staate Gottes war theokratischer Sozialismus. Alle Gläubigen waren vor Gott gleich, alle unterlagen den gleichen Gesetzen, zahlten die gleichen Steuern, erfüllten dieselben Pflichten. Ausgenommen waren nur die Ungläubigen, die Juden und die Christen. Diese zahlten höhere Steuern, waren aber dafür von den Pflichten der Muslims befreit. Sie brauchten keinen Kriegsdienst zu leisten und waren nicht verpflichtet, für die Sache Gottes ihr Blut zu opfern.

Nur die letzten Reste der Heiden wurden energisch verfolgt. Schließlich verbot der Prophet den Heiden, die Ka'ba zu betreten. Die alte Gewohnheit, nach Mekka zu pilgern, war daraufhin für viele ein Beweggrund, den Islam anzunehmen. Nur die Bewohner von Ṭā'if versuchten mit dem Propheten zu handeln. Sie baten, man möge ihnen ihre Idole wenigstens noch für zwei Jahre belassen oder, wenn das nicht möglich wäre, für ein Jahr oder zumindest für sechs Monate. Als sie sahen, daß Mohammed zu keiner Nachgiebigkeit bereit war, erklärten sie verzweifelt, er möge dann jemanden schicken, der die Idole zerschlagen sollte. Sie selbst könnten sich nicht dazu entschließen. Mohammed beauftragte Abū Sufyān hiermit. Der alte Feind unterwarf sich auch dieser Demütigung, reiste nach Ṭā'if und zerschlug dort feierlich die Götzen.

Zum erstenmal in ihrer Geschichte wurden die freien Beduinen regelmäßig besteuert. Das war für sie die Kehrseite des neuen Glaubens. Manchen Feldzug mußte der Prophet führen, um die Steuern einzuziehen. Denn die Steuerzahlung war eine religiöse Pflicht, sie galt als Befehl Gottes. Die Steuergelder sollten für die Armee und zur Unterstützung der Bedürftigen verwandt werden. Es sollte keine Not im Lande Gottes herrschen. Oft wurden auch die Steuern von den Steuereinziehern sofort an Ort und Stelle unter den Armen verteilt. Das erwarb dieser ungewohnten Einrichtung manchen Freund.

Die Steuern konnten zuerst nur unter Schwierigkeiten eingetrieben werden. So lebte zum Beispiel in der Wüste der stolze Stamm Tamīm. Dieser Stamm weigerte sich, Steuern zu zahlen. Steuern bedeuteten für sie Tribut, und Tribut war das Los der Besiegten. Sie verjagten die Steuerbeamten; als sie aber erfuhren, daß der Prophet zum Feldzug gegen sie rüstete, sandten sie die besten Dichter ihres Stammes nach Medina. Diese traten vor den Propheten und begannen sich in glühenden Versen über das Unrecht zu beklagen, das ihrem Stamm geschah. In Medina war man aber sogar gegen Dichterfeldzüge gerüstet. Die Hofdichter des Propheten traten hervor und sangen dem neuen Staat und all seinen Institutionen ihr begeistertes Los. Hierauf erkannten die Tamīm, in künstlerischer Aufrichtigkeit, die höhere Begabung der Prophetendichter an und erklärten sich unter diesen Umständen bereit, die Steuern zu bezahlen.

Der Prophet teilte das Land in eine Reihe von Provinzen ein. Für jede Provinz ernannte er einen Vorbeter, der das Gebet der Frommen leitete, und einen Steuereinnehmer, der den Frommen die Armensteuer abnahm. Aus dem Amt des Vorbeters entwickelte sich dann der Imam und Kadi, Richter und Geistlicher, denn Welt und Geist sollten im Islam miteinander arbeiten.

Nur in Ländern, die eigene Fürsten hatten, wie zum Beispiel Südarabien, sammelten zuerst die Fürsten selbst das Almosen des Propheten.

Die Steuer war nur eine der vielen Neuerungen, die im Staate Gottes entstanden. Die Verwaltung des Staates erforderte darüber hinaus etwas, was der Wüste bisher völlig unbekannt geblieben war: Beamtenschaft und Polizei. Der Prophet schuf beides, doch betrachtete er das Amt der Polizisten als Ehrenamt. Erst ʿUmar hat die Besoldung der Polizei eingeführt. Die Aufgaben der Polizei, der Iḥtizab, waren höchst eigenartig. Prügeleien, Diebstähle und sonstige Vergehen gingen sie nichts an. Das waren mehr die Angelegenheiten der beteiligten Familien. Sie hatten nur auf die Befolgung der religiösen Gesetze zu achten, und da im Staate Gottes jedes Gesetz religiös war, waren die Aufgaben der Polizei ziemlich allumfassend. Sie mußten auf den Märkten feststellen, ob auch kein Schweinefleisch verkauft wurde, sie mußte den Betrunkenen die gesetzliche Strafe, eine angemessene Tracht Prügel, verabreichen und vieles andere mehr. Zu Lebzeiten des Propheten war aber die religiöse Inbrust so groß, daß die Polizei trotz ihrer diversen Pflichten nicht allzu stark beschäftigt war. Erst nach dem Tode des Propheten hatte sie alle Hände voll zu tun.

Die größte Bedeutung im Lande Gottes hatte aber schon zu Mohammeds Zeiten das Amt des Vorbeters. Nur in Korankenntnissen, Treue und Kriegermut vielfach erprobte Männer wurden zu diesem Amt auserkoren. Ihre Aufgabe war nicht nur, die Zeremonie des Gebetes zu leiten, sondern auch das Volk zu belehren, das Leben bei den Sippen zu überwachen und den Propheten zu vertreten. Der Vorbeter war der Gouverneur des neuen Staates.

In Medina, in der Hauptstadt des neuen Staates, war der Prophet selbst der Vorbeter des Volkes. Täglich fünfmal verrichtete er das Gebet. Keine Aufgabe war ihm so wichtig, daß er ihretwegen das Gebet vernachlässigt hätte. Auch jetzt als Beherrscher ganz Arabiens verwarf der Prophet jeden äußeren Prunk. Er hatte nach wie vor keine feste Wohnung, lebte in der Moschee und schlief abwechselnd in den Hütten seiner Frauen. Nur für feierliche Staatsakte, also für Repräsentationszwecke, ließ er ein großes, prunkvolles Zelt erbauen, in dem er die Gesandtschaften fremder Mächte und vornehme Besucher empfing. Von den Reichtümern, die jetzt von allen Seiten in seine Staatskassen flossen, verwandte er nichts für sich. Dagegen verfügte er, daß die Mitglieder der Sippen Hāšim und Muṭṭalib, die ihm in schweren Zeiten beigestanden hatten, einen rechtlichen Anspruch auf die Staatskasse, das heißt auf die Kasse des Gesandten Gottes haben sollten. Auch sonst pflegte er seine Freunde reich zu beschenken. Landgüter, Geld und Vieh erhielten die Anṣār und Muhāğirūn im Übermaß. Die Bettelei bei dem Propheten wurde zum ständigen Brauch bei den meisten Teilnehmern der Schlachten von Badr und Uḥud.

Zwar waren alle Muslims gleich. Die Anṣār und Muhāğirūn, die jetzt alle in Medina versammelt waren, bildeten jedoch eine gefühlsmäßig anerkannte Aristokratie des neuen Staates. Ihr Herz und Hirn war voll von den Worten und Taten des Propheten. Sie kannten jeden seiner Schritte, wiederholten alle seine Aussprüche und verstanden es gut, ihre unvergeßlichen Erinnerungen in bare Münze zu verwandeln. Sie waren Schmarotzer am Staate Gottes und bildeten nach dem Tode des Propheten eine geschlossene fromme Kaste, deren Mitglieder im wahrsten Sinne des Wortes von ihren frommen Erinnerungen lebten und ihr wohlverdientes materielles Wohl eifrig zu schützen verstanden. Die Kasse der Kalifen hatte oft schwer unter ihren frommen Ansprüchen zu leiden. Die meisten dieser frommen Schmarotzer hinterließen dementsprechend unermeßliche Reichtümer.

Der Prophet hatte für die Schwächen seiner Anhänger Verständnis. Er wußte genau, welche Entbehrungen jeder von ihnen seinetwegen auf sich genommen hatte, und er verstand es, seine Geschenke den Leistungen entsprechend zu verteilen. Auch die Frauen des Propheten sollten jetzt für die Entbehrungen ihrer Jugend entschädigt werden. Allerdings war der Prophet weit davon entfernt, ihnen auch nur annähernd Werte in der Höhe zu schenken, wie sie ihnen nach seinem Tode von den Kalifen in Überfluß zukamen. Als ein großartiges Geschenk wurden bereits ein paar Ellen Stoff oder etwas Moschus erwähnt. Aus den letzten Jahren des Propheten ist eine Schenkungsurkunde Mohammeds an seine Verwandten erhalten geblieben, die folgenden Wortlaut hat: ›Schenkungsurkunde von Mohammed, dem Gesandten Gottes: Alle meine Frauen sollen hundertachtzig Maß Weizen erhalten. Meine Tochter Fāṭima fünfundachtzig Maß, der Sohn von Zaid vierzig Maß. Zeuge der Urkunde sind ʿUṯmān und ʿAbbās.‹ Ein Geschenk von etwas Weizen erschien also dem Propheten bereits so beträchtlich, daß er dafür eine Urkunde und zwei Zeugen benötigte.

Urkunden, Gesetze, Sprüche, kriegerische Pläne, über all dies entschied im Hofe der Moschee der nunmehr einundsechzigjährige Prophet. Er allein bekleidete sämtliche führenden Ämter des neuen Staates. Er war oberster Richter, Heerführer, Gesetzgeber und Prophet zugleich. Aus seinen Sprüchen, Befehlen und Urkunden entstanden in Medina allmählich die Umrisse des neuen islamischen Rechtes. Dieses Recht war kanonisch, es begann aber noch zu Lebzeiten Mohammeds die Scheidung des Rechtes in ʿĀda und Šarīʿa: in Gewohnheitsrecht und kirchliches Recht.

Mohammed mischte sich nur wenig in die Beziehungen zwischen den einzelnen Sippen und Familien ein. Die alten Wüstengesetze reichten in dieser Hinsicht vollkommen aus, deshalb beließ er den Völkern ihr Gewohnheitsrecht, ihr ʿĀda. Auch die künftigen Eroberer des Islam taten das gleiche. Sie ließen die Völker auf ihre Art und Weise glücklich sein, nach ihrem eigenen ʿĀda leben. Nur in Sachen des Glaubens wurde das Recht des Propheten, das Šarīʿa, eingeführt. Der Glaube umfaßte ziemlich viele Erscheinungen des Lebens. Nicht nur die Beziehung zwischen Mensch und Gott wird im Islam durch den Glauben geregelt, auch Ehe, Erbschaft, Behandlung der Untergebenen, Strafen und viele andere Fragen werden vom Šarīʿa erfaßt. Alle Fragen, von denen das Schicksal des Menschen auf Erden und im Jenseits abhängt, unterstehen dem Šarīʿa.

Immer mehr begann man im Staate des Propheten alle Fragen des Lebens nach dem Urteil Gottes, nach den Worten des Korans zu entscheiden. Die Entscheidung Gottes und seines Propheten war dem Menschen der Wüste fast immer einleuchtend und verständlich. Denn der gesamte Staat war, wie bereits erwähnt, eine neue Art Sippengemeinschaft, eine Ausdehnung der arabischen Sippenanschauung über die ganze Welt. Der Prophet war ein Araber, unbewußt spiegelte sich in seinen Reden, Sprüchen und Gesetzen das uralte Leben der Wüste.

Wenn den Propheten der Wunsch beseelt hätte, einen nationalen Staat zu gründen, so wäre dies mit der Eroberung Mekkas erreicht gewesen. Noch einige Feldzüge, noch einige Siege und Niederlagen, der nationale Staat der Araber wäre gefestigt gewesen. Ehemalige Heiden, stolze Quraiš, leibliche Kinder eines Abū Sufyān, Anṣār, Muhāǧirūn, sogar alte Blutfeinde kämpften jetzt Schulter an Schulter für die Sache des Propheten. Der Gründer eines Nationalstaates hätte sein Werk als vollendet ansehen können. Der Nationalstaat aber war nicht die Idee Mohammeds. Seit dem ersten Tag der Sendung hatte er die Weltherrschaft des Islam verkündet.

Und da sich die Fähigkeiten des Propheten als Staatsmann, Feldherr, Propagandist parallel den Erfordernissen des Augenblicks entwickelten, erschien es den Gläubigen keineswegs ausgeschlossen, daß der ehemalige Kaufmann aus Mekka die Zügel der Weltmacht fest in seinen frommen

Händen halten würde. Bevor jedoch Mohammed den ersten Schritt zur Eroberung der außerarabischen Welt wagen konnte, mußte noch eine ernste Gefahr beseitigt werden, die urplötzlich aus dem Sande der Wüste erstanden war und das stolze Gebäude des Prophetenstaates nur zu leicht hätte untergraben können.

DIE FALSCHEN PROPHETEN

Man beurteilt den Menschen nach seiner Feder.
Mohammed

Wodurch gelangte Mohammed zu seiner ungeheueren Macht? Äußerlich gesehen nur durch die Erklärung, er sei der Gesandte Gottes. Dies zu behaupten war nicht schwer. Daß einer aber mit seiner Behauptung Glück gehabt und sich durchgesetzt hatte, das beschäftigte jetzt die Phantasie der ganzen arabischen Welt. Und bald, zuerst mit Spott und Mißtrauen aufgenommen, später mit Verwunderung betrachtet, verbreitete sich in den Wüsten, Bergen und fernen Oasen das seltsame Gerücht: Mohammed ist nicht der einzige Prophet Gottes. Es gibt auch andere Mächtige und Besessene, die gleichfalls einen Koran, ein Wort Gottes verkünden. Das Wüstenvolk nahm diese Nachricht interessiert auf. Daß Propheten mächtig werden können, hatte man an dem Beispiel Mohammeds gesehen, man war jetzt gespannt, was der Herrscher von Medina gegen plötzlich auftauchende Konkurrenten unternehmen würde. Einen Kampf der Propheten hatte man in Arabien bisher nicht erlebt.

Drei Menschen versuchten um jene Zeit dem Gesandten Gottes die Macht über die Welt streitig zu machen. Drei Menschen erhoben sich in den Wüsten und gaben sich für Propheten des Allmächtigen aus.

Der bekannteste und gefährlichste unter ihnen hieß ʿAihala ibn Kaʿb, mit dem Beinamen al-Aswad, der Schwarze. Al-Aswad war ein kluger und ehrgeiziger Mann. Eine Zeitlang war er Muslim gewesen, fiel dann vom Propheten ab, wurde Götzendiener und erklärte zuletzt, er selbst sei der

Prophet Gottes. Mohammed nannte ʿAihala verächtlich – den Wetterhahn.

Al-Aswad war reich. Er besaß in Jemen, wo er zeitweilig das Regiment führte, großen Einfluß. Er selbst war, wie die frommen Muslims sagten, von den Geistern der schwarzen Magie besessen. Er vollbrachte Wunder, beschwor die Geister der Unterwelt, prophezeite schreckenerregende Dinge – kurz, er tat alles, was seiner Meinung nach ein Prophet tun mußte, und hatte Erfolg.

Gleich Mohammed suchte al-Aswad Macht. Er verwarf aber nicht, wie der Prophet von Medina, die schwarze Kunst der Magie. Das Machtbereich ›des Schwarzen‹ war Jemen, ›das glückliche Arabien‹, das erst vor kurzem die Oberhoheit Mohammeds anerkannt hatte. Eines Tages erschlug al-Aswad den Statthalter Mohammeds, Šahr ibn Bāḏān, heiratete dessen Frau Marsbān und zog, Wunder verübend und Taschenkunststücke zeigend, in der Hauptstadt Jemens, in Ṣanʿāʾ, ein. Gleich Mohammed begann auch er weltliche Macht auszuüben.

Die Gefahr eines Nebenpropheten kam für Mohammed völlig überraschend. Nie hatte er bisher solch eine Möglichkeit auch nur erwogen. Er war mit Staatsgeschäften überladen, rüstete eine Armee gegen Byzanz, fühlte seine Kräfte innerlich bereits abnehmen und sollte sich jetzt mit den verbrecherischen Ansprüchen eines Lügners, Taschenspielers und Magiers befassen.

Mohammed unterschätzte die Gefahr nicht. Wurde der Glaube an die Einmaligkeit seiner Erscheinung erst einmal erschüttert, so war das ganze Gebäude des Staates untergraben. Mit der Einmaligkeit seiner Erscheinung stand und fiel der Islam. Der Nebenbuhler, das Wüstengespenst des schwarzen Zauberers, mußte verschwinden. Der Prophet beschloß rasch zu handeln. Er rief zwei Muslims, die mit der Treue zum Propheten auch eine alte Blutfehde gegen den Nebenpropheten verband. Die Gläubigen hießen Qais und Fārūz. Sie sollten jetzt auf Mohammeds Befehl ihre Blutpflicht erfüllen. Sie begaben sich nach Ṣanʿāʾ, kamen zu

Marsbān, der Frau al-Aswads, und wurden von ihr des Nachts in das Schlafgemach ›des Schwarzen‹ eingelassen. Fārūz stach einen Dolch tief in die Kehle al-Aswads. Der Magier sprang auf und schrie um Hilfe. Da trat seine Frau Marsbān zu der Wache heraus und sagte: »Die göttliche Begeisterung ist über meinen Mann gekommen, stört ihn nicht.« Die göttliche Begeisterung legte sich jedoch sehr bald. Die Mörder schnitten al-Aswad den Kopf ab. Am nächsten Tag war Ṣan'ā' und mit ihm ganz Jemen wieder in den Händen des Propheten. Der gefährliche Spuk war verschwunden.

Nur wenig weiß man von den beiden anderen Nebenbuhlern des Propheten. Die frommen Chronisten, die sonst jedes Wort, jeden Schritt des Propheten der Nachwelt überlieferten, berichten nicht viel von diesen Nebenbuhlern Mohammeds. Auch sind ihre spärlichen Berichte von gläubigem Haß erfüllt.

Der eine Nebenbuhler hieß Ṭulaiḥa ibn Ḫuwailid. Seine Bewegung war eher grotesk als gefährlich. Zufällig, ohne es selbst zu wollen, kam er bei seinen Stammesgenossen in den Ruf, prophetische Gaben zu besitzen. Diesen Umstand beschloß der gewitzte und skrupellose Ṭulaiḥa auszunutzen. Er dichtete einen Koran, erließ groteske Offenbarungen und freute sich der Ehrfurcht, die ihm entgegengebracht wurde. Man erzählt, daß er später, als er die Gefahr erkannte, die ihm infolge seiner Späße drohte, reumütig den Islam anerkannte und sich selbst über seine einstigen Koranverse lustig machte. Diese Verse sind zum Teil bis heute erhalten geblieben. Sie dienen in der Welt des Islam als Quelle des Spottes und der Heiterkeit. Die Verse waren auch in der Tat wenig erbaulich, und die Tatsache, daß sie Anhänger fanden, zeigt, auf welch unsicherem Fundament der Prophet in der ersten Zeit den Islam erbauen mußte.

Noch einen dritten Nebenbuhler besaß Mohammed, und diese dritte Fata Morgana der Wüstengespenster verflüchtete sich bis zum Tode Mohammeds nicht. Es lebte in al-Yamāma, in einer fernen arabischen Provinz, der Stamm der

Banū Ḥanīfa. Zu diesem Stamm gehörte Abū Ṯumāma Hārūn ibn Ḥālib, der von den islamischen Chronisten Musailima, der kleine Muslim, genannt wird. Musailima war alt, klug und listig. Die Lorbeeren Mohammeds ließen ihm keine Ruhe. Er erfand, als erster in Arabien, einen sehr einfachen Trick. Er verstand es, ein Ei unzerbrochen in eine Flasche hineinzupraktizieren, und erschütterte mit dieser Fertigkeit das Volk der Banū Ḥanīfa. Ein Mann, der solche Wunder vollbrachte, war für sie unzweifelhaft ein Gesandter Gottes. Mit Hilfe dieses primitiven Wunders sammelte Musailima zahlreiche Anhänger, predigte einen eigenen Koran und heiratete die Prophetin Sağāḥ, die mit ihm zu rivalisieren versucht hatte. Man weiß nicht viel von seinen Lehren. Offenbar war auch er ein Monotheist, glaubte an Allāh und war außerdem Anhänger der christlichen Askese. Bekannt ist jedenfalls, daß er seinen Anhängern den Geschlechtsverkehr, auch unter Ehepaaren, nur dann gestattete, wenn er zum Zwecke der Kinderzeugung stattfand. Der Hauptbestandteil seines Glaubens scheint aber die Lehre von der Seele gewesen zu sein, die sich dadurch auszeichnete, daß sie der Seele eine bescheidene Wohnung in der Nähe des Unterleibs anwies.

Die Ansprüche Musailimas waren nicht gerade unbescheiden. Er ging von dem Standpunkt aus, daß Gott jedem Volke seinen eigenen Propheten schicke und ihn, Musailima, für al-Yamāma bestimmt habe. Gedanken an eine Rivalität mit Mohammed lagen ihm fern, denn er ließ sich in seinem Koran den vorsichtigen Satz verkünden: ›Wir haben dir, Musailima, eine Menge Volkes gegeben, behalte dieses Volk für dich. Sei aber behutsam und strebe nicht nach zuviel. Lasse dich auch in keinen Wettkampf ein.‹ Im übrigen erklärte sich Musailima bereit, Mohammed anzuerkennen, verlangte aber dafür, daß Mohammed ihn zu seinem Nachfolger ernennen sollte. Das Glaubensbekenntnis des Islam schlug er für diesen Fall vor folgendermaßen zu verändern: ›Mohammed ist der Gesandte Gottes und Musailima sein Nachfolger.‹ Mohammed interessierte sich für diesen merkwürdigen Yamāmi. Man erzählt, daß er sogar ʿAlī beauftragte, Musailima zu besuchen. Nach seinem Besuch in al-Yamāma erklärte ʿAlī, vielleicht, weil er selbst nicht abgeneigt war, das Erbe des Propheten anzutreten: »Ich schwöre bei jedem Sandkörnchen der Wüste Dahnā, daß Musailima ein Betrüger ist.«

Wie dem auch sei, eines Tages schickte Musailima eine feierliche Gesandtschaft in die Stadt des Propheten. Die Gesandtschaft brachte reiche Geschenke und einen Brief an Mohammed. Dieser Brief lautete: ›Von Musailima, dem Gesandten Gottes, an Mohammed, den Gesandten Gottes, einen Gruß. Komm, Genosse, und laß uns die Welt teilen! Die Hälfte soll dein sein und die andere Hälfte mein.‹ Auch die Antwort des Propheten ist erhalten geblieben und lautet: ›Mohammed, der Gesandte Gottes, an Musailima, den Lügner. Friede demjenigen, der die Wahrheit befolgt. Die Welt gehört nur Gott allein.‹

Doch unternahm Mohammed keinen Feldzug gegen den Rivalen. Er hatte um jene Zeit Wichtigeres zu tun. Er rüstete gegen Byzanz. Der Prophet aus al-Yamāma ließ seitdem auch nichts mehr von sich hören.

Als aber das Tagewerk des Propheten beendet war, erhob sich Musailima, der Lügner Gottes, und mit ihm das Volk der Banū Ḥanīfa und viele andere Völker der Wüste. Sie alle bekannten sich zu der Ketzerformel: ›Mohammed ist der Gesandte Gottes und Musailima sein Nachfolger.‹ Als Antwort hierauf kam das Heer der Frommen nach al-Yamāma, schlug die Ketzer und tötete Musailima, den Lügner Gottes. So verschwand die Fata Morgana, das dämonische Wüstengespenst der falschen Propheten, die dem Gesandten Gottes die Weltherrschaft streitig machen wollte.

Alle drei Propheten fesselte die märchenhafte Laufbahn Mohammeds, denn hoch stand sein Stern im Lande Arabien. Alle drei sahen seinen Aufstieg vor sich und waren begierig, ihn nachzuahmen. Ein Mensch erscheint vor dem Volke, spricht gereimte Sätze, erklärt sich für den Gesandten Gottes, sammelt Anhänger, vernichtet den Feind und entwickelt sich in kaum zehn Jahren von einem gehetzten Ausgestoßenen zum Beherrscher Arabiens. Es erschien sehr verlockend, dieses Beispiel nachzuahmen. Deshalb betraten alle drei Propheten den gleichen Weg. Sie waren besser gerüstet als Mohammed. Sie konnten sich seine Erfahrungen zunutze machen, auch waren sie in der schwarzen Kunst, die Mohammed stets verabscheut hatte, dem Propheten bei weitem überlegen. Trotzdem unterlagen sie alle drei. Denn unter zahllosen Wanderern, Magiern, Propheten und Besessenen, die seit Anbeginn der Zeiten den Sand Arabiens durchwanderten, war Mohammed der einzige, der keine Wunder, keine Magie, kein Spiel trieb, der mit dem Wort kam, an das Wort glaubte und den Geist zum Fundament seiner Macht erwählte. Es gab in der Welt nur einen Weg, und diesen Weg konnte niemand gehen außer ihm. Sehr einfach erschien, von außen gesehen, der Weg des Erfolges, und doch war er unnachahmbar, unwiederholbar wie die Verse des Korans, wie der Geist, den Mohammed zum Siege führte. Niemand konnte den Weg wiederholen, und niemand erkannte, wohin der steile Pfad des Islam die Völker führen sollte.

GEGEN BYZANZ

An kleinen Dingen darf man sich nicht stoßen,
wenn man zu großen auf dem Wege ist.

Hebbel

Mohammed war mit den ›Völkern der Schrift‹, mit den Juden und Christen, in nähere Berührung gekommen. Wie er sich mit dem Judentum auseinandersetzte und sich von ihm trennte, das hat Medina und Ḫaibar gezeigt. Jetzt war die entscheidende Begegnung mit dem Christentum an der Reihe. Wie seinerzeit die Juden, versuchte Mohammed zuerst, die Christen als eine ihm verbündete Religionsgemeinschaft zu betrachten. Während der Kämpfe zwischen Byzanz und Persien sprach er sich für Herakleios, den Kaiser von Byzanz, aus. Als die Christen im Jahre 622 von den Persern geschlagen wurden, verkündete Mohammed: »Die Byzantiner sind zwar unterlegen. Sie werden aber gewiß in wenigen Jahren siegen. Dann werden sich die Gläubigen freuen.« Auch den christlichen Herrscher von Abessinien betrachtete Mohammed bekanntlich als Glaubensgenossen. Die Feststellung des Negus – ›nicht um so viel unterscheidet sich ihr Glaube von dem unseren‹ – entsprach vollkommen der Ansicht Mohammeds.

In Medina versuchte Mohammed den Islam dem Christentum anzugliedern. Im Jahre 623 führte er Fast- und Feiertage ein, die mit dem Ostern der Christen zusammenfielen. Allmählich mußte aber der Prophet seinen Irrtum erkennen. Er begann immer lauter diejenigen zu verdammen, die Gott einen Sohn zuschrieben, und schon im vierten Jahre der Hiğra schaffte Mohammed die ›christlichen‹ Feiertage des Islam ab. Als er dann die Pilgerfahrt nach Mekka zum obersten Gesetz des Islam erhob, war der Bruch zwischen ihm und dem Christentum vollzogen.

Noch einmal, allerdings mehr aus formalen Gründen, wandte er sich, wie bereits erwähnt, an die christlichen Potentaten der damaligen Welt mit der Aufforderung, ihn, den Propheten, anzuerkennen. In dieser Aufforderung lag bereits eine Kriegserklärung.

Der sich langsam vollziehende Bruch mit dem Christentum hatte seine Ursachen. Es gab in Arabien genügend Christen, die gleich den jüdischen Rabbinern imstande waren, dem Propheten in gelehrten Diskussionen zu widersprechen. Während aber die Dispute mit den jüdischen Rabbinern die Verbannung der Juden zur Folge hatten, lag die Sache jetzt wesentlich schwieriger. Die Christen waren nicht wehrlos, sondern konnten sich auf mächtige christliche Reiche stützen, die sich bis zu den Grenzen Arabiens erstreckten. Die Christen bedeuteten für Mohammed jetzt fast genau dieselbe Gefahr, die er selbst, als Verbündeter des Negus, für die Mekkaner bedeutet hatte. Die einzelnen kleinen und schwächeren Stämme Arabiens hatten sich allerdings ziemlich leicht zum Islam bekannt. Sie traten auch teilweise aus freiem Entschluß unter den Schutz des Propheten. Die christlichen Führer dagegen waren wenig geneigt, ihren Glauben und ihre Selbständigkeit aufzugeben. Sie verweigerten dem Propheten Gefolgschaft und Gehorsam und wählten den einzig möglichen Ausweg: Sie wanderten allmählich nach dem christlichen Byzanz aus.

In den syrischen Grenzbezirken Arabiens entstand im Laufe der Jahre eine kompakte christliche Emigration, die aus der arabischen Heimat außer dem Haß gegen den Propheten auch ein klares Urteil über seine Macht mitbrachte. Die Führer dieser Emigration waren der medinensische, christliche Sektierer ʿAbū Āmīr und der Beduinenhäuptling ʿAdī. Abū ʿĀmīr gründete in Syrien eine Art Konkurrenzunternehmen gegen den Islam. Er erbaute eine Moschee und sammelte um sich die Unzufriedenen, die die Stadt des Propheten verlassen mußten.

Durch diese christlichen Emigranten erfuhr Byzanz von dem großen Reich, das plötzlich in den Wüsten entstanden war, hörte von dem neuen Propheten, der das Volk der Wüste vereinigt hatte, und von den Ansprüchen, die dieser Prophet erhob. Doch schenkte das christliche Kaiserreich den Erzählungen der frommen Flüchtlinge keine allzu große Beachtung. Man hatte genug mit sich selbst zu tun und glaubte nicht ernsthaft, daß das wilde, armselige Arabien zu einer wirklichen Gefahr für das mächtige Kaiserreich heranwachsen könnte. Man bewaffnete die verbündeten Sippen, rüstete ein Heer und erwog auch den Plan, eine Strafexpedition in das Innere des Landes zu entsenden. Zu mehr konnte man sich aber zur Zeit nicht entschließen. Man überließ es den Emigranten, auf eigene Faust Politik zu treiben. Diese frommen, christlichen Auswanderer verstanden es auch in der Tat, ihre Kenntnisse der arabischen Verhältnisse auszunutzen.

Noch lebte in Medina ʿAbdallāh ibn ʾUbai, noch gab es genügend geheime Munāfiqūn, die sich mit den Verhältnissen nicht abgefunden hatten. Zwar beugten sich diese Männer äußerlich der Macht des Propheten, doch lag das hauptsächlich an der ihnen mangelnden Entschlußkraft. Es bedurfte nur eines Anstoßes, um sie zum Mitspielen zu bewegen. Für geschickte Intrigen und heimtückischen Verrat waren sie leicht zu gewinnen. Bald sponnen sich zahlreiche Fäden von den Häuptern der Munāfiqūn zu den Führern der christlichen Emigration, Verhandlungen waren im Gange, Verschwörungen wurden vorbereitet, und die ›Heuchler‹ warteten nur auf die Gelegenheit, dem Propheten in den Rücken zu fallen. Bald meldete Abū ʿĀmir dem großen christlichen Kaiser, daß ein Feldzug der byzantinischen Armee mit Hilfe der verbündeten Munāfiqūn in Medina die Despotie des falschen Propheten mit Leichtigkeit stürzen könnte. Das klang höchst verlockend. Man konnte auf diese Weise ohne wesentliches Risiko das arabische Land unversehens dem Kaiserreich einverleiben. Herakleios beschloß ins Feld zu ziehen. Östlich vom Toten Meer, am Rande der Wüste, sammelte er sein Heer. Dies geschah im Spätsommer des Jahres 630.

Mohammed wußte von den Ränken der Emigranten. Auch der geplante Feldzug des Kaisers Herakleios blieb für ihn kein Geheimnis. Noch besser unterrichtet war er jedoch von den geheimen Intrigen der ›Heuchler‹, von den Plänen ibn 'Ubais und den Hoffnungen der Munāfiqūn. Doch überschätzte er ihre Bedeutung nicht. Er kannte 'Abdallāh und wußte: der alternde, reiche Mann war keines durchgreifenden Entschlusses fähig. Dem Kaiser von Byzanz aber, der sein Schreiben keiner Antwort gewürdigt hatte und jetzt in sein Land einbrechen wollte, beschloß Mohammed die ganze Macht der Gläubigen vor Augen zu führen.

Er wußte, zwischen Byzanz und ihm, zwischen zwei Trägern universaler Staatsgedanken konnte kein Friede sein. Einst mußte die Stunde kommen, da die Muslims das christliche Reich überwältigen würden. Der alternde Prophet wollte seinen Kriegern rechtzeitig den Weg weisen und beschloß, dem griechischen Kaiser im offenen Kampf entgegenzutreten. Dieser Plan war ein Wagnis. Die Macht seines Reiches verhielt sich zu Byzanz wie die eines indischen Maharadschas zum großen britischen Imperium. Auf der einen Seite stand eine Weltmacht, die soeben einen jahrzehntelang dauernden blutigen Kampf siegreich beendet hatte und sich über drei Kontinente, über Afrika, Asien und Europa erstreckte – auf der anderen Seite ein wildes, armes Land, das eben erst durch die Macht eines einzelnen zum Staatsbewußtsein erzogen worden war. Die Kräfte waren ungleich verteilt. Die Zeitgenossen Mohammeds konnten nicht ahnen, daß der Koloß Byzanz auf tönernen Füßen stand. Auch Mohammed wußte es nicht, und trotzdem rief er zum Feldzug gegen Byzanz auf, zum ersten in der langen Reihe islamischer Feldzüge, die das christliche Reich des Orients vernichten sollten und die östliche Welt dem Islam einverleibten.

Den Weg zur Weltherrschaft des Islam hat im wahrsten Sinne des Wortes der Prophet selbst seinen Truppen gewiesen. Er führte die Seinen vorwärts, wie einst Moses die Juden ins Gelobte Land geführt hatte. Doch war es beiden Propheten nur vergönnt, das Ziel von weitem zu erblicken.

Der Sommer des Jahres 630 war trocken und heiß. Wie ausgedörrt lag die Steppe, schwerer Sand bedeckte die Palmen. Die Felder verbrannten, die Oasen dürsteten, und die abgemagerten Kamele lagen regungslos im Schatten der gelblich verfärbten Bäume. Starr blickten die Beduinen in die Ferne. Aus dieser Ferne drang plötzlich der Ruf des Propheten, der sie zum heiligen Kampf aufforderte.

Es war nicht leicht, das Volk in diesem Sommer zum Feldzug zu bewegen, zu diesem Feldzug, der weder Beute noch Reichtümer versprach, der durch die tote Wüste zum Toten Meer führen sollte. Noch schwerer war es, das Heer, das dem Ruf des Propheten folgte, mit dem nötigen Bedarf auszurüsten. Der Krieg wurde gegen Byzanz geführt, gegen die geschultesten Soldaten des ganzen damaligen Orients. Das Heer des Propheten mußte in jeder Richtung modernisiert werden. Man erzählt, daß Abū Bakr sein gesamtes Vermögen zu diesem Zweck hergab und daß ʿUṯmān allein siebzigtausend Goldstücke opferte. Als nach unsäglichen Mühen gewisse Fortschritte in der Ausbildung und Bewaffnung erzielt worden waren, brach das Heer zum Feldzug auf.

Voran, auf seinem weißen Kamel, ritt der Prophet. Vor nur sechs Jahren, als er in seinen ersten Kampf zog, hatte er knapp dreihundert Mann ins Treffen geführt. Heute folgten ihm dreißigtausend Krieger, zehntausend Pferde und zwölftausend Kamele. Die Zeiten hatten sich geändert. Wie gewöhnlich hatte auch diesmal ʿAbdallāh ibn ʾUbai, der verpflichtet war, mit ins Feld zu ziehen, den Propheten im Stich gelassen. Er hatte das Heer nur bis zur Grenze von Medina begleitet, dann machte er mit den Seinigen kehrt und begab sich in die Stadt zurück. Diesem kraftlosen Intriganten traute Mohammed nicht allzuviel zu. ʿAlī und die wenigen anderen Getreuen, die zum Schutze des Glaubens in Medina zurückblieben, waren zweifellos in der Lage, die Staatsautorität voll zu wahren.

Durch endlose Wüsten, durch sonnenverbrannte Steppen zog das Heer der Gläubigen. Staubiger, glühender Himmel hing über dem Haupt des Propheten. Keine Wasserquelle, keine Oase zeigte sich in der Ferne. Ermattet folgte das Heer dem Gesandten Gottes. Immer weiter führte es Mohammed durch Wüste und Ödenei zum rätselhaften Land des Nordens. Beschwerlich war der Marsch, lähmend lastete die drückende Hitze auf den Kriegern. Nie war ihnen die Wüste so grenzenlos erschienen.

Endlich erhoben sich die Ruinen der toten Wüstenstadt Ḫiḏr aus dem Sandmeer. Dort floß unter den zerstörten Mauern klares, eiskaltes Wasser. Dort hätte sich die erschöpfte Armee nach erfrischendem Trunk ausruhen und erholen können.

An der Spitze des Heeres ritt Mohammed. Er erblickte zuerst die Ruinen und kühlen Quellen. Klug und weitsichtig wie er war, beschloß er den Gehorsam seiner Truppen auf die härteste aller Proben zu stellen. Es gehörte nicht allzuviel dazu, in der Hoffnung auf Beute gegen den Feind zu ziehen, den Sieg zu erfechten und dann dem Propheten zuzujubeln. Die oberste Zierde des Kriegers war der blinde Gehorsam, der auch dann nicht versagte, wenn die Befehle des Führers weder Siege noch reiche Beute verhießen. In dieser Erkenntnis verbot Mohammed seiner Armee, auch nur einen Tropfen aus der Quelle Ḫiḏr zu trinken. Als dann die Armee halbverdurstet und todesmatt an der Quelle lag und niemand, auch nicht der ungebärdigste Beduine, es wagte, einen Tropfen Wasser zum Munde zu führen, wußte der Prophet, daß er von nun ab in völlig unumschränkter Autorität über seine Armee gebot. Die Zeit der improvisierten Raubzüge war vorbei, das Heer der Muslims war zu einer wohldisziplinierten Streitmacht geworden.

Weiter zog die Armee durch die Wüste. Am nächsten Tag erbarmte sich aber Gott seiner Getreuen und sandte einen Regen hernieder. Da verkündete der Prophet: »So belohnt Gott den Gehorsam der Gläubigen.«

Vierzehn Tage war die Armee auf dem Marsch, dann erreichte sie den Ort Tabūk, die Grenze der arabischen Welt. Dort bestieg der Prophet einen Sandhügel, wandte sein Gesicht gen Norden und sprach: »Dort liegt das Land aš-Ša'm, Syrien, hier ist die Grenze Arabiens. Hier erwarten wir den Feind.«

Tabūk ist reich und fruchtbar. Zwanzig Tage lagerte das Heer der Frommen in dieser Oase, ohne daß der Feind sich zeigte. Herakleios entsandte kein Heer. Byzanz wich dem Vorstoß des plötzlich entstandenen Gegners aus, indem es ihn übersah. Für Byzanz war Mohammeds Heer nur ein Wüstenspuk. Man hoffte, dieser dreißigtausendköpfige Spuk würde von selbst wieder verschwinden, wenn man ihm nicht entgegentrat. – Dagegen erschienen aber Fürsten und Edle aus den benachbarten Ländern, betrachteten das Heer, wogen die Machtverhältnisse vorsichtig gegeneinander ab, ließen ihrer Bewunderung freien Lauf und legten das Glaubensbekenntnis ab. Sie sahen klarer als ihr ferner Kaiser. Ein paar Streifzüge in die Umgebung, die Erstürmung einer Festung belehrten Syrien sehr rasch. Man wußte, wie es um den neuen Gegner bestellt war.

Byzanz rührte sich nicht. Die große Stadt am Bosporus schwieg. Zuweilen kam die Nachricht, daß Byzanz ein Riesenheer rüstete, man hörte sie aufmerksam an und traf seine Vorkehrungen.

Als die zwanzig Tage um waren, als der Prophet sah, daß es niemanden im Lande gab, der gewillt war, seine Kraft mit der seines Heeres zu messen, erteilte er auf Anraten seiner Generäle den Befehl zum Rückzug. Mit reicher Beute kehrte die Armee nach Medina heim. Im nächsten Jahr sollte ein neuer Feldzug die errungene Eroberung vergrößern. Doch entsann sich der Prophet derjenigen, die sich geweigert hatten, mit ihm ins Feld zu ziehen, und legte ihnen schwere Strafen auf. Es wurde ein Bann gegen sie erlassen, kein Muslim durfte mit ihnen sprechen, mit ihnen verkehren. Es bedurfte vieler Bitten, ehe der Prophet die Feiglinge wieder von diesem Bann befreite.

Einige Zeit nach der Rückkehr der Armee starb in Medina Mohammeds Feind, der Heuchler ʿAbdallāh ibn ʾUbai. Mit dem Tod ihres Führers zerfiel auch die Partei der Munāfiqūn. Jetzt hatte Mohammed keine Feinde mehr im Lande. Um aber auch die letzten der Munāfiqūn in Freunde zu verwandeln, befahl der Prophet, den Häuptling der Heuchler mit großen Ehren zu bestatten. Er folgte selber dem Sarge und betete auf Veranlassung der Hinterbliebenen um Vergebung der Sünden ʾUbais. Den gradlinigen ʿUmar verletzte dieses Gebet des Propheten für einen Heuchler. Als er Mohammed insgeheim darüber Vorwürfe machte, lächelte der Prophet verschlagen und sagte: »Du magst für die Heuchler beten oder nicht, wenn du auch siebzigmal für sie betest, so werden sie doch keine Vergebung erlangen!« (63,6)

ʿUmar freute sich über diese zufriedenstellende Antwort. Der Prophet hatte aber sein Ziel erreicht. Es gab künftig keine Munāfiqūn mehr in Medina.

DAS ENDE

> Die nur an Mohammed glaubten, mögen wissen,
> Mohammed ist tot.
>
> Abū Bakr

Die Tage Mohammeds gingen zur Neige. Sein Werk war vollbracht. Er hinterließ ein geeintes Land und hatte seinen Getreuen den Weg der Zukunft gewiesen. Der Prophet war jetzt dreiundsechzig Jahre. Die Schwäche und Gebrechlichkeit des Alters überfiel ihn immer mehr.

Aus den feuchten Feldern von Medina stiegen giftige Dünste empor. Der Tod herrschte in Medina. Der Tod drohte jedem, der nicht durch Vererbung eine gewisse Immunität gegen diese Fieberluft erworben hatte. Mohammed erkannte seine Lage. Er wollte aber sein Wort halten, das er einst dem Volk von Medina gegeben hatte: »Ich lebe mit euch, und ich sterbe mit euch.«

Immer schwächer wurde der Gesandte Gottes. Nur mit Mühe erfüllte er seine Pflichten als Staatsmann und als Prophet. Niemand sollte vorzeitig von seiner Krankheit erfahren. Deshalb raffte er seine Kräfte zusammen, noch einmal unternahm er, das nahe Ende fühlend, eine Pilgerfahrt nach Mekka, die letzte seines Lebens.

Diese letzte fromme Reise des Propheten wurde zu einer großartigen Abschiedsfeier Mohammeds von seiner Vaterstadt Mekka. Eine ungeheuere Zahl von Gläubigen begleitete den Propheten. Mit dieser heiligen Schar im Gefolge ritt der Prophet, von den Führern der Gläubigen begleitet, in den großen Hof der Kaʿba ein.

Dort schlachtete er eigenhändig dreiundsechzig Opferkamele, der Zahl seiner Jahre entsprechend. Dann erfüllte er wiederum alle alten Zeremonien der Pilgerfahrt: rasierte sich den Kopf, umkreiste ehrfurchtsvoll die Ka'ba und betete inbrünstig zu seinem Gott. Dann verteilte er seine abgeschnittenen Locken als Andenken unter die Gläubigen, bestieg die Kanzel und hielt seine Abschiedspredigt. Täglich wiederholte er diese Predigt, damit sie sich dem Volke einprägen sollte, und täglich begann er sie wie folgt: »Hört meine Worte, denn ich bin nur ein Mensch wie ihr, und ich weiß nicht, ob wir uns je an diesem Orte wiedersehen werden.« Dann erzählte er dem Volk von dem einzigen Gott, von den Gesetzen des neuen Glaubens, aber auch von den kleinen Dingen des Lebens, vom guten Benehmen in der Öffentlichkeit und zu Hause, von Höflichkeit und redlichem Sinn, denn nichts ist zu gering vor Gottes Augen. Am Schluß der letzten Predigt erhielt er vor den Augen des Volkes die letzte Offenbarung, den berühmten Koranvers: »Schlimm ist dieser Tag für die, die den Glauben geleugnet haben. Aber fürchtet euch nicht, fürchtet mich, denn heute habe ich eure Religion vollkommen gemacht und meine Gnade in euch vollendet. Mein Wille ist es, daß der Islam euer Glaube sei« (5,5).

›Diese Worte‹, so sagen arabische Chronisten, ›waren Siegel und Schluß des Gesetzes. Nach ihnen erfolgte keine Offenbarung mehr.‹ Zuletzt erhob der Prophet die Hände und rief mit halb fragender Stimme in das Volk: »Erfüllte ich, was mir Gott befohlen hatte?« – »Du hast es erfüllt«, schrie das Volk. »Auch Gott hat sein Versprechen erfüllt«, sagte Mohammed.

Als alle feierlichen Zeremonien beendet waren, zog der Prophet zurück nach Medina, in die Stadt seines Ruhmes und Todes. Wieder begann die Arbeit des Alltags, wieder erschien er, oft von Freunden gestützt, in der Moschee, erteilte Befehle und stellte ein Riesenheer auf. Wie im vorigen Jahr sollte ein Feldzug gegen Byzanz geführt werden. Die Partei der Heuchler war jetzt verschwunden, die Staatskassen durch Zentralisierung der Steuereinnahmen gefüllt. Ruhig und zielsicher konnte das neue Heer gerüstet werden.

Zum Führer der Armee ernannte der Prophet den zwanzigjährigen Usāma, den Sohn Zaids, der in jener ersten Schlacht gegen die Byzantiner gefallen war, als Ḫālid zum erstenmal das muslimische Heer führte. Jetzt sollte der Sohn den Tod des Vaters rächen. Feierlich übergab ihm Mohammed die Standarte des Oberbefehlshabers, verabschiedete sich vom Heer und betete für den Sieg. Er selbst mußte diesmal dem Feldzug fernbleiben, denn seine Kraft reichte nicht mehr aus.

In der Nacht, als das Heer fortzog und noch nahe bei Medina lagerte, befiel den Propheten ein heftiger Anfall des tropischen Fiebers, der febris subcontinua. Mohammed lag kraftlos mit geschlossenen Augen auf seinem Lager. Nur seine Lippen bewegten sich. Plötzlich, um Mitternacht, erhob er sich, ging vor Fieber taumelnd aus dem Hause und wanderte allein, mit schwankendem Schritt, durch die Straßen Medinas. Niemand sah ihn, niemand beobachtete ihn. Nur ein alter Sklave stützte seinen unsicheren Gang.

Endlich gelangte der Prophet zu einem großen, unbebauten Platz, zum Friedhof von Medina. Hier lagen seine alten Freunde und Kämpfer, die mit ihm gegangen waren und vor ihm den engen Pfad vom Leben zum Tod beendet hatten. Auf zahllosen Feldzügen, durch Verfolgung, Elend und Sieg hatten sie den Propheten begleitet, waren Zeugen der vielen frommen Gespräche gewesen. Jetzt lagen sie auf dem Friedhof zu Medina, und der fiebernde, sterbende Prophet entsann sich ihrer. Er kniete auf dem leeren, dunklen Platz nieder und weinte bitterlich. Er schlug sich an die Brust und betete für seine toten Weggenossen. Vielleicht weinte und betete er auch in dieser einsamen, dunklen Nacht für seine Eltern, die im Heidentum starben und für die er nie öffentlich zu beten gewagt hatte. »Alle, die im Heidentum starben, sind der Hölle verfallen, auch meine Eltern«, hatte der unerbittliche Prophet in seinen Predigten gesagt. Jetzt kniete er auf dem traurigen, großen Platz, Tränen bedeckten sein Gesicht, und er weinte und betete für alle, die mit ihm gegangen waren und vor ihm den Weg beendet hatten. Einsam stand Mohammed auf dem Friedhofsplatz zu Medina. Nur sein Begleiter, der alte Sklave, hörte zitternd das Weinen seines Herrn. Schließlich erhob sich Mohammed, blickte durch die Dunkelheit auf die Gräber der Freunde, auf die Stadt Medina und sagte: »Freut euch, ihr Bewohner des Grabes, friedlicher ist der Morgen, zu dem ihr erwachen werdet, als der, welcher die Lebenden erwartet.« Wankend und bebend durchschritt er die düsteren Straßen der Stadt und betrat die Moschee, kraftlos, krank und fiebernd.

Die Krankheit steigerte sich von Tag zu Tag. Doch beugte sich Mohammed nicht. Wie immer besuchte er die Moschee und verbrachte seine Nächte der Reihe nach bei seinen Frauen. Doch schwanden seine Kräfte sichtlich und unaufhaltsam. Schon entsandte man insgeheim Boten an das Heer in der Wüste mit dem Befehl, den Feldzug zu unterbrechen und umzukehren. Aus allen Gegenden des Reiches strömten alte Freunde und Mitkämpfer des Propheten nach Medina. Denn blitzschnell hatte sich unter den Eingeweihten die Nachricht verbreitet: der Prophet ist dem Tode nah.

Der Prophet lag in der Hütte Maimūnas, seiner reizlosesten Frau, als ihn ein neuer schwerer Fieberanfall heimsuchte. Er fühlte das Ende nahen und ließ alle seine Frauen rufen, um jeder ein freundliches Wort zu sagen. Dann bat er sie, den Rest seiner Tage in der Hütte seiner Lieblingsfrau ʿĀʾiša verbringen zu dürfen. Dort lag er nun fiebernd und leidend. ʿĀʾiša pflegte ihn, küßte seine rastlosen Augen und streichelte seinen Bart. Dann erschien Fāṭima, die einzige lebende Tochter des Propheten. Zärtlich flüsterte ihr Mohammed Abschiedsworte ins Ohr.

Am zweiten Tag des Todeskampfes befiel Mohammed große Unruhe. Er ließ sich in eine Badewanne legen und befahl, ihn aus sieben Schläuchen kräftig mit Wasser zu begießen. Das verlieh ihm für kurze Zeit neue Kräfte. Von ʿAlī und Fadl, dem Sohn des Onkels ʿAbbās, getragen, erschien er in der Moschee und befahl Abū Bakr, an seiner Statt das Gebet zu leiten. Dann betete er selbst für die Gläubigen, die bei Uḥud und in vielen anderen Schlachten für ihn gefallen

11. Pilger im Gebet vor der Kaʿba in Mekka. Foto, 1979.

waren, erhob sich und sprach zum letztenmal zu seinen Freunden. Er ermahnte nochmals die Flüchtlinge und die Helfer, die Muhāğirūn und die Anṣār, fest zusammenzuhalten, dann sagte er: »Die Zahl der Muslims wird zunehmen, eure Zahl kann aber nur abnehmen. Haltet fest zueinander, denn ihr wart meine Familie.«

Dann verkündete er seine drei letzten Befehle. Sie lauteten: »Vertreibt alle Götzendiener aus Arabien. Gebt allen Neubekehrten die gleichen Rechte wie euch selbst. Betet unablässig.« Als auch das getan war, erhob sich der Gesandte Gottes, blickte in die Menge und sagte: »Muslims, ist unter euch jemand, den ich beleidigt habe?« Da erhob sich aus dem Volk ein einfacher Mann und sagte, daß der Prophet einst drei Silberstücke bei ihm entliehen habe, um sie unter die Armen zu verteilen, daß er aber vergessen habe, die Silberstücke zurückzuzahlen. »Es ist besser, in dieser Welt zu erröten als im Jenseits«, sagte der Prophet und zahlte dem Mann die drei Silberstücke nebst Zinsen zurück. So nahm der Gesandte Gottes Abschied von der Gemeinde der Gläubigen.

Jetzt verringerten sich seine Kräfte zusehends. Ein Ohnmachtsanfall löste den andern ab. In den wenigen lichten Augenblicken hörte Mohammed nicht auf, über den großen Feldzug gegen Byzanz zu sprechen. Die Pläne des Staatsmanns, die Visionen des Propheten ruhten auch jetzt nicht. Der Sieg über Byzanz sollte ein Weltreich schaffen, sollte Christentum und Islam vereinen. Selbst auf dem Sterbelager hörte Mohammed nicht auf, dies große Ziel zu verkünden, Pläne zu schmieden und Befehle zu erteilen.

Noch einmal sollte es ihm vergönnt sein, zum Volk zu sprechen. Als am Freitag Abū Bakr das Gebet leitete, hatte sich das Gerücht verbreitet, Mohammed sei gestorben. Grenzenlose Verwirrung entstand in der Stadt. Um das Volk zu beruhigen, ließ Mohammed sich vor die Menge tragen und sprach mit zitternder Stimme: »Gab es denn vor mir einen Propheten, der ewig gelebt hat? Ich kehre zu dem zurück, der mich gesandt hat. Mein letztes Gebot lautet: Liebet euch, helft einander und verrichtet fromme Taten. Das allein ist wichtig, alles andere führt zur Vernichtung. Jetzt gehe ich euch voran, doch bedenkt, daß ihr mir folgen werdet.«

Wieder wütete die Krankheit im Körper des Propheten. Einer leichten Besserung folgte der Rückschlag. Das Fieber wurde stärker und stärker, der Prophet fühlte sein Ende nahen. Da befahl er, all seine Sklaven freizulassen und alles Geld, das im Haus war, an die Armen zu verteilen. Dann versank er in fieberhaften Schlaf. Leise legte ʿĀʾiša seinen Kopf auf ihre Knie, streichelte ihn und befeuchtete sein Gesicht mit kühlem Wasser. Zuletzt versuchte sie sogar eine Zauberformel anzuwenden. Sie nahm die rechte Hand des Gesandten Gottes und streichelte mit ihr sein Gesicht. Dazu sagte sie: »O Gott, des Menschen Hort, schaffe das Übel fort. Denn du bist der Heiler, und es gibt keine Heilung als deine Heilung, und dein Heilen gestattet der Krankheit kein Weilen.« Da bewegte sich die Hand Mohammeds, noch einmal öffnete er die Augen und sagte leise: »O Allāh, es sei so, unter den seligen Gefährten im Paradies.« – Dann war er tot.

Der Prophet Gottes starb am Montag, dem 12. Tage des arabischen Monats Rabielewwel, am 8. Juni des Jahres 632. Er wurde in der Hütte ʿĀʾišas beerdigt, an der Stelle, wo er gestorben war. Die Hütte wurde der Moschee einverleibt.

Blitzschnell verbreitete sich die Nachricht vom Tode Mohammeds in der Stadt. Man wollte ihr keinen Glauben schenken. Man war völlig fassungslos. Viele Muslims hielten den Propheten für unsterblich. Sein Tod bedeutete für sie den Zusammenbruch des Islam. Eine große Menschenmenge versammelte sich vor dem Hause ʿĀʾišas. Man schrie und jammerte. Der alte Haß zwischen den Parteien schien von neuem zu entflammen. Niemand wußte, was jetzt mit der Republik Gottes geschehen sollte. Der Prophet hinterließ keinen Nachfolger. Der Tod des Propheten schien der Tod des Islam.

Plötzlich öffnete sich die Tür, und aus der Hütte ʿĀʾišas

trat Abū Bakr, der Älteste unter den Muhāğirūn. Er hob die Hand und verkündete:

»Die nur an Mohammed glaubten, mögen wissen – Mohammed ist tot –
Wer aber an Mohammeds Gott glaubte, der wisse – Gott lebt und wird nimmer sterben.«

Mit fester Hand übernahm Abū Bakr die Nachfolgerschaft des Propheten. Am Tage nach dem Tode Mohammeds wurde er der erste Kalif, das heißt Stellvertreter des Gesandten Gottes, Schatten Gottes auf Erden, Beherrscher der Gläubigen.

Fünfundzwanzig Jahre nach dem Tode Mohammeds gehörte dem Islam Syrien, Ägypten, Nordafrika, Persien und Mesopotamien.

Hundert Jahre nach dem Propheten umfaßte der Islam ein Drittel der alten Welt.

Nach fünfhundert Jahren beherrschte der Islam Byzanz, Indien und Rußland, Steppe, Wüsten und Kontinente. Er stand siegreich an den Toren von Wien.

Auch heute hat er nicht aufgehört, sich neue Gebiete zu erschließen und zu erobern. –

Der Kaufmann aus Mekka hatte sein Ziel erreicht.

VIERTER TEIL

DIE WELT NACH DEM PROPHETEN

Das Imperium Mohammeds hatte zum Fundament den Geist, deshalb überlebte es seinen Gründer.

Die Kalifen setzten den Weg des Propheten fort.
Wohin führte dieser Weg?
Wie endete er?

EIN TRAGISCHER AUSGANG

> Gesinnungen leben nicht, wenn sie keine Gelegenheit haben, zu kämpfen.
>
> Thomas Mann

Man schrieb das Jahr 1924. Über der großen Stadt am Bosporus lag tiefe, undurchdringliche Nacht. Von breiten Marmormauern umgeben, ruhte inmitten des Gartens der kaiserliche Palast. Einst, vor vielen Jahrhunderten, ritt in die glänzende Stadt am Bosporus ein neuer Herrscher ein. Er tötete Romanus Palaiologus, den letzten Kaiser von Byzanz, den Beherrscher des oströmischen Reiches. Über einen Berg von Leichen ritt der neue Herrscher in die Kirche der heiligen Sophie, tauchte seine Hand in das Blut der Feinde und preßte die blutbedeckte Handfläche an die Kirchenwand. Das Abbild dieser schweren Barbarenhand wurde zum Symbol des neuen Reiches.

Jetzt schmückten die mit Gold verzierten Linien dieser Hand die Marmorpforte des alten Palastes. Totenstille herrschte im Monat März des Jahres 1924 in dem Palast. Lautlos wandern die wenigen Wärter durch die prunkvollen Säle. Irgendwo in einem fernen Gemach ruht ein älterer Herr mit grauen Haaren. Diesem Herrn gehören der Palast, das goldene Siegel an der Pforte und die Erinnerung an den großen Ahnen mit der schweren, blutigen Barbarenhand. Der Name des älteren Herrn ist ʿAbd al-Maǧīd ibn ʿAbd al-Azīz Ḫān. Sein Titel lautet: Beherrscher der Gläubigen, Schatten Gottes auf Erden, Statthalter des Gesandten Gottes.

Im abseitigen Gemach, im Schatten der großen Stille, entsann sich ʿAbd al-Maǧīd der Schar seiner kraftvollen Ahnen, die einst den gleichen Titel trugen wie er, die ihn gewaltsam eroberten und ihn Jahrhunderte hindurch in Glanz und Ehren führten.

Aus den Tiefen der mittelasiatisch-mongolischen Steppen herausgeschleudert, erschienen eines Tages am Rande des islamischen Reiches junge, starke und wilde türkische Nomaden. Sie wurden zum Schwerte des Kalifats, eroberten Kleinasien und brachten das byzantinische Reich zu Fall. Mit Leichtigkeit rissen sie dem müden, kraftlosen, arabischen Kalifen die Macht aus den Händen.

Die Herrschaft über den Staat Gottes, den Schutz des Islam und der heiligen Städte, die Stellvertretung des Gesandten Gottes auf Erden übernahm das Āl-i ʿUṯmān, das glänzende Haus ʿUṯman.

Wieder vergingen Jahrhunderte. Das Reich dehnte sich aus und mit ihm die Macht, der Glanz und der Ruhm der stolzen Kalifen am Bosporus, der Herrscher von Stambul.

Jetzt lag im fernen Gemach des großen Palastes der letzte aus der langen Reihe der Herrscher: ʿAbd al-Maǧīd ibn ʿAbd al-Azīz Ḫān. Sein Reich war immer noch groß. Ihm gehörten die frommen Seelen der dreihundert Millionen, sein Name wurde jeden Freitag in den Moscheen gepriesen. Er hatte die Stellvertretung des Propheten inne. Doch waren seine Macht und Kraft gelähmt. Er herrschte eigentlich nur noch über den Palast, über die grünen Gärten am Bosporus und über die Insignien des Kalifats. Über die Städte und das Land, das einst seine Väter regiert hatten, herrschte jetzt ein blonder, strenger General, dessen Pläne niemand durchschaute. Der Name dieses Generals war Mustafa Kemal Pascha.

Der Kalif lag in Gedanken versunken. Und während die Reihe seiner Ahnen an ihm vorüberzog, klopfte es plötzlich an der Tür. Ein Offizier, ein Vertreter des Paschas, trat ein. Er wollte den Kalifen sprechen. Durch die Dunkelheit des Palastes tönten energische Schritte. Im Nachtgewand, dürftig bekleidet, führte man den Schatten Gottes auf Erden, den Statthalter des Gesandten Gottes, durch den Palast. In dem großen, leeren Thronsaal, wo einst der islamische Papst die Huldigungen der Welt empfangen hatte, blieb der Offizier stehen. Der zitternde Greis mußte den Thron besteigen. Mit bebender Stimme verlas er in der Dunkelheit der Nacht ein Schreiben, das ihm der Offizier vorgelegt hatte. Der Inhalt dieses Schreibens lautete wie folgt: ›Ich, 'Abd al-Maǧīd, verzichte für mich und für das gesamte Haus 'Uṯmān auf alle Rechte des Kalifats und Sultanats, auf die geistliche und weltliche Macht des Islam.‹ Nur wenige alte, gebrechliche Diener lauschten seinen Worten. Der Palast war leer. Müde klang durch die drohende Leere des Prunksaals die Stimme des Schattens Gottes auf Erden.

Am nächsten Tag verließ der Kalif und nach ihm das ganze Haus 'Uṯmān das Gebiet der türkischen Republik. Die Welt des Islam, die dreihundert Millionen Mohammedaner in Indien, der Türkei, Rußland und Ägypten erfuhren, daß es keinen Kalifen, keinen Stellvertreter Mohammeds auf Erden mehr gab.

Dies geschah im Palast zu Stambul am 3. März des Jahres 1924.

Niemand wurde in jener Nacht im Palast getötet. Am 3. März des Jahres 1924 starb aber zu Stambul die Idee, die einst in traumhaften Visionen einem Kaufmann aus Mekka erschien. Der Staat Gottes, die Idee von der Einheit der Menschen im Islam war tot. Niemand auf Erden vertrat das Wort Mohammeds.

Dreizehnhundert Jahre regierten die Kalifen, die geistigen Erben des Propheten, die Welt des Islam. Sie bauten am Staate Gottes und vermochten den Bau nicht zu vollenden. Ein ehrgeiziger General und ein draufgängerischer Offizier genügten scheinbar, um einen jahrtausendealten Bau zu vernichten, um das Werk jenes legendenumsponnenen Kaufmanns aus Mekka zu zerstören.

Haben sie seine Lehre wirklich vernichtet? Ist seine Idee wirklich tot? Hatte der Prophet zu Mekka umsonst gepredigt? Hatten ein Jahrtausend lang die Menschen ihr Gesicht umsonst gen Mekka gewandt und gerufen: »Es gibt keinen

Gott außer Allāh, und Mohammed ist sein Prophet?« Was blieb von der Idee erhalten? Wer verkörpert sie heute in der Welt des Orients?

Der Werdegang des Islam soll darauf Antwort geben.

DAS SCHICKSAL EINER IDEE

> Nur das Kleine im Leben geht gut aus, alles übrige ist tragisch.
>
> Keyserling

Mohammed warf die Idee vom Staate Gottes in die Welt.

Was ist aus dieser Idee geworden?

Nicht ohne Kampf war es Abū Bakr gelungen, die Erbschaft des Propheten zu übernehmen. Der Tod Mohammeds spaltete die Frommen der Stadt Medina. Die Sippe Hāšim, das Fleisch und Blut des Propheten, verlangte, daß einer der Ihren, in diesem Falle ʿAlī, das Erbe des Propheten antreten solle. Das gleiche verlangten die Anṣār, die den Propheten geschützt hatten. Auch sie stellten einen Kandidaten auf, und zwar den Führer der Ḫazraǧ Saʿd ibn ʿUbāda. Unter höchst dramatischen Umständen war es schließlich Abū Bakr gelungen, die Huldigungen beider Parteien auf sich zu vereinen. Kennzeichnend für das allgemeine Chaos, das in Medina herrschte, ist die Tatsache, daß man vergessen hatte, die Leiche des Propheten zu bestatten. Erst sechsunddreißig Stunden nach dem Tode, als die Leiche bereits zu verwesen begann, schritt man zur Beisetzung. Diese sechsunddreißig Stunden benutzte Abū Bakr zur Gründung des arabischen Kalifates.

Der Tod Mohammeds war nicht nur für Medina ein Signal zum allgemeinen Wirrwarr. Alle Wüstenstämme fielen plötzlich vom Islam ab und verweigerten die Steuerzahlung. Doch war Abū Bakr nicht umsonst der älteste Freund und Mitkämpfer des Propheten gewesen. Mohammeds Geist lebte in Abū Bakr fort. Einige wenige Feldzüge genügten, um die Einheit des Staates wiederherzustellen. Hiernach ging Abū Bakr an die Vollstreckung des Propheten-Testamentes, an die Eroberung der Welt. Diese Welt bedeutete für Abū Bakr zunächst Iran und Byzanz. Gegen beide schickte er seine Regimenter.

Im März des Jahres 633, kaum ein Jahr nach dem Tode des Propheten, überschritt die Armee des ersten Kalifen die Grenzen von Iran. Der Führer dieser Armee war Ḫālid ibn al-Walīd. Achtzehntausend Krieger folgten ihm. Im Irak kämpfte er gegen die Armee des persischen Statthalters al-Hurmuzān. Diese sogenannte ›Kettenschlacht‹ endete mit dem Sieg des Islam. Nach kaum einem Jahr gehörte halb Mesopotamien dem Kalifen.

Dann folgte der syrische Feldzug. Wieder führte Ḫālid die Gläubigen und schlug bei Yarmūk das vielfach überlegene Heer der Byzantiner. Die Nachricht von diesem gewaltigen Sieg erreichte den Kalifen Abū Bakr, als er bereits im Sterben lag. Nur zwei Jahre hat Abū Bakr regiert. Alles, was er tat, war die Ausführung der Pläne und Absichten des Propheten. ›Durch Abū Bakr fiel Mohammeds Schatten auf die Erde‹, sagten seine Biographen. Seine einzige selbständige Tat war die Festlegung der Staatsform, und auch diese lag im Sinne des Propheten. Der Islam sollte eine wählbare Monarchie sein. Abū Bakr verstand es, ʿAlī und die Seinen auszuschalten, und veranlaßte, daß ʿUmar, der energischste unter den Muslims, zu seinem Nachfolger gewählt wurde.

ʿUmar war der Paulus des Islam. Er gab der Idee vom Staate Gottes deutlich umrissene und weithin sichtbare Formen. Finanzen, Verwaltung, Justiz, alle von Mohammed nur angedeuteten Elemente eines geordneten Staates, sind von ʿUmar geschaffen und weiterentwickelt worden. Umringt von Muhāǧirūn und Anṣār, regierte ʿUmar von der Stadt Medina aus ein Riesenreich. Seine bewegte Vergangenheit eines Schmugglers, Kaufmanns und Soldaten kam ihm jetzt zustatten. Er wußte in allen Regierungsfragen Bescheid, entschied persönlich auch die kleinste Angelegenheit und regierte rast- und ruhelos zehn Jahre über ein von seiner Wucht erschüttertes Reich. ʿUmar war auf dem besten Weg, die Idee vom einheitlich demokratischen und dennoch absolutistischen Staate Gottes zu verwirklichen. Seine Armeen drangen siegreich in die Länder des Unglaubens. Bei Qudīsīya, im Herzen Iraks, fand die entscheidende Schlacht zwischen Persien und dem Islam statt. Drei Tage dauerte der Kampf. In der vierten Nacht, in der ›Nacht des Jammers‹, gewannen die Araber das Übergewicht. Als sie sich anschickten, die Perser zu verfolgen, schlug einer der Muslims dem persischen Leitelefanten den Rüssel ab. Das Tier, durch den Schmerz zur Raserei gebracht, stürzte sich auf die persische Armee, und alle anderen Elefanten folgten ihm, so daß bei den persischen Truppen eine heillose Verwirrung ausbrach. – Rustam, der Regent des persischen Reiches, fiel im Kampf. Mit ihm fiel das diamantenbesetzte Tigerfell, die kaiserliche Standarte des Iran, in die Hände der Sieger.

Der Weg nach Persien war frei. Nur noch wenige Jahre brannten die Feuer Zarathustras. Die Fluten des Islam löschten sie aus. Der Kleinkrieg in den Provinzen konnte nichts mehr daran ändern. Im Jahre 651 fiel, von allen verlassen, von der Hand eines Meuchelmörders getötet, Yazdagard III., der letzte Kaiser des Iran. »Wir kannten die Araber nur als Bettler und Landstreicher, Gott wollte, daß wir sie als Krieger kennenlernen mußten«, sollen seine letzten Worte gewesen sein.

Noch rascher als über Persien war der Sieg des Islam über Syrien und Palästina. Nur mit Mühe konnte der greise Kaiser Herakleios das heilige Land des Christentums und die Stadt Jerusalem schützen. Überall drangen die Muslims vor. Im Jahre 636 verließ der schwerkranke, sterbende Herrscher die heilige Stadt. Er führte das heilige Kreuz mit sich und dachte nicht mehr an eine Rettung. Wenige Jahre später konnte ʿUmar in ärmlicher Kleidung auf einem alten rothaarigen Kamel, umringt von siegreichen, goldbedeckten Generälen, in Jerusalem einziehen. An ʿUmars rechter Seite ritt der Patriarch von Jerusalem, und ʿUmar befahl, ihm königliche Ehren zu erweisen, denn ein tolerantes Gesetz sollte das

Christentum schützen. In der Tat wurde kein Einwohner der Stadt Jerusalem des Glaubens wegen getötet.

Als Jahrhunderte später die Kreuzritter die heilige Stadt bezwangen, sollte kein Muslim, keine Frau und kein Kind verschont bleiben. Ein fürchterliches Blutbad krönte den Sieg der Kreuzritter. – Nach der Eroberung Jerusalems durch den Islam erbaute aber 'Umar eine große Moschee an der Stelle des alten Tempels. Dies wurde die drittheiligste Moschee des Islam.

Ebenso rasch erfolgte die Eroberung Ägyptens. 'Amr ibn al-'Āṣ, der Dichter, Diplomat und Satiriker, drang mit viertausend Mann in das Niltal ein. Die Bevölkerung empfing ihn mit Jubel, denn er brachte Befreiung von dem Sektenkampf und der erdrückenden Last der Steuern. Nur Alexandrien leistete einigen Widerstand. Als sich aber nach dem Tode des Herakleios der byzantinische Hof erbittert um sein Erbe zu streiten begann, konnte der listige arabische Dichter als Sieger in die glänzende Hauptstadt des großen Alexanders einziehen.

Der Eroberer Alexandriens, der stolze 'Amr, sandte in die barbarische Wüstenstadt Medina lange Berichte über den Glanz seines Sieges. Er schrieb: ›Ich habe eine glänzende Stadt mit zwölftausend Vergnügungsstätten und vierzigtausend Juden erobert.‹

Die Mengen von Gold und Reichtum, die jetzt von allen Seiten zum Hofe des Kalifen strömten, änderten nichts an der patriarchalischen Art seines Lebens. Zwar sparte 'Umar nicht, sondern ermöglichte der neuen Aristokratie von Medina ein glänzendes, sorgenfreies Dasein. Dotationen, Renten und Güter wurden unter die Frommen verteilt. Der Kalif selbst begnügte sich jedoch mit dem Allernotwendigsten. Die puritanischen Lehren Mohammeds hatten in seinem Wesen Wurzel gefaßt. Er setzte zum Beispiel den großen Krieger Ḫālid ibn al-Walīd, der für den Islam viele Siege erfochten hatte, nur deshalb ab, weil er kein sittenstrenges Leben führte. Als er erfuhr, daß Sa'd, der Eroberer Persiens, sich in Kūfa einen Palast bauen wollte, schrieb er an den verdienten Feldherrn: ›Ich habe gehört, daß Du Dir einen Palast in der Art der Paläste des Khosrau II. errichten willst. Beabsichtigst Du vielleicht auch, an der Tür dieses Palastes eine Wache aufstellen zu lassen, damit sie den Bittstellern, die zu Dir kommen, den Weg versperrt?‹ Auf diesen Brief hin wurde der neuerbaute Palast zerstört. Wenn sich ein General nach siegreich beendetem Feldzug, mit den frisch erbeuteten Edelsteinen geschmückt, beim Kalifen zeigte, hob dieser einen Stein vom Boden und warf ihn voll Wut nach dem Krieger. Denn strenge Zucht, Bescheidenheit und das Gebet sollten die Führer des neuen Staates schmücken.

In der Politik vertrat 'Umar das unerbittliche Prinzip des Tafḍīl, der Vorherrschaft der frommen Anṣār und Muhāǧirūn über die gesamte Gemeinde der Gläubigen. Nur wer an der Seite des Propheten gelebt hatte, war würdig, den neuen Staat zu führen. Unter dem Kalifat 'Umars wurde die ausgedehnte Familie der Anṣār und Muhāǧirūn zur Regierungsclique des neuen Staates. Aus ihren Reihen entstammten die Feldherrn, Vorbeter und Provinzgouverneure, sie empfingen den größten Beuteanteil und betrachteten den Staat Gottes als gegebene Domäne der Helfer des Gesandten Gottes. Wer seinerzeit, auf der Suche nach Reichtum und Beute, sich Mohammed angeschlossen hatte, wer an irgendeinem Wüstenraubzug unter Mohammeds Führung teilgenommen hatte oder gar bei Badr oder Uḥud verwundet worden war, durfte jetzt sein Leben lang im Schutze frommer Erinnerungen schmarotzen.

Gold, Reichtum und Belohnungen aller Art waren der Lohn für die Frommen. Die alten Begriffe der arabischen Aristokratie waren völlig umgestoßen worden. Die edlen Familien von Mekka, die es versäumt hatten, sich dem Propheten rechtzeitig anzuschließen, wurden in den Staub getreten. Über den Riesenstaat, über die Armee und über den Reichtum herrschte die Gemeinde der Frommen. Mit Verachtung blickten die gläubigen Medinenser auf die neubekehrten Herren aus Mekka, auf die ehemaligen Feinde von Badr und Uḥud. Die Macht von Mekka war augenscheinlich für immer gebrochen, und die Frommen von Medina hatten außerdem den wichtigsten aller Vorteile, sie durften aus ihrer Mitte den Führer des neuen Staates, den Kalifen, wählen. Allmählich, für die Beteiligten selbst beinahe unmerklich, wurde die Regierungsschicht von Medina zu Schmarotzern und Kletten der Staatskasse. Nur wenige von ihnen fühlten, welche Verantwortung seit dem Tode des Propheten auf ihren Schultern ruhte. Die meisten wußten nur, daß sie jetzt für die einstigen Entbehrungen reichlichen Lohn einheimsen durften. ʿUmar war einer der wenigen, der den Islam auf dem Weg des Propheten weiterführte und die große Idee, die einst Mohammed begeistert hatte, zielbewußt zu entwickeln wußte.

Als ʿUmar im Jahre 644 dem Anschlag eines christlichen Handwerkers zum Opfer fiel, ernannte er keinen Nachfolger, sondern wahrte die Idee der wählbaren Monarchie. Sechs der ältesten Mitkämpfer des Propheten sollten aus ihrer Reihe den neuen Kalifen wählen.

Die Wahl der sechs Weisen war keineswegs glücklich. Sie ernannten ʿUṯmān, den greisen Schwiegersohn des Propheten, zum Kalifen. ʿUṯmān war alt, fromm, leicht beeinflußbar und höchst ungeeignet für Regierungsgeschäfte. Ihm gebührt allerdings das große Verdienst der endgültigen Zusammenfassung des Korans. Er sammelte die einzelnen Kapitel des göttlichen Buches und entfernte manches daraus, was die Bewohner Medinas als Gottes Wort verkündet wissen wollten. Das brachte ihm vielfach den Haß seiner Mitbürger ein.

Der alte ʿUṯmān war der tragische Wendepunkt des Islam. Auch er vertrat den Gedanken vom Staate Gottes, von der ewigen Gleichheit der Menschen und von der Führung der puritanischen, frommen Republik Gottes durch die Schüler des Propheten. Und doch trifft ihn die Schuld, daß der Staat Gottes nicht durch Jahrhunderte hindurch seinen ursprünglichen Charakter bewahrt hat.

ʿUṯmān entstammte einem vornehmen mekkanischen Haus, er war ein Blutsverwandter der Umaiya und liebte die

Stadt seiner Geburt gleich dem Propheten. Doch gipfelte seine Liebe zu Mekka in der Liebe zu seiner glänzenden, alten und edlen Familie. Als seine Herrschaft begann, erschienen nach und nach immer mehr seiner armen, getretenen, mißachteten Verwandten aus Mekka in Medina. Sie alle waren reine, vollblütige Umaiya. Der fromme Greis konnte sich den Einflüssen der Verwandtschaft nicht entziehen und schenkte ihren Beteuerungen, daß sie überzeugte Muslims seien, Glauben.

Unter dem Schutze 'Uṯmāns wagten sich die Umaiya von neuem ans Licht der islamischen Öffentlichkeit. Sie bereuten ihre Sünden. Der Kalif konnte infolgedessen nicht umhin, seine tüchtigen Neffen zu Gouverneuren der Provinzen zu ernennen und ihnen politische Macht zu verleihen. Das bedeutete seinen Untergang. Die fromme Regierungsclique von Medina fühlte den Boden unter ihren Füßen schwinden. Die schlimmsten Feinde des Propheten, die Söhne Hinds, gelangten zur Macht. Mit ihnen wollten die frommen Muhāǧirūn und Anṣār die Macht über den Islam nicht teilen. Es bedeutete ja beinah einen Rückfall ins Heidentum, daß, wenige Jahre nach dem Tode des Propheten, seine schärfsten Gegner führende Stellen im Islam erhielten. Ein Sturm der Entrüstung erhob sich in Medina, und dieser Sturm vernichtete den greisen Kalifen.

Als man 'Uṯmān gewählt hatte, erwartete man von ihm die übliche Antrittsrede der Kalifen. Viel Volk hatte sich in der Moschee versammelt und machte dem alten 'Uṯmān ehrfurchtsvoll Platz, als er die Kanzel bestieg. 'Uṯmān verblieb eine halbe Stunde auf der Kanzel, blickte ratlos in die Menge und brachte kein Wort heraus. Schließlich wurden die Gläubigen ungeduldig, und nach längerem Zögern entschloß sich der gebrechliche Greis auf der Kanzel zu dem gewagten Satz: »Aller Anfang ist schwer.« Nach diesen Worten verließ er zum Erstaunen der Menge tief seufzend die Kanzel und begab sich in sein Haus.

Es stellte sich nun heraus, daß nicht nur der Anfang schwer war, das Ende des alten 'Uṯmān sollte noch um vieles schwerer sein. Eines Tages erschienen einige Beduinen vor dem Hause ʿUṯmāns und beschimpften ihn, weil er die Umaiya an die Macht gelassen hatte. Dann drangen sie in sein Gemach ein und verlangten seine Abdankung. ʿUṯmān war zwar ein schwacher Mensch, er verstand aber seine Würde zu wahren. Ohne die Eindringlinge zu beachten, las er weiter im Koran. Da ermordete man ihn ohne viel Umstände. Die wenigen Mekkaner, die ihn zu verteidigen suchten, mußten aus der Stadt fliehen.

Das Amt des Kalifen übergab die fromme Clique von Medina ihrem würdigsten Vertreter ʿAlī, dem Vetter des Propheten, dem ersten unter den Gläubigen. So erfüllte sich zum ersten- und letztenmal im Islam der Traum der Hāšims. Ein Vetter des Propheten trat das Erbe Mohammeds an. Dreimal war ʿAlī vom Thron abgedrängt worden. Er hatte aber nie aufgehört, sich als alleinigen rechtmäßigen Erben zu betrachten. Die Kalifen, die ihm den Thron nahmen, versuchten ihn dafür stets reichlich zu entschädigen. Schätze häuften sich um ihn, und je größer sein Reichtum wurde, um so stärker vermehrte sich die Zahl seiner Anhänger. Jetzt, als es hieß, die Macht gegen die mekkanischen Eindringlinge zu verteidigen, scharten sich die Gläubigen um ihn. In den Provinzen des neuen Reiches, wohin ʿAlī die frommsten Medinenser als Gouverneure entsandte, wollte man ihn aber nicht anerkennen. Im Gegenteil, an der Spitze eines großen Heeres zog ihm ʿĀ'iša, die Mutter der Gläubigen, entgegen. Hiermit wurde der Bürgerkrieg im Staate Gottes zur Tatsache. In der blutigen sogenannten Kamelschlacht siegte ʿAlī über die Aufständischen. ʿĀ'iša wurde gefangengenommen und mit allen Ehren nach Medina gebracht. Als ʿAlī nunmehr endlich die Herrschaft über das Kalifat antreten wollte, erhob sich am Horizont der arabischen Politik ein neuer Name. Dieser Name war Muʿāwiya ibn Abī Sufyān, Statthalter von Syrien. Alles, was der frommen Regierungsschicht in Medina verhaßt war, gipfelte in der Person Muʿāwiyas. Er war ein Mekkaner, ein Umaiya und der leibliche Sohn von Abū Sufyān und Hind. Nur durch die Nachgiebigkeit und Schwäche ʿUṯmāns kam er auf einen leitenden Posten der Verwaltung. Seine Frömmigkeit war mehr als zweifelhaft, sein Haß gegen die Medinenser dagegen grenzenlos. Dafür war Muʿāwiya ein geborener Aristokrat, der an Herrschaft und List des Herrschens gewöhnt war. Er verkörperte alle Eigenschaften der Quraiš und streckte jetzt seine machtgierigen Hände nach dem Throne des Kalifen aus.

Der mutige, fromme und wenig gefestigte ʿAlī war kein ebenbürtiger Gegner für ihn. Bei Ṣiffīn am Euphrat traf Muʿāwiya mit der Armee der Anṣār und Muhāǧirūn zusammen. Das Heer ʿAlīs war dem Heer der Aufständischen bei weitem überlegen. Drei Tage dauerte der Kampf, und das Heer ʿAlīs siegte. Da banden die Truppen Muʿāwiyas Koranverse an ihre Lanzen, und dieser bescheidene Ausdruck der Frömmigkeit genügte, um die fromme Armee zum Stillstand zu bringen. ʿAlī wagte nicht gegen das Wort Gottes zu kämpfen. Er ließ sich auf Verhandlungen ein und zog den kürzeren. Auf dem großen Schlachtfeld von Ṣiffīn unterlag die Idee vom Staate Gottes der List eines Umaiya.

Noch einmal versuchte die Idee des Propheten gegen die nüchterne Welt der Politik in den Kampf zu ziehen. Auf dem Schlachtfeld von Ṣiffīn löste sich von der Armee ʿAlīs eine Schar der Allerfrömmsten, in denen die Idee vom gerechten Staate Gottes noch lebendig war. »Wir wollen ausziehen auf dem Pfad Gottes«, erklärten sie und wurden deshalb ›Ḫāriǧiten‹, das heißt die Auswanderer, genannt. In den Wirren des Bürgerkrieges waren sie bald die einzigen, die den reinen Glauben hochhielten. Sie waren in Geist und Tat die direkten Erben des Propheten.

Am 21. Januar des Jahres 661 fiel der Kalif ʿAlī, von der Hand eines Fanatikers ermordet. Mühelos übernahm Muʿāwiya das Kalifat, die Herrschaft über die Welt der verhaßten Haschimiten. Es ist eine unübertreffliche Ironie der Weltgeschichte, daß gerade das Haus Umaiya, die verbissensten Gegner Mohammeds, aus dem Werk des Propheten den größten Nutzen zogen. Denn mit dem Antritt der Umaiyas wurde das Kalifat erblich.

Drei Bewegungen versuchten die Idee vom freien Staat Gottes zu retten. Es waren zuerst die Ḫāriǧiten, die edelsten unter den Gläubigen, dann die fromme, machtdurstige, reichgewordene Clique von Medina und schließlich die direkten Erben des Propheten, die Nachkommen ʿAlīs. Alle drei Bewegungen wurden von den ersten beiden Kalifen des Hauses Umaiya in Blut erstickt. Am verzweifeltsten kämpften die demokratischen Puritaner des Islam, die letzten Vertreter des reinen Glaubens, die Ḫāriǧiten. Sie wurden auch am nachdrücklichsten bekämpft und schließlich fast ausgerottet. Es gelang nur wenigen unter ihnen, die Idee, die sie trieb, den künftigen Generationen zu übermitteln.

Ein tragisches Schicksal erwartete auch die frommen Mitkämpfer des Propheten. Im letzten Augenblick, als das Heer des neuen Kalifen gegen Medina rückte, fanden sie ihren Mut wieder. Ehrwürdige Greise, Muhāǧirūn und Anṣār, stürzten sich mit jugendlicher Kraft in die Schlacht. Plötzlich entsannen sich alle der Zeiten, als der Prophet selbst die Schlachten leitete. Es wurde selten mit ähnlichem, fanatischem Haß gekämpft wie vor den Toren von Medina. Die Greise hatten die Kunst, ehrenhaft zu leben, vielfach vergessen, doch verstanden sie jetzt heldenhaft zu sterben. Die Stufen des großen Hofes der Prophetenmoschee bedeckten sich mehr und mehr mit dem Blut der ältesten Freunde des Gesandten Gottes. Der Kalif siegte trotz des heldenmütigen Widerstandes. Seine Reiter benutzten die Moschee als Stall für ihre Pferde.

Auch die Enkel des Propheten, die Söhne ʿAlīs, Ḥusain und Ḥasan, fielen in dem hoffnungslosen Kampf mit den Umaiyas. Die Schar der ʿAlīden wurde zerstört, die Šīʿat-Alī – die Partei ʿAlīs – war damit für immer vom Herrscherthron verdrängt. Doch hörte sie während der ganzen Geschichte des Islam niemals auf, in blutigen Kämpfen auf ihr Recht hinzuweisen. Auch heute noch ist der Name Muʿāwiyas oder der seines Nachfolgers Yazīd der schwerste Fluch im Munde eines frommen Schiiten.

Vierzig Jahre dauerte der Bürgerkrieg. Nach seiner Beendigung herrschte im Lande des Propheten das Haus Umaiya. Der Hof des Kalifen wurde zum Hof eines Kaisers. Paläste, prunkvolle Zeremonien, Feste, Gelage, Wein und schöne Frauen erfüllten das Leben des Kalifen, des Schatten Gottes auf Erden, des Statthalters des Gesandten Gottes.

Die Idee vom Staate Gottes schien besiegt.

Noch lebt sie aber.

DAS PARADIES DER FROMMEN

> Der Koran? Welch schlechte Astronomie, aber welch hohe Poesie!
>
> Puschkin

Im Islam entstanden Heldengenerationen. Todesverachtung und äußerste Kampfentschlossenheit wurden zum Kennzeichen dieser Religion. Die nüchternen, rationalistischen Beduinen entwickelten sich zu fanatischen Glaubenskämpfern. Heldenhaften Mut und absolute Hingabe an die Sache Gottes verstand der Islam sämtlichen Völkern einzuflößen, die er jemals beherrscht hat. Araber, Perser, Türken, Berber, sie alle wurden im kriegerischen Fanatismus vereint.

Ungern setzt der Beduine sein Leben aufs Spiel, wenn er keinen ausreichenden Lohn zu erwarten hat. Es war vielleicht die weitsichtigste Tat Mohammeds, gerade die einfachen Wüstensöhne zu packen und zu begeistern. Das Ideal der Beduinen wurde die Lehre vom Jenseits, die Lehre vom Paradies, von der Vergeltung der Taten, die Lehre vom Lohn, der den Märtyrer und Glaubenskämpfer erwartet. Diese Lehre hat Mohammed dem Beduinen als ein unerschütterliches Gut beizubringen verstanden.

Die rhythmischen Verse, die in den glühendsten Farben den Lohn der Frommen schildern, entflammten die Begeisterung der Völker des Orients. Der naive Glaube an die wörtliche Bedeutung der Schilderungen machte aus den räuberischen Beduinensippen ein opferbereites, kampfentschlossenes Heer. Das Bild vom Jenseits, das Mohammed entwarf, packte und erschütterte den schwärmerischen Orient. In unzähligen Varianten wurden die Worte Mohammeds, die er anläßlich der Schlacht bei Badr aussprach, wiederholt: ›Nur der Schwertschlag des Feindes trennt euch vom Paradies.‹ Man sehnte sich nach dem Märtyrertod, nach der blitzschnellen Verwirklichung der lebensnahen Schilderung des göttlichen Buches. Nicht die mehr nüchternen sozialen als religiösen Lehren, sondern der plötzlich sich entfaltende Glaube an das Paradies führte die Armee des Islam von Sieg zu Sieg, entwickelte die friedliche, lebensbejahende Religion zu einem kämpferischen Glaubensbekenntnis.

Hören wir aber, was der Koran selbst den Beduinen zu sagen hatte, wie er sie überwältigend in seinen Bann schlug:

›Das irdische Leben ist nur ein trügerisches Zerrbild (Koran Sure 3, Vers 182), ist nur ein Spiel, denn das wahre Leben des Menschen ist das Jenseits (29,64). Der Tod ist der Übergang von der einen Welt in die andere. Sagt nicht, daß diejenigen, die auf dem Pfade Gottes (also im Kriege) fielen, tot sind. Nein, sie leben in Gott, durch ihn bekommen sie Nahrung, durch ihn sind sie von Freude erfüllt‹ (3,163).

Die Seele des Menschen ist unsterblich, doch ist der Glaube an diese Unsterblichkeit für den Araber nur schwer begreiflich. ›Die Ungläubigen fragen‹, sagt der Koran, ›wenn wir zu Knochen werden oder zu Staub, wie wird es dann möglich sein, daß wir neu erstehen?‹ Antwortet: ›Ihr werdet auferstehen, selbst wenn ihr zu Stein oder zu Eisen werden solltet.‹ – ›Wer soll uns aber das Leben wiedergeben?‹ Sprich: ›Der, der euch zum erstenmal erschaffen hat‹ (17,52/53).

›Weiß der Mensch nicht, wie wir ihn schufen, als er noch ein Nichts war? Wir schufen ihn aus Staub, und der Staub streitet jetzt mit uns‹ (17,101). ›Du sahst die Erde ausgedörrt von der Sonne, wir aber schickten Wasser, da wurde sie weich und gebar Früchte. So gab das himmlische Wasser der toten Erde neues Leben, so wird auch die Auferstehung stattfinden‹ (50,11). Den Beweis von der Unsterblichkeit leitet der Koran von den einfachsten Lebenserscheinungen her: ›Sahst du das Feuer, wie es durch die Reibung entsteht?

Wer schafft das Holz, das es zur Reibung braucht? Du oder wir?‹ (56,70–72)

Wann die Auferstehung kommen wird, weiß man nicht. Es ist auch unnötig, darüber nachzugrübeln. Dieser Tag kommt plötzlich und gleicht einem Blitzschlag. Dem Frommen sollen aber seine Merkmale bekannt sein: ›Vor dem Tage der Auferstehung wird Gott ein Volk erstehen lassen, durch das die Juden schreckliche Qualen erdulden müssen‹ (7,166). ›Dann erscheint der Heiland Jesus und wird die Erde durchschreiten. Am Tage der Auferstehung und des Jüngsten Gerichts werden die Berge zu wandern beginnen, und die Erde wird, von der Last der Berge befreit, erbeben‹ (99,1). ›Aus der Tiefe der Erde wird ein Ungeheuer sich brüllend erheben und verkünden: ‚Wahrlich, die Menschen glauben nicht an die Wunder Gottes.' Dann verläßt die Amme den Säugling, die Mutter das Kind, der Bruder die Schwester. Die Menschen werden trunken vor Angst sein‹ (22,2). ›Wilde Tiere sammeln sich in Horden, und Berge werden durch die Luft fliegen wie die Flocken der Wolle. Der Himmel wird sich zusammenrollen wie ein Schriftstück in der Hand Gottes‹ (81,2–5; 21,104).

›Der Mond spaltet sich, die Sonne schrumpft zusammen. Sterne stürzen vom Himmel, Meere steigen aus den Ufern, und ein dicker Qualm bedeckt die Erde‹ (81,1,2,3; 44,9). ›Dann ertönt plötzlich eine Trompete, und alles auf Erden sinkt tot zu Boden. Dann läßt Gott zum zweitenmal die Trompete blasen, und alles, was je gelebt hat, entsteht zu neuem Leben‹ (39,68).

Eine große Schlucht öffnet sich dann, und ein haarscharfes Schwert as-Sīrat wird über die Schlucht gelegt. Jeder Mensch muß auf des Schwertes Schneide über die Schlucht gehen. Die Frommen werden ohne Mühe die Schlucht passieren können. Wehe aber den Sündern. Sie stürzen in die Tiefe, und weder Reichtum noch Macht wird sie retten können. Denn jetzt beginnt das Jüngste Gericht.

›Der allmächtige Richter erscheint in der Dunkelheit der Wolken, und Engel werden ihn umgeben (2,206). Schweigend wird vor ihm die Menschheit stehen, und er scheidet sie in drei Teile. Ein Teil der Menschheit steht rechts vom Allmächtigen (o wie glücklich werden die Leute zur Rechten sein), ein Teil in der Mitte und ein Teil links. Rechts stehen die Frommen, links die Sünder, in der Mitte aber die Frömmsten unter den Frommen, die Lieblinge des Allmächtigen (56,7–11). Für jedes Volk, für jeden Menschen wird ein Zeuge gestellt. Und jedes Volk der Welt wird zum Buche seines Schicksals berufen und wird kniend vor dem Allmächtigen liegen (45,27). Dann erheben sich die Propheten, die Gott zu jedem Volke gesandt hat, und sagen: ‚Wir wissen nichts, du allein kennst das Verborgene.' Und dann sagt Gott zu Jesus, dem Sohne der Maria: ‚Hast du den Menschen gesagt: Ich und meine Mutter sind Götter wie der Allmächtige?' Und der Sohn der Maria wird schwören, daß solche Worte nie über seine Lippen kamen. Und wieder verkündet dann der Allmächtige: ‚Der heutige Tag ist der Tag der Strafe und der Belohnung' (5,116,119). Und jeder Mensch tritt vor das Gesicht Gottes, und vor jedem wird das Buch seiner Taten aufgerollt, und er wird darin lesen müssen. Nichts wird dann verheimlicht bleiben, nichts wird dann den Sünder retten können. Alles wird gegen ihn zeugen – seine Augen, seine Ohren, seine Haut (41,19). Und Gott wird befehlen: ‚Nehmet ihn, fesselt ihn und brennt ihn im Feuer der Hölle.' Seine Kinder, seine Frauen, seine Eltern, sie alle wird der Sünder opfern wollen, um seinem Schicksal zu entrinnen. Nichts wird ihn aber erlösen können, denn jeder wird nach seinen Taten gerichtet. Doch werden gute Taten zehnfach belohnt, böse Taten werden aber nur gemäß ihrer Sündhaftigkeit bestraft‹ (6,161). Denn groß ist die Gnade des Allmächtigen. –

Vom Lichte begleitet, vom Lichte umgeben strömen dann die Frommen und Märtyrer zur Pforte des Paradieses. ›Hier ist die Pforte des Paradieses, das den Frommen versprochen ward. Flüsse, deren Gewässer immer frisch sind, Flüsse mit Milch, deren Geschmack sich nicht ändert, Flüsse von Wein, Flüsse von süßem Honig und ewige

Vergebung aller Sünde (47,16,17). Das Paradies ist so groß wie Himmel und Erde zusammen. Es ist in vier Teile geschieden gemäß der Frömmigkeit der Frommen. Die höchste Stufe gebührt denen, die auf dem Pfade Gottes ihr Gut und ihr Leben ließen (9,20). Das Glück des Paradieses kann nicht beschrieben werden. In großen Gärten werden Propheten und Märtyrer, Fromme und Wohltäter versammelt sein. Engel werden die Frommen begrüßen, und Gott selbst wird in ihrer Nähe weilen. Hier werden alle Brüder sein (15,47). Kinder werden sich mit den Eltern vereinen. Gold und Silber, Perlen und seidene Gewänder werden den Frommen umgeben. Sie werden auf weichen Kissen liegen, werden zufrieden um sich blicken, und aus ihren Gesichtern wird das Glück leuchten (83,23). Blühende Jünglinge werden die Frommen bedienen, und sie werden einer Perlenschnur gleichen. Wein, der nicht trunken macht, Essen, das nicht schwer macht, werden dem Frommen gereicht (56,17). Jungfrauen mit gewölbten Brüsten, mit großen schwarzen, demütigen Augen (78,33) werden neben dem Frommen ruhen. Wir schufen die Jungfrauen des Paradieses besser als die Frauen der Erde und schenkten ihnen die Gabe der ewigen, keuschen Jungfräulichkeit (56,33–37). Sie werden den Menschen, die am Tage des Gerichts rechts vom Allmächtigen standen, als Frauen dienen. Unter Lotusbäumen, Palmenblüten und Bananenblättern, geschützt vor Hitze und Kälte, wird das Leben der Frommen verlaufen. Kein leeres Gerede, kein Schimpfwort wird die Ohren der Frommen verletzen (56,24,25). Sie werden von wichtigen Dingen sprechen und werden sich lustig machen über die Ungläubigen, die sie einst auf Erden verspotteten‹ (83,29,36).

›Schrecklich ist dagegen das Schicksal der Sünder. Der Tod wird sie von allen Seiten verfolgen, und sie werden trotzdem nicht sterben können (14,20). Sie werden Nahrung bekommen, und diese Nahrung wird sich in ihrem Innern in glühendes Metall verwandeln. Bäume werden in der Hölle stehen, aber sie werden keinen Schatten spenden. Sie werden Flammen in die Schar der Sünder werfen, die den rothaarigen Kamelen gleichen‹ (77,30,34).

Sieben Pforten hat die Hölle, und hinter jeder erwartet den Sünder eine neue Qual. Die größte Qual wird aber den Munāfiqūn zuteil werden, die heuchlerisch den wahren Glauben annahmen. –

Man muß die unzähligen Verse des Korans über Himmel und Hölle, Lohn und Strafe im Original gehört und gelesen haben, um die ungeheure Wucht ihrer Überzeugungskraft zu verstehen. Für den Beduinen, der nichts kannte als armselige Götzen, als das dürftige, karge Dasein der Wüste, waren es Offenbarungen Gottes. Die opferwillige Todesbereitschaft der islamischen Krieger wurde aus diesen Versen geboren, aus dem Wort Gottes, das die grausigen Bilder des Weltunterganges malte.

Doch war der Islam nicht nur für Krieger und Kämpfer bestimmt. Die furchterregenden Bilder hatten einen bestimmten Zweck. Sie sollten auf die Phantasie der naiven Wüstenkinder ihre Wirkung ausüben. Das Ziel war nicht der Kampf, sondern der Friede. Der endgültige Friede der durch die Regeln eines einheitlichen Glaubens gebändigten Menschheit. Die Beduinen, die des Paradieses und der Beute wegen in den Kampf zogen, wußten nicht viel von diesem Frieden. Ihnen genügte die Hoffnung auf das Jenseits. Dem Gesandten Gottes genügte sie nicht. Er dachte an den Frieden der Welt. Und so schuf er aus den Versen des Korans, aus dem Staat, den er beherrschte, aus den Menschen, die ihn umgaben, das mächtige Gebäude des Weltfriedens, der ihm vorschwebte – den Islam.

DER PRAKTISCHE ISLAM

Wandert auf dem Pfade Gottes!
Mohammed

Der Glaube des Propheten umfaßt den Menschen wie die Scheide das Schwert. Unmerklich, aber immer fester umschließt er den Gläubigen, bestimmt jede Tat, jeden Schritt des Menschen, seinen Staat, seine Kriege, seine Frauen, sein Gericht.

Auf vier Dogmen ruht das Gebäude des Islam, und fünf Pflichten hat der Mensch vor Gott. Die vier Dogmen sind: Glaube an Gott, Glaube an den Propheten, Glaube an die Gleichheit der Menschen und Glaube an das Jenseits. Wer sich zu diesem Glauben bekennt, hat folgende praktische Gebote zu erfüllen: das Gebet, das Fasten, das Almosen, die Pilgerfahrt nach Mekka und den Glauben an die göttliche Einigkeit.

Alle Muslims der Welt bilden eine einzige Gemeinde. Ihre Einheit wird äußerlich durch die Qibla, durch die Gebetsrichtung nach Mekka zum Ausdruck gebracht. Die Gläubigen dürfen miteinander keinen Krieg führen, sie dürfen einander nicht hassen. Dafür ist der Glaubenskrieg, der Ǧihād, zur religiösen Pflicht erhoben. Jeder Gläubige muß, sei es durchs Schwert oder durch die Predigt, den wahren Glauben verbreiten. Doch sollen sich die Glaubenskriege hauptsächlich gegen die Heiden richten. Gewaltsame Bekehrung von Juden und Christen ist verboten. ›Die Muslims sowie die Juden, Christen und Sabäer, alle, die an Gott und an die Auferstehung glauben, die gute Taten verüben und gerecht sind, können der Gnade Gottes sicher sein‹, heißt es

Sure 5, Vers 73. In Anlehnung an das Juden- und Christentum sind auch die zehn Gebote zur Pflicht des Muslims erhoben. Doch ist der Islam vor allem eine praktische Lehre der Lebensführung, und als solche versucht er alle Taten der Menschen zu umfassen und zu leiten. Alles, was der Mensch begehen, alles, was ihm widerfahren kann, zerfällt im Islam in fünf Kategorien: *Farḍ, Sunna, Mubāḥ, Makrūh, Ḥaram.*

Farḍ ist das Gebotene, das, was unumgänglich ist, um vor den Augen Gottes Gnade zu finden, zum Beispiel das Almosen. *Sunna* ist das Gute, das, was man tun kann, um vor Gott verdient zu sein. Doch ist es keine Sünde, es zu unterlassen. Darunter fallen zahlreiche Beispiele des Propheten, der nicht alles, was er tat, zum Gebot für die anderen erhob. Wer sich aber besondere Verdienste erwerben will, möge auf dem Wege des Propheten schreiten, Gott wird ihm dafür gnädig sein. *Mubāḥ* sind die Taten, die Gott und der Menschheit gleichgültig sind. Ihre Zahl ist nicht groß, und sie bringen weder Lohn noch Strafe ein. *Makrūh* ist das Schlechte, aber nicht das Verbotene. Man kann es begehen, ohne Gottes Strafe auf sich zu laden. Der Fromme möge es aber unterlassen. *Ḥaram* endlich ist die Sünde, der Verstoß gegen ausdrückliche Gebote Gottes. Wer *Ḥaram* begeht, kann der Strafe Gottes sicher sein.

Diese fünf Kategorien der menschlichen Taten umfassen alles nur Erdenkliche. In den Blütejahren des Islam unterschied man genau, ob zum Beispiel das Tragen von goldenen Ringen Sunna oder Mubāḥ ist und wann ein reichhaltiges Mahl aufhört Mubāḥ zu sein und Makrūh wird.

Jedes Geschehnis des Alltagslebens, die Art der fünf täglich vorgeschriebenen Waschungen, die Ehehygiene, der Umgang mit Vorgesetzten und Untergebenen, die Art der Begrüßung der Älteren, alles wurde von diesen Kategorien umfaßt. Die Quelle der Beurteilung der menschlichen Taten ging direkt auf den Propheten zurück, fußte auf seinen Äußerungen, seinen Taten und Beispielen. Doch war die Auslegung dieser Aussprüche tolerant. Man war im Prinzip geneigt, auch das aus dem Rahmen Fallende zu tolerieren.

Hatte doch der Prophet selbst gesagt: ›Urteilt nicht über das Unverständliche‹ (17,38). Eine Auswirkung dieses Grundsatzes ist übrigens die rücksichtsvolle Behandlung von Irren und Wahnsinnigen im Islam. Sie reden und tun Unverständliches. Wer weiß aber, was sich hinter diesem Unverständlichen verbirgt?

Die Beziehungen zwischen Mensch und Gott bedürfen im Islam keiner Mittelsperson. Eine hierarchische Geistlichkeit gibt es nicht. Auch der Besuch der Moscheen, die übrigens immer offenstehen, ist gewöhnlich nicht obligatorisch. Im Gegenteil, hübschen Frauen wird sogar abgeraten, die Moschee aufzusuchen, damit sie die Blicke der Frommen nicht auf sich ziehen. Auch das Mönchstum aller Art ist im Islam ausdrücklichst untersagt. Die Derwischorden, die später in Blüte kamen, hatten große Schwierigkeiten, ihre Lehren mit den Grunddogmen des Islam in Einklang zu bringen. Es ist für die innere Toleranz des Islam bemerkenswert, daß er sehr wenig Sekten hervorbrachte. Abweichungen geringer Art, die bei anderen Glaubensbekenntnissen zur Sektenbildung geführt hätten, waren im Islam nie ein Anlaß zum gegenseitigen Kampf.

Das ganze kanonische Rechtsgebäude des Islam zerfällt zum Beispiel in vier Richtungen oder Schulen: in *Ḥanīfiten, Šafi'iten, Ḥanbaliten* und *Malikiten.* Und obwohl diese Schulen in mancherlei Hinsicht ganz wesentlich voneinander abweichen, kamen sie überein, sich gegenseitig als vollwertig zu betrachten. Der Primat des freien Verstandes ist auf diese Weise im Islam, wie wohl in keiner anderen Religion, eindeutig dokumentiert. Auch heute noch steht es jedem Muslim offen, sich zu einer von diesen vier Schulen zu bekennen. Auch im Hofe der Ka'ba errichteten die Gläubigen vier Kanzeln für vier gleichwertige Prediger der vier verschiedenen Schulen. Man streitet über die Auslegung der Lehre des Propheten, handelt dann nach seinem Verstand und überläßt dem Jenseits die endgültige Entscheidung.

Wichtig und unumgänglich ist nur das wenigste. Wer das Glaubensbekenntnis, das Almosen, die Pilgerfahrt und das

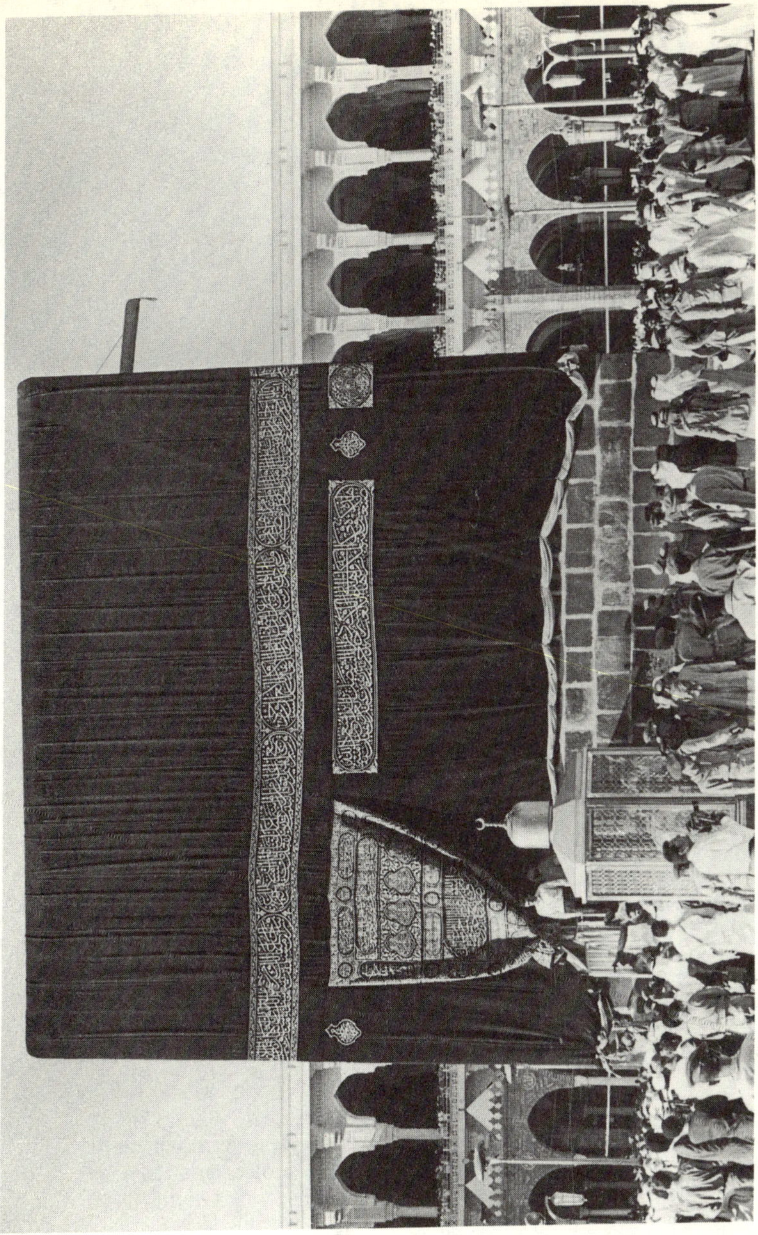

12. Die Ka'ba, eingehüllt in Tücher aus schwarzer Seide, versehen mit Koransuren in Gold- und Silberstickerei. Links in einem silbernen Gehäuse der ›Schwarze Stein‹, den der Legende nach Mohammed selbst dort niedergelegt haben soll. Foto, 1973.

Fasten anerkennt, darf sich getrost in allem anderen irren. Er ist trotzdem kein Ketzer. Die einzige große Sekte, die es im Islam gibt, der Schiitismus, beruht auch weniger auf Glaubensauslegungen als auf einem politischen Moment, auf der Streitfrage um die Nachfolge des Propheten. Die Schiiten sind die Partei ʿAlīs, die Verfechter des Legitimismus, der Vererbung der weltlichen Macht im Hause ʿAlīs. Die Ansprüche ʿAlīs wurden von der Gegenpartei bekanntlich nicht berücksichtigt, und bis auf den heutigen Tag streitet sich die Welt des Islam, ob die ersten Kalifen zu Recht regierten oder ob die weltliche Macht den Erben ʿAlīs zukomme. Für einen Schiiten sind alle Kalifen Gewalthaber und Feinde des Glaubens. Er kennt nur das sogenannte Imamat der Erben ʿAlīs.

Der islamische Staat der Sunniten, der überwältigenden Mehrheit des Islam, ist, theoretisch gesprochen, eine Republik der Weisen. Der Islam kennt grundsätzlich keine erbliche Monarchie, das Oberhaupt des Staates ist der Kalif, der Stellvertreter des Propheten. Sein Amt ist nicht erblich. Die Theorie des islamischen Staates verlangt, daß jeder neue Kalif von den Ulema, von den weisen Korankennern, gewählt wird. Nach der Wahl ist die Macht des Kalifen unumschränkt. Er gebietet über Leben und Tod aller Gläubigen, erläßt Gesetze und vereint in seiner Person die geistliche und die weltliche Macht. Er ist der erste Vorbeter und der erste Kriegsherr des Islam.

Doch hat auch er schwere Pflichten zu erfüllen. Er muß das Volk der Gläubigen in aller Welt verteidigen. Er muß Kriege führen, und zwar Glaubenskriege, die zur Verbreitung des Islam dienen. Seine geistliche Macht ist überstaatlich, übernational, wie die Macht des Papstes. Islamische Gelehrte verlangen vom Kalifen die Erfüllung seltsamer Pflichten. Er muß zum Beispiel nach manchen Auslegungen dafür sorgen, daß in seinem Staate keine Jungfrau unverheiratet bleibt. Wenn für eine Jungfrau kein Mann zu finden ist, darf sie vom Kalifen verlangen, daß er einen Sklaven befreit und ihn ihr zum Manne gibt. So unbegrenzt die Macht des Kalifen auch ist, sie kann ihm doch ohne weiteres entzogen werden, wenn er Ḥaram begeht, das heißt, wenn er ein ausdrückliches Gebot des Korans verletzt.

Um den Kalifen zu entthronen, genügt ein Spruch der Weisen, der Ulema. In der Tat pflegte man auch bis in die Neuzeit jede Kalifenentthronung mit dem Richterspruch der Ulema zu begleiten. Durch die Anerkennung des Wahlprinzips, durch die Möglichkeit, jeden Kalifen abzusetzen, gelang es dem Islam, eine absolute theokratische Diktatur auf Lebenszeit mit einer weitgehenden republikanischen Demokratie zu vereinen. Allerdings war das nur ein Prinzip, das oft genug durch politische Verhältnisse umgestoßen wurde. Es ist aber bemerkenswert, daß gerade der Islam wenigstens in der Theorie eine glückliche Synthese von Diktatur und Demokratie gefunden hat.

Es ist die Eigenart des Islam, daß er dem Althergebrachten immer wieder den Geist der Erneuerung einflößen kann. Er erkennt den Krieg an, fordert aber gleichzeitig humane Kriegsführung und erhebt den Krieg zur religiösen Pflicht. Er erkennt auch die Sklaverei an, begrenzt aber die Macht des Herrn durch den Ausspruch Mohammeds: »Was den Sklaven anbetrifft, so gebt ihm das zu essen, was ihr selber eßt, und bekleidet ihn mit Kleidern, wie ihr sie selber tragt« (24,33). Die Freilassung des Sklaven wird auch als Sunna, als fromme, gottgefällige Handlung betrachtet.

Es ist unmöglich, die praktische Bedeutung des Islam, seine Art und den Geist, der ihn beseelt, auf wenigen Seiten darzustellen. Als Beispiel soll hier nur das Problem der Frau, die Stellung der Frau im Islam beschrieben werden. Der Islam erlaubt die Vielweiberei. Vier Frauen darf der Muslim heiraten. Doch ist dieses Recht mit einer bestimmten Bedingung verbunden. ›Ihr könnt zwei, drei, vier Frauen haben, aber nicht mehr‹, heißt es im Koran. ›Wenn ihr aber eure Frauen nicht absolut gleich und gerecht behandeln könnt, so nehmt nur eine‹ (4,3). Es ist Pflicht des Ehemanns, keine Frau der anderen vorzuziehen. Außerdem ist es Gesetz, daß die Frau im Hause ihres Mannes zum mindesten in den gleichen Verhältnissen leben muß wie im Hause ihrer Eltern. Vermag der Mann seine Frau nicht so zu behandeln, wie sie es von Haus aus gewöhnt ist, so kann die Frau Scheidung verlangen.

Die Frau darf ihr eigenes Vermögen haben und verwalten. Wenn sie es nicht selbst verwalten kann oder will, so beauftragt sie damit ihre Eltern, nicht aber ihren Mann. Aus zahlreichen Gründen darf die Frau Scheidung verlangen und Scheidung erreichen. Schlechte Behandlung, Vernachlässigung, ja sogar Armut des Mannes werden als Scheidungsgründe angesehen. Doch empfiehlt der Prophet: ›Wenn eine Scheidung droht, schickt einen weisen Mann ins Haus der Eheleute, damit er versucht Frieden zu stiften‹ (4,39). Ein eigenartiges Gesetz verhindert auch die Wiederverheiratung geschiedener Eheleute miteinander, bevor nicht beide anderweitige Ehen eingegangen sind. Der Islam kennt keine kirchliche Ehe. Heirat ist eine privatrechtliche Angelegenheit, die durch keinerlei kirchliche Zeremonien bedingt ist. Dagegen ist der Ehevertrag empfohlen und wird auch in der Tat fast immer abgeschlossen. ›Wenn die Frau fürchtet, daß der Mann sie schlecht behandeln wird, so ist es keine Sünde, wenn sie miteinander einen Vertrag abschließen, denn die Seele des Mannes neigt zum Geiz.‹

In allen privatrechtlichen Fragen ist die Frau dem Manne gleichgestellt, und die Verschleierung der Frau, ihr Haremsdasein ist keinesfalls religiöses Gesetz, sondern eine später entwickelte Unsitte. In den Anfängen des Islam spielt die Frau auch in der Öffentlichkeit eine gewaltige Rolle. ʿĀʾiša, die Lieblingsfrau des Propheten, führte zum Beispiel eine Armee in die Schlacht. Fāṭima, die Lieblingstochter Mohammeds, nimmt regen Anteil an den Erbschaftstreitigkeiten, und ihre Tochter Zeinab tritt öffentlich gegen den Kalifen auf.

Im ersten Jahrhundert des Islam lebte in Mekka eine gewisse Humaid, die als Rechtsgelehrte berühmt und gefürchtet war. Eine Reihe von Frauen waren als Dichterinnen und Gelehrte bekannt, so Būrān, die Frau des Kalifen al-

Ma'mūn. Im fünften Jahrhundert der Hiğra lebte in Bagdad eine Frau namens Šaiḫa aš-Šuğā' mit dem glänzenden Beinamen Faḫr an-Nisā', was bedeutet ›der Ruhm der Frauen‹. Diese Frau trat als gelehrte Dozentin auf und hielt in der großen Moschee zu Bagdad vor einer zahlreichen Hörerschaft Vorträge über Literatur, Geschichte, Poesie und Rhetorik.

Das Gesagte genügt, um anzudeuten, wie es eigentlich um die Versklavung der Frau im Islam bestellt ist. Doch die Stellung der Frau ist nur ein Beispiel. Auf allen Gebieten des Lebens ist der Islam, der praktisch angewandte Islam vom gleichen Geiste, von gleichen Trieben beseelt. Kein Wunder, daß er festen Fuß in der Welt des Orients faßte und auch heute noch seine Expansion energisch fortsetzt. Das Wort des Propheten von der Ausbreitung des Islam wird auch heute noch von seinen Anhängern mit Leidenschaft befolgt.

DAS KALIFAT

> Das Sterbliche wankt in seinen Grundfesten, aber das Unsterbliche fängt heller zu leuchten an und erkennt sich selbst.
>
> Novalis

Trotz aller Wirrnisse des Bürgerkrieges dehnte sich der Staat der Gläubigen unaufhörlich aus. Die Umaiyaden verstanden in ihrer Hauptstadt Damaskus nicht nur Gelage zu feiern. Sie führten Kriege, eroberten neue Provinzen und verbreiteten das Wort Gottes. Auch die ʿAbbāsiden, die Nachkommen des Onkels ʿAbbās, die später die Umaiyaden ablösten, taten das gleiche. Der muslimische Staat wuchs, und mit ihm wuchs die Kraft des neuen Glaubens, der Reichtum des Landes und der Ruhm der glänzenden ʿAbbāsidenhauptstadt Bagdad.

In den Blütezeiten des Kalifats umfaßte der Staat Gottes Spanien, Nordafrika, Ägypten, Arabien, Kleinasien, Syrien, Mesopotamien, Palästina, Persien, den Kaukasus und Turkistan. Es schien, als wenn das alte Imperium Romanum, die Einheit der Völker unter einem Gesetz, plötzlich hier in der östlichen Welthälfte neu entstanden wäre.

Aber nicht nur äußerlich, nicht nur der ungeheuren Dimensionen wegen kann der islamische Staat mit dem römischen Weltreich verglichen werden. Der Islam unterwarf Länder, die einst von der griechisch-römischen Kultur befruchtet worden waren. Jetzt, unter den Einwirkungen der müden, alten Kulturvölker des Orients, lag der Hellenismus im Sterben. Der Islam, das jugendliche Volk der Araber, griff diese Kultur auf und setzte sie fort. Der Erbe Roms war im Mittelalter nicht das wilde, barbarische Europa, sondern das Reich des Kalifen. Die Pax Romana des Kaisers Hadrian wurde von den Arabern neu errichtet. Von den Pyrenäen bis zur Grenze Indiens schuf der Islam eine einheitliche Kultur, ein einheitliches Weltbild. Gesetz, Sprache, Religion, Wirtschaftsformen, alles, was den Menschen innerlich formt und sein Dasein bestimmt, war auf diesem Gebiet einheitlich. Der Islam nahm in sich die Träger der hellenistischen Kultur, die Griechen und Byzantiner auf. Das verkümmerte Seelengut des greisenhaften Römertums erwachte plötzlich zu neuem Leben. Die Straßen der arabischen Städte, die Trachten, die Daseinsformen erhielten langsam ein beinah antikes Gepräge. Der Geist der Antike wurde vom Islam schöpferisch fortgesetzt. Hauptsächlich auf diesem Umwege erhielt Europa die Kenntnisse von der alten Welt und damit den Anstoß zur Renaissance. Dieses welthistorische Verdienst der Araber darf nicht vergessen werden. Westeuropa verdankt seine spätere kulturelle Blüte in hohem Maße dem Islam.

Der demokratische Geist des Schöpfers spiegelte sich im Dasein des Volkes. Wirtschaftlich war das Reich des Kalifen ein Land des gesunden Kleinbauerntums. Die tolerante Juden- und Christengesetzgebung, der jahrhundertelange innere Friede brachten das kernige Bauerntum aller Konfessionen zu ungeheurem Aufschwung und schufen so den gesunden Boden für eine reiche Kulturblüte. Ganze Gebiete, bis dahin verfallen und verödet, wurden durch den islamischen Frieden der Landwirtschaft erschlossen. Das Reich des Kalifen glich einem riesigen Kornspeicher. Die zufriedene untere Schicht des Volkes, die Zusammengehörigkeit eines weitverzweigten Gebietes, das sich über drei Kontinente erstreckte, die mit beinah römischer Mustergültigkeit organisierte Verwaltung und eine tolerante lebensbejahende Gesetzgebung bildeten gemeinsam das Fundament für einen neuen Reichtum, der sich aus dem außerordentlichen Aufschwung des Handels entwickelte. Der Islam besetzte und beherrschte sämtliche Knotenpunkte des alten Welthandelsverkehrs. Alle Wege zwischen Osten und Westen, zwischen Indien und Europa gehörten jetzt dem Islam.

Es war für die Welt des Mittelalters unmöglich, Handel in größerem Stil zu treiben, ohne eine islamische Zollstelle zu passieren. Ägypten, Mesopotamien, Turkistan, alle wohlvertrauten Handelswege nach Europa, China und Indien gehörten zum Reiche des Kalifen. Beinah über Nacht, in wenigen Jahrzehnten entstanden glänzende Handelsmetropolen, in denen der alte Geist der Quraiš nunmehr Welttriumphe feierte. Bagdad, Kairo, Basra und Buchara wurden zu Mittelpunkten des Welthandels. Dieser Welthandel war mit einer modern anmutenden Rationalisierung organisiert. Ein Netz von kapitalkräftigen Banken entstand, und man kannte damals, im zehnten, elften Jahrhundert, sogar schon eine Art Scheckverkehr. Die Handelswege waren in glänzendem Zustand, mit Wegweisern und Entfernungsbezeichnungen versehen. Man konnte gefahrlos durch die entferntesten Gegenden des Kalifats reisen. Denn Friede und Recht herrschten damals auf Erden wie in Rom zu den Tagen Hadrians.

Wenn das Volk satt und der Kaufmann reich ist, bleibt auch ein drittes nicht aus. Die Kultur beginnt reiche und üppige Früchte zu tragen. Der Islam war der Entwicklung des Geisteslebens wohl gesinnt. ›Suchet die Wissenschaft, auch wenn ihr bis nach China reisen müßtet‹, lautet ein bekannter Spruch des Propheten. Dieser Spruch wurde in der Welt des Islam hoch in Ehren gehalten. Der Primat des menschlichen Geistes, das ›Iğtihād‹, wurde in allen Fragen der Religion, der Gesetzgebung, der Wissenschaft anerkannt. Jede Lehre, jede Richtung des Geisteslebens hatte Anspruch auf Tolerierung und wurde geduldet. Es gab nur wenige Ausnahmen von dieser allgemeinen Regel. Nur die vereinzelten kommunistischen Strömungen, die späten Nachfolger des weisen Ketzers Mazdaq, diese halb religiösen, halb sozialistischen Bewegungen, die es immer im Orient gab, wurden mit rigoroser Hartnäckigkeit bekämpft.

In der Blüte seiner Entwicklung schuf der Islam als erster in der Welt einen neuen epochemachenden Begriff, den Begriff der universalen Bildung. In Kairo wurde die erste Universität der Welt gegründet, die erste Hochschule, in der verschiedene Wissenschaften als gleichwertige Disziplinen gelehrt wurden. Diese erste Universität der Welt, al-Azhar, existiert auch heute noch als eine Stätte der islamischen religiösen Bildung. Mathematik, Poesie, Philologie, Logik, Jurisprudenz, alle philosophischen und naturwissenschaftlichen Disziplinen wurden an diesen Universitäten, am Hofe des Kalifen und in den Palästen der Reichen gepflegt, ja gezüchtet. Der Islam umfaßte eine Fülle von Rassen und Völkern. Jedes Volk verstand es, zu der allumfassenden Kultur des Islam seine spezifische Note beizusteuern. Der mathematisch nüchterne, nur auf das logische Denken gerichtete, trockene Sinn der Araber fand eine willkommene Ergänzung in der phantasievollen, mystisch verschwommenen, poetischen Art der arischen Perser. Griechen, Juden, Beduinen, Ägypter, ja sogar die wilden Berber brachten ihren Beitrag zum großen Bau der islamischen Kultur. Es ist heute mitunter schwer zu ergründen, was in dieser Kultur auf persische, arabische oder griechische Ursprünge zurückgeht.

In der Zeit, da Europa noch in einer höchst primitiven Daseinsform verharrte, verfügte das Reich des Kalifen über ein für damalige Zeiten ungeheueres Wissen. Dieses Wissen war in Büchern aufgespeichert. Bücher über sämtliche Wissensgebiete, über Geschichte, Medizin, Astronomie, kulinarische und geographische Schriften, mathematische und philosophische Abhandlungen erschienen in Massen. Den ersten Anstoß gaben die Übersetzungen. Schon gegen Ende des zweiten Jahrhunderts der Hiğra wurden Aristoteles, Plutarch, Euklid, Galen, Hypsikeles, Theodorus und Häron von Alexandrien sowie eine Reihe anderer griechischer Werke ins Arabische übersetzt. Den Geist dieser Bücher hat der Islam schöpferisch fortgesetzt. Auch indische Einflüsse machten sich geltend. Die indischen Zahlen, von den Arabern übernommen, begründeten die Positionsarithmetik. Die Entwicklung der Architektur gab den Anlaß zu der Erfindung der gleichfalls auf Indien zurückgehenden Trigonometrie. Lehrbücher für Geometrie, Planimetrie, Algebra waren allgemein verbreitet.

Eine reichhaltige Bibliothek wurde zur Zierde eines jeden arabischen Hauses. Die Größe einzelner Bibliotheken ist auch für heutige Begriffe überraschend. So besaßen die umaiyadischen Kalifen von Cordoba eine Bibliothek von vierhunderttausend handgeschriebenen Bänden. Yaʿqūb al-Kindī, ein würdiger Philosoph und Schriftsteller, starb sogar aus Kummer, als ihm seine Bibliothek konfisziert wurde. Usāma ibn Munqiḏ, ein rauher arabischer Krieger, bezeichnet den Verlust seiner Bibliothek als das größte Unglück seines langen Lebens.

Das Verbot der Malerei lenkte die schöpferischen Kräfte auf die Architektur. Auf dem Boden der antiken römisch-griechischen Baukunst entwickelten sich die märchenhaften Bauten des Islam, die vielleicht schönsten Architekturdenkmäler der Welt. Der Tadj-Mahal in Indien, die Alhambra, die große Moschee von Cordoba zeugen von einem hier in Stein geformten, in sich geschlossenen und in sich vollendeten Lebensstil.

Dieser Lebensstil, dieses Weltbild, das hier nur gestreift werden kann, ist auf das benachbarte Europa natürlich nicht ohne Einfluß geblieben. Averroes, Avicenna, Alfraganus, die wissenschaftlichen Genies des Islam, begründeten auch das wissenschaftliche Erwachen Europas. Im frühen Mittelalter war die arabische Wissenschaft in der Welt tonangebend. Auch die äußeren Lebensformen, die Dichtungsart, den berühmten Minnesang übernahm Europa von den spanischen Muslims, die zuerst den ritterlichen Frauendienst entwickelten. Die Stellung des Islam in der damaligen Welt kann nur mit der Stellung Europas gegen Ende des neunzehnten Jahrhunderts verglichen werden. Nur daß die wilden Kolonialvölker, die die Gnadengeschenke fremder Geistesarbeit empfingen, damals die Europäer selbst waren.

Was bedeutete nun die Welt Europas dem Araber? Aus den Zeiten der intimsten Fühlungnahme zwischen Osten und Westen, aus den Zeiten der Kreuzzüge ist darüber ein merkwürdiges Dokument erhalten geblieben: ›Die Erinnerungen eines arabischen Generals‹, des oben erwähnten

Usāma ibn Munqiḏ, ›an die Kreuzritter und Europäer‹. Usāma kam viel mit den Europäern zusammen. Sein Bericht gibt ein anschauliches Bild von dem Urteil eines zivilisierten Arabers über die Leute des Westens. ›Jeder Mensch‹, meint Usāma, ›kann in den Franken (Europäern) nur Tiere sehen, die höchstens Kampfesmut besitzen, wie er auch den Tieren eigen ist. Andere menschliche Eigenschaften außer Mut besitzen sie nicht, und deshalb ist der Ritter, der Krieger bei ihnen der größte Mann. Andere Menschen dagegen gelten bei ihnen überhaupt nicht als Menschen. Die Franken, die eben erst aus ihren Ländern kamen, sind natürlich viel gröber und einfacher als die, welche längere Zeit unter uns weilten. Die Franken kennen weder Selbstachtung noch Eifersucht. Es kommt vor, daß ein Mann mit seiner Frau auf der Straße geht und dabei einen fremden Mann trifft. Wenn der Fremde mit der Frau zu sprechen beginnt, so läßt sie ihr Mann einfach stehen und geht weiter. Wenn ein Franke seinen Freund mit seiner Frau überrascht, so sagt er nur: ‚Wenn es noch einmal vorkommt, so werden wir uns ernstlich verzanken.'

Die Franken rasieren sich nicht am Körper. An manchen Stellen erreicht ihr Haarwuchs die Stärke eines zweiten Bartes. Wenn sie dann beim Baden die Muslims sehen, sind sie so entzückt, daß sie nicht nur sich selbst am Körper rasieren lassen, sondern auch ihre Frauen von muslimischen Barbieren am ganzen Körper enthaaren lassen.‹ In zahlreichen Beispielen schildert Usāma die primitive Rechtspflege, die barbarischen Lebensformen und Sitten der Kreuzritter, die sich im Orient noch nicht akklimatisiert haben. Sein Urteil gipfelt in dem Satz: ›Sie haben kein Ehrgefühl und sind trotzdem mutig, obwohl doch der Mut erst durch das Ehrgefühl und durch die Angst vor dem Ehrverlust erzeugt wird.‹ Das Urteil dieses Kriegers Usāma war das Urteil der islamischen Welt.

Jahrhundertelang dauerte die kulturelle Blüte des Islam. Der Sturz der Umaiyaden und die Thronbesteigung der ʿAbbāsiden im Jahre 750 hatte für diese Kultur keine nachteiligen Folgen. Auch die inneren Wirrnisse, die hin und wieder durch die Aufstände der ʿAlīden und durch Loslösung einzelner Provinzen entstanden, blieben zuerst ohne nachteilige Wirkung. Und doch ist diese gewaltige, aus dem Worte Mohammeds geborene Welt heute verschwunden, untergegangen, beinah vergessen. Fast nichts erinnert mehr in der Welt des heutigen Orients an die Blütezeit des Kalifats, an die Zeiten, als die Welt des Orients das gewaltige Experiment der Vereinigung der Menschheit unternahm.

Der Beginn des Niedergangs setzte unbemerkt ein.

Im Innern der zentralasiatischen Steppen entstand ein neues gieriges und junges Volk: die Türken. Langsam drangen türkische Sippen in das Reich des Kalifen vor. Zuerst folgsame Söldner der Kalifen, gewannen sie bald immer mehr an Macht. Türkische Stammesfürsten rissen die Herrschaft im Kalifat an sich. Das Land wurde plötzlich in politische Wirrnisse hineingerissen. Persische und arabische Gouverneure gründeten selbständige Fürstentümer. Der unermeßliche Ozean der islamischen Welt begann jetzt politische Schattierungen zu zeigen.

Doch war dies noch nicht der Untergang. Das Land der Kalifen war immer noch reich und mächtig, immer noch blühten die Universitäten, dichteten die Dichter, entfaltete sich der Handel.

Da erhob sich am östlichen Ende der Welt ein wilder Krieger mit brutalen, kleinen geschlitzten Augen. Dieser Krieger brachte eine Lawine ins Rollen, und die Lawine vernichtete das Kalifat. Der Name des Kriegers war Tschingis Khan, und die Lawine, die er ins Rollen brachte, die mongolische Invasion. Die Mongolen kamen wie eine Geißel Gottes, und wo sie ihre Pferde weideten, da wuchs kein Gras mehr. Hūlāgū, der mongolische Steppenwolf, eroberte Bagdad, riß dem Kalifen den Mantel des Propheten von den Schultern und zertrampelte das Heiligtum mit seinen Füßen. Der Kalif wurde getötet, Bagdad geplündert. Bis heute kann sich die Welt Asiens von dem Schrecken des Mongolensturms nicht erholen. Unter dem Schlage Tschingis

Khans verödeten die Städte und Dörfer, Kanäle verfielen, Wüsten breiteten sich aus, und das Land verwelkte.

Dann kam ein zweiter, vielleicht noch heftigerer Schlag. Nur wenigen war seine Vehemenz ursprünglich fühlbar, und doch verursachte erst er den endgültigen Niedergang des Kalifenreiches. Der eigentliche Urheber dieses Unterganges wußte nicht, daß er gegen das Kalifat den vernichtenden Schlag führte, dachte selbst auch nicht im entferntesten an einen Kampf gegen das Land des Kalifen.

Eines Tages entdeckte Christoph Kolumbus Amerika. Niemand in der ganzen Welt ahnte, daß damit das letzte Wort über das Kalifat gesprochen war. Die Augen der Welt richteten sich auf den neuen Kontinent. Der Welthandel fand neue Richtungen, neue Wege. Im Reiche des Kalifen, in den großen Handelsmetropolen des Orients begann das, was man neuerdings Konjunktur- und Wirtschaftskrise nennt. Die Preise fielen, die Karawanen, die dem Lande Reichtum zuführten, blieben aus, die Zollstellen hatten wenig zu tun, die großen Handelsstraßen, nunmehr unbenutzt, begannen zu verfallen. Unruhe bemächtigte sich der Bevölkerung. Niemand wußte, woher die Krise kam, wann sie enden würde. Das Volk begann zu verarmen, das Land zu verwildern.

Gleichzeitig begann auch der Verfall des Geisteslebens. Der Anfang war die berühmte sogenannte ›Schließung des Bāb al-Iǧtihād‹, der Pforte der Erkenntnis. Die muslimischen Gelehrten stellten fest, daß sie den Gipfel des Erfaßbaren erreicht hatten, weiteres Forschen erschien ihnen überflüssig. Damit begann der rapide Verfall der Wissenschaften. Die Araberherrschaft war zu Ende. Wilde Völker, Berber im Westen, Türken im Osten, führten den Islam. Nur in Persien, das allmählich zum staatlichen Mittelpunkt des Schiitismus wurde, begann ein neues Geistesleben, jetzt allerdings auf einem national persischen Fundament.

Der Kalif, der Erbe des in Bagdad Erschlagenen, zog zu den Ufern des Nils. Dort, im Schutze der mameluckischen Sultane, fristete er ein Schattendasein, bis die neuaufgekommene islamische Macht, das osmanische Reich der Türken, das Kalifat übernahm. Noch einmal gelang es, große Gebiete des Islam unter der Herrschaft des Statthalters des Gesandten Gottes, des Kalifen aller Gläubigen, zu vereinen. Das osmanische Kalifat führte geistlich die Muslims der ganzen Welt, mit Ausnahme der Marokkaner und Schiiten. Politisch vereinte es unter der Macht des Sultan-Kalifen Teile Nordafrikas, Ägypten, Arabien, Syrien, Palästina, Mesopotamien, Kleinasien und den Balkan, also ungefähr die Gebiete des alten Byzanz. Doch auch dieses letzte Kalifat, des geistigen Fundaments beraubt, mußte nach einer kurzen Blüte verfallen. Das islamische Iǧtihād, die Pforte der Erkenntnis, das Hauptelement des geistigen Daseins, war anscheinend endgültig erschöpft. Das politische Kalifat der Türken zerfiel langsam, aber unaufhaltsam.

Noch einmal versuchte ʿAbd al-Ḥamīd II., der letzte Kalif von historischem Format, der letzte, der Geist und Macht in seiner Person zu vereinen verstand, dem Worte des Propheten, der Stellvertretung des Gesandten Gottes neues Leben zu verleihen. Dieser Versuch, Panislamismus genannt, mißlang. Im Weltkrieg kämpften Muslims gegeneinander, Mohammedaner marschierten unter christlicher Führung gegen die Armee des Kalifen. Die Einheit des Islam, das Wort, das einst der Prophet predigte, war verschollen.

Der blonde türkische General Ġāzī Mustafa Kemal versetzte einer tödlich erkrankten, wesenlos dahinsiechenden Institution den Gnadenstoß.

Ist aber die Idee des Islam, ist das Wort des Propheten wirklich tot?

Die Idee lebt, der Prophet hat nicht umsonst gepredigt. Das Kalifat und der Glanz der islamischen Welt waren nicht die einzigen Ausdrucksmöglichkeiten des Islam. Die Idee erwies sich lebensfähiger als ihre Repräsentanten.

Der Mann, der die Idee des Propheten heute verkörpert, heißt ʿAbd al-Azīz ibn ʿAbd ar-Raḥmān ibn Faiṣal ibn Saʿūd, König von Naǧd, von ʿAsīr, von Ḥiǧaz, Imam der Wahhābiten.

DIE WIEDERGEBURT

Jahrelang war ich allein ohne jegliche andere Hilfe, mit Ausnahme der Hilfe Gottes, und daher will ich nur vor ihm rein dastehen.

Ibn Saʿūd

Aus dem Krieg und den Wirren der letzten Jahrzehnte ging der Islam geschlagen hervor. Er hatte seine Einheit verloren. Er war keine Macht mehr, er hatte keinen Kalifen mehr, und, was noch schlimmer war, es gab niemanden, der Kalif werden konnte. Denn im Islam gilt der Grundsatz, daß ›des Propheten Mantel nur von jenem getragen werden darf, der des Propheten Volk in allen Erdteilen verteidigen kann‹. Solch einen Menschen gab es im modernen Islam nicht. Das Kalifat mußte daher unbesetzt bleiben.

Nun wurde Arabien, das Geburtsland des Islam, wieder sein Schwer- und Mittelpunkt. Der Islam kehrte zum Mutterlande, zu den großen Wüsten Arabiens zurück. Und plötzlich, durch die Berührung mit dem alten heiligen Boden, erwachte er zu neuer Kraft, zu neuem Leben. Wie konnte dies geschehen?

In den Zeiten der Blüte des Kalifats war Arabien allmählich zu einer unbedeutenden Provinz herabgesunken. In der großen Politik des Kalifats spielte es eine nebensächliche Rolle. Zwar führte der Kalif den Titel ›Beschützer der heiligen Städte‹ und sandte auch jährlich ein mit kostbarer Stikkerei versehenes Tuch für die Kaʿba. Der Islam selbst war aber in seinem Einfluß und seinen Interessen längst über Arabien herausgewachsen.

Doch blieben Mekka und das heilige Gebiet immer noch der kultische Mittelpunkt des Islam. Dort erhob sich die heilige Kaʿba, das Haus Gottes, dorthin pilgerten alljährlich

Tausende von Frommen, dort regierte ziemlich selbständig die Sippe des Propheten, die Hāšim, unter ihrem Stammeshaupte, dem Scherifen von Mekka.

Nach dem Zusammenbruch des Kalifats versuchte dieser Scherif das Haupt des Islam zu werden. Es mißlang ihm. Etwas Stärkeres kam dazwischen – die Bewegung der Wahhābiten.

Um das Jahr 1700 lebte in Arabien ein weiser Mann namens ʿAbd al-Wahhāb. Er gründete die Sekte der Wahhābiten. Unzählige deutlich sichtbare Fäden verbanden, ihm vielleicht unbewußt, seine Predigten mit den alten, von den umaiyadischen Kalifen ausgerotteten Gedankengängen der Ḫāriǧiten und dadurch mit den ursprünglichen unverfälschten Worten des Propheten. ʿAbd al-Wahhāb erklärte dem offiziellen Islam den Krieg. Er bekämpfte den Sultan-Kalifen, die gelehrten Ergänzungen und verlogenen Zusätze zu dem einzigartigen Worte des Propheten. Er glaubte an den Koran, hielt sich nur an die Worte des Propheten und verteidigte die reine unverdorbene Grundidee des Islam. Ihm zur Seite stand die Dynastie Ibn Saʿūd, eine vornehme arabische Familie, die im Lande Naǧd einen Wahhābitenstaat mit Darʿīya als Residenz gründete. Der Staat der Wahhābiten erklärte dem Herrscher der Gläubigen, dem Sultan der Osmanen, den Krieg. Diese Kampfansage ähnelte dem einstigen Manifest von Mohammed gegen den Kaiser von Byzanz. Ein Zwerg zog gegen einen Riesen. Nach einigen anfänglichen Siegen – die Wahhābiten hielten zeitweilig sogar Mekka besetzt – triumphierte, wie nicht anders zu erwarten war, das Heer der Türken. Ibn Saʿūd wurde in Stambul als Ketzer und Rebell geköpft, seine Erben jedoch gründeten gemeinsam mit dem Rest der Wahhābiten in Naǧd ein kleines Fürstentum, in dem die ursprünglichen, durch keinerlei Auslegungen getrübten Lehren des Propheten zu Staatsmaximen erhoben wurden. Freilich kümmerte sich niemand in der Welt des Islam um den Staat der Wahhābiten, um ihre wahre Lehre und um den Geist der islamischen Grundideen, den sie wieder belebten. Zweihundert Jahre lang hörte man von ihnen nicht viel mehr, als daß sie nach ihrer Lehre lebten und ihre Gemeinschaft ungeschmälert aufrechterhielten.

Als aber der Weltkrieg zu Ende ging, der Kalif vertrieben worden war und der Islam in Ohnmacht sank, erhob sich unerwartet und plötzlich aus den Wüsten Arabiens, aus der fernen Wüstenstadt ar-Riyāḍ, ʿAbd al-Azīz ibn Saʿūd, der Herr der Wahhābiten, der sich selbst König von Naǧd nannte. Niemand wußte, wer Ibn Saʿūd war.

Er ist der einzige muslimische Herrscher in der Welt, der das reine Wort des Propheten aufrechterhält, der ihm neues Leben und neue Kraft zu verleihen weiß. Als Ibn Saʿūd noch ein Knabe war, wurde die Dynastie, der er angehörte, von dem Nachbargeschlecht der Rašīd aus ar-Riyāḍ vertrieben. Der junge Saʿūd sammelte einen Trupp von zwanzig Mann, zog durch die Wüste nach ar-Riyāḍ, schlich sich in den Palast der Rašīd, erstach den schlafenden Sultan und eroberte so die Macht über Naǧd für sich und seinen Stamm zurück. Damit begann sein Aufstieg, der ihn im Laufe der Zeit zum Herrscher über zwei Drittel Arabiens, zum Beschützer der heiligen Städte, zum bedeutendsten Mann des heutigen Islam gemacht hat.

Zusammen mit den treuen Wahhābiten überfiel er Mekka, vertrieb den Scherifen, besetzte 1925 die Kaʿba und wurde zum umstrittensten und gleichzeitig populärsten Mann des Islam. Heute ist ʿAbd al-Azīz ibn Saʿūd der Herrscher von Ḥiǧāz, ʿAsīr und Naǧd. Er ist der geistliche und geistige Führer der Araber.

Ibn Saʿūd wiederholt die Tat des Propheten. Er bringt Gottes Wort dem Menschen in Erinnerung. Und dieses Wort erweist sich als lebensfähig genug, um heute, im zwanzigsten Jahrhundert, genau wie damals im siebenten einen Staat zu gestalten und zu beherrschen. Ibn Saʿūd gründete, wie seinerzeit der Prophet, eine religiös-soziale Brüderschaft, Iẖwān genannt. Diese Iẖwān-Bewegung ist heute die Trägerin des Wahhābitenreiches. Die Lehre der Iẖwān ist der reinste Islam, wie ihn der Prophet, wie ihn die Ḫāriǧiten gepredigt haben. Es ist gehobenes, abgeklärtes, aber auch, gemäß dem Worte des Propheten, äußerst tolerantes Puritanertum. Ein Wahhābite wandert im wahren Sinne des Wortes auf dem Pfade des Propheten. Er tut nichts, was der Prophet nicht auch getan hat, und erfüllt alle Pflichten, die der Prophet erfüllte. Jeglicher Luxus, Musik, Theater, Kaffee, ja sogar Tabak sind im Reiche der Wahhābiten untersagt. Jedes Wort des Korans ist Gesetz, und jede feinsinnige Auslegung ist Ketzerei. Die Gleichheit der Menschen vor Gott ist bei den Wahhābiten wieder praktisch durchgeführt. Auch ist der strengste Monotheismus Gesetz geworden. Jede Heiligenanbetung, sogar die Verehrung der Kaʿba, des heiligen Steines, ist dem Wahhābiten verboten. Denn er erkennt nur den nüchternen, geraden, einzigen Weg der Wahrheit, den der Prophet selber wandelte, an.

Auf diesem Wege kennt die Iḫwān nur zwei Dinge: beten und exerzieren. – Das Gebet und das Exerzieren – wobei das Gebet auch Exerzieren ist und das Exerzieren Gebet – schufen das Reich der Wahhābiten und führten dem sterbenden Körper des Islams neues Leben zu.

Das Unvergleichliche an der asketischen Lehre der Iḫwān ist aber, daß sie, wohl im Gegensatz zu allen anderen Asketen der Welt, keine Intoleranz kennt. Das begründet ihr allumfassende Stellung in der Welt des Islam. Schiiten, Sunniten, ja sogar Juden und Christen werden von der Iḫwān toleriert. Wie einst Mohammed, erkennen auch jetzt die Iḫwān die Schwäche des Menschen und verdammen sie nicht. Sie sind nur die älteren, weiseren Brüder, nicht aber die strafenden Richter der schwachen Menschheit. Auch Ibn Saʿūd ist der Herrscher eines neuen Staates, und diesen Staat verwandelt er allmählich in den neuen Kern der Wiedergeburt des Islam.

Die Eroberungskriege der ersten Kalifen und die Auswanderung ganzer Stämme in neuerworbene Gebiete hatten einst die Wüste menschenleer gemacht. Seitdem sind aber dreizehnhundert Jahre vergangen, und den uralten Gesetzen der semitischen Auswanderungen folgend, hat die Wüste wiederum neue Kräfte angesammelt, neuen Bevölkerungsüberschuß entwickelt, der jetzt, wie die Semiten in den Zeiten Babylons, Assyriens und des Kalifats, den magischen Kreis des Sandes durchbrechen will. Wieder steht an der Spitze der übervölkerten Wüste ein großer Führer, der, wie einst Mohammed, von einer großartigen und einfachen, uralten und unvergänglichen Vision beseelt ist.

Doch haben sich die Zeiten heute wesentlich geändert. Dreihundert Krieger entscheiden nicht mehr das Schicksal der Weltgeschichte. Ibn Saʿūd weiß das. Der neue Sieg einer alten Idee erfordert neue Methoden.

Diese Methoden des neuen Herrschers von Arabien sind bewunderungswürdig. Ibn Saʿūd vollbringt etwas, was keinem vor ihm gelungen war – selbst Mohammed nicht. Er macht die Beduinen seßhaft. Schafft aus wilden Nomaden eine disziplinierte seßhafte Bevölkerung, die er fest in seinen Händen hält. Der Beduine, der sich bis jetzt wenig um die Gebote des Korans kümmerte, wird seßhaft und dadurch fromm. Der Imam, der Herrscher über die heiligen Städte, gibt ihm Land und Wasser und verlangt von ihm nicht mehr, als er von jedem Wahhābiten verlangt: beten und exerzieren.

Die wilde Wüste Arabiens erhält dadurch ein neues Gesicht. Sie wird wieder einmal aus einem Nichts zum blühenden Staat. Die einst wilden, gefährlichen Wege Arabiens, wo hinter jedem Stein ein Räuber dem Reisenden auflauerte, sind heute friedlicher und gefahrloser als die Wege Europas. Blühende Dörfer entstehen in Arabien. Zum erstenmal in seiner Geschichte beginnt der arabische Mensch die Wüste zu erobern. Den Feldzug gegen die Wüste führt Ibn Saʿūd, denn die Menschen, die die Wüste erobern, werden dadurch ihrerseits von Ibn Saʿūd für den wahren Glauben gewonnen. So entsteht in der Wüste der Staat der Gläubigen, der neue Staat Gottes. Dieser Staat wird nach dem Worte des Propheten geleitet und ist gleichwohl ein moderner Staat, mit Telefon, Telegraph, Flugzeug, Auto, mit allem, was die Welt Europas hervorgebracht hat, um den Völkern Asiens ihre Befreiung leichter zu ermöglichen. Beten und exerzieren, das

Wort des Propheten und die modernsten Waffen Europas sind die Grundsäulen dieses Staates, der schon heute, kaum zehn Jahre nach seiner Gründung, ein Gebiet umfaßt, das dreimal so groß ist wie Deutschland.

So wiederholt sich das ewige Weltgeschehen, so entsteht im Lande des Propheten ein neuer Staat. So erwacht das Wort des Propheten in seiner Urheimat zu neuem Leben, zu neuer Macht.

Die Augen aller islamischen Völker sind heute mit banger Hoffnung auf Mekka gerichtet, auf die Stadt der Kaʿba, auf die Stadt Ibn Saʿūds, auf das Zentrum der neuen islamischen Macht. Langsam schreitet Ibn Saʿūd seinen Weg. Es ist der Weg des Propheten. Die Völker des Islam wissen es, fühlen es. Hier entsteht eine Reform, die Rettung und Erfüllung zugleich ist.

Immer noch ist der Islam die vitalste, expansionsfähigste Weltreligion. Immer noch ist er im Angriff, erobert neue Gebiete, macht Heiden zu Gläubigen. Afrika und Indien sind heute die Expansionsgebiete des Islam. Er kennt keine Rassen und Klassen, und das führt ihm die Kasten Indiens und die Farbigen Afrikas zu. Die Zahl der Neubekehrten steigt von Jahr zu Jahr. Sogar in Europa wirken heute islamische Missionare.

Der Islam kehrte in seine Heimat zurück, berührte den heiligen Stein der Kaʿba, und plötzlich entwickelten sich in ihm neue Kräfte. Heute rüstet er wieder, und sein Ziel bleibt nach wie vor das Ziel Mohammeds, das Ziel der Ḫāriǧiten, der frommen Beter und Krieger: die Eroberung, die Bezwingung der Welt. –

Der islamische Orient erlebt heute mächtige Wandlungen. Inmitten dieser Wandlungen steht das Wort des Propheten. Der Islam erwies sich als die wandlungsfähigste, anpassungsfähigste aller Religionen. Aus den Wirren und Niederlagen, aus Enttäuschungen und Demütigungen ging eine neue, bis jetzt von der Welt Europas noch nicht recht begriffene Macht hervor. Diese Macht heißt der moderne Islam. Wieder sammelt er die Völker um sich, rüstet zum Kampf, baut und verändert, paßt sich an die neue Welt, an die modernen Methoden an.

Im Vordergrunde dieser Entwicklung steht aber, wie in den Tagen des Propheten, das große arabische Land, die heilige, alte Stadt Mekka und ein strenger Krieger, der dem Worte Gottes neue Kraft und Wirklichkeit verlieh.

Der neue Orient, der neue Islam, die große Brüderschaft der Iẖwān, sie rüsten zum Kampfe des Geistes und des Schwertes, zum heiligen Kampfe des Islam.

PERSONENVERZEICHNIS

Aaron: arab. Hārūn, biblische Gestalt, älterer Bruder des Moses. Nach der Überlieferung des Alten Testaments (AT) war er der erste Hohepriester der Juden.

al-ʿAbbās ibn ʿAbd al-Muṭṭalib: Onkel Mohammeds, reicher Kaufmann, geboren um 568 in Mekka. ʿAbbās erbte von seinem Vater das Recht, die Pilger mit Wasser und Lebensmitteln zu versorgen. Er stand dem Islam zunächst ablehnend gegenüber, verhielt sich aber auf Grund seiner Verwandtschaft zum Propheten neutral. Bei Badr (624) kämpfte er jedoch auf der Seite der Mekkaner und wurde von den Muslims gefangengenommen. Er trat zum Islam über, und der Prophet entließ ihn gegen ein Lösegeld. Nach der Einnahme Mekkas bestätigte ihm Mohammed das Recht der Bereitstellung von Wasser und Lebensmitteln für die Pilger; starb 652 (a. Q. 654) in Medina. Sein Sohn ʿAbdallāh gilt als Stammvater der ʿabbāsidischen Kalifen.

ʿAbdallāh ibn Ǧaḥš: Neffe des Propheten und einer der ersten Gläubigen. Er gehörte zu den Muslims, die 615 nach Abessinien auswanderten, kehrte von dort zurück und folgte dann Mohammed nach Medina. Hier tat er sich als Militärführer hervor, so leitete er den Überfall von Naḫla (623); fiel in der Schlacht von Uḥud (625).

ʿAbdallāh ibn ʾUbai: Führer der Banū Ḫazraǧ, in Medina geboren. Er war vor der Ankunft Mohammeds der mächtigste Mann der Stadt. Beim Eintreffen des Propheten (622) nahm er aus taktischen Erwägungen den Islam an. Zeit seines Lebens betrachtete er Mohammed als seinen Rivalen im Kampf um die Macht und versuchte, diesem zu schaden, wo immer es ging. Er galt daher als Führer der Heuchler (Munāfiqūn). ʿAbdallāh ibn ʾUbai starb um 630 in Medina, ohne seinen früheren Einfluß zurückgewonnen zu haben.

ʿAbd al-Ḥamīd II.: geboren 1842, seit 1876 türkischer Sultan. In seiner Regierungszeit bemühte er sich um eine vorsichtige Modernisierung des Landes bei gleichzeitiger Stärkung der Zentralgewalt. ʿAbd al-Ḥamīd II. wurde 1909, im Verlauf der jungtürkischen Revolution, von der Nationalversammlung abgesetzt und in Saloniki interniert; starb 1918 in Konstantinopel.

ʿAbd al-Maǧīd II.: geboren 1868, letzter türkischer Kalif (seit 1922). Im Jahre 1924 wurde er von Mustafa Kemal abgesetzt und des Landes verwiesen; starb 1944 im französischen Exil.

ʿAbd al-Muṭṭalib ibn Hāšim: Großvater des Propheten, geboren um 500 in Mekka. Über ihn ist wenig bekannt. Sicher ist, daß er Kaufmann war und sich um Mohammed in dessen früher Kindheit kümmerte; starb um 578 in Mekka.

ʿAbd al-Wahhāb, Muḥammad: Begründer einer nach ihm benannten sunnitischen Strömung des Islam, geboren 1703 im Naǧd. Er studierte in Medina und Isfahan und trat danach als Prediger in Erscheinung, wobei seine streng orthodoxen Auffassungen (u. a. Ablehnung aller Neuerungen im Islam, die nicht bis zum 3. Jahrhundert der Hiǧra eingeführt wurden, aber auch Verbot des Tabakrauchens) sehr widersprüchliche Reaktionen hervorriefen. Von seiner eigenen Sippe nicht verstanden, verbündete er sich 1744 mit den Saʿūds, der Herrscherfamilie des Naǧd. Deren regierender Fürst Muḥammad ibn Saʿūd nahm die Lehre al-Wahhābs an und wurde so zu einem Vorkämpfer des Wahhābismus. ʿAbd al-Wahhāb starb 1792 in Riyāḍ. Die Saʿūds sorgten weiterhin für die Verteidigung und Verbreitung seiner Auffassungen und erhoben den Islam wahhābitischer Prägung zur Staatsreligion des 1932 gegründeten Königreiches Saudi-Arabien.

Abraha al-Ašram: von etwa 540 bis 570 abessinischer Statthalter in Südarabien. Um 540 führte er einen militärischen Angriff gegen Mekka, um die reiche Stadt dem Herrschaftsgebiet des Negus Negesti einzuverleiben. Auf Grund einer Pockenepidemie wurde der Angriff jedoch abgebrochen und das Heer Abrahas zog sich nach Südarabien zurück. In den islamischen Geschichtsquellen spinnen sich zahlreiche Legenden um Abraha und den Angriff auf Mekka. Dieser wird hier auf das Jahr 570 (Elefantenjahr = Geburtsjahr Mohammeds) datiert, und der Rückzug wird allein der wunderbaren Hilfe Allāhs zugeschrieben.

Abraham: arab. ʿIbrāhīm, biblischer Stammvater der Israeliten. Nach der Überlieferung des AT wanderte er um das 18. Jahrhundert v. u. Z. nach Kanaan ein und predigte inmitten einer polytheistischen Umgebung den Glauben an den einzigen Gott. Im Judentum ist er als Vater der Gläubigen eine überragende Gestalt. Demgegenüber erklärt ihn der Koran zum ersten Muslim und Begründer des Kaʿba-Kultes.

Abū Aiyūb Ḫālid ibn Zaid al-Anṣārī: Verwandter Mohammeds in Medina. Er stellte dem Propheten sein Haus zur Verfügung und wurde sein erster Fahnenträger; starb 672 bei der Belagerung Konstantinopels.

Abū Bakr ʿAbdallāh ibn Abī Quḥāf: geboren um 573 in Mekka, erster Kalif und Schwiegervater des Propheten. Er war ein reicher Kaufmann und trat sehr früh zum Islam über und stellte fortan sein Leben und sein Vermögen in den Dienst Mohammeds. Nach dessen Tod wurde er am 8. Juni 632 zum ersten Kalifen (arab. Ḫālifa = Nachfolger) des Islam proklamiert. Unter seinem kurzen Kalifat wurden die abgefallenen arabischen Stämme bezwungen und die Eroberungszüge nach Byzanz und Persien wiederaufgenommen; starb 634 in Medina.

Abū Ǧahl: eigentlich Abū al-Ḥakam ʿAmr ibn Hišām ibn al-

Muġira, geboren um 570 in Mekka. Er entstammte der vornehmen Maḫzūmsippe und war einer der erbittertsten Gegner Mohammeds aus der mekkanischen Aristokratie und ließ die Gläubigen in Mekka unnachgiebig und grausam verfolgen. Abū Ǧahl wurde in der Schlacht bei Badr (624) getötet.

Abū Lahab: eigentlich ʿAbd al-ʿUzzā' ibn ʿAbd al-Muṭṭalib, reicher mekkanischer Kaufmann, Onkel und heftiger Gegner des Propheten. Oft aufgehetzt von seiner Frau Ǧumail bint Ḥarb, einer Schwester von Abū Sufyān, kämpfte er offen gegen seinen Verwandten Mohammed. Im Jahre 619 wurde er Sippenführer der Hāšim, was zum Ausschluß des Propheten aus seiner Familie führte. Abū Lahab wurde dafür im Koran ausdrücklich zur Höllenstrafe verdammt; starb um 624.

Abū Sufyān: eigentlich Ṣaḫr ibn Ḥarb ibn Umaiya, geboren um 570 in Mekka, reicher Kaufmann und Führer der mit Mohammed verfeindeten mekkanischen Aristokratie. Er stand an der Spitze des mekkanischen Heeres im sogenannten Grabenkrieg (627), erkannte aber danach weitsichtig die kommende Herrschaft des Propheten und wurde so zum Chefunterhändler Mekkas bei den Übergabeverhandlungen. Nach der Einnahme Mekkas trat er zum Islam über und wurde – entgegen der Meinung Essad Beys – von Mohammed nicht gedemütigt, da dieser sein kluges Nachgeben schätzte. Abū Sufyān wurde unter dem Kalifat Abū Bakrs zum Statthalter im Naǧrān und im Ḥiǧāz ernannt; starb 652.

Abū Ṭālib ʿAbd Manāf ibn ʿAbd al-Muṭṭalib: Onkel Mohammeds, der nach dem Tode des Großvaters die Führung der Sippe übernahm. Obwohl er selbst wahrscheinlich nie zum Islam übertrat, hielt er seine schützende Hand über den Propheten; starb um 619 in Mekka.

Abū Ṯumāma (Musailima): arabischer Gegenprophet, der bei den Banū Ḥanīfa wirkte und sich dabei eng an die Offenbarungen Mohammeds anlehnte. Er bot diesem eine Teilung der Herrschaft über Arabien an und wurde nach dem

Tode des Propheten (632) zu einer ernsten Gefahr für die junge islamische Gemeinde, als viele arabische Stämme vom Glauben abfielen und sich um ihn scharten. Abū Bakr entsandte ein Heer gegen ihn. In der Entscheidungsschlacht von 634, in der die Muslims den Sieg davontrugen, fiel Abū Ṯumāma.

Aḥra Mainyu: (auch Angra Manyu), in der Religion Zarathustras Bezeichnung für das immerwährende negative geistige Prinzip, den bösen Geist.

Ahura Mazda: in der Religion Zarathustras Bezeichnung für das positive geistige Prinzip, des guten Gottes, der dem Aḥra Mainyu diametral gegenübersteht. Beider Kampf bewirkt die Entwicklung aller irdischen Dinge.

ʿAihala ibn Kaʿb al-Aswad: südarabischer Gegenprophet, der sich kurz vor dem Tode Mohammeds an die Spitze einer gegen die Oberherrschaft Medinas gerichteten südarabischen Aufstandsbewegung stellte. Ihm gelang es im Jahre 632, den muslimischen Statthalter von Ṣanʿā' zu ermorden und für drei Monate die Herrschaft in der Stadt zu übernehmen. Er fand Unterstützung bei einer Reihe von südarabischen Stämmen, die nach dem Tode Mohammeds vom Islam abfielen und für die Unabhängigkeit Südarabiens kämpften. ʿAihala wurde 632 von einem Muslim ermordet und die Oberhoheit Medinas über den Jemen wiederhergestellt.

ʿĀ'iša bint Abī Bakr: Tochter Abū Bakrs und Lieblingsfau des Propheten, geboren um 614 in Mekka. Sie nahm schon zu Lebzeiten Mohammeds regen Anteil an seinem Wirken und wurde von ihm trotz ihrer Jugend in Glaubens- und Rechtsangelegenheiten wiederholt um Rat gefragt. Nach seinem Tode erlangte sie beträchtlichen politischen Einfluß. So arbeitete sie nach der Ermordung ʿUṯmāns eng mit den Gegnern ʿAlīs zusammen, dessen Todfeindin sie seit der Halsbandaffäre war. Auf ihrem Kamel ʿAskar nahm sie 656 an der Schlacht gegen ʿAlī teil, wurde aber von ihm gefangengenommen. Er behandelte sie jedoch als ›Mutter der Gläubigen‹ respektvoll und schickte ʿĀ'iša nach Medina zurück, wo sie von da an zurückgezogen lebte und 678 verstarb.

Alfraganus: lateinischer Name des Abū al-ʿAbbās Aḥmad ibn Muḥammad ibn Kaṯīr al-Farġānī, bedeutender arabischer Astronom (Hauptwerk ›Elemente der Astronomie‹). Er lebte und wirkte um die Mitte des 9. Jahrhunderts in Bagdad am Hofe der ʿAbbāsiden, ermittelte den Durchmesser der Erde und die Entfernung der Planeten neu und verbesserte damit einige astronomische Berechnungen des Ptolemaios.

ʿAlī ibn Abī Ṭālib: Vetter und Schwiegersohn Mohammeds, vierter Kalif, geboren um 600 in Mekka. Er war einer der ersten männlichen Muslims und gehörte zum engsten Beraterkreis des Propheten. Im Jahre 656 wurde er zum Kalifen ausgerufen, sah sich aber sofort einer starken Opposition gegenüber. Zwar gelang es ihm, den von ʿĀʾiša gegen ihn angezettelten Aufstand 656 niederzuschlagen, aber ein militärischer Erfolg über den ebenfalls gegen ihn kämpfenden Thronprätendenten Muʿāwiya, der ihn beschuldigte, verantwortlich für die Ermordung des Kalifen ʿUṯmān gewesen zu sein, blieb ihm versagt. Im Jahre 658 erklärte er sich bereit, ein Schiedsgericht entscheiden zu lassen, wer von beiden der rechtmäßige Kalif sei. Aus Protest gegen dieses Einlenken verließen ʿAlī viele seiner Gefolgsleute. Das Schiedsgericht entschied 658 zugunsten Muʿāwiyas. Die Entscheidung wird bis heute nicht von allen Muslims anerkannt und führte damals zur Spaltung der islamischen Gemeinde in Sunniten und Schiiten. ʿAlī zog sich aus der Politik zurück und wurde am 22. Januar (a. Q. 24. Januar) 661 von einem ehemaligen Gefolgsmann in Kūfa ermordet.

Āmina bint ʿAbd Manāf: Mutter Mohammeds aus der mekkanischen Sippe Zuhra; starb um 576 auf einer Reise von Medina nach Mekka.

ʿAmr ibn al-ʿĀṣ as-Sahmī: bedeutender arabischer Heerführer, geboren um 570 in Mekka. ʿAmr entstammte dem Geschlecht der Quraiš und war zunächst einer der bedeutendsten Heerführer Mekkas im Kampf gegen Medina. Als Mohammed 630 als Sieger in Mekka Einzug hielt, trat ʿAmr zum Islam über. Abū Bakr betraute ihn mit Führungsaufgaben in den Feldzügen gegen Byzanz. Sein eigentlicher militärischer Ruhm beruht jedoch auf der Eroberung Ägyptens ab 640. Er gilt als Gründer von Kairo und wurde erster muslimischer Statthalter von Ägypten. Unter dem Kalifat ʿUṯmāns in Ungnade gefallen, stellte er sich nach dessen Ermordung auf die Seite Muʿāwiyas und entschied als einer der Richter im Schiedsspruch von 658 gegen den Kalifen ʿAlī. ʿAmr wurde dann von Muʿāwiya wieder in seine alten Rechte eingesetzt; starb 663 in Ägypten.

ʿAmr ibn Luḥai: sagenhaftes Stammesoberhaupt der Banū Ḫuzāʿa. Entsprechend der muslimischen Geschichtsauffassung herrschte er in der ersten Hälfte des dritten Jahrhunderts über Mekka und führte dort den Götzenkult ein. Ihm wird daher vorgeworfen, die Kaʿba mit Götzenbildern entweiht und die Religion Abrahams verfälscht zu haben.

Anas ibn Mālik Abī Ḥamza: geboren um 612. Er wurde im Alter von etwa zehn Jahren Mohammed zum Geschenk gemacht und war später einer der engsten Vertrauten des Propheten. Anas blieb bis zum Tode Mohammeds in dessen Diensten und nahm an allen Eroberungszügen und Schlachten teil. In der Auseinandersetzung um das Kalifat, nach der Ermordung ʿUṯmāns, hielt er zu ʿAlī und war kurze Zeit Imam in Baṣra. Große Bedeutung besitzt er als einer der Überlieferer der Geschichte des Islams; starb um 705 (a. Q. 719).

ʿAntar ibn Šaddād ibn ʿAmr ibn Muʿāwiya: altarabischer Dichter des sechsten Jahrhunderts und einer der populärsten arabischen Helden, gilt als ein Meister der Qaṣīda (altarabische Gedichtform). Er wurde im hohen Alter Opfer eines Stammeskrieges. Sein Werk ist nur lückenhaft erhalten geblieben.

Arqam ibn Abī al-Arqam ibn Asad ibn ʿAbdallāh: Gefährte Mohammeds, geboren um 595 in Mekka. Er war einer der ersten Gläubigen und stellte gegen den entschiedenen Widerstand seiner Sippe dem Propheten sein Haus zur Zuflucht vor den mekkanischen Feinden und für Versammlungen der islamischen Gemeinde zur Verfügung. Arqam nahm an der Hiğra teil und starb um 675 in Medina.

Asmā' bint Marwān: Dichterin aus dem Stamme Aus. Sie zog sich den Zorn Mohammeds zu, als sie ihn einen Emporkömmling und Mörder schimpfte und die Leute von Medina verspottete, da diese in ihrem Irrglauben einem Manne folgten, der nicht einmal derselben Sippe angehöre. Sie wurde angeblich auf Weisung Mohammeds von 'Umair um 624 erschlagen.

Averroes: lateinischer Name des Abū al-Walīd Muḥammad ibn Aḥmad ibn Muḥammad ibn Rušd, bedeutender arabischer Gelehrter, geboren 1126 in Córdoba. Neben philosophischen Abhandlungen verfaßte er Schriften über Heilkunde, Arithmetik, Astronomie und islamisches Recht. Hauptwerke: ›Colliget‹ (medizinisches Handbuch) und ›Destructio destructionis‹ (philosophisches Traktat); starb 1198 in Marrākuš.

Avicenna: lateinischer Name des Abū 'Alī al-Ḥusain ibn 'Abdallāh ibn Sīnā, einer der bedeutendsten muslimischen Gelehrten, geboren 980 in der Nähe von Buḫara, studierte Logik, Geometrie, Astronomie, Physik, Philosophie und Medizin. Sein Hauptverdienst besteht in der Systematisierung der damals bekannten Wissenschaften. Hauptwerke: ›Kitāb aš-Šifā'‹ (philosophische Enzyklopädie) und ›al-Qanūn fi'l-Ṭibb‹ (medizinisches Lehrbuch); starb 1037 in Hamaḏān.

Bilāl ibn Rabāḥ: abessinischer Sklave, geboren um 575. Er schloß sich in Mekka sehr früh dem Propheten an und wurde dafür von seinem Herrn schwer mißhandelt. Abū Bakr kaufte ihn frei, und Bilāl folgte dem Propheten nach Medina, wo er zum ersten Mu'aḏḏin (Gebetsausrufer) ernannt wurde. Nach dem Tode Mohammeds (632) verließ er Medina und nahm an mehreren Feldzügen gegen Byzanz und Persien teil; starb 641 (a. Q. 650) in Damaskus.

Bilqīs-Mākedā: Zusammensetzung aus dem arabischen und dem abessinischen Namen der sagenhaften Königin von Saba, die im 10. Jahrhundert v. u. Z. anläßlich eines Besuches in Jerusalem König Salomo geheiratet und gleichzeitig der Vielgötterei abgeschworen haben soll. Ihre Existenz ist Bestandteil der jüdischen, römischen, griechischen, christlichen und arabischen Mythologie, legendenumwoben und umstritten.

al-Buḫārī, Muḥammad ibn Ismā'īl Abū 'Abdallāh al-Ǧu'fī: muslimischer Gelehrter, geboren im Jahre 810 in Buḫara. Er bereiste große Teile der arabischen Welt und gilt als einer der bedeutendsten Gelehrten der islamischen Geschichtsüberlieferung. Hauptwerk: ›al-ǧāmi aṣ-ṣaḥīḥ‹ (enzyklopädische Sammlung); starb 870 in Buḫara.

Būrān: arabische Dichterin, geboren 807 in Ṣafar. Als Zehnjährige wurde sie dem Kalifen al-Ma'mūn versprochen und 825 die Ehe vollzogen. Būrān hatte einen recht bedeutenden Einfluß auf die Herrschaftspolitik ihres Mannes; starb 884 in Bagdad.

Fāṭima bint Muḥammad: Tochter des Propheten und der Ḫadīǧa, geboren um 605 in Mekka. Sie folgte ihrem Vater nach Medina und heiratete um 625 'Alī. Dieser Verbindung entstammten Ḥasan und Ḥusain, die einzigen männlichen Nachfahren des Propheten. Fāṭima wird daher bei den Schiiten als Heilige verehrt; starb 632 in Medina.

Ǧalāl ad-Dīn Rūmī: bedeutender muslimischer Dichter, geboren 1207 in Balḫ. In jungen Jahren bereiste er mit seinem Vater das arabische Großreich und studierte verschiedene Wissenschaften und Künste. Später fühlte er sich so zum Ṣūfismus (Schule des islamischen Mystizismus) hingezogen, daß er sich aus dem öffentlichen Leben zurückzog und um 1242 einen Derwischorden in Qōniya gründete, wo er 1273 starb.

Ḫadīǧa bint Ḫuwailid: erste Gemahlin Mohammeds, geboren um 545 in Mekka; war eine reiche Kaufmannswitwe. Ihr Alter wird in der islamischen Überlieferung übertrieben. Sie kann bei ihrer Hochzeit mit Mohammed nicht vierzig Jahre alt gewesen sein und ihm danach noch mehrere Kinder geboren haben. Sicher ist nur, daß sie älter als der Prophet und diesem eine starke materielle und moralische Stütze war; starb 619 in Mekka und wird als erste Gläubige des Islam verehrt.

Hadrian: römischer Kaiser (117–138), der sich in seiner Regierungszeit besonders um die innere Befriedigung des Reiches bemühte und dafür eine umfangreiche Sammlung von Rechtsnormen, die Pax Romana, erließ.

Ḥafṣa bint ʿUmar: Tochter des Kalifen ʿUmar und Gemahlin Mohammeds; geboren um 605 in Mekka. Die Heirat mit dem Propheten fand um 625 statt; starb 665 kinderlos in Medina.

Hagar: biblische Gestalt, dem AT zufolge Sklavin Saras, die Abraham zu seiner Nebenfrau nahm und mit ihr Ismaël zeugte. Sara verjagte sie daraufhin zusammen mit ihrem Sohn. Nach islamischer Überlieferung soll sich ihr Grab in Mekka befinden.

Ḫālid ibn al-Walīd ibn al-Muġīra al-Maḫzūmī: arabischer Feldherr, geboren um 580 in Mekka. Er befehligte zunächst die mekkanischen Truppen im Kampf gegen Mohammed, trat aber bei der Einnahme Mekkas zum Islam über und wurde einer der hervorragendsten muslimischen Militärs. Mit seinem Namen verbunden sind Siege über die arabischen, jüdischen und christlichen Stämme Zentralarabiens, dann die Niederwerfung der aufständischen Stämme nach dem Tode des Propheten und schließlich die Eroberung Syriens und Persiens; starb in Syrien (a. Q. Medina) im Jahre 641/42.

Ḥalīma: Frau von den Banū Saʿd ibn Bakr, Mohammeds Amme.

Ḥamza ibn ʿAbd al-Muṭṭalib: Onkel Mohammeds, geboren um 555 in Mekka. Ḥamza nahm zunächst eine ablehnende Haltung zum Islam ein, empörte sich dann aber offen über das Betragen der mekkanischen Aristokratie seinem Neffen gegenüber und schloß sich um 615 den Gläubigen an. Er folgte dem Propheten nach Medina und trat dort als tapferer Krieger hervor. Ḥamza fiel in der Schlacht von Uḥud (625), sein Leichnam wurde von den Mekkanern geschändet.

Hārūn ar-Rašīd: ʿabbāsidischer Kalif seit 786, geboren 763 in Bagdad. Unter seinem Kalifat erlebte das Reich eine Zeit wirtschaftlicher und kultureller Blüte, die mit einer bis dahin nichtgekannten Prachtentfaltung am Kalifenhof einherging. Hārūn ist daher Held zahlreicher Legenden; starb auf einem Feldzug im Jahre 809.

Ḥasan ibn ʿAlī ibn Abī Ṭālib: ältester Sohn ʿAlīs und der Fāṭima, geboren 625 in Medina. In seiner Jugend politisch wenig interessiert, ließ er sich nach der Ermordung seines Vaters im Jahre 661 von irakischen Schiiten zum Kalifen ausrufen. Da er jedoch die sich daraufhin anbahnende militärische Auseinandersetzung mit dem Kalifen Muʿāwiya scheute, erklärte er sich bereit, bei Erhalt einer hohen staatlichen Pension auf die Kalifenwürde zu verzichten. Er zog sich nach Medina zurück und gab sich verschiedenen Ausschweifungen hin; starb 669 in Medina.

Ḥasan ibn Ṯābit: geboren um 600 in Medina, arabischer Dichter. Nach einem unruhevollen Wanderleben wurde er um 625 eine Art Hofdichter des Propheten. Literarische Kostbarkeiten sind von ihm nicht bekannt. Seine Gedichte dienten fast ausschließlich der Lobpreisung des Gesandten; starb 674.

Herakleios: seit 611 byzantinischer Kaiser, geboren 575. Im Kampf um die Herrschaft über die Länder des fruchtbaren Halbmondes konnte er zeitweilig die Perser besiegen, verlor dann aber für immer die byzantinische Herrschaft über Syrien, Palästina und Ägypten (zwischen 636 und 641/42) an die Araber; starb 641.

Hind bint ʿUtba ibn Rabīʿa: Frau Abū Sufyāns, geboren um 580 in Mekka. Sie galt als erbitterte Gegnerin Mohammeds, verfolgte die Gläubigen und nahm an allen Feldzügen der Mekkaner gegen Medina teil. Bei der Einnahme Mekkas trat sie jedoch zum Islam über und verfolgte danach ebenso erbittert alle Nichtmuslims. Abu Sufyān verstieß sie später; starb um 640 in Mekka.

Hiram I.: 970 bis 936 v.u.Z. König von Tyrus und Verbündeter König Salomos.

Hūlāgū: mongolischer Eroberer, Enkel von Tschingis Khan, geboren 1217. Er eroberte 1258 Bagdad, vernichtete das Kalifat der ʿAbbāsiden und errichtete ein mongolisches Reich in Persien; starb 1265.

Ḥusain ibn ʿAlī ibn Abī Ṭālib: zweiter Sohn ʿAlīs und der Fāṭima, geboren 626 in Medina. Zunächst politisch ebenso unbedeutend wie sein Bruder Ḥasan vor der Ermordung ʿAlīs, sollte er nach dessen Tod (669) nach dem Willen der Schiiten den Kampf um den Kalifenthron aufnehmen und das Kalifat der ʿAlīden errichten. Zunächst lehnte er dieses Ansinnen ab, aber nach dem Tode des Kalifen Muʿāwiya (680) verweigerte er dessen Sohn und Nachfolger Yazīd die Huldigung. Daraufhin mußte er fluchtartig Medina verlassen und versuchte, seine Anhänger im Irak zu erreichen. Bei der Ortschaft Karbalā wurde er jedoch von den Soldaten Yazīds gestellt und am 10. Oktober 680 im Gemetzel getötet. Ḥusain wird seitdem von den Schiiten als Märtyrer verehrt und seines Todestages jedes Jahr mit Trauerprozessionen gedacht.

Ibn Saʿūd, ʿAbd al-Azīz ibn ʿAbd ar-Raḥmān: geboren um 1880. Er begann 1902 mit der Vereinigung Zentralarabiens unter seiner Herrschaft und gründete 1932 das Königreich Saudi-Arabien, dessen erster Monarch er war; starb 1953 in ar-Riyāḍ.

Imruʾ al-Qais: eigentlich Ḥunduǧ ibn Ḥuǧr, altarabischer Dichter, geboren um 500 in Meǧd, entstammte einer südarabischen Fürstenfamilie und führte zunächst ein unstetes Wanderleben, bis er um 530 an den Hof des byzantinischen Kaisers gerufen wurde. Hier widmete er sich besonders der arabischen Verskunst und schuf eine besondere Form der Qaṣīda; fiel einer höfischen Intrige zum Opfer und wurde um 540 auf Befehl des Kaisers ermordet.

Isaak: arab. Isḥāq, biblische Gestalt, nach der Überlieferung des AT war er der von Gott angezeigte Sohn Abrahams.

Ismaël: arab. Ismāʿīl, biblische Gestalt, nach der Überlieferung des AT war er der Sohn Abrahams, den dieser mit der Sklavin Hagar zeugte, Mutter und Sohn wurden auf Befehl Saras vertrieben.

Jakob: arab. Yaʿqūb, biblische Gestalt, nach der Überlieferung des AT war er der Sohn Isaaks und gilt als Ahnherr der zwölf Stammväter Israels.

Jesus Christus: arab. ʿĪsā, Stifter und Zentralfigur des Christentums.

Kaʿb ibn al-Ašraf: Dichter aus Medina, Verfechter des Judentums und Gegner Mohammeds. Nach der Schlacht von Badr (624) ging er nach Mekka und drängte die Quraiš, Medina baldigst mit einem starken Heer anzugreifen. Er wurde auf Grund eines indirekten Befehls des Propheten um 626 in Medina ermordet.

Kawāḏ I.: 488 bis 531 sassanidischer Herrscher von Persien. Auf Grund des machtpolitischen Gegensatzes zwischen Königtum und Aristokratie unterstützte er zeitweilig Mazdaq.

Khosrau I. Anuširwān: seit 531 persischer König aus der Dynastie der Sassaniden, vernichtete die letzten Reste der Sekte Mazdaqs und sicherte die Herrschaft der Religion Zarathustras in der Sassanidenzeit; starb 578 (a. Q. 579).

Khosrau II.: Enkel Anuširwāns und seit 590 persischer König, trat besonders durch seinen Kampf gegen Byzanz hervor, eroberte zeitweilig Kleinasien, Syrien, Palästina und Ägypten; wurde 628 von seinem Sohn ermordet.

Kolumbus, Christoph: Seefahrer italienischer Herkunft, geboren 1451 in Genua, im Dienst der spanischen Krone entdeckte er auf der Suche nach dem Seeweg nach Indien

1492 Amerika (Bahamas, Kuba, Haïti); starb 1506 in Valladolid.

Maimūna bint Ḥāriṯ: Schwägerin von al-ʿAbbās und Gemahlin Mohammeds. Auf seiner ersten Pilgerfahrt nach Mekka (629) hielt er aus politischen Gründen um ihre Hand an und heiratete sie auf dem Rückweg nach Medina; starb kinderlos als letzte seiner Frauen im Jahre 681.

al-Maʾmūn, Abū al-ʿAbbās ʿAbdallāh ibn Hārūn: ʿabbāsidischer Kalif, geboren 786 als Sohn von Hārūn ar-Rašīd und einer persischen Sklavin. Nach der Ermordung seines älteren Bruders wurde er 813 zum Kalifen ausgerufen, mußte aber sechs Jahre lang mit Gegenkalifen der ʿAlīden um den Thron kämpfen, ehe er 619 als Sieger in Bagdad einziehen konnte. Er war der Gemahl der Būrān und starb 833.

Maria: arab. Maryam, biblische Gestalt, im Neuen Testament Name der Mutter von Jesus Christus.

Māriya: koptische Sklavin, die Mohammed um 629 geschenkt wurde. Der Prophet machte sie zu seiner Nebenfrau. Māriya gebar Mohammed einen Sohn – ʿIbrāhīm –, der im Säuglingsalter starb. Die Zuneigung des Propheten zu Māriya erregte den Unmut seiner Gemahlinnen, die sie aus Medina vertreiben wollten. Dies gelang nicht, da Mohammed zu ihr hielt. Sie starb 637 in Medina.

Mazdaq: persischer Sektenführer und Anführer einer im ersten Drittel des 6. Jahrhunderts gegen die Macht der Priester Zarathustras und des Feudaladels gerichteten sozialen Bewegung. Mazdaq predigte eine Art Kommunismus, die Aufteilung des Reichtums einschließlich der Frauen; er hatte damit viel Anklang bei den Armen. Auf Grund des Gegensatzes zwischen König und Adel wurde er zunächst von König Kawāḏ I. unterstützt, aber dann auf dessen Befehl hin im Jahre 529 zusammen mit Tausenden seiner Anhänger hingerichtet.

Moses: arab. Mūsā, biblische Gestalt, nach der Überlieferung des AT Prophet der Israeliten. Er war führend an der Ausprägung des Monotheismus bei den Juden beteiligt und wird als Gesetzgeber verehrt.

Muʿāwiya ibn Abī Sufyān: erster Kalif der Umaiyaden, geboren als Sohn des Abū Sufyān und der Hind um 600 in Mekka. Bei der Einnahme der Stadt trat er zum Islam über und wurde unter dem Kalifat Abū Bakrs Statthalter von Syrien. Annähernd zwanzig Jahre lang bekleidete er dieses Amt und schuf sich eine starke syrische Hausmacht. Nach der Ermordung des Kalifen ʿUṯmān (656) stellte er sich sofort offen gegen dessen Nachfolger ʿAlī und beanspruchte die Kalifenwürde für sich. Im Jahre 658 kam es zur Schlacht zwischen den syrischen Truppen Muʿāwiyas und der Armee ʿAlīs. Keiner der beiden Kontrahenten konnte den Sieg für sich verbuchen. Ein Schiedsgericht erkannte 658 Muʿāwiya das Kalifat zu. Durch einen Feldzug gegen den Sohn ʿAlīs konnte er im Jahre 661 einen vorläufigen Thronverzicht der ʿAlīden erreichen und die innere Einheit des Staates wieder herstellen. Er organisierte eine straffe innere Verwaltung, wobei sich das Zentrum des Reiches von Medina nach Damaskus verlagerte. Muʿāwiya führte de facto die Erblichkeit des Kalifats ein; er starb 879.

Muṣʿab ibn ʿUmair: Anhänger des Propheten aus dem Geschlecht der Quraiš, geboren um 595 in Mekka. Als junger Mann bekannte er sich zum Islam und wanderte 615 nach Abessinien aus. Nach Mekka zurückgekehrt, wurde er von Mohammed nach dem ersten ›Schwur von ʿAqaba‹ (621) nach Medina entsandt, um dort Anhänger für den Islam zu gewinnen und damit die Hiǧra vorzubereiten. Muṣʿab bewältigte diese Aufgabe sehr erfolgreich; er fiel in der Schlacht von Uḥud 625.

Mustafa Kemal Pascha: Kemal Atatürk, türkischer Politiker und Gründer der modernen Türkei, geboren 1881 in Saloniki. Er führte nach dem ersten Weltkrieg die türkische Nationalbewegung, setzte 1922 den letzten Sultan ab und proklamierte die türkische Republik, deren erster Präsident er 1923 wurde. 1924 erfolgte die Aufhebung des Kalifats; er verstarb 1938 in Istanbul.

Noah: biblische Gestalt, gilt als Begründer einer neuen

Menschheit, nachdem die Strafe Gottes in Form einer Sintflut auf die Menschheit herabgesandt wurde.

Quṣai ibn Kilāb ibn Murra ibn Ka'b ibn Lu'ai ibn Fihr-Quraiš: Ahnherr Mohammeds. Im 4./5. Jahrhundert faßte er die Sippen der Quraiš zu einer festen Einheit zusammen und sicherte ihnen damit die Herrschaft über Mekka und die Ka'ba. Über seinen Enkel Hāšim wurde er zum direkten Vorfahren des Propheten.

Romanus Palaiologos: geboren 1404 in Konstantinopel als Konstantin XI. 1449 bis 1453 letzter Kaiser von Byzanz, fiel am 29. Mai 1453 in der Schlacht um Konstantinopel.

Ruqaiya bint Muḥammad: Tochter Mohammeds und der Ḫadīğa. Sie war zunächst mit 'Utba verheiratet, der sie aber auf Befehl seines Vaters Abū Lahab verstieß, heiratete später 'Uṯmān ibn 'Affān, wanderte mit diesem 615 nach Abessinien aus und folgte danach ihrem Vater nach Medina. Sie gebar einen Sohn, der jedoch im Kindesalter verunglückte; starb um 624 in Medina.

Rustam: persischer Reichsverweser und Oberkommandierender der persischen Truppen im Kampf gegen die Araber. Er wurde in der Schlacht von Qadisiya (637) getötet.

Sa'd ibn Abī Waqqās: arabischer Heerführer, geboren um 600 in Mekka. Im Alter von etwa 17 Jahren bekannte er sich zum Islam und wurde einer der engsten Prophetengefährten. Kalif 'Umar betraute ihn 637 mit dem Kommando über das Heer bei der Eroberung des Irak. Er besiegte die Perser und gilt als Gründer der Stadt Kūfa, deren erster Statthalter er wurde, fiel 640 in Ungnade, als er sich in Kūfa einen prachtvollen Palast bauen ließ und damit gegen das von 'Umar verordnete Gebot der Einfachheit verstieß. Unter 'Uṯmān wieder in seine alten Rechte eingesetzt, zog er sich 656 beim Machtantritt 'Alīs – dem er die Huldigung verweigerte – aus dem öffentlichen Leben zurück und verstarb 670 (a. Q. 675).

Sa'd ibn Mu'āḏ ibn al-Nu'mān ibn Imru' al-Qais ibn Zaid ibn 'Abd al-Ašhal al-Anṣārī al-Ausī: Stammesführer von Medina. Er trat um 622 zum Islam über und wurde im Grabenkrieg (627) schwer verwundet. Mohammed bestellte ihn zum Schiedsrichter über das Schicksal der jüdischen Banū Quraiẓa. Selbst dem Tode nahe, verfügte er, daß die Männer des Stammes getötet, die Frauen und Kinder versklavt und die Güter der Juden unter die Gläubigen verteilt werden sollen. Das Urteil wurde in diesem Sinne vollzogen. Sa‘d überlebte das Massaker nur wenige Tage. Er erlag seinen schweren Verletzungen.

Sa‘d ibn ‘Ubāda ibn Dulaim ibn Ḥāriṯa ibn Abī Ḥazīma ibn Ṯa‘laba ibn Tarīf al-Ḫazraǧī: reicher Medinenser, der um 622 zum Islam übertrat und einer der energischsten Glaubenskämpfer wurde. Als ‘Abdallāh ibn ’Ubai 630 starb, übernahm Sa‘d die Führung der Ḫazraǧ. Diese wollten ihn nach dem Tode Mohammeds zum Kalifen proklamieren, aber er unterlag Abū Bakr. Sa‘d zog sich daraufhin aus der Politik zurück und starb 636 oder 637.

Sa‘di Šaiḫ Muṣliḥ ad-Dīn: persischer Dichter, geboren 1192 in Šīrāz. In seiner Jugend bereiste er Kleinasien, Nordafrika und Indien und studierte in Bagdad Mystizismus. Er verfaßte Prosawerke und gilt als ein Meister der Qaṣīda. Sa‘di starb 1292 in Šīrāz. Seine Hauptwerke: ›Būstān‹ (Der Garten) und ›Gulistān‹ (Der Rosengarten).

Ṣafīya bint Ḥuyai bint Aḫṭab: Jüdin aus Medina und Ehefrau des Propheten, geboren um 610. Sie entstammte den Banū Naḍīr und wurde bei der Schlacht von Ḫaibar (628) gefangengenommen. Mohammed soll so von ihrer Schönheit ergriffen gewesen sein, daß er sie kaufte und noch auf dem Rückweg nach Medina heiratete. Sie nahm den Islam an und starb 670 (a. Q. 672) in Medina.

Saǧāḥ, Umm Ṣādir bint Aus bint Ḥikk bint Usāma: christliche Prophetin und Wahrsagerin. Sie trat um das Jahr 632 erstmals an die Öffentlichkeit, als sie mehrere Stämme im Kampf gegen die Oberherrschaft Medinas führte, erlitt dabei eine schwere Niederlage und schloß sich danach den Banū Hanīfa unter Abū Ṯumāma an. Bis zu dessen Tod im Jahre 634 kämpfte sie an seiner Seite, dann kehrte sie zu ihrem eigenen Stamm zurück und trat zum Islam über.

Salmān al-Fārisī: Gefährte Mohammeds, geboren in Persien. Als junger Mann reiste er nach Zentralarabien, wo er von Beduinen gefangengenommen und nach Medina verkauft wurde. Dort trat er um 622 zum Islam über und konnte sich mit der Hilfe des Propheten – dessen Vertrauen er gewonnen hatte – freikaufen. Ihm wird der Ratschlag zugeschrieben, einen Graben um Medina herum auszuheben, um den Angriff der Mekkaner in der Schlacht von 627 abzuwehren. Salmān nimmt in der islamischen Geschichtsschreibung einen hervorragenden Platz ein, dort gilt er als Vorbild des zum Islam bekehrten Persers; starb um 656 in Medina.

Salomo: arab. Sulaimān ibn Dāwūd, biblische Gestalt, um 965 bis 926 v. u. Z. König von Israel und Judäa, geboren um 985 v. u. Z. Um Salomo ranken sich viele Legenden, gerühmt werden seine Weisheit und seine Güte, auch soll er über Zauberkräfte verfügt haben. Ihm wird die Bekehrung der sagenhaften Königin von Saba zugeschrieben. In der islamischen Überlieferung gilt er als Gesandter Allāhs und Vorbild Mohammeds.

Sauda bint Zam'a bint Qais: zweite Gemahlin Mohammeds, die er kurz nach dem Tode Ḫadīǧas im Jahre 619 ehelichte. Sie starb 674 in Medina.

Šahr ibn Bāḏān: Sohn des persischen Vizekönigs von Jemen. Šahr trat 631 zum Islam über und wurde erster muslimischer Statthalter in Ṣan'ā'. Im Jahre 632 wurde er vom Gegenpropheten 'Aihala ermordet.

Šapūr II.: 309–379 sassanidischer König von Persien. Seine lange Regierungszeit – er bestieg als Kleinkind den Thron – war geprägt von Kriegen gegen das römische Reich.

Ṭarafa: eigentlich 'Amr ibn aṭ-Ṭarafa ibn 'Abd al-Bakrī, bedeutender vorislamischer Dichter, lebte in der Mitte des 6. Jahrhunderts. Sein genauer Lebensweg ist umstritten. Einige arabische Quellen behaupten, daß er auf Befehl des Königs von Ḥira im Alter von 25 Jahren in Baḥrain ermordet wurde, andere berichten, daß er dem Mordanschlag entkam und noch lange Jahre als Scheich eines südarabischen Stammes lebte. Unumstritten ist seine dichterische Leistung, gilt er doch als Verfasser des längsten bekannten Gedichtes (Muʿallaqāt).

Tschingis Khan: mongolisch-tatarischer Eroberer und Begründer eines Weltreiches, geboren 1155. Ihm gelang es, die Völker der Mongolei unter seiner Herrschaft zu vereinen, den Uigurenstaat zu zerschlagen, Teile Chinas und Mittelasien zu unterwerfen. Er drang bis nach Süd-Rußland vor; starb 1227.

Ṭulaiḥa ibn Ḫuwailid ibn Naufal al-Asadī al-Faqʿadī: Gegenprophet, trat um 630 zum Islam über, wandte sich jedoch seit etwa 631 gegen Mohammed und behauptete, ebenfalls von Gabriel göttliche Offenbarungen zu empfangen, die ihn zum Herrscher bestimmten. Mohammed gelang es zu Lebzeiten nicht, Ṭulaiḥa zu unterwerfen. Dies vermochte erst Abū Bakr, der 633 ein Heer gegen die abtrünnigen Stämme unter Ṭulaiḥa entsandte. Im Kampf unterlag der Gegenprophet und floh nach Syrien. Dort unterwarf er sich jedoch der Herrschaft Medinas und tat sich unter dem Kalifat ʿUmars als Militärführer hervor; starb 642.

ʿUmar ibn al-Ḫaṭṭāb: zweiter Kalif, Gefährte und Schwiegervater Mohammeds, geboren um 590 in Mekka. Zunächst erklärter Feind des Propheten, trat er um 518 zum Islam über, folgte Mohammed nach Medina und war hier einer der Organisatoren der islamischen Gemeinde. Nach dem Tode Abū Bakrs im Jahre 634 zum Kalifen proklamiert, kommt ihm das Verdienst zu, mit machtvollen Eroberungszügen das arabische Großreich geschaffen zu haben. Gleichzeitig organisierte er die innere Struktur des Staates, dem er einen realen sozialen und politischen Rahmen verlieh. ʿUmar wurde im Jahre 644 Opfer eines Attentates.

Usāma ibn Zaid ibn Ḥāriṯa al-Kalbī al-Hāšimī: Sohn des Sklaven Zaid, geboren um 615 in Mekka. Er wuchs in der unmittelbaren Umgebung des Propheten auf und tat sich besonders als Militärführer hervor. Nach ʿUṯmāns Ermordung verweigerte er 656 ʿAlī die Gefolgschaft und wurde daraufhin von dessen Anhängern schwer mißhandelt; lebte danach zurückgezogen außerhalb von Medina und starb um 674.

Usāma ibn Munqiḏ: vollständiger Name Usāma ibn Muršid ibn ʿAlī ibn Muqallad ibn Naṣr ibn Munqiḏ aš-Šaizarī al-Kinānī, arabischer Abenteurer und Gelehrter, geboren 1095 in Syrien. Er widmete sein ganzes Leben dem Kampf gegen die Kreuzfahrer, die ab 1099 Jerusalem besetzt hatten. Einige Jahre in Kairo lebend, mußte er 1154 fliehen, da er von dort Überfälle auf die Christen organisiert hatte. Auf der Flucht verlor er seine Bibliothek. Bis ins hohe Alter kämpfte er an verschiedenen Plätzen gegen die Kreuzfahrer, die 1187 aus Jerusalem vertrieben wurden; starb ein Jahr später in Damaskus.

ʿUṯmān ibn ʿAffān: dritter Kalif, Gefährte und Schwiegersohn Mohammeds, geboren um 580 in Mekka. Er entstammte den Banū Umaiya und betätigte sich erfolgreich als Kaufmann. ʿUṯmān war der erste Mekkaner mit einer bedeutenden sozialen Stellung und vornehmer Herkunft, der zum Islam übertrat. Er folgte dem Propheten nach Medina, tat sich zunächst aber nicht durch besondere Leistungen und Verdienste hervor. Im Jahre 644 wurde er zum Kalifen ausgerufen. Unter seinem Kalifat wurden die Eroberung Persiens beendet, Armenien unter die Herrschaft Medinas gestellt und der Kampf gegen Byzanz bis ins östliche Mittelmeer ausgedehnt. ʿUṯmān führte die Herrschaft der Sippenaristokratie im theokratischen Staat ein, indem er seine Verwandten und befreundete Stammesführer mit Ämtern in Verwaltung und Armee betraute. Diese Vetternwirtschaft erregte den Unmut verschiedenster Kreise. Insbesondere die Anhänger ʿAlīs forderten die Absetzung ʿUṯmāns. Als er sich weigerte, freiwillig zurückzutreten, wurde er 656 ermordet. Seine

Ermordung stand am Beginn eines Jahre dauernden Bürgerkrieges und mündete letztendlich in die Spaltung der Muslims.

'Uṯmān Nūrī Pascha: türkischer Feldherr und Generalgouverneur (Wālī) im Ḥiǧāz, geboren 1832 in Tokat. Seit 1876 osmanischer Feldmarschall, wurde er 1878 türkischer Kriegsminister; kam 1881 als Kommandant der Garnision in den Ḥiǧāz. Im Juli 1882 wurde er zum Wālī ernannt. Auf Grund erheblicher Meinungsverschiedenheiten, die zwischen ihm und dem Scherifen von Mekka bestanden, wurde er 1886 seines Amtes enthoben; starb 1900 in Istanbul.

Waraqa ibn Naufal ibn Asad al-Quraišī: mekkanischer Ḥanīf und Vetter Ḫadīǧas. Er bestärkte Mohammed in seinem Glauben an einen einzigen Gott, nachdem dieser die ersten Offenbarungen empfangen hatte. Waraqa trat nie zum Islam über; starb um 613 in Mekka.

Ya'qūb al-Kindī: vollständiger Name Abū Yusuf Ya'qūb ibn Isḥāq al-Kindī, arabischer Gelehrter, geboren am Beginn des 9. Jahrhunderts in Baṣra. Er studierte Literatur, Alchemie, Astrologie und Philosophie und wirkte am Kalifenhof in Bagdad. Als er infolge theologischer Streitigkeiten beim Kalifen in Ungnade fiel, wurde seine Bibliothek konfisziert; starb um das Jahr 870.

Yazdagard III.: seit 632 letzter sassanidischer Herrscher von Persien. Er konnte die Eroberung Persiens durch die Araber nicht verhindern und wurde 651 von seinen eigenen Leuten ermordet.

Yazīd ibn Abī Sufyān: älterer Bruder Mu'āwiyas und dessen Vorgänger im Amt des Statthalters von Damaskus. Yazīd starb 639 bei einer Pestepidemie.

Yazīd ibn Mu'āwiya: zweiter Umaiyadenkalif, geboren 642 in Damaskus. Er folgte 680 als erster de facto nicht gewählter Kalif seinem Vater Mu'āwiya auf dem Thron. Daraufhin wurde ihm in vielen Teilen des Reiches die Gefolgschaft verweigert, ein Machtkampf entbrannte. Zuerst mußte er sich mit Ḥusain ibn 'Alī auseinandersetzen, der 680 bei

Karbalā getötet wurde. 683 unterdrückte er den Aufstand der Alt-Muslime in Medina und belagerte anschließend Mekka, wo ihm ebenfalls die Huldigung versagt wurde. Das Ende der Belagerung, bei der die Ka'ba in Brand geriet, erlebte er allerdings nicht mehr, da er 683 verstarb.

Zaid ibn 'Amr ibn Nufail: bekannter mekkanischer Ḥanīf, der sich weigerte, den Götzen in der Ka'ba zu opfern, und sich als Anhänger der Religion Abrahams bezeichnete. Er starb um 605 in Mekka und wurde von Mohammed postum zum Muslim erklärt.

Zaid ibn Ḥāriṯa ibn Šarāḥīl al-Kalbī Abū Usāma: der Sklave Zaid, geboren um 580 in Syrien. Ḫadīǧa machte ihn Mohammed zum Geschenk, dieser ließ ihn frei und adoptierte ihn. Zaid wurde einer der engsten Prophetengefährten und befehligte mehrere Feldzüge; er fiel 629 im Kampf gegen die Byzantiner bei Mu'ta.

Zainab bint Muḥammad: älteste Tochter Mohammeds und der Ḫadīǧa. Sie war mit einem Nichtmuslim verheiratet und folgte ihrem Vater nicht nach Medina. Als ihr Gatte in der Schlacht von Badr (624) gefangengenommen wurde, forderte Mohammed als Preis für sein Leben Zainabs Übertritt zum Islam, ihre Scheidung und Übersiedlung nach Medina. Sie willigte ein, wurde jedoch auf dem Weg nach Medina von Ḥabbār ibn al-Aswad so schwer mißhandelt, daß sie verstarb.

Zainab bint Ǧaḥš bint Ri'āb al-Asadīya: Gattin Mohammeds, geboren um 590 in Mekka. Zunächst mit Zaid ibn Ḥāriṯa verheiratet, wurde sie mit Mohammed bei einem Besuch im Hause Zaids bekannt. Mohammed zuliebe sprach Zaid die Scheidungsformel aus, so daß der Prophet mit Zainab die Ehe eingehen konnte. Sie war nach 'Ā'iša des Propheten liebste Gemahlin; starb 640 in Medina.

Zarathustra: persischer Prophet, der um 600 v. u. Z. im Osten Irans lebte und dort den Zoroastrismus begründete. Diesem zufolge beruht alles Denken, Handeln und Fühlen auf dem unversöhnlichen Dualismus der um die Macht kämpfenden Götter Aḥra Mainyu (das Negative) und

Ahura Mazda (das Positive). Der Zoroastrismus stützte sich auf eine starke Priesterschaft und wurde unter Khosrau I. Anuširwān zur Staatsreligion in Persien erhoben.

Zenobia: 267–272 Herrscherin von Palmyra. Sie ergriff Besitz von Zentralarabien, Ägypten und Teilen Kleinasiens und erhob sich selbst um 270/71 zur römischen Kaiserin. Der rechtmäßige Kaiser Augustus besiegte sie 272 und führte sie im Triumphzug nach Rom, wo sie im Gefängnis starb.

ZUR AUSSPRACHE ARABISCHER NAMEN

Die Umschrift arabischer Begriffe und Eigennamen erfolgt – bis auf einige international gebräuchliche Ausnahmen (wie Koran und Mohammed) – nach den von der Deutschen Morgenländischen Gesellschaft ausgearbeiteten Regeln:

ā, ī, ū	der Vokal wird lang ausgesprochen; kurze Vokale werden ohne übergesetzten Strich geschrieben
ṯ	stimmloses englisches th
ǧ	stimmhaftes dsch, wie englisch John
ḥ	ganz hinten in der Kehle gesprochenes gepreßtes h
ḫ	hartes ch, wie in Bach
ḏ	stimmhaftes th, wie englisch with
z	stimmhaftes s, wie in summen
š	sch
ṣ	breites stimmloses s, der Folgevokal wird dunkel eingefärbt
ḍ	dumpf klingendes stimmhaftes d, der Folgevokal wird dunkel eingefärbt
ṭ	dumpf klingendes t, der Folgevokal wird dunkel eingefärbt
ẓ	dumpfes stimmhaftes s oder ḏ, der Folgevokal wird dunkel eingefärbt
ġ	Gaumen-r (Zäpfchen-r)
q	am Kehlkopfzäpfchen gebildetes, ganz hinten in der Kehle gesprochenes K
ʿ	gepreßter a-haltiger Kehllaut

ʾ	schwacher Stimmabsatz, wie er im Deutschen vor jedem anlautenden Vokal gesprochen wird
y	entspricht dem deutschen j

ZUR BIOGRAPHIE DES AUTORS

Mohammed Essad Bey ist das Pseudonym des mit Joseph Roth befreundeten Schriftstellers Leo Noussimbaum, dessen Biographie noch weitgehend unbekannt geblieben ist. Nachschlagewerke aus den dreißiger Jahren geben sein Geburtsdatum mit dem 20. Oktober 1905 an. Folgt man Essad Beys autobiographischem Roman ›Öl und Blut im Orient‹ und dem Vorwort von Werner Schendell, liegt die Vermutung nahe, daß Leo Noussimbaum einige Jahre früher in Baku, der Hauptstadt Aserbaidshans, zur Welt kam, da er, wie Schendell schreibt, ›als halber Knabe‹ die Jahrhundertwende erlebte. Sein aus Samarkand stammender Vater war in Baku Ölquellenbesitzer geworden und hatte eine russische Intellektuelle, die auf Grund bolschewistischer Aktivitäten im Staatsgefängnis einsaß, dank seines Einflusses befreien können und geheiratet. Sie wurde die Mutter von Leo Noussimbaum. Ob beide Eltern jüdischer Herkunft sind oder nur die Mutter, bedarf noch der Recherche. Die revolutionären Ereignisse in Rußland zwangen Vater und Sohn – offenbar ohne die Mutter – zweimal zur Flucht aus Baku. Das erste Mal über Turkmenistan, Buchara, Chiwa nach Tadshikistan. Die zweite Flucht – in Folge der Oktoberrevolution von 1917 – führte Leo Noussimbaum über Istanbul, Rom, Paris nach Berlin, wo er 1922 in Wilmersdorf eine neue Heimat fand. Sehr bald schon begann er, in unmittelbarer Nachbarschaft zur Moschee der ›moslemisch-deutschen Gemeinde‹, unter dem Pseudonym Essad Bey als freier Schriftsteller tätig zu werden. Bereits 1929 erschien sein erster Roman ›Öl und Blut im Orient‹, 1930 veröffentlichte er ›Zwölf Geheimnisse im Kaukasus‹. Damit hatte er seine Themen gefunden, die ihn auch weiterhin beschäftigten: Rußland sowie die islamische Welt. In der Folge galt sein Interesse verstärkt der Vita führender Männer im Getriebe ihrer Zeitläufe. 1931 erschien seine Stalin-Biographie, 1932 die vorliegende Mohammed-Biographie (1934 und 1956 französische Ausgaben, in den dreißiger Jahren eine italienische Ausgabe), 1935 sein Buch über den letzten russischen Zaren Nikolaus II. und 1936 sein letztes in Deutschland veröffentlichtes Werk ›Reza Schah – Feldherr, Kaiser, Reformator‹.

Mit Beginn seiner schriftstellerischen Tätigkeit wurde Essad Bey Mitglied des ›Schutzverbandes deutscher Schriftsteller‹ und etwa 1934 Mitglied der Reichsschrifttumskammer, in deren Verzeichnis er jedoch 1938 nicht mehr geführt wurde. Ob zu diesem Fakt ein Austritt oder Ausschluß führte, der auf Grund seiner jüdischen Herkunft naheläge, ist ebenfalls noch unbekannt. Auch wenn seine Bücher weder in den ›Jahreslisten schädlicher und unerwünschter Schriften‹, noch sein Name in den ›Listen verfolgter Schriftsteller und Autoren‹ zu finden ist, wird wahrscheinlich auch Essad Bey, alias Leo Noussimbaum, zunehmenden antisemitischen Verfolgungen ausgesetzt gewesen sein. Für die Jahre zwischen 1937/38 und 1943, seinem relativ gesichertem Todesjahr, sowie den näheren Umständen seines frühen Todes, gibt es noch keine Überlieferungen. Einigen Angaben zufolge hat Essad Bey vermutlich nach 1936 Deutschland den Rücken gekehrt und sich in Süditalien niedergelassen, wo er auch verstorben sein soll. Andere gegenwärtig noch nicht belegbare Informationen weisen auf einen Selbstmord hin, nachdem seine jüdische Herkunft zur Lebensgefahr für ihn geworden war.

NAMENREGISTER

Bildnachweis:
Ullstein Bilderdienst, Berlin: S. 29, S. 291, S. 323, S. 357, S. 389;
Bildarchiv Preußischer Kulturbesitz, Berlin: S. 61, S. 99, S. 129, S. 159, S. 191, S. 223, S. 253.

INHALTSVERZEICHNIS